BAC PRO

Réflexe

2e/1re/Terminale

Commerce

Toutes les matières

Les fiches « Je gère mon BAC »
Jean-Denis ASTIER
Pascal BESSON
Louise CAUCHARD
Christophe DESAINTGHISLAIN
Valérie LOPES DA SILVA
Hervé MOINET
Marie-Line PÉRILLAT-MERCEROT
Marie-Cécile SÉNÉCHAL
Annie ZWANG

Gérer – Vendre – Animer
Jean-Luc GIRARD
Valérie LOPES DA SILVA
Anne-Marie MARIE
Hervé MOINET

Français
Christophe DESAINTGHISLAIN

Histoire-Géographie
Enseignement moral et civique
Annie ZWANG

Anglais
Marie-Line PÉRILLAT-MERCEROT

Économie-Droit
Pascal BESSON
Louise CAUCHARD

Mathématiques
Jean-Denis ASTIER
Bernard LACAZE
Alain VRIGNAUD
Brigitte VRIGNAUD

Prévention Santé Environnement
Marie-Cécile SÉNÉCHAL

Nathan

Crédits photographiques
p. 145 : © Amnesty International/illustration Janus Kortermann Jauch ; p. 176 : © Rue des Archives/Varma ; p. 177 : © Francolon-Simon/Gamma/Gamma Rapho ; p. 178 : (g) © Akg-images/Ullstein bild ; (d) © Keystone ; p. 179 : (g) © Sipa/Ap/ Markus Schreiber ; (d) © Afp ; p. 260 : Hotay/Fotolia ; p. 262 : CandyBox Images 2012/Fotolia ; p. 264 g : goodluz/Fotolia ; p. 264 d : Ivan Kruk/Fotolia ; p. 265 : thodonal/Fotolia

Édition : Aude Benkaki, Angélique Brézillon, Clarisse Léon, Cécile Sidambarompoulé
Fabrication : Maria Pauliat
Coordination artistique : Evelyn Audureau
Conception couverture : Vincent Rioult
Conception maquette intérieure : Graph'm (Aude Paradis) / Evelyn Audureau
Composition : JPM
Cartographie : Légendes Cartographie

Nathan 2017 – 25 avenue Pierre de Coubertin, 75013 Paris
ISBN : 978-2-09-164982-5

Sommaire

Je gère mon bac

GÉRER (2e/1re/Term)

Savoirs

VENDRE (2e/1re/Term)

Savoirs

Sommaire

ANIMER (2e/1re/Term)

Savoirs

FRANÇAIS (Term)

Savoirs

HISTOIRE-GÉOGRAPHIE – ENSEIGNEMENT MORAL ET CIVIQUE (Term)

Savoirs

Sommaire

ANGLAIS (T^{erm})

Savoirs

ÉCONOMIE-DROIT ($2^e/1^{re}/T^{erm}$)

Savoirs

Sommaire

MATHÉMATIQUES (1re/Term)

Savoirs

PRÉVENTION SANTÉ ENVIRONNEMENT (1re/Term)

Savoirs

Les épreuves de Terminale

Intitulé de l'épreuve	Coef.	Voie scolaire dans un établissement public ou privé sous contrat, CFA ou section d'apprentissage habilité, formation professionnelle continue dans un établissement public		Voie scolaire dans un établissement privé hors contrat, CFA ou section d'apprentissage non habilité, formation professionnelle continue dans un établissement privé		Formation professionnelle continue dans un établissement public habilité
		Nature de l'épreuve	Mode et/ou durée	Nature de l'épreuve	Mode et/ou durée	Mode
E11 : Action de promotion-animation en unité commerciale	4	Pratique + Oral	CCF*	Ponctuel oral	30 min.	CCF
E12 : Économie-Droit	1	Ponctuel écrit	2 h 30	Ponctuel écrit	2 h 30	CCF
E13 : Mathématiques	1	Écrit	CCF	Ponctuel écrit	1 h	CCF
E2 : Préparation et suivi de l'activité de l'unité commerciale	4	Ponctuel écrit	3 h	Ponctuel écrit	3 h	CCF
E31 : Vente en unité commerciale	4	Pratique	CCF	Ponctuel oral	30 min.	CCF
E32 : Prévention Santé Environnement	1	Ponctuel écrit	2 h	Ponctuel écrit	2 h	CCF
E41 : Langue vivante 1	2	Oral	CCF	Ponctuel oral	20 min.	CCF
E42 : Langue vivante 2	2	Oral	CCF	Ponctuel oral	20 min.	CCF
E51 : Français	2,5	Ponctuel écrit	2 h 30	Ponctuel écrit	2 h 30	CCF
E52 : Histoire-Géographie et EMC	2,5	Ponctuel écrit	2 h	Ponctuel écrit	2 h	CCF
E6 : Arts appliqués et cultures artistiques	1	Écrit	CCF	Ponctuel écrit	1 h 30	CCF
E6 : EPS	1	Pratique	CCF	Ponctuel pratique		CCF

* CCF : contrôle en cours de formation.

Comment organiser votre année ?

Installez une dynamique de travail

Il est important de travailler dès le début de l'année, et ce, très régulièrement. Cela signifie qu'il faut travailler un peu tous les soirs – et de manière plus importante le week-end – dans un endroit calme, en éliminant toute source de distraction (votre téléphone portable par exemple). Cela vous permettra de vous mettre dans une dynamique de travail jusqu'au bac.

Révisez

Il est indispensable de réviser régulièrement vos cours. Pour cela, les fiches Savoirs de cet ouvrage seront vos plus fidèles alliées ! En effet, suffisamment détaillées, ces fiches vous donnent l'essentiel du cours ainsi qu'un plan facilitant l'apprentissage des notions. Insistez particulièrement sur les notions qui figurent dans la rubrique mots-clés à la fin de chaque fiche. Ce travail doit se faire tout au long de l'année, au fur et à mesure de l'avancement des chapitres dans les différentes matières.

Rangez vos cours

Vous devez être très vigilant quant au classement de vos cours. En effet, rien de plus stressant que de découvrir quelques jours avant l'examen qu'il vous manque un chapitre ! Rassurez-vous, les fiches présentes dans cet ouvrage vous aideront là encore à structurer votre rangement. S'il vous manque un chapitre dans une matière, vous avez de toute façon en votre possession la fiche de révision correspondante. Petit conseil : n'hésitez pas à y ajouter des exercices faits en classe, des corrections de sujets, des articles de presse…

Fixez-vous un planning de révision

Planifier vos révisions est indispensable, car l'année va défiler à toute allure… Commencez dès le début de la terminale pour bien revoir les contenus de première. Pour que votre travail de révision porte ses fruits, il vaut mieux prévoir un planning alternant matières professionnelles (gérer, vendre, animer, économie-droit) et matières générales. En période de vacances, vous disposerez de plus grandes plages horaires pour travailler. Pour cela, inutile de passer une journée entière sur une matière, cela serait totalement contre-productif ! Il est plus judicieux d'alterner des séquences de deux heures, en faisant tourner les matières. Et cochez les cases de l'encadré « Lu, su, revu » au fur et à mesure pour savoir où vous en êtes.

Entraînez-vous

Une bonne préparation au bac repose sur un entraînement régulier. Vous devez soigner la préparation de chacune des évaluations auxquelles vous serez soumis(e) pendant l'année. Plus important encore, vous devez être très à l'écoute des éléments de correction fournis par vos enseignants. La clé de la réussite réside dans une écoute attentive et une prise en note rigoureuse des corrections. Durant celles-ci, vos professeurs prodiguent des conseils essentiels pour progresser. Pour consolider vos acquis, cet ouvrage vous propose des exercices complémentaires et leurs corrigés.

Construisez votre orientation

Bien sûr, votre travail de préparation au bac est essentiel et sera très intense, mais il ne faut pas perdre de vue qu'après le bac, vous allez continuer vos études. S'informer, se rendre à des portes ouvertes, contacter d'anciens élèves, des professionnels, poser des questions autour de vous… sont autant de pistes à explorer. Attention, vous n'avez pas toute l'année devant vous puisque vous aurez des délais à respecter pour enregistrer vos vœux sur l'application Parcoursup.

Comment préparer votre orientation post-bac ?

« PARCOURSUP », C'EST QUOI ?

C'est une plateforme Internet mise en place afin de rendre plus faciles et efficaces vos démarches de pré-inscription dans l'enseignement supérieur.

La poursuite d'études après un bac professionnel Commerce

La plupart des bacheliers professionnels entrent directement dans la vie active, signe de la très bonne adéquation de ces diplômes aux besoins de qualification. Un quart des élèves poursuit des études supérieures, principalement en BTS.

Vous êtes attiré(e) par des études courtes ?

Les formations en un an

Nombre de bacheliers professionnels suivent une formation en un an, afin d'acquérir une spécialisation ou une double compétence.

– Les mentions complémentaires (MC)

Une vingtaine de MC, d'un niveau équivalent au bac, sont accessibles sur dossier. Elles se préparent en un an au sein d'un lycée professionnel ou d'un CFA (centre de formation d'apprentis). Le choix d'une MC s'effectue à l'intérieur du même champ professionnel, par exemple la MC « Vendeur spécialisé en produits techniques pour l'habitat » après un bac pro Commerce.

– Les certificats de spécialisation (CS)

Les CS s'adressent aux titulaires d'un bac professionnel. Ils attestent de compétences variées (comptabilité, vente, conseil...) très utiles aux professionnels de l'élevage, de l'exploitation agricole, de l'aménagement paysager...

La formation se déroule en lycée agricole, en CFA (centre de formation d'apprentis) ou en école, souvent sous contrat d'apprentissage. Par exemple, un CF « Commercialisation des vins » après un bac pro Commerce.

Attention : certains CS ne sont accessibles qu'après un BTSA (bac + 2).

Les formations bac + 2

– Les brevets de technicien supérieur (BTS)

Plus du quart des bacheliers professionnels accèdent à un BTS en lycée ou en école. Si certains préparent ce diplôme sous statut scolaire, une bonne partie d'entre eux choisit de se former sous contrat d'apprentissage.

La plupart des bacheliers professionnels qui poursuivent des études supérieures préparent, en deux ans, un BTS, dans le champ professionnel d'origine. Les lycéens qui ont eu leur bac pro avec mention bien ou très bien sont admis de droit en BTS (dans le même domaine) à la rentrée suivante. Cependant, des restrictions existent pour les BTS Support à l'action managériale, Commerce international... Par ailleurs, des places sont réservées en BTS pour les bacheliers professionnels (pourcentage variable selon les académies).

– Les diplômes universitaires technologiques (DUT)

Certains bacheliers se lancent dans un DUT : la formation se déroule alors dans un institut universitaire de technologie (IUT). La sélection à l'entrée est très forte. Même avec des programmes aménagés, ces sections nécessitent de fournir un effort important et de suivre une mise à niveau conséquente dans les disciplines fondamentales, dans le but d'obtenir, en deux ans, leur DUT. Les études sont effet plus généralistes qu'en BTS.

Vous êtes attiré(e) par des études longues ?

C'est une voie très risquée pour les bacheliers professionnels, car la formation suivie au lycée ne vous y prépare pas exclusivement.
Près de 8 % des bacheliers professionnels s'inscrivent en licence générale. À l'université, il n'y a pas de sélection à l'entrée. Cependant, il ne faut pas s'y fier ! Les études universitaires sont très théoriques et éloignées de la formation reçue au lycée professionnel.
Articulé autour de cours en amphithéâtre (pas forcément obligatoires) et de TD en groupes plus restreints, ce type d'études requiert de votre part un fort niveau d'autonomie et de responsabilisation. En effet, personne ne vous dira à quel moment faire votre travail ! Il faut donc être particulièrement motivé pour envisager de poursuivre ses études à la fac !
Autre élément important à prendre en considération : il vous faudra rattraper tout ce que vous n'avez pas acquis au lycée, notamment sur le plan des méthodes : dissertation...

À noter : les universités proposent des mises à niveau et des cursus préparatoires pour augmenter les chances de réussite des bacheliers professionnels ou technologiques.

Quelques rares classes préparatoires aux grandes écoles (CPGE) accueillent les bacheliers professionnels pour trois ans.

Les conseils pour réussir son orientation

S'y prendre très tôt

En principe, vous aurez démarré votre réflexion sur l'orientation dès la seconde. Réfléchir tôt est l'un des gages de réussite de votre orientation.

Se renseigner

Les journées portes ouvertes ou les salons de l'étudiant sont le meilleur moyen pour récupérer un maximum d'informations et décider ainsi de son orientation en toute connaissance de cause.

Rencontrer le conseiller d'orientation

Un rendez-vous (ou plusieurs) vous permet de découvrir quels métiers et donc formations pourraient le mieux vous correspondre.

Élargir ses vœux au maximum

Plus vous formulez de vœux, plus vous avez de chance d'obtenir satisfaction.

La procédure Parcoursup

Elle permet de déposer vos vœux en vue de votre inscription en première année d'une formation de l'enseignement supérieur dans le cadre de la formation initiale, d'obtenir des réponses à vos vœux et de répondre aux propositions qui vous sont transmises par le biais de la plateforme.
Vous trouverez dans Parcoursup des informations pour éclairer votre choix :
– des informations précises sur les formations, leurs contenus, l'organisation des enseignements, les débouchés, etc. ;
– les attendus de chaque formation (connaissances et compétences nécessaires pour réussir) ;
– les dates des journées portes ouvertes organisées par les établissements qui vous intéressent, les contacts pour échanger avec ces établissements ;
– les éléments pris en compte lors de l'examen de vos vœux.

Le calendrier de l'orientation post-bac

Ouverture de la plateforme d'admission PARCOURSUP
Janvier

↓

Inscription et saisie des vœux sans les classer (10 maximum)
Janvier-mars pour toutes les formations

↓

Examen des vœux en conseil de classe
Mars

↓

Transmission des dossiers aux établissements demandés
Avril-mai

↓

- **Notification aux candidats par les établissements destinataires de la réponse à leur(s) dossier(s) de candidature**
- **Consultation et réponse des candidats**

Mai-septembre (avec pause mi-juin*)

** Le processus de proposition est suspendu pendant les épreuves écrites du bac.*

Ouverture de la phase complémentaire, permettant de postuler aux formations disposant de places vacantes
Fin juin

↓

Inscription administrative dans la formation
Durant l'été

↓

Fin de la procédure
Fin septembre

La réponse aux propositions d'orientation

Vous recevrez une réponse des établissements sollicités pour chacun de vos vœux, mais pas forcément en même temps.

Pour que vous puissiez affiner vos choix et en même temps pour ne pas bloquer les places que d'autres attendraient, vous aurez **un temps limité** pour répondre. Si deux de vos vœux reçoivent un « oui », il vous sera alors demandé de renoncer à l'un des deux, mais cela n'aura pas d'impact sur les vœux pour lesquels vous n'avez pas encore reçu de réponse.

Ce flux d'échanges entre les établissements et vous pourra se dérouler de mai à septembre, avec une pause au moment des épreuves du bac.

Que faire si vous n'avez pas de proposition ?

Si vous n'avez pas de proposition, vous pourrez, dès la fin du mois de juin pendant la **phase complémentaire**, formuler de nouveaux vœux dans les formations où des places restent vacantes.
Après les résultats du bac, si vous n'avez pas toujours reçu de proposition d'admission, une commission d'accès à l'enseignement supérieur examinera votre situation, pour vous proposer d'autres formations ayant des places disponibles, les plus proches possible de vos vœux de départ.

Que faire si votre choix ne vous convient pas ?

Les différents cas	Que faire ?	Comment faire ?
Je suis en BTS et la formation ne me convient pas.	Changer de spécialité.	Contactez le conseiller d'orientation de votre établissement, il pourra vous conseiller utilement et voir s'il reste des places dans d'autres spécialités.
	Changer d'orientation.	La rentrée universitaire se faisant en octobre, il est encore temps de s'inscrire à l'université. Vous pouvez également tenter une rentrée en décalé en IUT.
Je suis en fac : cours trop abstraits, trop éloignés du monde professionnel, besoin d'être davantage encadré, difficulté à suivre...	S'orienter en DUT ou en BTS.	S'adresser au SCUIO (service commun universitaire d'information et d'orientation) pour savoir s'il y a des accords et des passerelles vers certains DUT ou BTS. - La **rentrée accélérée en DUT** est possible s'il existe un dispositif de passerelle licence/IUT. - Pour le BTS, il vous faudra rattraper de manière autonome les cours que vous n'avez pas suivis. - Si aucune de ces possibilités n'existe, contactez les IUT proposant des **rentrées décalées en février.**
La licence choisie ne me plaît pas.	Intégrer une autre licence dans une autre filière universitaire.	Renseignez-vous auprès de l'université que vous voulez rejoindre pour savoir si elle gère les situations de réorientation. Si tel est le cas, consultez le site de l'université pour connaître la procédure à suivre.
Je suis en prépa, c'est trop difficile.	Se réorienter vers un premier semestre de licence.	Renseignez-vous auprès de l'administration de votre établissement car certaines classes prépas ont un partenariat avec l'université et proposent des inscriptions en cumulatif (vous êtes inscrit(e) en fait aux deux cursus). Vos démarches administratives s'en trouvent simplifiées !
	Attendre la fin de l'année.	Vous disposerez de 60 crédits ECTS (*European Credit Transfer and Accumulation System*) pour vous réorienter en L2. Votre candidature sera examinée par une commission composée des responsables de la classe prépa et de l'université.

L'action de promotion-animation en unité commerciale (E11)

LE FORMAT DE L'ÉPREUVE ET SES OBJECTIFS

Cette épreuve, de coefficient 4, est évaluée en CCF et comprend deux situations d'évaluation.

Situation d'évaluation n° 1 : « Montage de l'action de promotion-animation » (10 points)

Vous devez préparer, réaliser et évaluer une animation-promotion en entreprise puis en rendre compte par écrit dans un dossier comprenant 10 à 15 pages (annexes comprises). Une première note sur 10 évalue les points suivants :
- la participation à l'action ;
- le respect des consignes et des préconisations ;
- la qualité des informations et des propositions transmises ;
- l'utilisation des technologies de communication liées à l'action.

Situation d'évaluation n° 2 : « Soutenance du dossier de promotion-animation » (10 points)

Vous présentez à l'oral votre animation-promotion devant un jury, en veillant à utiliser les technologies de l'information et de la communication (TICE). Durant les 10 premières minutes, vous présentez votre action sans être interrompu puis suivent 20 minutes d'entretien durant lesquelles vous répondez aux questions du jury.
Cette deuxième situation d'évaluation donne lieu à une autre note sur 10 qui évalue :
- l'analyse de l'offre commerciale ;
- le respect des règles de marchandisage liées au(x) produit(s) ou au secteur ;
- le respect de la réglementation en vigueur ;
- la cohérence du raisonnement et la justesse des résultats ;
- la qualité de la communication.

Attention ! En l'absence de dossier, et même si vous vous présentez à la deuxième situation d'évaluation, la note de 0/20 vous est attribuée pour l'épreuve E11.

Remarque à l'attention des candidats non évalués en contrôle en cours de formation (CCF) : vous devez développer dans un dossier de 10 à 15 pages (annexes comprises) une action d'animation-promotion réalisée en entreprise. Dans votre cas, l'épreuve consiste en une seule évaluation orale sur 20 points à partir du dossier. Les critères d'évaluation et les exigences de l'épreuve sont les mêmes que ceux des situations d'évaluation n° 1 et n° 2 des candidats en CCF.

CONSEILS POUR RÉUSSIR L'ÉPREUVE

Respecter quelques règles simples vous permettra de réussir.

La conception du dossier

Comme tout dossier, celui-ci doit être composé d'une page de garde, d'un sommaire, d'une introduction générale, d'un développement, d'une conclusion et de remerciements à destination de l'entreprise qui vous a accueilli(e).

La page de garde

Elle doit comprendre : votre prénom et votre nom, le titre de votre action, le nom de votre centre de formation, l'année de la session et une illustration.

Le sommaire

Il doit être clair, précis, rapide à lire, structuré, avec une présentation aérée, peu de couleurs et surtout la numérotation des pages alignée sur la marge de droite.

La présentation de l'entreprise

Vous devez présenter les principales caractéristiques de l'entreprise (type « fiche signalétique »), mais surtout, vous devez analyser l'offre commerciale : les politiques de produits et/ou services, de prix, de communication et de distribution de votre point de vente, les situer sur le marché et les comparer avec celles des concurrents de la zone de chalandise.
Vous pouvez inclure une « partie technique relative au produit (ou à la ligne de produits) ». Pour cela, il est possible de réaliser une fiche produit qui regroupe les caractéristiques et les arguments.

L'origine et la stratégie de l'action

Vous devez décrire la situation professionnelle à l'origine de votre action, c'est-à-dire expliquer les raisons qui ont amené le point de vente à réaliser l'action. Vous devez également déterminer avec précision la cible (à quel profil de clientèle cette action est destinée), les objectifs de cette action, les techniques mises en œuvre pour atteindre ces objectifs (types de promotion, durée, réglementation, etc.).

La présentation de l'action

Vous devez expliquer chacune des étapes de votre action. Il est important d'évoquer et de justifier :
- la date de l'action ;
- son emplacement dans le magasin ;
- le mobilier utilisé, l'agencement retenu, la technique de marchandisage appliquée ;
- la technique de promotion/d'animation choisie ;
- la technique d'information de la clientèle (choix des supports de communication, mise en œuvre des supports de communication écrite comme le publipostage ou orale comme une bande-annonce) ;
- la réglementation commerciale liée à l'action (affichage des prix en vitrine et dans la surface de vente, conditions de vente...) ;
- les règles d'hygiène et de sécurité à respecter ;
- la mise en œuvre de l'action avec la détermination des besoins en personnel et la gestion des ressources humaines ;
- la mise en place des éléments matériels de l'action (signalétique, mobilier, produits...).

En ce qui concerne l'évaluation de l'action, il s'agit d'en exposer les points forts et les points faibles, de rédiger une synthèse des informations recueillies, de comparer les résultats par rapport aux objectifs quantitatifs et qualificatifs, et de conclure en présentant les points à améliorer si l'action était à refaire.
Exemples de thèmes d'action promotion/animation : opération de déstockage d'un ou de plusieurs produits, soldes, braderie, animation dégustation.

La soutenance orale

Se préparer à la prestation

Avant de vous rendre à l'entretien, il est indispensable de rassembler le matériel suivant :
- votre convocation avec un justificatif d'identité ;
- un exemplaire de votre dossier pour chaque membre du jury (si le dossier n'a pas été déposé avant) ;

– votre dossier avec des notes et/ou des repères éventuels pour votre présentation ;
– le plan de votre intervention orale (aide-mémoire) ;
– un stylo et des supports visuels (diaporama, catalogues, publipostage, produits ou échantillons, exemplaires de PLV, d'ILV…). Assurez-vous également que la salle d'examen soit dotée du matériel requis pour votre présentation : ordinateur, vidéo-projecteur, tableau.

Se préparer physiquement et psychologiquement

Afin de mettre toutes les chances de votre côté, il est nécessaire de choisir une tenue vestimentaire adaptée au contexte (tenue professionnelle), de soigner votre image (parfum, coiffure, maquillage soigné et discret, hygiène corporelle et vestimentaire irréprochable) et, éventuellement, de prévoir des accessoires (sacoche ou sac, montre, bijoux…).

Réussir la première partie de l'oral : la présentation du dossier

Vous disposez de 10 minutes pour présenter votre dossier d'action promotion-animation. Que dire en 10 minutes ? Tout d'abord, il est indispensable de vous présenter (prénom, nom, lycée d'origine) et d'annoncer le plan de votre intervention. Ensuite, vous devez présenter l'entreprise dans laquelle le dossier a été réalisé (sa politique commerciale), le contexte de l'action (thème, date, événement déclencheur, objectif) ainsi que la démarche suivie tout au long de l'action (préparation, déroulement, communication, techniques de marchandisage, mise en place des éléments matériels de l'action comme la signalétique, le mobilier ou les produits, réglementation commerciale liée à cette action).
Pour terminer, vous devez conclure votre prestation en évaluant votre action (points forts, points faibles, informations recueillies, comparaison des résultats par rapport aux objectifs fixés…).
Dans cette présentation, veillez à ne pas faire une simple lecture de vos notes, ou à réciter ce que vous auriez appris « par cœur » ou encore, à ne présenter que des supports visuels sans commentaires. N'oubliez pas que c'est votre communication orale qui est évaluée.

Réussir la deuxième partie de l'oral : l'entretien avec le jury

Le jury dispose de 15 à 20 minutes pour vous poser des questions :
– il peut vous demander des précisions, des compléments d'informations (ex. : « Pouvez-vous nous rappeler les objectifs de cette action ? ») ;
– il peut vous amener à justifier vos choix (ex. : « Pourquoi avoir choisi ce lieu d'implantation pour cette action ? ») ;
– il peut vérifier votre capacité à convaincre (ex. : « Pensez-vous que le choix de la communication soit judicieux ? »).
Vous devez répondre le plus précisément possible, pour convaincre le jury. Si vous ne comprenez pas une question, n'hésitez pas à demander au jury de la reformuler. Lorsque vous n'avez pas de réponse à fournir, surtout n'inventez pas et soyez honnête.
Tout au long de l'entretien, veillez à mettre en œuvre toutes les règles de communication verbale et non verbale (registre de langage, ton, débit et volume de la voix, articulation, posture, gestes, sourire, regard…).
Pendant tout le déroulement de l'épreuve orale, vous devez veiller à ce que les membres du jury saisissent bien le sens de vos propos. Pour cela, observez leur comportement non verbal, pratiquez l'écoute active, l'empathie, reformulez si nécessaire et justifiez vos propos par des arguments.

La préparation et le suivi de l'activité en unité commerciale (E2)

LE FORMAT DE L'ÉPREUVE ET SES OBJECTIFS

Cette épreuve écrite, de coefficient 4, vise à évaluer votre maîtrise des techniques mises en œuvre pour l'activité de l'unité commerciale et son suivi. Au travers d'une étude de cas, vous découvrez une enseigne et, en vous appuyant sur vos connaissances et des documents professionnels, vous devez répondre à des questions. Les notions nécessaires sont celles étudiées dans les pôles « Gérer » et « Vendre ».

CONSEILS POUR RÉUSSIR L'ÉPREUVE

Que faire pour se préparer avant l'épreuve ?

Révisez le programme de première et de terminale (pôles « Gérer » et « Vendre »)

Les épreuves valident également votre maîtrise du programme de première. Révisez donc l'ensemble des notions en relisant vos cours et en travaillant avec cet ouvrage.

Refaites des exercices type bac

Il est impératif de vous entraîner aux questions types de l'épreuve. N'hésitez pas à revoir la correction des bacs blancs que vous aurez réalisés pendant l'année et à refaire quelques questions ; vous pourrez vérifier si vous vous êtes amélioré(e).
Les pages « S'entraîner au bac » de cet ouvrage vous permettront également de vérifier que vous avez bien assimilé les notions. Elles vous proposent des sujets inspirés du bac avec leurs corrigés ainsi qu'une étude de cas complète.

Que faire pendant l'épreuve ?

Lisez tout d'abord le contexte et la présentation des différentes parties. Puis parcourez les annexes. Une fois cette découverte faite, vous pouvez « attaquer » les questions, sachant que vous ne disposez de pas plus d'une heure par dossier.
Traitez toutes les questions : ainsi, vous vous donnez la possibilité d'être évalué(e) sur le maximum de points ! Si vous butez sur une question, passez à la suivante, et pensez à y revenir plus tard.
Soignez l'expression écrite, utilisez les notions apprises pendant l'année, employez des mots professionnels... Et traquez les fautes d'orthographe !

Qu'attend de vous le correcteur ?

Le correcteur veut savoir si vous maîtrisez les notions et les compétences du référentiel. Vos réponses doivent être justes, bien rédigées et justifiées. Attention, ne paraphrasez pas les annexes ! Votre correcteur s'en rendra vite compte... Faites au contraire un travail d'analyse des annexes : triez et reformulez l'information qui construira vos réponses.

La vente en unité commerciale (E31)

LE FORMAT DE L'ÉPREUVE ET SES OBJECTIFS

Cette épreuve, de coefficient 4, est évaluée en CCF au travers de trois situations en milieu professionnel. L'objectif est d'apprécier l'acquisition et la maîtrise de vos compétences en entreprise.

Compétences évaluées lors de la situation n° 1 : « Organisation de l'offre produits » (coef. 1)

- Mettre en place des facteurs d'ambiance.
- Installer la signalétique.
- Maintenir l'attractivité de tout ou partie de l'espace de vente.
- Faire des diagnostics, propositions ou suggestions pertinents.

Compétences évaluées lors de la situation n° 2 : « Gestion du rayon » (coef. 1)

- Réaliser le réassortiment.
- Participer à l'approvisionnement, préparer la commande.
- Réceptionner des produits et effectuer les opérations de contrôle.
- Faire des diagnostics, propositions ou suggestions pertinents.

Compétences évaluées lors de la situation n° 3 : « Vente » (coef. 2)

- Qualifier la clientèle de la zone de chalandise.
- Mobiliser les connaissances techniques relatives aux produits.
- Effectuer la découverte du client.
- Présenter le produit, argumenter et conseiller.
- Conclure la vente.
- Communiquer de façon professionnelle (expression, attitude, comportement...).
- Traiter les réclamations.
- Autoévaluer sa prestation de communication.

Deux autres compétences sont aussi évaluées pour chacune des situations :

- appliquer des règles d'hygiène et de sécurité ;
- transmettre des informations fiables au tuteur ou au maître d'apprentissage.

Remarque à l'attention des candidats hors contrôle en cours de formation (CCF) : vous êtes évalué(e) lors d'une épreuve orale de 30 minutes basée sur un dossier professionnel que vous aurez réalisé, de 10 à 15 pages au maximum (annexes comprises). Ce dossier présente trois situations professionnelles vécues en entreprise : l'une relative à l'organisation de l'offre « produits », la deuxième relative à la gestion de rayon et la troisième concernant la vente.

Le jury vous demande de présenter l'une de ces trois situations durant 10 minutes afin de vérifier que vous maîtrisez les compétences professionnelles afférentes. Puis, durant 20 minutes, le jury vous questionne par rapport aux situations du dossier.

CONSEILS POUR RÉUSSIR L'ÉPREUVE

Situation n° 1 : l'organisation de l'offre produits

Ce que vous devez présenter...

Dans un premier temps, vous présentez l'offre du magasin (produits et services) ainsi que l'organisation de l'espace de vente. Ensuite, vous montrez les facteurs

d'ambiance et la signalétique présents à l'intérieur et à l'extérieur du point de vente. Puis, vous indiquez les éléments qui permettent de rendre la zone attractive. Vous devez présenter et commenter :
- soit une implantation en vitrine ou une mise en avant (tête de gondole, table de présentation, frontale, mannequins silencieux...) ;
- soit une implantation d'un rayon ou d'un sous-rayon.
Enfin, vous terminez votre exposé par une présentation des règles d'hygiène et de sécurité liées à l'implantation des produits dans l'espace de vente.

Conseils pour se préparer à l'évaluation de cet axe

- Maîtrisez parfaitement l'assortiment de votre magasin et sa disposition dans le point de vente. Pour cela, aidez-vous si besoin du plan du magasin.
- Listez tous les services proposés et rassemblez les documents s'y rapportant.
- Pour présenter et commenter votre implantation, rassemblez tous les documents s'y rapportant (préconisation, plan de merchandising, photos, schéma...).

Situation n° 2 : la gestion de rayon

Ce que vous devez présenter...

Vous devez présenter la méthode d'approvisionnement du point de vente et procéder à une réception de marchandises (un ou deux cartons peuvent suffire) en allant jusqu'à la mise en réserve et/ou en rayon.
Vous devez donc expliquer (commenter) les différentes tâches que vous réalisez pendant que vous effectuez la réception. Enfin, terminez par la présentation des règles d'hygiène et de sécurité liées à la réception des produits.

Conseils pour se préparer à l'évaluation de cet axe

- Pensez à préparer le matériel nécessaire pour effectuer la réception des produits (cutters, antivols, cintres...).
- Pour réaliser et commenter cette réception de marchandises, rassemblez les documents s'y rapportant (bon de commande, bon de livraison...).
- N'oubliez pas de réaliser l'enregistrement informatique de la réception.

Situation n° 3 : la vente

Ce que vous devez présenter...

Dans un premier temps, vous devez définir la clientèle (profils, besoins, zone de chalandise) et les concurrents du point de vente. Ensuite, vous devez procéder à une simulation de vente dans le magasin. Cette simulation doit comprendre toutes les phases de la vente.
Une fois la simulation terminée, vous préparez votre autoévaluation en mettant en évidence les points forts et les points faibles de votre prestation, puis en proposant des solutions d'amélioration si nécessaire. Vous présentez ensuite votre autoévaluation au jury.
Vous devez également informer le jury des pratiques liées à la gestion des réclamations en lui proposant quelques situations de réclamations vécues. Enfin, terminez par la présentation des règles d'hygiène et de sécurité liées à la vente des produits.

Conseils pour se préparer à l'évaluation de cet axe

- Aidez-vous d'un tableau comparatif des offres des concurrents.
- Entraînez-vous régulièrement avec le personnel du point de vente en effectuant des simulations de vente suivies d'une autoanalyse.
- Pensez à respecter toutes les étapes de la vente. Si le point de vente ne vous autorise pas à faire l'encaissement, simulez-le ou expliquez-en les étapes.
- Prenez le temps de préparer votre autoévaluation : isolez-vous dans un endroit calme, propice à la réflexion.

Le français

LA DISCIPLINE

Le but de l'enseignement du francais dans les classes préparatoires au baccalauréat professionnel est **la maîtrise de l'expression orale et écrite** ainsi que **l'affirmation d'une identité culturelle** fondée sur le partage de connaissances, de valeurs et de langages communs.

Identité et diversité

L'objet d'étude invite les élèves à interroger deux notions, l'identité et la diversité, à partir de la lecture d'œuvres du XXe siècle relevant de genres variés : récits de voyage, récits de filiation et récits de vie, littérature en rapport avec la colonisation et la décolonisation.

Questions :
- En quoi l'autre est-il semblable et différent ?
- Comment transmettre son histoire, son passé, sa culture ?
- Doit-on renoncer aux spécificités de sa culture pour s'intégrer dans la société ?

Au XXe siècle, l'homme et son rapport au monde à travers la littérature et les autres arts

L'objet d'étude invite les élèves à s'intéresser à l'homme et à son rapport au monde à travers des œuvres littéraires et/ou artistiques relevant de genres littéraires variés comme le théâtre, le roman ou l'essai, mais aussi d'autres arts, par exemple la peinture et le cinéma.

Questions :
- En quoi le XXe siècle a-t-il modelé l'homme moderne ?
- Comment la lecture d'œuvres littéraires permet-elle de s'interroger sur le rapport de l'homme au monde ?
- Les mythes appartiennent-ils seulement au passé ?

La parole en spectacle

L'objet d'étude invite les élèves à travailler à partir de situations concrètes dans lesquelles la parole est mise en spectacle : analyse de la mise en scène d'une pièce de théâtre, confrontation d'émissions de télévision, observation réfléchie d'un discours politique...

Questions :
- Dans le dialogue, utilisons-nous seulement des mots ?
- Comment la mise en spectacle de la parole fait-elle naître des émotions (jusqu'à la manipulation) ?
- Qu'apporte à l'homme, d'hier et d'aujourd'hui, la dimension collective de la mise en spectacle de la parole ?

L'ÉPREUVE ÉCRITE (voir p. 125 à 130)

Elle dure 2 h 30 et s'appuie sur un corpus de textes et documents (2 à 3) se rapportant à l'un des objets d'étude de l'année de terminale.

Première partie : compétences de lecture (10 points)

1) Question de présentation du corpus

Le candidat rédige quelques lignes (de 3 à 6 environ) pour présenter les relations que les documents proposés dans le corpus entretiennent entre eux.
On attend du candidat : qu'il sache dégager une problématique en mettant en relation les différents documents.

2) Question(s) d'analyse et d'interprétation

Elles portent sur un ou des documents du corpus. Le candidat analyse un ou deux effets d'écriture (inscrits dans le libellé de la ou des deux questions) et en propose une interprétation.
On attend du candidat : qu'il soit capable de faire une analyse qui conduit à une interprétation. L'analyse et l'interprétation doivent être entièrement rédigées.

Deuxième partie : compétences d'écriture (10 points)

Une question est posée en lien avec le corpus proposé en première partie. Le candidat répond à cette question en une quarantaine de lignes et de façon argumentée.
On attend du candidat : qu'il développe une réflexion personnelle et argumentée sur une question contemporaine, en prenant appui sur les textes du corpus, les lectures de l'année et sur ses connaissances personnelles.

L'ÉPREUVE ORALE DE CONTRÔLE (voir p. 131)

C'est une épreuve de « rattrapage ». Elle concerne les candidats qui, à l'issue des épreuves obligatoires (et de l'épreuve facultative) du Bac, ont obtenu une moyenne générale égale ou supérieure à 8 et inférieure à 10 sur 20 et une note au moins égale à 10 sur 20 à l'épreuve de pratique professionnelle.

Le sujet

Le sujet invite les élèves à présenter oralement une œuvre ou un groupement de textes, les liens qui l'unissent à l'objet d'étude, et dire ce qu'ils en ont retenu dans une réflexion personnelle.
« Après avoir présenté une œuvre/un groupement de textes le plus précisément possible (titre(s) d'œuvre(s), auteur(s), époque(s) de publication, propos de l'œuvre/des textes), vous expliquerez ce qui vous a intéressé dans cette étude dont vous présenterez les principales lignes de force. »

L'exposé

Le candidat n'apporte aucun document. Il dispose de 15 minutes pour préparer son exposé. Lors de l'exposé, qui dure quelques minutes, le candidat s'exprime de façon autonome.

L'entretien

L'examinateur engage ensuite un dialogue avec le candidat, soit en poursuivant sur le même sujet, soit en élargissant le champ de la réflexion à l'ensemble du programme de l'année de terminale, pour s'assurer que le candidat dispose des connaissances liées aux objets d'études et qu'il est capable de s'exprimer à l'oral de manière structurée et pertinente.

L'histoire-géographie-EMC

LA DISCIPLINE

Histoire : Le monde au XXe siècle et au début du XXIe siècle

1. Les États-Unis et le monde (1917-1989)

Le sujet d'étude invite les élèves à se confronter à des questions et à des représentations à propos de la puissance américaine.

Situations : Les 14 points de Wilson – Le plan Marshall et le début de la guerre froide

2. L'idée d'Europe au XXe siècle

Le sujet d'étude invite les élèves à mesurer, au-delà des enjeux de la construction européenne, l'importance de « l'idée d'Europe », qui lui est bien antérieure.

Situations : Le plan Schuman – Kohl – Mitterrand et l'Europe

3. La décolonisation et la construction de nouveaux États : Inde, Algérie

Le sujet d'étude invite les élèves à dépasser l'étude traditionnelle de la décolonisation (chronologie, forme) pour étudier la création de nouvelles nations qui en sont issues (similitudes et différences).

Situations : Gandhi et la non-violence – La Toussaint 1954

4. Le monde depuis le tournant des années 1990

Le sujet d'étude invite les élèves à s'intéresser aux années 1990 et notamment à l'effondrement du modèle soviétique et aux crises qui marquent le début de cette nouvelle période : génocides en Afrique et en Europe et terrorisme (11 septembre).

Situations : La chute du mur de Berlin – Le 11 septembre 2001

Géographie : La France dans l'Union européenne

1. La France dans l'UE et dans le monde

Le sujet d'étude invite les élèves à appréhender le territoire français : sa diversité, son ouverture sur l'Union européenne et sur le monde, et à mesurer la puissance économique, géopolitique et culturelle de la France.

Situations : Paris, une ville mondiale – L'Outre-mer et la puissance française

2. Acteurs et enjeux de l'aménagement des territoires français

Le sujet d'étude invite les élèves à s'intéresser à l'aménagement des territoires et à décrypter l'organisation des espaces dans lesquels ils vivent.

Situations : Le Conservatoire du littoral – Un aménagement dans une communauté de communes

3. Les transformations de l'espace productif et décisionnel

Le sujet d'étude invite les élèves à aborder les transformations récentes de l'espace économique français.

Situations : Une métropole – La région de l'établissement

4. L'Union européenne et ses territoires

En relation avec le sujet d'étude d'histoire « L'idée d'Europe au XXe siècle », ce sujet d'étude invite les élèves à une étude géographique des territoires actuels de l'UE dans leur diversité et leurs dynamiques.

Situations : Les frontières de l'Union européenne – Un grand projet européen

Enseignement moral et civique

1. Pluralisme des croyances et laïcité

Le thème invite les élèves à envisager la diversité des croyances et pratiques religieuses dans la société française contemporaine.

2. Biologie, éthique, société et environnement

Le thème invite les élèves à s'intéresser aux grands débats sur les questions éthiques posées par la biologie et la médecine.

L'ÉPREUVE ÉCRITE

Elle dure 2 h 00 et comporte trois parties.

Le sujet d'histoire ou de géographie (9 points)

La première partie porte sur les sujets d'étude, soit d'histoire soit de géographie. Elle propose deux sujets au choix. Chaque sujet est composé d'une ou plusieurs questions et peut comporter un support documentaire.

La question d'enseignement moral et civique (4 points)

La deuxième partie porte sur le programme d'enseignement moral et civique. Elle est composée d'une question et peut comporter un support documentaire.

L'analyse de documents (7 points)

La troisième partie porte sur la discipline qui n'est pas l'objet de la première partie. Elle consiste en une analyse de document(s) portant sur les situations d'un des sujets d'étude.

L'ÉPREUVE ORALE DE CONTRÔLE

C'est une épreuve de « rattrapage ». Elle concerne les candidats qui, à l'issue des épreuves obligatoires (et de l'épreuve facultative) du Bac, ont obtenu une moyenne générale égale ou supérieure à 8 et inférieure à 10 sur 20 et une note au moins égale à 10 sur 20 à l'épreuve de pratique professionnelle.

Le sujet

Le sujet peut consister en un commentaire simple d'un document fourni par l'examinateur (texte court, image, graphique, carte thématique, etc.) qui porte sur un des sujets d'étude du programme. En l'absence de document, le sujet consiste en une question assez large portant sur un des sujets d'étude du programme.

L'exposé

Le candidat n'apporte aucun document. Il dispose de 15 minutes pour préparer son exposé. Lors de l'exposé, qui dure quelques minutes, le candidat s'exprime de façon autonome.

L'entretien

L'examinateur engage ensuite un dialogue avec le candidat, soit en poursuivant sur le même sujet, soit en élargissant le questionnement à d'autres parties du programme de l'année de terminale.

L'anglais

LA DISCIPLINE

Les objectifs de la discipline

En terminale, le niveau visé (fixé par le Cadre européen commun de référence pour les langues) est B1 + en LV1 et B1 en LV2.

La boîte à outils de la discipline

Maîtrisez la syntaxe et ayez du vocabulaire pour vous exprimer

Revoyez les règles de construction d'une phrase (FICHES SAVOIR 1, 2 et 3), les règles essentielles de prononciation (FICHE SAVOIR 4), des mots utiles (FICHE SAVOIR 5).

Entraînez-vous à communiquer

Pour présenter un sujet, il faut être clair, avoir un plan facile à mémoriser et un langage adapté et enfin savoir réagir à des questions posées (FICHES SAVOIR 6 et 7). Prenez la parole le plus souvent possible en classe pour vous y entraîner.
De manière générale, lors de toute intervention orale, les règles à respecter sont les mêmes : évitez de baisser la tête, regardez votre interlocuteur dans les yeux, ne parlez pas trop vite, parlez distinctement, et, en anglais, respectez l'accent de mot et l'intonation descendante.

Analysez les supports

Pour comprendre un document écrit, vous devez pouvoir comprendre la majorité des mots et savoir déduire le sens de ceux que vous ne connaissez pas. Des listes de vocabulaire thématique vous seront nécessaires. Faites une fiche récapitulative pour chaque thème ou document étudié en classe : tout sera prêt au moment de choisir les thèmes et sujets de la liste pour le CCF (contrôle en cours de formation).
Pour votre présentation, vous devez être méthodique : identifiez le document, repérez les mots-clés, mettez en relation les éléments (titres, images, etc.), identifiez les idées principales (FICHES SAVOIR 8, 9, 10 et 11).

L'ÉPREUVE

Le format de l'épreuve et ses objectifs

Durée : **15 mn (oral en CCF)** / épreuve ponctuelle pour les candidats libres. Coefficient : **2**

L'épreuve comporte 3 parties notées sur un total de 30 points. Elle permet de vérifier votre capacité à vous exprimer librement et correctement en anglais, à comprendre des questions à l'oral et mener une discussion en anglais, à comprendre un document écrit.

Que faire pendant l'épreuve ?

Partie 1 : vous proposez à l'examinateur une liste, validée par votre professeur, de 3 sujets de votre choix. Il peut s'agir de réalisations ou projets personnels, d'expériences professionnelles ou personnelles liées à l'anglais, de culture quotidienne, contemporaine ou patrimoniale des pays anglophones. Votre support peut être : une œuvre étrangère (littéraire, picturale, musicale, architecturale, cinématographique, etc.), un objet ou produit (design industriel, tradition culinaire, artisanale, etc.) ou un événement.

L'examinateur choisit un sujet. Vous le présentez en anglais pendant 5 minutes, durant lesquelles vous ne serez pas interrompu(e).

Partie 2 : toujours en anglais, pendant 5 minutes, vous répondez aux questions posées par l'examinateur pour préciser certains points ou élargir la réflexion. Vous êtes alors en situation de communication : si vous ne comprenez pas une question, dites-le à votre examinateur qui reformulera sa question. Réfléchissez calmement et formulez vos réponses en veillant à faire des phrases justes et bien prononcées. Les parties 1 et 2 sont notées sur un total de 20.
N.B. : pour les candidats libres, ces deux premières parties ont comme support un document inconnu remis au candidat par l'examinateur.

Partie 3 : l'examinateur vous soumet un document écrit, inconnu, en anglais, de 15 lignes (70 signes) maximum : publicité, extrait d'article de presse ou d'œuvre littéraire, courrier professionnel, notice, mode d'emploi, BD... Il peut être illustré par des images. Vous lirez le document (2 minutes maximum) sans prendre de notes, puis l'examinateur vous posera entre 4 et 6 questions en français (vous y répondrez, en français aussi, pendant 5 minutes). L'examinateur pourra vous demander de lire à haute voix tout ou partie du document. Cette partie est notée sur 10.

Qu'attend de vous le correcteur ?

Le correcteur a une grille d'évaluation officielle qui contient des critères progressifs. Voici les critères qui permettent d'avoir le maximum de points :

Partie 1 – Expression en continu : avoir un discours nuancé et informé, en relation avec le sujet, savoir donner son point de vue (max. 6 pts).

Partie 2 – Conversation : répondre et réagir vite, pouvoir reformuler une phrase, avancer des arguments (max. 6 pts).

Parties 1 et 2 – Correction de la langue : être compréhensible, avoir une syntaxe correcte, un lexique approprié, une prononciation claire et une intonation naturelle (max. 8 pts).

Partie 3 – Compréhension écrite : comprendre les informations principales, les détails, les liens entre les informations et le point de vue de l'auteur (max. 10 pts).

Que faire pour se préparer avant l'épreuve ?

Revoyez régulièrement les points de grammaire essentiels et apprenez le lexique

Différenciez bien les temps des verbes. Apprenez le lexique par thème, et avant l'épreuve, travaillez par deux, l'un interroge, l'autre répond puis inversement : la mémorisation est double, visuelle et auditive.

Entraînez-vous à présenter vos sujets à haute voix

Préparez des fiches sur chacun des sujets de votre liste : retenez par cœur le plan que vous avez préparé et là aussi, entraînez-vous à plusieurs. Chronométrez-vous : vous devez parler pendant 5 minutes le jour de l'épreuve.

Envisagez des sujets de discussions complémentaires

Pour chaque sujet de votre liste, prévoyez des sujets complémentaires qui pourraient faire l'objet de questions le jour de l'examen. Apprenez une liste de mots de liaison et d'expressions « bouche-trous » qui permettent de meubler en réfléchissant. Entraînez-vous à les utiliser tout au long de l'année.

Entraînez-vous à comprendre des document écrits

Dès le début de l'année, appliquez la même technique pour chaque nouveau document. Vous ne serez pas dérouté le jour de l'examen.

L’économie-droit

LA DISCIPLINE

Les objectifs de la discipline

La discipline d’économie-droit a pour objectif principal de vous donner les clés de compréhension de l’organisation économique et juridique de la société d’aujourd’hui. La discipline s’appuie sur l’étude des contextes dans lesquels s’exerce votre activité professionnelle.

La boîte à outils de la discipline

Analysez un document

Il faut que vous appreniez à repérer rapidement les caractéristiques d’un document (titre, source, date, type de document...) et à en dégager les idées principales ou chiffres-clés. Entraînez-vous régulièrement à remplir une grille d’analyse type, et ce pour différents types de documents. Pour vous aider, vous disposez dans cet ouvrage d’exercices de type bac ainsi que de corrigés complets.

Maîtrisez le vocabulaire

La maîtrise du vocabulaire est importante car, le jour de l’épreuve, on peut vous demander de définir ou d’expliquer des concepts. Pour vous aider, vous disposez d’un repérage des mots-clés dans chaque fiche Savoir (surlignage jaune) ainsi que de la liste de ces mots en fin de fiche. Soyez précis dans les termes que vous utilisez.

Rédigez une étude et proposez une réponse argumentée

Vous devez apprendre à proposer une étude argumentée et structurée répondant à la question de la deuxième partie de l’épreuve. Le plan vous sera fourni, mais ce sera à vous d’organiser vos idées à l’intérieur de chaque partie, d’expliquer clairement les notions ou d’exposer les différents points de vue, de trouver les exemples pertinents et de vous appuyer sur vos expériences personnelles et professionnelles. Pour vous aider, vous disposez dans chaque exercice d’un entraînement à la rédaction de l’étude ainsi que d’une proposition de corrigé.

L’ÉPREUVE ÉCRITE

Le format de l’épreuve et ses objectifs

Durée : **2 h 30** – Coefficient : **1**

Le sujet se compose de deux parties :
– l’analyse d’un dossier documentaire portant sur un thème particulier du programme (de seconde, de première ou de terminale) avec un questionnement ;
– la rédaction d’une étude liée au thème développé dans la première partie.

Les objectifs de l’épreuve sont d’évaluer votre capacité à analyser le dossier documentaire, à argumenter en répondant aux questions posées et à rédiger votre étude en synthétisant les idées et en répondant à la problématique.

Que faire pour se préparer avant l’épreuve ?

Apprenez vos cours

Vous devez apprendre vos cours pour maîtriser le vocabulaire indispensable à la bonne compréhension du dossier documentaire et pour être capable de répondre de façon précise aux questions.

Entraînez-vous à l'étude

Pour préparer cette épreuve, il est indispensable d'avoir réalisé plusieurs études sur l'ensemble de votre parcours au lycée. Cet entraînement vous aidera à acquérir les bonnes méthodes et les bons réflexes pour structurer et rédiger correctement vos développements.

Que faire pendant l'épreuve ?

Lisez le sujet

La lecture du sujet ne doit pas dépasser 30 minutes. Le sujet porte sur une thématique donnée : il est constitué d'un dossier documentaire et d'un questionnement. Le dossier se compose de plusieurs documents variés (textes, statistiques, infographies, photos...) présentant des dimensions économiques et juridiques de la thématique à traiter.

Exploitez le dossier documentaire

Dans la première partie, vous devrez répondre à des consignes précises, en exploitant le dossier documentaire fourni. Dans un premier temps, vous devez analyser chaque document du dossier en remplissant une grille d'analyse qui détaille le titre du document, sa date, la source, le type de document (article de presse, extrait d'un site Internet, photo, dessin, infographie, extrait d'un site d'entreprise...) et qui résume ses idées principales.

Dans un second temps, il peut vous être demandé de définir certains termes ou concepts figurant dans les documents.

Enfin, des questions de compréhension sur certains documents peuvent vous être posées. On peut aussi vous proposer deux ou trois autres documents supplémentaires, apportant un autre éclairage sur le thème, et vous demander de choisir celui qui vous semble le plus pertinent pour répondre à la problématique du sujet. C'est alors votre argumentation qui sera évaluée et non le choix même du document.

Rédigez une étude

Dans une seconde partie, vous devez rédiger une étude répondant à une question donnée. Des axes d'analyse vous seront proposés et constitueront le plan à suivre. Afin d'étayer et de nourrir votre étude, aidez-vous des réponses données dans la première partie. Appuyez-vous également sur les exemples détaillés dans les documents du dossier ainsi que sur vos expériences personnelles.

Qu'attend de vous le correcteur ?

Le correcteur attend que vous montriez de sérieuses connaissances juridiques et économiques. Vous serez évalué(e) sur votre capacité à analyser le dossier documentaire, à répondre à la question de l'étude, à argumenter et illustrer vos propos de vos expériences et de vos observations du monde socio-économique.

Votre travail doit faire apparaître des connaissances en lien avec l'ensemble du programme de seconde, première et terminale. Le vocabulaire économique et juridique utilisé devra être pertinent et précis. Les connaissances mobilisées dans votre copie seront clairement exprimées et justifiées.

Votre travail aboutira à une production écrite qui devra être soignée, claire et synthétique. Le style et l'orthographe devront être maîtrisés. Enfin, ne négligez pas la forme : votre copie devra être bien présentée, comme s'il s'agissait d'un document professionnel.

Les mathématiques

LA BOÎTE À OUTILS DE LA DISCIPLINE

Le cours

Le cours doit être su : il y a des connaissances sans lesquelles on ne peut pas faire les exercices proposés !

Certaines formules sont à connaître par cœur. L'antisèche électronique qu'est votre calculatrice ne doit être qu'une roue de secours en cas de trou de mémoire. On utilise correctement une formule que lorsqu'on la connait bien.

Les exercices

Vous ne devez pas vous contenter de relire les exercices corrigés, il faut les refaire pour vous confronter à d'éventuelles lacunes qu'il faudrait combler.

« Parcourir et relire » simplement un exercice, sans le refaire, sans passer par l'écrit ne sert à rien ; il donne l'illusion de « savoir faire ». La feuille et le stylo sont indispensables en mathématiques.

Affinez votre entraînement en faisant plusieurs exercices portant sur un même thème.

OBJECTIFS ET DESCRIPTION DE L'ÉPREUVE

Quelle épreuve pour qui ?

Les mathématiques sont évaluées **par contrôle en cours de formation (CCF)** pour :
- les candidats sous statut scolaire dans un établissement public local d'enseignement ou dans un établissement privé sous contrat ;
- les apprentis des centres de formation en apprentissage ou des sections d'apprentissage habilitées ;
- les candidats de la formation professionnelle continue dans un établissement public.

Pour les autres candidats, l'évaluation a lieu sous **forme ponctuelle**.

L'évaluation sous forme de contrôle en cours de formation (CCF)

Le contrôle en cours de formation comporte deux séquences, chacune notée sur 10, et d'une durée de 45 minutes environ.

La première séquence est organisée avant la fin du premier trimestre de la Terminale professionnelle et la deuxième avant la fin de l'année scolaire.

Chaque séquence comporte un ou deux exercices avec des questions de difficulté progressive.

L'un des exercices de chaque séquence comporte une ou deux questions dont la résolution nécessite l'utilisation de logiciels ou de calculatrice par les candidats. La présentation de la résolution de cette (ou ces) question(s) se fait en présence de l'examinateur. Ce type de questions permet d'évaluer les capacités à expérimenter, à simuler, à émettre des hypothèses ou à contrôler leur vraisemblance. Le candidat porte ensuite par écrit sur une fiche à compléter les résultats obtenus, des observations ou des commentaires.

L'évaluation sous forme ponctuelle

Cette épreuve d'une durée d'1 heure est notée sur 20 points.

Le sujet se compose de deux ou trois exercices avec des questions de difficultés progressives recouvrant une part aussi large que possible des capacités mentionnées dans le programme de Terminale professionnelle.

L'un des exercices comporte des questions dont la résolution nécessite l'utilisation de logiciels ou de la calculatrice.
Cet exercice est noté sur 10 points.
Il permet d'apprécier l'aptitude du candidat à mobiliser les capacités et connaissances du programme pour traiter un problème dont la résolution nécessite l'utilisation de logiciels ou de la calculatrice, et d'évaluer les capacités à expérimenter, à simuler, à émettre des hypothèses ou à contrôler leur vraisemblance.
La présentation de la résolution de cette question se fait en présence de l'examinateur.

Les critères dévaluation

Il s'agit d'évaluer les aptitudes à mobiliser les connaissances et compétences pour résoudre des problèmes, en particulier :
- rechercher, extraire et organiser l'information ;
- choisir et exécuter une méthode de résolution ;
- raisonner, argumenter, critiquer et valider un résultat ;
- présenter, communiquer un résultat.

Lorsque la situation s'appuie sur d'autres disciplines, aucune connaissance relative à ces disciplines n'est exigible des candidats et toutes les indications utiles sont fournies dans l'énoncé.

La calculatrice et les formulaires

Si l'emploi de la calculatrice est autorisé, ceci est précisé en tête du sujet. Utilisez durant l'année la calculatrice que vous aurez le jour du bac. Chaque « marque » et modèle de calculatrice s'utilise différemment ; il faut donc s'être entraîné toute l'année avec sa calculatrice, c'est-à-dire avec celle que l'on utilisera le jour du bac.

Il n'existe pas de formulaire officiel. En revanche, certaines formules peuvent se trouver dans le corps du sujet ou en annexe, en fonction de la nature des questions.

Prévention Santé Environnement

OBJECTIFS DE L'ÉPREUVE DE PSE EN TERMINALE

Ils sont définis dans le Bulletin Officiel n°30 du 23 juillet 2015.
Le programme vise le développement des compétences suivantes :
- conduire une démarche d'analyse de situations, en appliquant la démarche de résolution de problème ;
- analyser une situation professionnelle en appliquant différentes démarches : analyse par le risque, par le travail, par l'accident ;
- mobiliser des connaissances scientifiques, juridiques et économiques ;
- proposer et justifier les mesures de prévention adaptées ;
- proposer des actions permettant d'intervenir efficacement face à une situation d'urgence.

DESCRIPTION DE L'ÉPREUVE

L'épreuve de PSE en Bac Professionnel est une épreuve écrite ponctuelle qui se déroule à la fin de la Terminale, elle est d'une durée de deux heures. Elle comporte deux parties.

Première partie : notée sur 10 points

Les questions s'appuient sur des situations de la vie quotidienne et permettent d'évaluer les contenus d'au moins deux modules parmi les modules 1 à 7 :
Santé et équilibre de vie ; Alimentation et santé ; Prévention des comportements à risques et conduites addictives ; Sexualité et prévention ; Environnement économique et protection du consommateur ; Gestion des ressources naturelles et développement durable ; Prévention des risques.

Deuxième partie : notée sur 10 points

Les questions permettent d'évaluer les contenus des modules 8 à 12.

Première sous-partie : notée sur **4 points**

Questions sur le module 8, *Prévention des risques dans le secteur professionnel* :

- **Mise en œuvre** de la **démarche d'approche par le risque** en s'appuyant sur des documents ressources permettant de proposer une démarche de prévention.
- **Une question** demandant d'expliquer la **conduite à tenir face à une situation d'urgence**.

Deuxième sous-partie : notée sur **6 points**

Questions sur les modules 9 à 12 : *Cadre réglementaire de la prévention dans l'entreprise ; Effets physiopathologiques des risques professionnels et prévention ; Approche par le travail ; Approche par l'accident.*
L'évaluation de cette partie s'appuie sur un dossier ressource qui présente une situation professionnelle, une description des activités de l'entreprise et les documents législatifs et réglementaires nécessaires.
Les contenus du dossier permettent la mise en œuvre de la **démarche d'analyse par le travail**, la mobilisation des connaissances scientifiques et législatives, l'argumentation des solutions proposées.

CONSEILS POUR SE PRÉPARER À L'ÉPREUVE

Description	Conseils
Première partie de l'épreuve – Une ou plusieurs **situations de la vie quotidienne** présentant une problématique : article de presse, illustration, statistiques, etc. – Questions indépendantes ou liées. Évaluation sur : la maîtrise de la **méthodologie de résolution de problème** et la connaissance des contenus des modules 1 à 7.	– Revoir l'ensemble des modules 1 à 7. – Lire attentivement la situation et les questions. – S'entraîner au préalable à appliquer la méthodologie de résolution de problème : identifier le problème posé (ex : par une question), identifier les éléments de la situation et les mettre en relation, mobiliser les connaissances et proposer des solutions. – Maîtriser les outils d'analyse : QQOQCP, diagramme causes-effet. – S'aider de la situation et également de vos connaissances.
Deuxième partie de l'épreuve *Première sous-partie* – **Situation professionnelle** présentant l'un des risques professionnels concernant le programme de première. – Documents à disposition (ex : grille d'estimation et d'évaluation des risques, etc.) – Une question sur les situations d'urgence. Évaluation sur : la maîtrise de la **démarche d'analyse par les risques.**	– Lire attentivement la situation et les documents. – S'entraîner au préalable à appliquer la démarche d'analyse d'une situation de travail par l'approche par les risques (voir fiches 5 à 10 et fiche 16). – Construire ou/et compléter le PAD, schéma du processus d'apparition d'un dommage (voir fiche 5). – Repérer les mesures de prévention existantes et en proposer, les classer selon les principes généraux de prévention (voir fiche 12). – Proposer et expliquer la conduite à tenir en cas d'accident conformément au référentiel du SST (Sauveteur Secouriste du Travail), voir fiche 11.
Deuxième partie de l'épreuve *Deuxième sous-partie* *Dossier comportant :* – une situation professionnelle, – une description des activités de l'entreprise, – des documents législatifs et réglementaires. Évaluation sur : – la maîtrise de la démarche **d'approche par le travail,** – les connaissances législatives, – les connaissances scientifiques, – l'argumentation des solutions proposées.	– Lire attentivement la situation et les autres documents du dossier ressources. – S'entraîner au préalable à appliquer la démarche d'approche par le travail. – Construire et/ou compléter un schéma de compréhension, rédiger une hypothèse (voir fiche 19). – Proposer des solutions et les justifier. – Pour les questions portant sur la réglementation, voir les fiches 12 à 15. – Pour les questions sur les dommages possibles en fonction du risque, voir les fiches 6 à 10 et 16 à 18.

Savoir 1

Les formes de commerce

LU ☐
SU ☐
REVU ☐

Il existe trois principales formes de commerce, que l'on distingue selon l'organisation de l'unité de vente.

1 Le commerce indépendant

Il est détenu par un commerçant libre du choix de ses fournisseurs et des produits qu'il vend. Il est spécialisé dans la vente d'une ou plusieurs familles de produits.

2 Le commerce associé

On distingue trois formes de commerce associé.

2.1. Le groupement d'achat

Des commerçants indépendants, détaillants ou grossistes, regroupent leurs achats pour obtenir de meilleures conditions de vente : prix, délais de paiement (ex. : Krys).

2.2. La chaîne volontaire

Des grossistes et des détaillants organisent en commun leurs achats et leurs ventes tout en restant indépendants juridiquement (ex. : Logis de France, Joupi).

2.3. La franchise

C'est un contrat par lequel une entreprise (le franchiseur) concède à un commerçant indépendant (le franchisé) le droit d'utiliser sa marque, son réseau, ses services, son savoir-faire moyennant le versement d'une redevance. Il permet à ses adhérents de bénéficier d'une assistance technique, juridique et financière (ex. : Mobalpa).

3 Le commerce intégré

Le commerce intégré cumule les fonctions de gros (assurées par les centrales d'achat et les entrepôts) et de détail (assurées par les points de vente des grandes enseignes nationales).

MAGASINS À SUCCURSALES MULTIPLES (MAS)	Ils possèdent une maison mère et sont des sociétés commerciales détenant au moins dix magasins de détail (ex. : Eram).
GRANDES SURFACES SPÉCIALISÉES (GSS)	Ce sont des points de vente de grande dimension, spécialisés dans la vente de produits non alimentaires (ex. : Decathlon).
GRANDES SURFACES À DOMINANTE ALIMENTAIRE (GSA)	– Supérette : surface moyenne, assortiment limité (ex. : Shopi). – Supermarché : magasin plus grand, assortiment ample (ex. : Atac). – Hypermarché : assortiment très développé (ex. : Carrefour).
GRANDS MAGASINS	Ils offrent la quasi-totalité des biens de consommation et des services dans un ensemble de rayons (ex. : Galeries Lafayette).
MAGASINS POPULAIRES	Ils proposent généralement des secteurs « textile et bazar » ainsi que des rayons alimentaires (ex. : Monoprix).

mots clés

Commerce associé ◆ Franchise ◆ Commerce intégré ◆ Magasins à succursales multiples (MAS) ◆ Grands magasins ◆ Magasins populaires ◆ Grandes surfaces spécialisées (GSS) ◆ Grandes surfaces alimentaires (GSA)

Savoir 2

L'approvisionnement

LU ☐
SU ☐
REVU ☐

GÉRER

Face à une concurrence agressive, le point de vente doit satisfaire les besoins des consommateurs et disposer d'un système d'approvisionnement performant.

1 La fonction d'approvisionnement

Elle consiste à satisfaire les besoins du point de vente en matière de produits. Elle vise à réduire les délais de livraison, à bénéficier de conditions d'achat avantageuses, à minimiser les coûts de logistique, à limiter les stocks et éviter les ruptures.

2 Les modes d'approvisionnement

2.1. Le mode direct

Les produits sont achetés auprès des fabricants, producteurs et/ou fournisseurs. Leur acheminement est rapide et les conditions d'achat avantageuses.

2.2. Le mode indirect

Les produits transitent par un ou plusieurs intermédiaires. Ce mode est plus cher en raison des frais et des marges de chaque intermédiaire. Mais il permet un gain de temps et un plus grand choix des marques et des produits.

LE GROSSISTE	Il achète les marchandises en très grosses quantités auprès des fabricants, les stocke et livre les points de vente.
LA CENTRALE D'ACHAT	Elle choisit les produits et les fournisseurs, négocie les conditions d'achat (prix, livraison, délais de paiement), passe les commandes.
L'ENTREPÔT	Il reçoit les marchandises, les stocke et livre les magasins. Les marchandises, achetées au meilleur prix, sont stockées le plus longtemps possible, ce qui permet aux points de vente d'être compétitifs.
LA PLATEFORME D'APPROVISIONNEMENT	Elle réceptionne les produits, les entrepose durant une très courte durée (transit) et livre les points de vente.

3 Le choix des fournisseurs

Les fournisseurs sont sélectionnés selon les critères suivants :
- la situation géographique : elle doit permettre un réassort rapide ;
- les conditions commerciales : tarifs, quantités minimales, délais de livraison, etc. ;
- la participation aux actions promotionnelles et l'aide pour l'implantation en magasin ;
- la notoriété et l'image.

Le référencement signifie l'introduction d'une nouvelle référence dans un assortiment.

RÉFÉRENCEMENT NATIONAL	Il est effectué par la centrale (produits de grande consommation).
RÉFÉRENCEMENT RÉGIONAL	Il est réalisé par des dépôts régionaux (produits régionaux).
RÉFÉRENCEMENT MAGASIN	Il est effectué par le chef de rayon pour des produits locaux.

mots clés Grossiste ◆ Centrale d'achat ◆ Plateforme d'approvisionnement ◆ Référencement

Savoir 3

Le réassort et la préparation de commande

LU ☐
SU ☐
REVU ☐

De nos jours, le consommateur est très volatil : s'il ne trouve pas un produit, il se tourne vers la concurrence. Il est indispensable d'avoir le bon produit au bon moment.

1 Le réassort

Le réassort consiste à renouveler l'achat des produits en magasin afin d'avoir des rayons suffisamment approvisionnés. Il se déroule en plusieurs étapes :
- ranger les produits et retirer ceux impropres à la vente ;
- effectuer la rotation des produits, c'est-à-dire en retirer du rayon ou implanter les plus récents en fonction de la fréquence des ventes et de l'approvisionnement ;
- dénombrer les produits manquants en rayon ;
- réassortir le rayon avec le stock en réserve ;
- passer commande pour reconstituer les stocks.

2 L'état des stocks et le cadencier

- L'état des stocks est un document récapitulatif qui indique la quantité de produits en rayon et en réserve pour chaque référence à une date précise.
- Le cadencier permet de connaître les cadences (le rythme) des ventes et les quantités écoulées au cours des périodes précédentes afin de prévoir les quantités à commander et limiter les ruptures de stock ou les surstockages.

3 Le plan d'achat

Le plan d'achat permet de prévoir les quantités à acheter globalement et par modèle, référence, couleur, taille… Afin de le réaliser, il est nécessaire de connaître l'historique des ventes, les habitudes d'achat de la clientèle, l'état des stocks (grâce au cadencier), les prévisions de vente pour les saisons à venir, la capacité de stockage.

4 La préparation de la commande

1re étape : déterminer les produits et les quantités à commander
en fonction des stocks, des prévisions de vente, de la capacité du rayon, des délais de livraison, des coûts de passation des commandes, des unités de conditionnement

⇩

2e étape : obtenir les informations nécessaires pour la commande
Référence de l'article, unité de conditionnement, coordonnées du fournisseur, prix d'achat…

⇩

3e étape : choisir le support (bon de commande ou état de réassortiment) et le moyen de transmission (courriel, fax…)

mots clés : Réassort ◆ État des stocks ◆ Cadencier ◆ Plan d'achat

S'entraîner au Bac
Exercice 6 : p. 56

GÉRER

La réception des produits

LU ☐
SU ☐
REVU ☐

À la suite d'une passation de commande, l'entreprise suit l'état d'avancement de la livraison afin d'organiser au mieux les opérations de réception de la marchandise.

1 Le suivi des commandes

Il consiste à élaborer un planning indiquant le numéro, la date de commande et la date de livraison. Mis à jour quotidiennement, il permet d'organiser les réceptions des marchandises et de repérer les retards de livraison afin d'effectuer des relances.

2 L'organisation des réceptions des marchandises

1. Avant la réception	2. Pendant la réception	3. Après la réception
– Dégager les zones de déchargement, de réception, de déballage et de rangement. – Préparer le matériel nécessaire.	– Aider au déchargement, entreposer dans la zone de déballage ou de rangement, contrôler les cartons. – Effectuer les remarques qui s'imposent et valider les documents de livraison.	– Déballer et contrôler la marchandise qualitativement et quantitativement. – Signaler les éventuelles anomalies au fournisseur. – Étiqueter et apposer des antivols. – Mettre à jour les stocks. – Ranger les produits en réserve et/ou en rayons.

3 Les documents de livraison

Il s'agit du bon de livraison (exemplaire client), du bon de réception sur lequel le client fait ses remarques, date et signe (exemplaire fournisseur) et du récépissé de transport lorsque la livraison est effectuée par un transporteur.

4 Les cas de non-conformité lors d'une réception

Si le livreur est présent au déballage	Si le livreur n'est pas présent au déballage
↓	↓
Signaler les anomalies sur le bon de réception et refuser les cartons et/ou la marchandise non conforme puis prendre contact avec le fournisseur.	Noter la mention « sous réserve de déballage » sur le bon de réception. Si des anomalies sont constatées lors du déballage, contacter le fournisseur puis lui confirmer par lettre recommandée avec AR dans les 3 jours.

5 La responsabilité des intervenants

- Le fournisseur engage sa responsabilité contractuelle si les conditions de livraison ne sont pas respectées par rapport au contrat de vente (ex. : délais, casse...).
- Le transporteur engage sa responsabilité au niveau du transport de la marchandise.

mots clés

Contrôle quantitatif et qualitatif

Savoir

5

Les opérations de contrôle

LU ☐
SU ☐
REVU ☐

Dès que la marchandise est réceptionnée, le fournisseur établit la facture au client. Ce dernier doit la contrôler avant de la régler.

GÉRER

1 Les éléments de la facture de doit

La facture de doit détaille le prix à payer par le client. Elle doit être réalisée en deux exemplaires (un pour l'acheteur, l'autre pour le vendeur).
Elle comprend divers éléments.

LE PRIX	Le prix unitaire correspond au prix de l'unité de vente d'un produit (à l'unité, par lot de 2, par carton de 10...). Il est exprimé sans ou avec la taxe sur la valeur ajoutée (TVA) : il est alors HT (hors taxes) ou TTC (toutes taxes comprises).
LES RÉDUCTIONS	– Rabais : accordé lorsque la marchandise est abîmée ; – Remise : accordée lorsque les quantités d'achat sont importantes ; – Escompte de règlement : accordé lorsque le client règle au comptant ; – Ristourne : calculée en fonction du montant acheté sur une période.
LES FRAIS	Les frais de transport sont soit facturés au client (port dû), soit payés par le fournisseur (port payé), soit franco (inclus dans le prix d'achat). Les frais d'emballage apparaissent si les emballages sont achetés par le client. Les frais d'assurance couvrent les risques lors du transport (casse, vol...).

2 Le rapprochement facture/document de livraison

Le client doit vérifier, à l'aide du bon de livraison et du bon de commande :

- les quantités facturées, qui doivent être identiques à celles commandées ou acceptées lors de la livraison, en tenant compte des refus de produits lors de la réception ;
- les conditions de vente (réductions, port, emballage, assurance) ;
- le prix des articles, qui doit correspondre au tarif à la date de la commande ;
- le montant total de la facture (vérification des calculs).

Le client doit informer rapidement le fournisseur afin qu'il établisse une nouvelle facture de doit (si le client n'a pas encore réglé) ou une facture d'avoir (si le client a déjà réglé). La facture d'avoir rectifie le montant de la facture de doit sans l'annuler ni la remplacer, elle sera également vérifiée. Le montant est généralement déduit du prochain achat.

3 Le règlement de la facture

LES DÉLAIS DE PAIEMENT	– Paiement au comptant : dès réception de la facture ou des produits. – Paiement à crédit : échéances de règlement à 30 jours.
LES MOYENS DE PAIEMENT	– En espèces pour des montants faibles. – Par chèque pour des règlements de valeurs importantes. – Par carte bancaire. – Par virement bancaire si le fournisseur est étranger ou exige une garantie. – Par lettre de change ou billet à ordre (crédit à usage commercial).

mots clés Rabais ◆ Remise ◆ Ristourne ◆ Escompte ◆ Port dû ◆ Port payé ◆ Franco de port

Savoir

6 La détermination du prix de vente

LU ☐
SU ☐
REVU ☐

GÉRER

Un point de vente doit fixer le prix des nouveaux produits ou peut modifier le prix de ceux qui sont déjà en vente. La fixation d'un prix doit répondre à différents objectifs : augmenter les ventes, assurer une bonne rentabilité et lutter contre la concurrence.

1 Les méthodes de fixation des prix

1.1. La fixation des prix à partir des coûts

Le prix de vente en magasin, appelé aussi « prix public », est fixé par le commerçant lorsqu'il revend les marchandises aux consommateurs. Il est affiché toutes taxes comprises (PV TTC).

PV TTC = Prix d'achat hors taxes + Marge commerciale + Montant de TVA

a) Le prix d'achat

C'est le prix catalogue ou de départ proposé par le fournisseur au commerçant.

b) Le coût d'achat

Il représente le prix d'achat auquel on retire les réductions (remises, rabais) et auquel on ajoute les frais d'achat (transport, emballage, assurances...) :

Coût d'achat = Prix d'achat – Réductions + Frais d'achat

c) La marge commerciale

Elle permet au commerçant de couvrir différents frais : les charges de personnel, le loyer du local commercial, les frais généraux (électricité, chauffage...), les frais de marketing (publicité...). Elle doit aussi permettre la réalisation d'un bénéfice (marge nette ou profit).

Elle peut être exprimée en pourcentage du PA HT (taux de marge) ou en pourcentage du PV HT (taux de marque).

d) La TVA (taxe sur la valeur ajoutée)

C'est un impôt payé par le consommateur lors de ses achats selon les différents taux en vigueur :

- le taux spécifique de 2,1 % sur les médicaments, places de cinéma... ;
- le taux réduit de 5,5 % sur les produits alimentaires courants, les appareillages pour handicapés... ;
- le taux intermédiaire de 10 % sur certains travaux, la restauration, les transports de voyageurs ;
- le taux normal de 20 % sur les produits non concernés par les autres taux.

e) Le coefficient multiplicateur

Il permet au commerçant de calculer facilement le PV TTC d'un article à partir du PA HT.

PV TTC = PA HT × coefficient multiplicateur

1.2. La fixation des prix à partir de la demande

Le prix psychologique, ou prix d'acceptabilité, est le prix acceptable par le plus grand nombre de clients potentiels. Il est déterminé grâce à une enquête réalisée auprès d'un échantillon représentatif d'acheteurs éventuels à qui on pose deux questions :

- Au-dessous de quel prix n'achèteriez-vous pas ce produit car vous estimeriez qu'il est de mauvaise qualité ?
- Au-dessus de quel prix n'achèteriez-vous pas ce produit car vous estimeriez qu'il est trop cher ?

Cette technique est complétée par l'utilisation de seuils psychologiques que sont les prix magiques (prix fixés avant une unité monétaire entière) et les prix ronds. Le franchissement d'un seuil fait baisser la demande.

EXEMPLES
49,90 € est un prix magique ; une « foire à 2 € » constitue un prix rond.

2 Les stratégies de prix

2.1. La stratégie de pénétration

Le fournisseur ou le commerçant adopte un prix bas afin de toucher une très vaste clientèle grâce à une distribution de masse, ce qui lui permet la réalisation d'un chiffre d'affaires important.

EXEMPLES
Les stylos Bic, les shampoings Garnier.

2.2. La stratégie d'écrémage

Il s'agit de toucher une clientèle restreinte qui accepte de payer un prix élevé pour un produit d'une marque réputée, à la pointe du progrès.

EXEMPLES
Les montres Cartier, les voitures Mercedes.

2.3. La stratégie d'alignement

Le prix du produit est fixé en fonction du prix pratiqué par les concurrents. Des relevés de prix ont lieu régulièrement.

EXEMPLE
Le carburant dans les grandes surfaces.

Toutefois, le commerçant doit veiller à ne pas revendre à perte, c'est-à-dire en dessous du prix d'achat effectif. La revente à perte est illégale, sauf exceptions (liquidations, soldes).

mots clés

Prix d'achat ◆ Coût d'achat ◆ Marge ◆ TVA ◆ Coefficient multiplicateur ◆ Prix psychologique ◆ Prix magique ◆ Prix rond ◆ Stratégie de pénétration ◆ Stratégie d'écrémage ◆ Stratégie d'alignement

S'entraîner au Bac
Exercices 1 et 2 : pp. 52-53

L'implantation des produits dans le linéaire

LU ☐
SU ☐
REVU ☐

L'implantation ne se fait pas au hasard. Des spécialistes établissent des schémas d'implantation selon les marques, la demande des clients, les marges...

1 Le marchandisage

1.1. Définition

Le marchandisage (*merchandising*, en anglais) est l'ensemble des techniques de présentation des produits mises en œuvre par les distributeurs pour favoriser l'écoulement des produits. Des planogrammes (plans d'implantation) sont fournis par le siège ou les fournisseurs afin d'implanter correctement les rayons et les produits.

1.2. Les types de marchandisage

a) Le marchandisage de séduction

La présentation très esthétique des produits a pour but d'attirer le regard, de séduire le client et donc de provoquer des achats d'impulsion.

b) Le marchandisage de gestion

L'implantation des produits en linéaire (succession de meubles, gondoles) vise à améliorer les performances du rayon, à savoir le volume des ventes, le chiffre d'affaires et/ou la marge. Les produits à forte marge seront placés de manière visible et accessible. On parlera ainsi de rentabilité ou de rendement du linéaire.

c) Le marchandisage d'organisation

Les rayons sont implantés dans un objectif de praticité. Le rayon « Liquides » est implanté à proximité des réserves par exemple. On tient compte également des différentes zones (froide ou chaude), des allées utilisées pour la circulation des clients, des lieux d'implantation des réserves et des laboratoires de fabrication.

1.3. Les techniques de marchandisage

a) Les niveaux de présentation

NIVEAUX DE PRÉSENTATION	PRODUITS
Supérieur (1,80 m)	Produits de marques nationales peu génératrices de marges. Peut servir aussi de casquette (réserve).
Yeux (1,65 m, le plus visible) Mains (1,40 m, le plus accessible)	Produits les plus vendeurs et les plus rentables (marges fortes, produits haut de gamme, nouveautés et MDD).
Genoux (0,65 m)	Produits de marques nationales peu génératrices de marges et produits courants.
Sol (0 m, le moins vendeur)	Produits lourds ou volumineux et à faible marge (1er prix).

b) Les types d'implantations

- L'implantation verticale (1) dispose les références sur tout ou partie des différents niveaux du linéaire. Elle offre plus de clarté et un effet de masse très vendeur.
- L'implantation horizontale (2) consiste à présenter les références sur un seul et même niveau, ce qui favorise le niveau des yeux et des mains.

- L'implantation semi-verticale (3) consiste à présenter les marques sur un même niveau et les segments de chaque marque les uns en dessous des autres.
- L'implantation par fenêtre (4) consiste à implanter la marque d'un produit au centre du linéaire et à l'entourer des autres marques.
- L'implantation par panneaux (5) consiste à regrouper les produits de chaque marque sur une partie du linéaire.

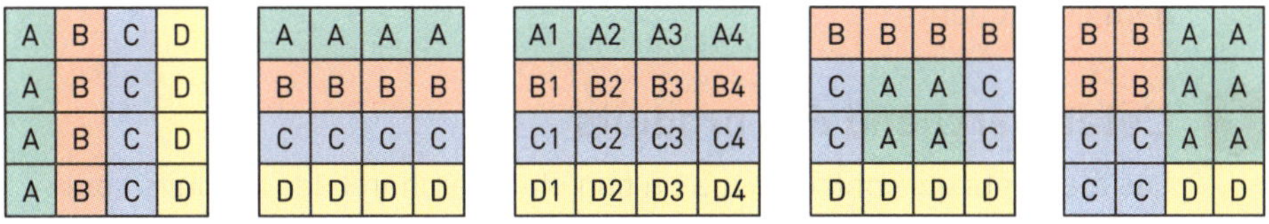

1 2 3 4 5

A1 = marques ; A segment

c) Le sens de circulation et les zones d'implantation

Lorsque le client pénètre dans une allée secondaire, il trouve au début du linéaire les produits de consommation courante à forte demande, au centre du linéaire les produits à achat d'impulsion (nouveautés) et au bout du linéaire les produits d'appels.

2 Les calculs d'implantation

- Le linéaire au sol (LS) représente la longueur en mètre (ou en cm) d'un linéaire occupée par un produit ou une famille de produits sur un niveau d'exposition.
- Le linéaire développé (LD) est le linéaire au sol multiplié par le nombre de niveaux de présentation du produit ou de la famille de produits.
- Le nombre de frontales (*facing*) est nombre de produits d'une même référence présentés de face sur le linéaire et en contact avec l'étagère.
- La capacité de stockage du linéaire est le nombre total de produits d'une référence en rayon. Il s'obtient en multipliant le nombre de produits tenant en longueur (nombre de *facings*) par celui en profondeur et enfin par celui en hauteur dans le rayon.

EXEMPLE

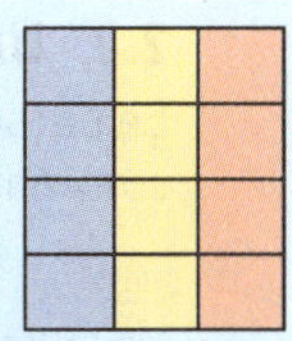

Pour le produit jaune de dimensions suivantes : longueur 0,10 m, hauteur 0,35 m et profondeur 0,25 m.
Le linéaire est composé de 3 gondoles de 1,20 m chacune, la hauteur entre chaque étagère est de 0,40 m et la profondeur de 0,50 m.
Le LS du produit jaune = 1 mls
Le LD du produit jaune = 1 mls × 5 niveaux de présentation (étagères) = 5 mld
Le *facing* de base (sur la base d'une étagère) = 1 mls/0,10 = 10 facings
Le *facing* total (sur le linéaire) = 0,40/0,35 = 1 hauteur × 10 *facings* de base × 5 étagères = 50.
Capacité totale pour 1 étagère :
Longueur : 1 mls/0,10 m = 10 Hauteur : 0,40/0,35 m = 1
Profondeur : 0,50/0,25 = 2 Capacité totale = 10 × 1 × 2 = 20 sur 1 étagère
Capacité totale sur le linéaire = 20 × 5 étagères = 100 produits jaunes.

mots clés

Marchandisage de gestion/de séduction/d'organisation ◆ Implantation verticale/horizontale ◆ Linéaire au sol ◆ Linéaire développé ◆ *Facing*

S'entraîner au Bac
Exercices 3 et 4 : pp. 54-55

Savoir 8

L'état marchand des produits et la démarche qualité

LU ☐
SU ☐
REVU ☐

GÉRER

De nos jours, la majorité des commerces s'engagent à garantir l'état des produits qu'ils proposent à la vente (appelé « état marchand ») dans le cadre d'une démarche qualité.

1 L'état marchand des produits

Les éléments qui contribuent à un bon état marchand des produits sont :
- le contrôle de la livraison (état des cartons, respect des températures...) ;
- un stockage adapté (conservation, respect de la chaîne du froid...) ;
- la propreté des espaces et des mobiliers de vente ;
- la mise en rayon et l'affichage des prix et informations complémentaires (provenance, prix unitaire, prix au kg...) ;
- la rotation des produits et la vérification des dates limites de consommation (DLC) et des dates limites d'utilisation optimale (DLUO) ;
- l'adéquation des prix affichés et encaissés ;
- le rangement et le réassort des linéaires.

2 La démarche qualité

C'est la volonté, pour un commerçant, d'apporter à son client une qualité produit/service définissable, applicable et mesurable.

2.1. Une démarche définissable

Le commerçant bâtit ses propres objectifs qualité ou utilise des référentiels existants.

EXEMPLE Le groupement Les Mousquetaires (Intermarché) fournit à ses adhérents, commerçants indépendants associés, un référentiel qualité.

2.2. Une démarche applicable

Le personnel doit être formé afin d'en assurer la mise en place et le suivi depuis les commandes jusqu'au service après-vente clients.

EXEMPLE Les magasins Darty proposent « Le contrat de confiance », qui garantit une qualité optimale en matière de prix, de choix et de services.

2.3. Une démarche mesurable

Elle doit être évaluée par une personne du point de vente et/ou par un client mystère. Cependant, l'avis des clients reste le meilleur baromètre de la démarche qualité. Si les normes de qualité sont respectées, le commerce peut obtenir un label.

EXEMPLE Le label « Passion Commerce » de la CCI du Tarn.

2.4. L'intérêt de la démarche qualité

La démarche qualité permet d'améliorer l'image de marque du point de vente, de lutter contre la concurrence, d'accroître et de fidéliser la clientèle.

mots clés **Démarche qualité ◆ Chaîne du froid ◆ DLC ◆ DLUO**

Savoir 9

La gestion des produits

LU ☐
SU ☐
REVU ☐

Tout distributeur doit choisir son assortiment avec soin afin de répondre aux besoins des consommateurs et à la nécessité pour l'entreprise d'obtenir des résultats assurant sa pérennité.

GÉRER

1 La composition de l'assortiment

1.1. Les produits permanents

C'est l'assortiment de base. Ce sont les produits consommés tout au long de l'année par la clientèle. Ils font l'objet de commandes régulières auprès du fournisseur.

1.2. Les produits saisonniers

Leur demande est liée aux saisons et/ou aux événements du calendrier (Noël, Pâques, fête des Mères...). Leurs ventes fluctuent donc au gré des saisons et des événements (ex. : fortes ventes de jouets dans les trois mois précédant Noël).

1.3. Les produits promotionnels

Ce sont les produits permanents ou saisonniers qui font l'objet d'actions temporaires (les promotions) ayant pour but de pousser le produit vers le consommateur.

EXEMPLE Vente par lots pour liquider un stock important.

2 Les résultats des produits

2.1. Le chiffre d'affaires

C'est le montant total des ventes en valeur HT ou TTC pour une période donnée. La comparaison du CA actuel par rapport à celui d'une période précédente (l'historique) permet de connaître son évolution (en valeur ou en pourcentage).

EXEMPLE En mars N, le CA TTC d'un magasin est de 12800 €. En mars N–1, il était de 12400 €. Il a progressé de 400 € (12800 – 12400), soit un écart de +3,23 % (400/12 400 × 100).

2.2. La marge commerciale

La marge commerciale, encore appelée « marge brute », est la différence entre le chiffre d'affaires HT et le coût d'achat des marchandises vendues HT. Elle permet de payer les différentes charges liées à l'activité commerciale.

2.3. Le résultat

Lorsque toutes les charges de l'entreprise ont été payées, on peut calculer le résultat de l'entreprise. Résultat (marge nette) = Marge commerciale – Charges
Si le résultat est positif, l'activité de l'entreprise permet de réaliser un bénéfice (profit) ; s'il est négatif, l'entreprise réalise une perte (déficit).

mots clés Produits permanent ◆ Produit saisonnier ◆ Produit promotionnel ◆ Résultat ◆ Bénéfice ◆ Perte

S'entraîner au Bac
Exercice 8 : p. 58

Savoir 10

La mesure de performance du linéaire

LU ☐
SU ☐
REVU ☐

GÉRER

Le linéaire est rare et coûteux, il faut que chaque mètre linéaire rapporte le plus possible au point de vente.

1 Les objectifs de la gestion du linéaire

La gestion du linéaire poursuit deux objectifs :
- atteindre des objectifs de chiffre d'affaires et de marge brute au mètre linéaire ;
- améliorer les résultats de chaque mètre linéaire en modifiant sa composition.

2 Les principes de répartition du linéaire

2.1. En fonction des ventes

Le linéaire est alloué au prorata des parts de marché ou des ventes (en volume ou en valeur).

2.2. En fonction des bénéfices bruts dégagés

Un produit peut bien se vendre en valeur et en volume sans pour autant être rentable. Le linéaire est donc alloué à chaque famille proportionnellement au bénéfice brut dégagé par chacune d'entre elles :

Bénéfice brut = Marge brute unitaire × Quantités vendues

Afin d'ajuster la place du produit au prorata de ces résultats, on calcule ainsi le linéaire optimum :

$$\text{Linéaire à accorder} = \frac{\text{Marge ou volume ou CA du produit}}{\text{Marge brute totale du rayon ou volume ou CA du rayon}} \times \text{Mètre linéaire du rayon}$$

EXEMPLE

300 produits A et 900 produits B sont vendus. Leur linéaire développé est de 4 m.
Si on leur accorde une place dans le linéaire au prorata de leurs ventes, le linéaire de A sera de : 300 × 4/1 200 = 1 mld.
Si A dégage une marge brute totale de 540 € et B de 990 € et que l'on accorde la place dans le linéaire en fonction des bénéfices, alors le linéaire de A sera de :
540 × 4 m/1 530 = 1,41 mld.

3 La mesure de l'attractivité d'un linéaire

3.1. Les ratios de productivité ou de rentabilité

Les ratios de productivité et de rentabilité du rayon ou du produit se calculent ainsi :

RATIO DE PRODUCTIVITÉ	RATIO DE RENTABILITÉ
$\frac{\text{Quantités vendues ou CA}}{\text{Linéaire développé}}$	$\frac{\text{Marge brute}}{\text{Linéaire développé}}$

L'interprétation se fait à partir du ratio du linéaire, qui indique la moyenne au mètre linéaire.
- Si le ratio du produit est égal au ratio du linéaire, le produit est moyennement productif ou rentable.

- S'il est inférieur, le produit est peu rentable ou improductif.
- S'il est supérieur, il est rentable et productif.

EXEMPLE

PRODUITS	LINÉAIRE DÉVELOPPÉ	MARGE BRUTE	RATIO	INTERPRÉTATION
A	7,5	1 250	1 250/7,5 = **166,67**	Improductif
B	3,9	856	856/3,9 = **219,49**	Productif
RAYON	11,4	2 106	2 106/11,4 = **184,74**	

3.2. L'indice de sensibilité (IS)

Il indique les performances du linéaire en fonction de la place occupée par le produit (ou la marque, la famille, le segment) afin de faire les réajustements nécessaires. Il est calculé en fonction de la marge (IS à la marge) ou du chiffre d'affaires (IS au CA).

$$IS = \frac{\text{\% de la marge ou du CA}}{\text{\% du linéaire occupé par le produit}}$$

Interprétation du résultat obtenu :
- Si IS = 1, le linéaire du produit est correct.
- Si IS < 1, le linéaire est trop important, le produit est surexposé.
- Si IS > 1, le linéaire est insuffisant, le produit est sous-exposé.

Il est possible de calculer un IS moyen qui prend en compte le CA, la marge et le volume du produit.

$$\text{IS moyen} = \frac{\text{IS au CA} + \text{IS à la marge} + \text{IS volume}}{3}$$

Lorsque le produit est surexposé ou sous-exposé, il faut calculer le linéaire optimum.

Linéaire optimum = Linéaire du produit ou famille × IS

EXEMPLE (suite)

PRODUITS	LINÉAIRE DÉVELOPPÉ	% DE LINÉAIRE ATTRIBUÉ	MARGE DÉGAGÉE	% DE MARGE	IS À LA MARGE	INTERPRÉTATION	LINÉAIRE OPTIMUM
A	7,5	65,79	1 250	59,35	59,35/65,79 = 0,90	Linéaire trop important	7,5 × 0,90 = 6,75
B	3,90	34,21	856	40,65	40,65/34,21 = 1,19	Linéaire insuffisant	3,90 × 1,19 = 4,64
RAYON	11,4	100 %	2 106	100 %			

mots clés

Ratios de productivité/de rentabilité ◆ IS à la marge ◆ IS au CA ◆ IS moyen ◆ Linéaire optimum

S'entraîner au Bac
Exercice 7 : p. 57

Savoir

11

La gestion des stocks

LU ☐
SU ☐
REVU ☐

GÉRER

Dans un point de vente, les stocks représentent la quantité de marchandises en rayons et en réserve. Une bonne gestion des stocks permet de satisfaire les besoins des clients et de limiter les coûts de stockage.

1 Les niveaux de stock

Ils peuvent être calculés à partir d'un cadencier ou des fiches de stock.

1.1. Le stock maximum

Le stock maximum est le nombre d'articles à ne pas dépasser afin de ne pas être en surstockage et éviter des coûts trop importants (chauffage, éclairage, loyer...) et des pertes de produits.

1.2. Le stock minimum

Le stock minimum permet au point de vente de faire face à ses besoins pendant le délai de livraison du fournisseur.

EXEMPLE Un magasin vend 5 porte-monnaie référence 45Z par semaine. Le délai de livraison est de 2 semaines. Le stock minimum pour cet article sera de 10 produits (5 × 2).

1.3. Le stock de sécurité

Le stock de sécurité couvre certains risques liés à l'approvisionnement, tels que les retards de livraison, une livraison non conforme à la commande ou une augmentation soudaine des ventes lors du délai de réapprovisionnement.

1.4. Le stock d'alerte

C'est le seuil de déclenchement de la commande.
Il se calcule ainsi : Stock d'alerte = Stock minimum + Stock de sécurité

EXEMPLE (suite) Le magasin prévoit un stock de sécurité de 4 porte-monnaie. Il doit commander lorsque le stock d'alerte sera atteint, soit 14 porte-monnaie (10 + 4).

1.5. Le stock moyen

Sur une période donnée (le mois, l'année), il est utile de connaître le stock moyen en quantités et/ou en valeur de chacune des références. Le stock moyen se calcule ainsi : (Stock initial de la période + Stock final de la période)/2

2 Les documents de suivi des stocks

Les fiches de stock fournissent les informations relatives aux entrées (quantités livrées), aux sorties (quantités vendues) et aux stocks par produit. Elles permettent de connaître la valeur des stocks.
Les entrées en stock sont valorisées à leur prix d'achat HT, plus d'éventuels frais d'achat. Les sorties et les stocks sont valorisés selon l'une des méthodes suivantes.

2.1. La méthode « premier entré, premier sorti » (PEPS) ou « *first in, first out* » (FIFO)

On retire du stock les marchandises entrées en premier. Les sorties et les stocks sont valorisés au prix d'achat HT.

2.2. La méthode du coût unitaire moyen pondéré (CUMP) après chaque entrée

On calcule un prix moyen, le CUMP, après chaque nouvelle entrée.

$$\text{CUMP} = \frac{\text{(Stock en valeur avant l'entrée + Valeur de l'entrée)}}{\text{(Stock en quantité avant l'entrée + Quantité entrée)}}$$

2.3. La méthode du coût unitaire moyen pondéré (CUMP) en fin de période

Le prix moyen est calculé à la fin de la période étudiée :

$$\text{CUMP} = \frac{\text{(Stock initial en valeur + Valeur totale des entrées)}}{\text{(Stock initial en quantité + Quantités totales entrées)}}$$

3 La performance des produits composant le stock

3.1. La loi de Pareto ou méthode des 20/80

Les stocks sont répartis en deux groupes : le premier comprend 20 % des références et représente 80 % de la valeur du stock. Le second comprend 80 % des références représentant seulement 20 % de la valeur du stock. Les stocks du premier groupe feront l'objet d'un suivi très rigoureux, le second groupe sera géré de façon plus souple.

EXEMPLE

Le rayon des débroussailleuses comprend 6 références. Il faut procéder ainsi :
1) classer les articles dans l'ordre décroissant de la valeur du stock ;
2) calculer le pourcentage représenté par chaque référence, puis le cumul des pourcentages ;
3) calculer le pourcentage des valeurs du stock, puis le cumul des pourcentages ;
4) repérer les deux groupes d'articles afin de gérer les stocks en conséquence.

RÉF.	% RÉFÉRENCE	% RÉF. CUMULÉ	VALEUR DU STOCK ORDRE DÉCROISSANT	% DE LA VALEUR DU STOCK	% CUMULÉ DE LA VALEUR DU STOCK
Stihl 1	10	10	3 116	56,65	56,65
Ryobi 1	10	**20**	1 284	23,35	**80,00**
Ryobi 2	20	40	448	8,15	88,15
Tck 1	20	60	343	6,24	94,39
Ryobi 3	20	80	185	3,36	97,75
Tck 2	20	100	124	2,25	100,00
Total	**100**		**5 500**	**100,00**	

3.2. La méthode ABC

Les références en stock sont réparties en trois groupes : A, B et C. Le groupe A sera surveillé très attentivement car les références qui le composent représentent la plus importante valeur du stock.

GROUPE	% RÉFÉRENCE	% DE LA VALEUR DU STOCK
A	10 %	60 %
B	30 %	30 %
C	60 %	10 %

mots clés

Stock maximum/minimum ◆ Stock de sécurité ◆ Stock d'alerte ◆ Stock moyen ◆ PEPS ◆ FIFO ◆ CUMP après chaque entrée ◆ CUMP en fin de période ◆ Loi de Pareto ou 20/80 ◆ Méthode ABC

S'entraîner au Bac
Exercice 5 : p. 55

Savoir 12

La rotation des stocks

LU ☐
SU ☐
REVU ☐

GÉRER

La rotation des stocks est le renouvellement du contenu du stock d'une entreprise. Pour une bonne gestion des stocks, la rotation doit avoir une fréquence élevée. Deux indicateurs de performance sont souvent utilisés : le coefficient de rotation des stocks et la durée moyenne de stockage.

1 Le coefficient de rotation des stocks

Il exprime le nombre de renouvellements du stock pendant une période donnée (année, semestre, mois…). Il se calcule de la façon suivante :

$$\frac{\text{Quantités vendues de la période}}{\text{Stock moyen en quantité}}$$

EXEMPLE Mme Vivien vend 50 flacons d'eau de toilette YSL par an. Son stock moyen est de 5 flacons. Elle renouvelle donc son stock 10 fois par an (50/5).

Le calcul du coefficient de rotation peut également être effectué à partir de données en valeur : soit le coût d'achat, soit le prix de vente des articles. On utilise alors l'une des deux méthodes suivantes :

AU COÛT D'ACHAT	$\frac{\text{Coût d'achat des marchandises vendues HT}}{\text{Stock moyen évalué au coût d'achat HT}}$
AU PRIX DE VENTE	$\frac{\text{Chiffre d'affaires HT (ou CA TTC)}}{\text{Stock moyen évalué au prix de vente HT (ou TTC)}}$

2 La durée moyenne de stockage

Elle représente le nombre de jours ou de mois pendant lequel un article reste en moyenne en stock dans le point de vente avant d'être vendu. Il s'agit de la durée pendant laquelle le stock permet de couvrir les besoins du point de vente. Aussi, la durée de stockage est également appelée « couverture de stock ». Elle se calcule ainsi :

$$\frac{\text{Durée de la période de référence (mois ou jours)}}{\text{Coefficient de rotation des stocks}}$$

EXEMPLE Au rayon frais d'un supermarché, le coefficient de rotation des yaourts est de 6 par mois. La durée de stockage de ces articles est donc de 5 jours (30 jours/6 = 5).

mots clés Coefficient de rotation des stocks ◆ Durée moyenne de stockage

S'entraîner au Bac
Exercice 5 : p. 55

Savoir
13

L'inventaire

LU ☐
SU ☐
REVU ☐

Toute personne physique ou morale ayant la qualité de commerçant doit procéder au moins une fois par an à l'inventaire physique de ses stocks. Il consiste à compter l'ensemble des marchandises du magasin (surface de vente et réserve).

GÉRER

1 Les différents types d'inventaire

- L'inventaire annuel (ou général ou comptable) est effectué à la fin de l'exercice comptable. Il entraîne, dans la plupart des cas, l'arrêt des mouvements de stock, donc l'arrêt des livraisons et la fermeture du point de vente.
- L'inventaire tournant consiste à inventorier les stocks, rayon après rayon, et cela tout au long de l'année. Il évite le blocage des activités du magasin. Par conséquent, il est moins lourd et moins coûteux que l'inventaire annuel.

2 La mise en œuvre de l'inventaire

2.1. La préparation de l'inventaire

- Choisir une date appropriée.
- Ranger les marchandises en réserve, en rayons et vérifier les étiquettes prix.
- Découper les rayons en section de comptage et préparer les documents de comptage ainsi que le matériel (fiches d'inventaire, terminaux portables).
- Former le personnel chargé du comptage.

2.2. L'exécution de l'inventaire

Le jour de l'inventaire, une organisation rigoureuse est indispensable :
- arrêter les mouvements de stock (entrées et sorties) ;
- répartir le personnel selon les zones établies et compter la marchandise ;
- scanner les codes-barres et entrer les quantités en stock sur le terminal portable.

3 Les résultats de l'inventaire

À la fin du comptage, on compare le stock réel (stock physique) et le stock théorique (stock informatique), ce qui détermine l'écart d'inventaire :

Écart d'inventaire = Stock réel – Stock théorique

- Si l'écart est négatif, il manque des produits :
– on parle de démarque connue si les causes peuvent être identifiées : casse, produits abîmés, date de consommation (DLC) dépassée...
– on parle de démarque inconnue si les causes sont non identifiées : vols des clients et du personnel, erreurs...
- Si l'écart d'inventaire est positif, il y a un surplus de produits par rapport au stock théorique : c'est la surmarque. Elle provient souvent d'erreurs de saisie ou de calcul.

L'inventaire permettra de chiffrer les démarques, d'établir les documents comptables obligatoires et de mettre à jour le stock.

mots clés
Inventaire annuel ◆ Inventaire tournant ◆ Démarque connue ◆ Démarque inconnue ◆ Surmarque

Savoir

14

LU ☐
SU ☐
REVU ☐

GÉRER

L'attractivité de l'unité commerciale et le tableau de bord

Le gestionnaire d'un point de vente suit régulièrement les performances commerciales afin de mesurer l'attractivité. Les indicateurs sont regroupés dans un tableau de bord.

1 La mesure de l'attractivité de l'unité commerciale

1.1. Le panier moyen (PM) ou indice de vente

Le panier moyen ou indice de vente évalue la moyenne des achats par passage en caisse :

$$\text{PM en volume} = \frac{\text{Nombre d'articles achetés}}{\text{Nombre de passages en caisse}}$$

$$\text{PM en valeur} = \frac{\text{Chiffre d'affaires}}{\text{Nombre de passages en caisse}}$$

1.2. Les indices de mesure de l'attractivité du rayon

INDICE DE PASSAGE (BASE 100)	$\frac{\text{Nombre de personnes qui entrent dans le rayon}}{\text{Nombre de personnes qui entrent dans le magasin}} \times 100$
INDICE D'ACHAT (BASE 100)	$\frac{\text{Nombre de personnes qui achètent dans le rayon}}{\text{Nombre de personnes qui entrent dans le magasin}} \times 100$
INDICE D'ATTRACTIVITÉ (BASE 100)	$\frac{\text{Nombre de personnes qui achètent dans le rayon}}{\text{Nombre de personnes qui entrent dans le rayon}} \times 100$

EXEMPLE Sur 1 500 entrées par jour, 375 clients vont au rayon presse et 300 achètent dans ce rayon. L'indice de passage est de 25 (375 × 100/1 500), l'indice d'achat de 20 (300 × 100/1 500), l'indice d'attractivité de 80 (300 × 100/375).

2 Le tableau de bord

Le tableau de bord est un outil synthétique de gestion qui fournit, à l'aide d'indicateurs, un ensemble d'informations permettant de calculer les écarts (en valeur et en pourcentage) entre les résultats obtenus et les objectifs fixés. Si les écarts sont négatifs, il faut mettre en place des actions correctives sur les achats, l'assortiment, les prix, les stocks...

INDICATEURS D'ACTIVITÉ	Ventes en volume = Quantités vendues
	Ventes en valeur (CA) = Prix de vente × Quantités vendues
INDICATEURS DE RENTABILITÉ	Marge brute = CA HT – Coût d'achat des marchandises vendues HT
	Marge nette = Marge brute – Charges diverses du magasin
INDICATEURS DE PRODUCTIVITÉ	Panier moyen = Montant moyen lors d'un passage en caisse
	Taux de transformation = $\frac{\text{Nombre d'acheteurs}}{\text{Nombre de visiteurs entrés}} \times 100$

mots clés

Panier moyen • Indice de vente • Indice de passage • Indice d'achat • Indice d'attractivité • Tableau de bord

Savoir

15

Les règles d'hygiène et de sécurité liées à la clientèle

LU ☐
SU ☐
REVU ☐

En évoluant dans un point de vente, la clientèle est exposée à des risques divers. Pour les limiter, le distributeur doit respecter des règles d'hygiène et de sécurité.

GÉRER

1 Les règles de sécurité concernant les produits

Pour le distributeur, l'hygiène des produits alimentaires renvoie à 4 types de risque :
- sanitaire : le non-respect des règles d'hygiène peut être la cause d'intoxications ;
- commercial : il peut provoquer une perte de clientèle et une baisse du chiffre d'affaires ;
- pénal : les sanctions peuvent aller jusqu'à la fermeture définitive du point de vente ;
- médiatique : l'image du distributeur peut souffrir de ses négligences.

1.1. Les obligations

Les produits et les services doivent, dans des conditions normales d'utilisation, présenter la sécurité à laquelle on peut légitimement s'attendre et ne pas porter atteinte à la santé des personnes.
Afin de respecter la législation en matière d'hygiène, le distributeur doit :
- tenir à jour un planning de nettoyage (date, heure et noms des personnes en charge) ;
- laver et désinfecter tous les jours les ateliers de fabrication, les lieux de vente des produits alimentaires, les vitrines des rayons traditionnels et les tables de présentation ;
- retirer tous les détritus aux abords des rayons alimentaires.

1.2. Les règles spécifiques aux produits alimentaires

a) La chaîne du froid

Le distributeur doit notamment s'assurer que les produits sont maintenus à une température fixe à tout moment de leur transport et de leur stockage. C'est ce que l'on appelle « le respect de la chaîne du froid ».

Poissons, crustacés, mollusques autres que vivants	0 °C à 2 °C
Aliments très périssables (abats, charcuteries fraîches, lait cru, gibiers...)	+ 4 °C maximum
Aliments périssables (yaourts, fromages frais, beurre...)	+ 8 °C maximum
Aliments surgelés	– 18 °C maximum
Plats cuisinés chauds	+ 65 °C maximum

b) Les dates limites de consommation et d'utilisation

Le distributeur doit vérifier quotidiennement les dates limites de consommation (DLC) ou d'utilisation optimale (DLUO) :
- la DLC s'applique à des denrées microbiologiquement très périssables. Elle est exprimée sous la mention « À consommer jusqu'au... » suivie de l'indication du jour et/ou du mois. Après cette date, la vente est strictement interdite et les produits doivent être détruits ;
- la DLUO est la date après laquelle le produit peut avoir perdu tout ou partie de ses qualités spécifiques, sans constituer un danger pour la santé.

EXEMPLE Le café qui perd son arôme.

1.3. La traçabilité

C'est l'information qui permet de connaître (éventuellement a *posteriori*) toute la chaîne de production et de distribution suivie par un matériau ou un produit. Si on s'aperçoit qu'une étape de la production est défaillante, la traçabilité permet de savoir quels produits ont été affectés, afin de restaurer leur conformité ou les écarter (destruction).

GÉRER

2 Les règles concernant les équipements et les locaux

2.1. Les risques liés à l'équipement et à l'organisation des rayons

La clientèle circulant dans le point de vente a accès à des équipements et à des zones qui peuvent présenter des risques :

- les risques mécaniques liés aux équipements. Il faut installer des protections (butée, cache), des systèmes de blocage automatique, des dispositifs d'arrêt d'urgence (bouton « coup de poing ») ou encore des mises en marche sécurisées (code, clé) ;
- les chutes : les zones à risque doivent être balisées (panneau « Danger, sol glissant »), les zones dangereuses éclairées (escalier, sol accidenté...).

EXEMPLE Certains magasins de bricolage mettent à la disposition des clients des bandes dessinées afin d'alerter sur les risques d'accidents concernant les enfants sur la surface de vente.

2.2. Les dispositifs d'évacuation

Le distributeur doit mettre en place un système de sécurité incendie ainsi qu'un dispositif d'évacuation d'urgence, établir un plan d'évacuation et afficher les consignes à respecter en cas d'incendie dans tous les locaux du point de vente.
Il doit aussi veiller aux dégagements (portes, issues de secours, trappes de désenfumage) qui doivent toujours être accessibles.

2.3. Les obligations en matière d'accueil des handicapés

Les magasins doivent respecter les dispositions relatives à l'accessibilité des personnes handicapées. En matière de sécurité, elles concernent les escaliers, les cheminements (pentes, obstacles, largeurs...) et les équipements (ascenseurs, sanitaires...).

3 Les instances de contrôle

Les pouvoirs publics réalisent régulièrement des contrôles afin de s'assurer que les règles d'hygiène sont bien respectées. Ces contrôles peuvent avoir lieu dans tous les lieux de fabrication, conditionnement, stockage et vente ainsi que dans les véhicules de transport de marchandises.
Les agents habilités à effectuer les contrôles sont :

- la Direction générale de la concurrence, de la consommation et de la répression des fraudes (DGCCRF) ;
- les inspecteurs vétérinaires et agents techniques sanitaires ;
- les médecins inspecteurs départementaux de la santé.

mots clés Chaîne du froid ◆ DLC ◆ DLUO ◆ Traçabilité ◆ DGCCRF

Savoir 16

Les règles d'hygiène et de sécurité liées au personnel

LU ☐
SU ☐
REVU ☐

Le personnel d'un point de vente peut être exposé à des risques divers. Il est donc important que les règles d'hygiène et de sécurité soient respectées.

1 Les obligations de l'employeur

Le chef d'entreprise doit prendre toutes les mesures de protection, de prévention, d'information et de formation pour assurer la sécurité des salariés, en supprimant ou en limitant les risques professionnels. Il doit établir un document unique (DU) d'évaluation des risques qui consiste à les inventorier par unités de travail (poste, atelier, magasin, réserve...). Il doit indiquer les mesures adoptées pour réduire ou éliminer ces risques.

2 La prévention des accidents et des maladies professionnelles

Les accidents de travail et les maladies professionnelles sont principalement liés à la manutention manuelle ou mécanique d'objets lourds ; à l'utilisation d'outils, de machines ou de produits dangereux ; aux chutes de plain-pied ou depuis un endroit surélevé ; aux mauvaises postures ou conditions de travail.

2.1. Les règles à faire respecter par le personnel

- Imposer le port d'une tenue adaptée (casque, tablier, gants, coiffe, chaussures...).
- Faire adopter une posture adéquate pour réaliser les travaux à risque.
- Fixer et faire respecter les obligations en matière d'hygiène.

EXEMPLE On exige du personnel en contact avec des produits alimentaires un lavage des mains minutieux avant et après la prise de poste, après chaque manipulation de produits.

2.2. L'équipement de l'entreprise

- Les machines dangereuses sont pourvues de protections et de dispositifs d'arrêt d'urgence.
- Les employés qui manipulent des produits dangereux doivent porter des équipements de protection individuelle (EPI).
- L'entreprise doit mettre à disposition de ses salariés du mobilier ergonomique pour éviter les mauvaises postures de travail et les maladies qu'elles entraînent.

3 Le comité d'hygiène, de sécurité et des conditions de travail

Le CHSCT, qui a pour mission de contribuer à la protection de la santé et de la sécurité des salariés, est obligatoire dans les établissements de plus de 50 salariés. Il comprend l'employeur et des représentants du personnel qui s'engagent à :
- analyser les risques professionnels ;
- mener une enquête après un accident grave ou en cas de maladie professionnelle ;
- veiller à l'application de la réglementation en matière de prévention ;
- proposer des actions préventives, des programmes de formation et d'information ;
- être associés à tout changement dans l'organisation du travail ;
- mettre en place de nouvelles techniques de production ou d'actions de prévention.

mots clés

Document unique (DU) ◆ EPI ◆ CHSCT

Exercice 1 voir Fiche Savoir 6

Les calculs commerciaux

Le tableau ci-dessous présente les formules les plus fréquemment utilisées pour les calculs commerciaux.

ÉLÉMENTS	MÉTHODES DE CALCUL
Coefficient multiplicateur	PV TTC / PA HT
PA HT	PA TTC / 1,20 ou PA TTC / 1,055 ou PA TTC / 1,10
	PV TTC / Coefficient multiplicateur
	PV HT – Marge commerciale
	PV HT / (1 + Taux de marge)
Coût d'achat HT	PA HT + Frais d'achat (livraison, emballage)
PV HT	PV TTC / 1,20 ou PV TTC / 1,055 ou PV TTC / 1,10
	PV TTC – Montant de TVA
	PA HT + Marge commerciale
	PA HT / (1 – Taux de marque)
PV TTC	PV HT × 1,20 ou PV HT × 1,055 ou PV HT × 1,10
	PV HT + Montant de TVA
	PA HT × Coefficient multiplicateur
Montant de TVA payé par le consommateur	PV HT × 0,20 ou PV HT × 0,055 ou PV HT × 0,10
	PV TTC – PV HT
Marge commerciale (ou marge brute)	PV HT – PA HT
	PV HT × Taux de marque
	PA HT × Taux de marge
Taux de marque	(Marge commerciale / PV HT) × 100
Taux de marge	(Marge commerciale / PA HT) × 100

1. À l'aide des méthodes de calcul ci-dessus, complétez le tableau ci-après.

PRODUITS	TAUX TVA	PA HT	PA TTC	PV HT	PV TTC	MARGE BRUTE	TAUX DE MARGE	TAUX DE MARQUE	COEFFICIENT MULTIPLICATEUR
1	20 %			34,45 €					1,576
2	5,5 %		6,60 €				35 %		
3	20 %				45,50 €			45 %	
4	5,5 %				24,60 €		25 %		
5	20 %		13,30 €					55 %	
6	20 %			28,40 €			22 %		
7	5,5 %	14,60					15 %		

FAIT ☐ REVU ☐

Exercice 2 voir Fiche Savoir 6

Le prix psychologique

Vous effectuez un stage dans une jardinerie. Vous allez commercialiser cette année un nouveau barbecue, le modèle « Bretagne », en pierre reconstituée. Pierre, le chef de rayon, est chargé de préparer la mise en place de cette nouveauté et il doit en fixer le prix. Il vous remet les résultats d'une enquête réalisée auprès des clients potentiels concernant le prix psychologique.

Résultats de l'enquête

PRIX EN €	NOMBRE DE RÉPONSES « PRIX EXCESSIF À PARTIR DE CE MONTANT »	NOMBRE DE RÉPONSES « QUALITÉ INSUFFISANTE À CE PRIX OU À UN PRIX INFÉRIEUR »
250	0	104
260	5	105
270	21	233
280	35	205
290	90	156
300	110	74
310	150	54
320	200	32
330	280	22
340	83	10
350	26	5

1. **Déterminez le prix psychologique du modèle « Bretagne » en complétant le tableau ci-dessous.**

PRIX EN €	PRIX EXCESSIF			QUALITÉ INSUFFISANTE			% TOTAL DE NON-ACHETEURS (A + B)	% D'ACHETEURS POTENTIELS [100 % – (A + B)]
	NOMBRE DE NON-ACHETEURS	% DE NON-ACHETEURS	% CUMULÉS CROISSANTS DE NON-ACHETEURS (A)	NOMBRE DE NON-ACHETEURS	% DE NON-ACHETEURS	% CUMULÉS DÉCROIS-SANTS DE NON-ACHETEURS (B)		
250								
260								
270								
280								
290								
300								
310								
320								
330								
340								
350								
Total								

FAIT ☐ REVU ☐

GÉRER

Exercice 3 voir Fiche Savoir 7

Les calculs d'occupation de linéaire

Vous êtes en période de formation en milieu professionnel dans un magasin de produits biologiques et vous analysez l'implantation des biscuits sucrés (documents 1 et 2).

Document 1 : Les dimensions du produit « Palmiers » et sa présentation en rayon

Document 2 : Les dimensions du meuble et l'implantation du produit « Palmiers » dans le linéaire

Hauteur entre deux niveaux : 0,18 m

Les « Palmiers » en linéaire

Profondeur : 0,30 m

Longueur : 0,80 m

1. Quel est le linéaire au sol du meuble ?
2. Quel est le linéaire développé du meuble ?
3. Quel est le nombre de frontales (*facing*) des paquets de gâteaux « Palmiers » présentés dans le document 2 ?
4. Quelle serait la capacité de stockage du niveau 7 de l'étagère dans l'hypothèse où le produit « Palmiers » occuperait l'intégralité de ce niveau de présentation ?
5. Sachant que le produit « Palmiers » est un produit à forte marge, estimez-vous que son niveau de présentation actuel est satisfaisant ? Justifiez.

FAIT ☐ REVU ☐

Exercice 4 voir Fiche Savoir 7

Les types d'implantation

Vous êtes en période de formation en milieu professionnel au sein d'une supérette où vous travaillez successivement au rayon des eaux puis à celui des produits coiffants.

Document 1 : Plan de masse du rayon des eaux

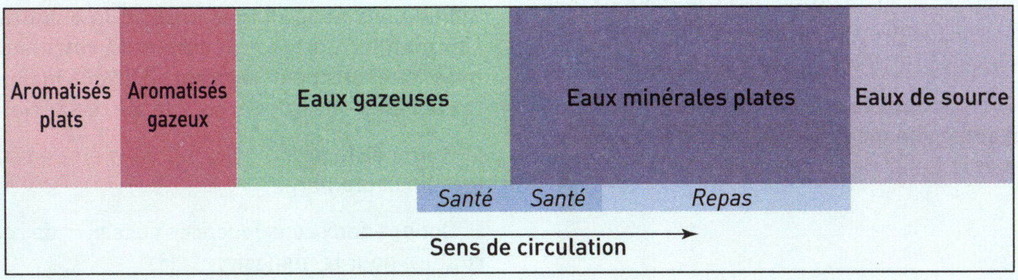

Document 2 : Plan de masse du rayon des produits coiffants

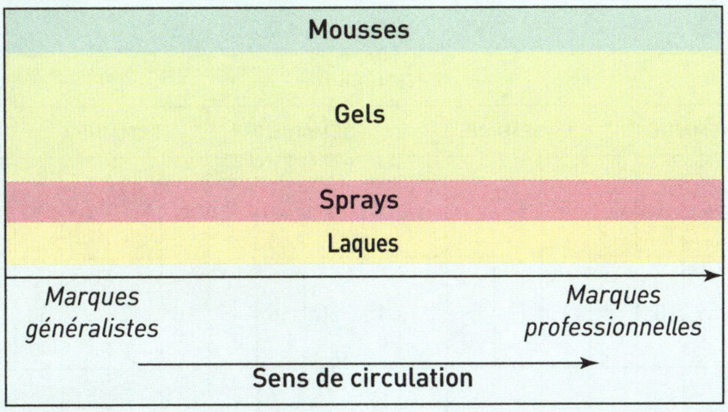

1. **Quel est le type d'implantation choisi pour le rayon des eaux ?**
2. **Quel est le type d'implantation choisi pour le rayon des produits coiffants ?**
3. **Pourquoi les eaux de source sont-elles implantées en bout de linéaire ?**
4. **Quels sont les inconvénients du type d'implantation retenu pour les produits coiffants ?**

FAIT ☐ REVU ☐

Exercice 5 voir Fiches Savoir 11 et 12

La gestion des stocks

Une boutique spécialisée dans la vente de lunettes de soleil a un stock au 1er janvier de 2 000 paires. Le stock final au 31 août est de 1 300 paires. Entre le 1er janvier et le 31 août, le point de vente a vendu 8 960 paires.

1. **Quel est le stock initial ?**
2. **Quel est le stock final ?**
3. **Quel est le stock moyen sur la période du 1er janvier au 31 août ?**
4. **Quel est le coefficient de rotation ? Commentez.**
5. **Quelle est la durée de stockage ? Commentez.**

FAIT ☐ REVU ☐

Exercice 6 voir Fiche Savoir 3

Le cadencier

Vous venez de commencer votre contrat étudiant dans l'hypermarché Carrefour. Vous êtes affecté(e) dans le secteur Épicerie, au rayon des confiseries. Afin de prévoir les commandes pour le mois d'octobre, votre responsable vous remet le cadencier du mois de septembre (annexe).

1. Complétez le cadencier ci-dessous à l'exception de la colonne C de la semaine 4. Vous indiquerez le détail des calculs pour la barre Lion.

2. Citez les produits qu'il sera nécessaire de commander en semaine 1 d'octobre en tenant compte du stock d'alerte.

3. Indiquez, pour chaque produit, la quantité à commander en tenant compte de votre stock maximal (colonne C, semaine 4)*. Vous indiquerez le détail des calculs pour la barre Spécial K.

4. Nommez le produit qui se trouve être en rupture fin septembre.

5. Donnez deux conséquences possibles de cette rupture pour le magasin.

Annexe : Cadencier

PRODUITS	STOCK D'ALERTE	STOCK MAXIMAL	SEPTEMBRE																OCTOBRE		VENTES MOYENNES HEBDOMADAIRES*
			SEMAINE 1				SEMAINE 2				SEMAINE 3				SEMAINE 4				SEMAINE 1		
			S	C	L	V	S	C	L	V	S	C	L	V	S	C**	L	V	S	VENTES MENSUELLES	
Barre Lion	15	60	20	59	0		1				15	50	45		10			30			
Barre Mars	18	70	5	55	65		15				20	58	0		12			35			
Barre Nuts	8	50	15	0	0		10				7	0	43		15			15			
Barre Bounty	11	50	25	40	0		10				15	40	0		10			20			
Barre Spécial K	13	60	15	50	0		10				20	55	0		05			55			
Barre Twix	8	40	10	35	0		5				20	0	0		15			13			
Barre Kit Kat	10	40	5	30	35		10				5	0	35		15			8			

S : Stock   C : Commande   L : Livraison   V : Ventes

Le délai de livraison est d'une semaine et il n'y a pas d'erreur de livraison.

* Arrondir à l'unité inférieure.

** À compléter à la question 2.

FAIT ☐ REVU ☐

Exercice 7 voir Fiche Savoir 10

Les indices de sensibilité

Vous êtes employé(e) dans un hypermarché Auchan et vous êtes chargé(e) de vérifier si les produits du rayon « lave-vaisselle » sont correctement implantés par rapport à leurs performances annuelles.

1. Calculez, dans l'annexe 1, les ratios du rayon pour chaque marque et commentez les résultats.

2. Calculez, dans l'annexe 2, les indices de sensibilité pour la marque Sun, afin de déterminer le linéaire optimal par rapport à l'indice moyen. Vous indiquerez le détail des calculs pour le segment Poudre.

Annexe 1 : Ratio de productivité ou de rendement (rentabilité)

MARQUES	CA HT	VOLUME	MARGE TOTALE	LD	RATIO DE PRODUCTIVITÉ* (VOLUME)	RATIO DE RENDEMENT**
Sun	86 084	17 210	14 413	8,5 m		
Somat	16 353	3 634	1 962	0,90 m		
Calgonit	38 766	8 076	5 427	3,20 m		
MDD	58 680	16 520	14 670	3,50 m		
1er prix WK	6 960	2 400	140	1,40 m		
TOTAL	**206 843**	**47 840**	**36 612**	**17,5 m**		

* Arrondir à l'unité supérieure ** Arrondir au centime le plus proche

Annexe 2 : Marque Sun indices de sensibilité

SEGMENTS	VALEUR	% VALEUR	VOLUME	% VOLUME	MARGE	% MARGE	LD EN M	% LD	IS CA	IS VOLUME	IS MARGE	IS MOYEN	LO
Poudre	36 250		7 110		5 437		1,85						
Tablette	23 123		4 820		4 162		1,75						
Gel	9 715		713		2 319		1,50						
Sel	8 105		621		975		2,25						
Rinçage	7 975		786		1 018		0,60						
Nettoyant	504		305		155		0,30						
Déo	412		58		129		0,25						
Total	**86 084**	**100**	**14 413**	**100**	**14 195**	**100**	**8,5**	**100**	**1**	**1**	**1**	**1**	**8,50 m**

Arrondir les résultats à deux chiffres après la virgule.

FAIT ☐ REVU ☐

Exercice 8 voir Fiche Savoir 9

Le chiffre d'affaires prévisionnel

M. Vermet souhaite ouvrir un magasin de matériel de sport dans une zone commerciale. Il vous demande de l'aider à estimer le potentiel économique de son projet pour l'année. Il vous précise que, pour être rentable, il faut qu'il puisse dégager un chiffre d'affaires mensuel de 55000 €. Prenez connaissance des informations concernant la zone de chalandise de ce futur point de vente (document) et répondez aux questions suivantes.

1. Calculez le nombre de ménages de la zone (arrondir à l'unité supérieure).

2. Calculez les dépenses de consommation en matériel de sport par ménages et par an (arrondir à l'unité inférieure).

3. Calculez les dépenses de consommation totale de la zone en matériel de sport effective par rapport aux indices de régionalisation (arrondir à l'unité inférieure).

4. Calculez le marché potentiel pour les magasins de sports de la zone (arrondir à l'unité inférieure).

5. Calculez le CA prévisionnel du magasin sur l'année (arrondir à l'unité inférieure).

6. Concluez sur la rentabilité du projet en justifiant votre réponse.

Document : Informations économiques de la zone de chalandise

- Nombre d'habitants : 106400
- Nombre de personnes par ménage en moyenne: 2,8
- Dépense moyenne d'un ménage en grandes et moyennes surfaces de sport : 40 € par mois
- Part des dépenses consacrée pour l'achat de matériel de sport : 35 %
- Indice de richesse vive : 0,96
- Indice de consommation pour le matériel de sport : 1,10
- Taux d'attractivité de la zone : 1,15
- CA des concurrents : 6000000 €

FAIT ☐ REVU ☐

Exercice 1

Les calculs commerciaux

PRODUITS	TAUX TVA	PA HT	PA TTC	PV HT	PV TTC	MARGE BRUTE	TAUX DE MARGE	TAUX DE MARQUE	COEFFICIENT MULTIPLICATEUR
1	20 %	26,23 €	31,48 €	34,45 €	41,34 €	8,22 €	31,34 %	23,86 %	1,576
2	5,5 %	6,26 €	6,60 €	8,45 €	8,91 €	2,19 €	34,98 %	25,92 %	1,423
3	20 %	20,86 €	25,03 €	37,92 €	45,50 €	17,06 €	81,78 %	45,00 %	2,181
4	5,5 %	18,66 €	19,69 €	23,32 €	24,60 €	4,66 €	25,00 %	19,98 %	1,318
5	20 %	11,08 €	13,30 €	24,62 €	29,54 €	13,54 €	122,20 %	55,00 %	2,666
6	20 %	23,28 €	27,94 €	28,40 €	34,08 €	5,12 €	22,00 %	18,03 %	1,464
7	5,5 %	14,60 €	15,40 €	16,79 €	17,71 €	2,19 €	15,00 %	13,04 %	1,213

Exercice 2

Le prix psychologique

PRIX EN €	PRIX EXCESSIF			QUALITÉ INSUFFISANTE			% TOTAL DE NON-ACHETEURS (A + B)	% D'ACHETEURS POTENTIELS [100 % – (A + B)]
	NOMBRE DE NON-ACHETEURS	% DE NON-ACHETEURS	% CUMULÉS CROISSANTS DE NON-ACHETEURS (A)	NOMBRE DE NON-ACHETEURS	% DE NON-ACHETEURS	% CUMULÉS DÉCROIS-SANTS DE NON-ACHETEURS (B)		
250	0	0	0	104	10,4	100	100	0
260	5	0,5	0,5	105	10,5	89,6	90,1	9,9
270	21	2,1	2,6	233	23,3	79,1	81,7	18,3
280	35	3,5	6,1	205	20,5	55,8	61,9	38,1
290	90	9,0	15,1	156	15,6	35,3	50,4	49,6
300	110	11,0	26,1	74	7,4	19,7	45,8	54,2
310	150	15,0	41,1	54	5,4	12,3	53,4	46,6
320	200	20,0	61,1	32	3,2	6,9	68,0	32
330	280	28,0	89,1	22	2,2	3,7	92,8	7,2
340	83	8,3	97,4	10	1,0	1,5	98,9	1,1
350	26	2,6	100	5	0,5	0,5	100	0
Total	1 000	100		1 000	100			

Conclusion : le prix psychologique est de 300 € car c'est à ce prix qu'il y a le plus fort pourcentage d'acheteurs potentiels (54,2 %).

Exercice 3

Les calculs d'occupation de linéaire

1. Le linéaire au sol du meuble est de 0,80 m linéaire au sol (mls).

2. Le linéaire développé du meuble est de : $0{,}80 \times 9 = 7{,}2$ m linéaires développés (mld).

3. Il y a 2 frontales de paquets de gâteaux « Palmiers ».

4. Nombre de produits tenant en longueur : 80 / 23,5 = 3,40, soit 3 produits (*facing* de 3).
Nombre de produits tenant en profondeur : 30 / 3 = 10
Nombre de produits tenant en hauteur : 18 / 8 = 2,25, soit 2
La capacité de stockage du niveau 7 est de : $3 \times 10 \times 2 = 60$ paquets.

5. Le niveau de présentation actuel est satisfaisant car le produit est à hauteur des mains et des yeux.

Exercice 4

Les types d'implantation

1. L'implantation verticale a été choisie pour le rayon des eaux.

2. L'implantation horizontale a été choisie pour le rayon des produits coiffants.

3. Les eaux de source sont essentiellement achetées par les consommateurs en raison de leurs prix compétitifs. De plus, leur implantation en bout de rayon oblige les clients à passer devant l'ensemble du linéaire, ce qui peut provoquer des achats d'impulsion.

4. L'offre est moins claire que pour une implantation verticale car le repérage des différents segments est plus difficile, de même que les comparaisons de prix. Grâce à cette implantation, les ventes de mousses et de gels sont favorisées car ces produits se trouvent au niveau des yeux et des mains. Ces bons résultats se font aux dépens des sprays et des laques.

Exercice 5

La gestion des stocks

1. SI = 2 000 paires

2. SF = 1 300 paires

3. SM = (2 000 + 1 300) / 2 = 1 650 paires

4. CR = 8 960 / 1 650 = 5,43. Il faut renouveler presque 6 fois le stock entre le 1er janvier et le 31 août pour pouvoir honorer les ventes.

5. La période étudiée est de 8 mois, soit 240 jours.
Durée de stockage = 240 jours / 5,43 = 44,20
Une paire de lunettes reste en moyenne 45 jours en stock avant d'être vendue.

Exercice 6

Le cadencier

1. et **3.** Corrigé de l'annexe

PRODUITS	STOCK D'ALERTE	STOCK MAXIMAL	SEPTEMBRE																OCTOBRE		VENTES MOYENNES HEBDOMADAIRES*
			SEMAINE 1				SEMAINE 2				SEMAINE 3				SEMAINE 4				SEMAINE 1		
			S	C	L	V	S	C	L	V	S	C	L	V	S	C**	L	V	S	VENTES MENSUELLES	
Barre Lion	15	60	20	59	0	19	1	45	59	45	15	50	45	50	10	0	50	30	30	144	36
Barre Mars	18	70	5	55	65	55	15	0	55	50	20	58	0	8	12	0	58	35	35	148	37
Barre Nuts	8	50	15	0	0	5	10	43	0	3	7	0	43	35	15	50	0	15	0	58	14
Barre Bounty	11	50	25	40	0	15	10	0	40	35	15	40	0	5	10	0	40	20	30	75	18
Barre Spécial K	13	60	15	50	0	5	10	0	50	40	20	55	0	15	05	55	55	55	5	115	28
Barre Twix	8	40	10	35	0	5	5	0	35	20	20	0	0	5	15	38	0	13	2	43	10
Barre Kit Kat	10	40	5	30	35	30	10	35	30	35	5	0	35	25	15	33	0	8	7	98	24

Détail des calculs pour la barre Lion :
Ventes semaine 1 = 20 + 0 – 1 = 19
Ventes semaine 2 = 1 + 59 – 15 = 45
Ventes semaine 3 = 15 + 45 – 10 = 50
Stock semaine 1 d'octobre = 10 + 50 – 30 = 30
Commande semaine 4 = 0 car le stock de la semaine 1 d'octobre (30) est au-dessus du stock d'alerte (15).
Ventes mensuelles = 19 + 45 + 50 + 30 = 144
Ventes moyennes = 144/4 semaines = 36

2. En semaine 1, il faudra commander les produits suivants : barre Nuts, barre Spécial K, barre Twix, barre Kit Kat.

3. Détail des calculs de la commande semaine 4 pour la barre Spécial K : le stock de la semaine 1 d'octobre (5) a atteint et dépassé le stock d'alerte (13), donc il faut commander. Stock maximal 60 – 5 = 55.

4. Le produit barre Nuts est en rupture fin septembre.

5. Les conséquences possibles de cette rupture pour le magasin sont :
- une insatisfaction des clients ;
- une perte de clients ;
- une mauvaise image ;
- une perte de chiffre d'affaires.

Exercice 7

Les indices de sensibilité

1. Corrigé de l'annexe 1

MARQUES	CA HT	VOLUME	MARGE TOTALE	LD	RATIO DE PRODUCTIVITÉ* (VOLUME)	RATIO DE RENDEMENT**
Sun	86 084	17 210	14 413	8,5 m	2 025 (17 210/8,5)	1 695,65 (14 413/8,5)
Somat	16 353	3 634	1 962	0,90 m	4 038	2 180
Calgonit	38 766	8 076	5 427	3,20 m	2 524	1 695,94
MDD	58 680	16 520	14 670	3,50 m	4 720	4 191,43
1er prix WK	6 960	2 400	140	1,40 m	1 715	100
TOTAL	**206 843**	**47 840**	**36 612**	**17,5 m**	**2 734 (47 480/17,5)**	**2 092,11 (36 612/17,5)**

2. Corrigé de l'annexe 2

SEGMENTS	VALEUR	% VALEUR	VOLUME	% VOLUME	MARGE	% MARGE	LD EN M	% LD	IS CA	IS VOLUME	IS MARGE	IS MOYEN	LO
Poudre	36 250	42,11	7 110	49,33	5 437	38,30	1,85	21,76	1,94	2,27	1,76	1,99	3,68
Tablette	23 123	26,86	4 820	33,44	4 162	29,32	1,75	20,59	1,3	1,62	1,42	1,45	2,54
Gel	9 715	11,29	713	4,95	2 319	16,34	1,50	17,65	0,64	0,28	0,93	0,62	0,93
Sel	8 105	9,42	621	4,31	975	6,87	2,25	26,47	0,36	0,16	0,26	0,26	0,59
Rinçage	7 975	9,26	786	5,45	1 018	7,17	0,60	7,06	1,31	0,77	1,02	1,03	0,62
Nettoyant	504	0,59	305	2,12	155	1,09	0,30	3,53	0,17	0,60	0,31	0,36	0,11
Déo	412	0,48	58	0,40	129	0,91	0,25	2,94	0,16	0,14	0,31	0,20	0,05
Total	**86 084**	**100**	**14 413**	**100**	**14 195**	**100**	**8,5**	**100**	**1**	**1**	**1**	**1**	**8,50 m**

Détail des calculs pour le segment poudre :

% en valeur = 36 250/86 084 × 100
% volume = 7 110/14 413 × 100
% marge = 5 437/14 195 × 100
% du LD = 1,85/8,5 × 100
IS CA = 42,11/21,76
IS volume = 49,33/21,76
IS marge = 38,30/21,76
IS moyen = (1,94 + 2,27 + 1,76)/3
LO = 1,85 × 1,99

Exercice 8

Le chiffre d'affaires prévisionnel

1. Le nombre de ménages de la zone est de 38000 (106400 / 2,8 = 38000 ménages).

2. Les dépenses de consommation en matériel de sport par ménages et par an sont de 18240000 €. (38000 × 40 = 1520000 × 12 = 18240000 €).

3. Les dépenses de consommation totale effective de la zone en matériel de sport par rapport aux indices de régionalisation sont de 6741504 € (18240000 × 35 % × 0,96 × 1,10 = 6741504 €).

4. Le marché potentiel pour les magasins de sports de la zone est de 7752729 € (6741504 × 1,15 = 7752729 €).

5. Le CA prévisionnel du magasin sur l'année est de 1752729 € (7752729 – 6000000 = 1752729 €).

6. Le projet est rentable car il dégage un CA prévisionnel mensuel de 146060,75 €, donc on est au-dessus de l'objectif de 50000 € (+96060,75 €).

Les bases de la communication

LU ☐
SU ☐
REVU ☐

La communication est indiscutablement un facteur de réussite commerciale à la condition que certains principes de base soient respectés.

1 Le principe de la communication

Au sens large, la communication se définit comme toute opération de transfert ou d'échange d'informations. Elle ne se réduit pas à l'échange verbal puisqu'il existe d'autres systèmes de communication : nous émettons et recevons sans cesse des signaux visuels (postures, gestes, mimiques) et tactiles (tape amicale sur l'épaule, poignée de main…). Ces signaux peuvent remplacer certains énoncés verbaux, mais ils peuvent aussi les accompagner ou les illustrer.

2 Les composantes de la communication

Pour communiquer, les éléments suivants doivent être réunis :

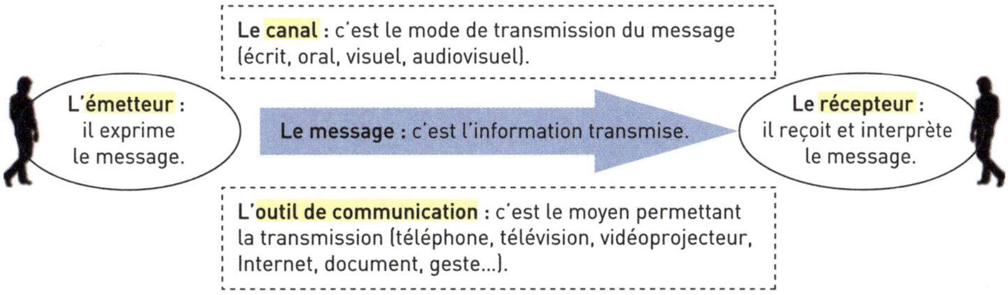

3 Les étapes de la communication verbale

Il est possible de schématiser la communication verbale en cinq étapes.

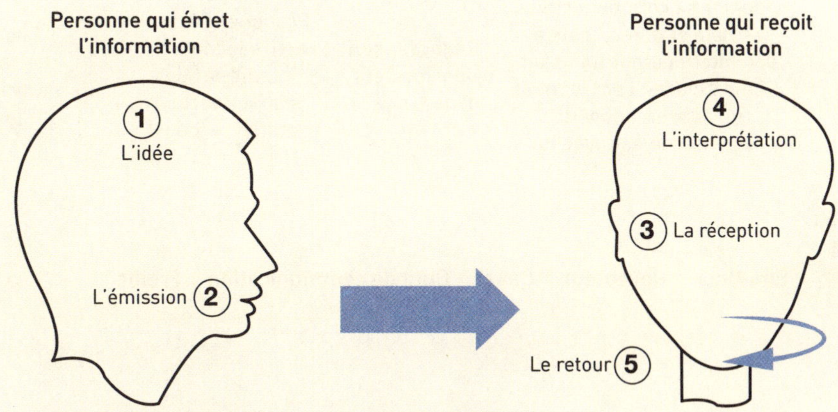

Étape 1 : Idée et mise en forme de l'information *(la pensée).*
Étape 2 : Émission de l'information à l'oral.
Étape 3 : Réception de l'information *(ce que la personne entend).*
Étape 4 : Interprétation de l'information *(ce que la personne comprend).*
Étape 5 : Retour *(réponse, réaction de la personne qui a reçu l'information).*

4 Les composantes de la communication non verbale

La communication non verbale peut remplacer, accompagner ou illustrer la parole. Les principaux éléments qui la composent sont :
- la présentation (hygiène corporelle, vêtements, coiffure, maquillage, accessoires corporels) ;
- les expressions du visage (sourires, mimiques) ;
- le regard (expression des yeux) ;
- l'expression corporelle (ce qu'exprime la position du corps) ;
- l'expression gestuelle (ce qu'expriment les membres par leurs mouvements).

5 Les freins à la communication

Les freins sont des obstacles qui peuvent survenir à chaque étape de la communication. On distingue généralement deux catégories de freins.

	TYPES DE FREINS	EXEMPLES DE FREINS
LES FREINS LIÉS AUX PERSONNES	Ils peuvent porter sur les éléments de la communication verbale.	Langage trop technique ou trop spécialisé, registre de langue différent de celui du récepteur.
	Ils peuvent également être liés aux éléments de la communication non verbale.	Tenue vestimentaire négligée, regard fuyant, position avachie, gestes maladroits.
LES FREINS LIÉS À L'ENVIRONNEMENT	Un environnement défavorable peut être un obstacle à la communication.	Position corporelle inconfortable pour communiquer, bruit, outil de communication défectueux.

6 Les principes d'une communication réussie

Pour bien communiquer, il est nécessaire de respecter quatre principes :

- Adapter sa communication verbale et non verbale à son interlocuteur en usant d'empathie, en l'écoutant et en l'observant pour se synchroniser avec lui
- Regarder son interlocuteur dans les yeux
- Pratiquer l'écoute active (écouter et réagir par des signaux verbaux et non verbaux)
- Choisir un cadre favorisant la communication

mots clés

Émetteur ◆ Récepteur ◆ Canal ◆ Outil de communication ◆ Freins

Savoir 2

La connaissance de la clientèle

LU ☐
SU ☐
REVU ☐

Connaître les besoins de la clientèle, ses goûts, ses comportements, son profil (sexe, âge, revenus, lieu d'habitation...) est indispensable pour répondre au mieux à ses demandes, s'adapter à ses évolutions, la satisfaire et la fidéliser.

1 Les besoins

Un besoin exprime un sentiment de manque, un état de privation. On distingue :

- les besoins de nécessité : besoins vitaux (ou physiologiques) et besoins sociaux (ou culturels) ;

EXEMPLES « J'ai faim » → besoin physiologique, vital. « Pour le mariage de Julien, j'ai besoin d'une robe longue » → besoin social, culturel.

- les besoins de priorité ou d'urgence. La pyramide de Maslow hiérarchise les besoins de l'individu : celui-ci peut réaliser un besoin d'ordre supérieur seulement si celui qui le précède est satisfait.

Besoin de se réaliser, de se dépasser	**Besoin d'accomplissement**
Besoin d'être estimé, reconnu, respecté par les autres	**Besoin d'estime**
Besoin d'être intégré dans un groupe, besoin d'affection	**Besoin d'appartenance**
Besoin de se protéger	**Besoin de sécurité**
Besoin de survivre	**Besoins physiologiques**

2 Le comportement d'achat

2.1. Les motivations d'achat

Ce sont des forces psychologiques positives qui poussent un individu à acheter. On distingue :

- les motivations hédonistes : acheter pour soi, pour se faire plaisir ;
- les motivations oblatives : acheter pour faire plaisir aux autres ;
- les motivations d'auto-expression : acheter pour paraître, pour s'affirmer aux yeux des autres, exprimer sa personnalité.

EXEMPLE Mélanie a acheté un manteau confortable (motivation hédoniste), des bottes tendance (motivation d'auto-expression) et un jeu pour son fils (motivation oblative).

2.2. Les mobiles d'achat selon SONCAS

La motivation d'achat recouvre un ou plusieurs « mobiles d'achat ». La méthode SONCAS est couramment utilisée pour les identifier et les classe en six catégories :

- Sécurité : désir de se protéger, d'être rassuré sur la qualité...
- Orgueil : désir d'être le meilleur, de paraître, de dominer...

- Nouveauté : désir de sensations nouvelles, de découverte, de changement...
- Confort : désir de produits simples, faciles à utiliser ; désir de gagner du temps...
- Argent : désir de gagner de l'argent, d'économiser...
- Sympathie : désir de « sympathie » envers le produit (couleur, forme...), le vendeur...

2.3. Les freins à l'achat

Ce sont des forces psychologiques négatives qui empêchent un individu d'acheter :
- les inhibitions relèvent d'un sentiment de culpabilité, d'un manque de confiance ;

EXEMPLE « Cette voiture est trop luxueuse pour moi. »

- les peurs expriment une crainte de rencontrer des difficultés lors de l'achat ou de l'utilisation du produit. Cette peur peut être fondée ou non fondée.

EXEMPLE « Le prix de ce manteau dépasse mon budget. »

2.4. Les types d'achat

- L'achat réfléchi est un achat raisonné, effectué suite à une réflexion préalable.

EXEMPLE Avant l'achat d'un lave-linge, le client s'informe et compare les prix.

- L'achat d'impulsion est un achat « coup de cœur » non prémédité : la simple vue du produit déclenche l'acte d'achat.

EXEMPLES Un bijou fantaisie, un article en promotion.

- L'achat habituel concerne les produits nécessaires au quotidien, comme le pain.

2.5. Les habitudes d'achat

Les individus ont chacun des habitudes d'achat : types de produits et marques achetés, fréquence d'achat, quantités, budget et lieu d'achat.

EXEMPLE Mme Martin achète chez Leclerc du café Lavazza en dosettes tous les quinze jours, tout au long de l'année. Elle achète un paquet à 6,20 € à la fois.

3 La segmentation de la clientèle

C'est une méthode qui consiste à répartir la clientèle en groupes homogènes (appelés « segments ») afin de proposer à chacun d'eux une offre commerciale spécifique. La segmentation peut s'effectuer en fonction :
- de facteurs sociodémographiques : âge, sexe, revenus, situation familiale, taille du foyer, type et lieu d'habitat, professions et catégories socioprofessionnelles (PCS) : artisans, ouvriers, employés... ;

EXEMPLE La Citroën C6 s'adresse essentiellement à une clientèle aisée de 45 ans et plus.

- des socio-styles : le Centre de communication avancée (CCA) a créé des segments de clientèle qui regroupent des individus ayant des styles de vie, des modes de consommation similaires.

mots clés
Besoin ◆ Pyramide de Maslow ◆ Motivation hédoniste/oblative/d'auto-expression ◆ SONCAS ◆ Achat réfléchi/d'impulsion/habituel ◆ Segmentation ◆ Socio-styles

S'entraîner au Bac
Exercice 1 : p. 81

Savoir

3

L'offre commerciale

LU ☐
SU ☐
REVU ☐

Le choix des produits constituant l'offre d'un point de vente est effectué en fonction des attentes de la clientèle, de la concurrence, de la politique commerciale, etc.

1 L'assortiment

L'assortiment est l'ensemble des biens et des services proposés au sein d'un lieu de vente physique (magasin) ou virtuel (e-commerce, m-commerce).

EXEMPLE L'assortiment d'un hypermarché est constitué de produits alimentaires, de produits non alimentaires et de services (voyages, assurances, location de véhicules…).

L'assortiment est caractérisé par trois critères.

CARACTÉRISTIQUES	DÉFINITIONS
La largeur de l'assortiment	C'est le nombre de familles de produits (une famille répond à un type de besoin). EXEMPLE : Carrefour propose un assortiment large avec des familles de produits diverses ; un opticien propose un assortiment étroit.
La profondeur de l'assortiment	C'est le nombre de références par famille. EXEMPLE : une grande surface spécialisée dans les produits culturels a un assortiment profond car elle propose un très grand choix de livres.
L'ampleur de l'assortiment	L'assortiment est ample s'il est à la fois large et profond. Il répond donc à tous les besoins possibles du consommateur, avec une diversité de produits offerte pour chaque besoin. EXEMPLE : un grand magasin offre un assortiment ample car tous les besoins des consommateurs peuvent être satisfaits (se vêtir, s'alimenter, se meubler…) et le choix de produits correspondant à chaque besoin est très important. Inversement, un magasin de bricolage dispose d'un assortiment restreint.

2 Le positionnement du point de vente

Le choix de l'offre commerciale permet de se positionner par rapport à la concurrence. Pour cela, le point de vente doit établir son plan de marchéage (ou *marketing mix*). Il consiste à définir quatre variables (les 4 P en anglais) :
- les produits à commercialiser (*Product*) ;
- les prix à pratiquer (*Price*) ;
- l'implantation et la présentation des produits à réaliser (*Place*) ;
- l'ensemble des actions visant à faire connaître l'offre commerciale (*Promotion*).

3 La marque

La marque est un signe distinctif (nom, association de lettres, de chiffres, logo…) qui permet de différencier un ou plusieurs produits des produits concurrents.

3.1. L'image de marque

La marque véhicule l'image de l'entreprise et de ses produits (image de sérieux, de bas prix…), ce qui définit l'image de marque dans l'esprit du consommateur.

EXEMPLE Les marques Bic et Montblanc satisfont toutes deux un même besoin, l'écriture. Toutefois, la première a une image populaire, la seconde une image haut de gamme.

3.2. La place de la marque

Sur un marché donné, une marque peut être :
- leader (première en termes de part de marché) ;
- challenger (deuxième en termes de part de marché) ;
- suiveur (part de marché moindre, marque qui imite la concurrence).

3.3. Les types de marques

- Les marques nationales portent les noms des fabricants (ex. : Danone).
- Les marques de distributeur (MDD) appartiennent à un distributeur. Il peut s'agir de marques d'enseigne portant le nom du point de vente qui les distribue (ex. : Casino) ou de marques propres qui ont un nom différent de celui de l'enseigne (ex. : la marque « Repère » pour l'enseigne Leclerc).
- Les marques premiers prix sont des marques de prix bas et de qualité moyenne (ou basse) des enseignes de la grande distribution (ex. : « Bien Vu » de Système U).

4 Le conditionnement des produits

Le conditionnement est la première enveloppe d'un produit (ex. : le flacon en verre qui contient un parfum). Il est en contact direct avec le produit.
Il possède des fonctions techniques (protéger, contenir, conserver, faciliter les opérations de transport, de stockage et de mise en rayon du produit) mais aussi des fonctions commerciales (séduire, identifier le produit, informer le consommateur).

5 Le cycle de vie des produits

Au cours de la vie d'un produit (son cycle de vie), les ventes évoluent. Dans un cycle classique, les ventes sont d'abord faibles, puis elles progressent, puis stagnent, pour enfin régresser.

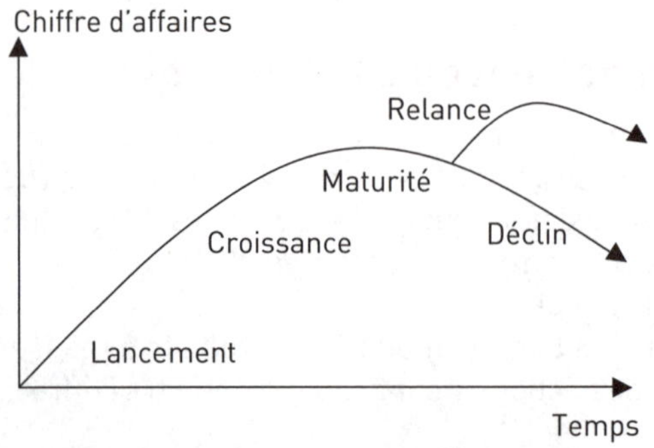

mots clés

Assortiment (largeur, profondeur, ampleur) ◆ Plan de marchéage ◆ Image de marque ◆ Marque nationale ◆ Marque de distributeur ◆ Marque premier prix ◆ Conditionnement ◆ Cycle de vie d'un produit

Savoir 4

Les méthodes de vente

LU ☐
SU ☐
REVU ☐

Il existe trois méthodes de vente. À chaque méthode correspondent des techniques de vente. Une entreprise peut combiner plusieurs méthodes ou techniques pour commercialiser ses produits.

1 La vente de contact

Elle se caractérise par une communication orale entre le vendeur et le client.

- La vente traditionnelle : le vendeur prend complètement en charge le client, de l'accueil jusqu'à la prise de congé (ex. : vente de produits de luxe).
- La vente sur stand : elle se fait à l'extérieur du magasin lors d'une foire, d'un salon.
- La vente à domicile : un représentant/commercial démarche le client à domicile ou organise des réunions pour vendre ses produits (ex. : vente de fenêtres).

2 La vente visuelle

Les produits sont présentés de façon à ce que le client fasse son choix seul.

TECHNIQUE DE VENTE	DESCRIPTION	EXEMPLES DE PRODUITS
Libre-service	Le client évolue seul, choisit ses produits et règle ses achats à la sortie du magasin.	Produits vendus en grande distribution.
Libre-service assisté	Le vendeur intervient sur demande expresse du client.	Produits techniques dans les grandes surfaces.
Distributeur automatique	Le client sélectionne son produit (bien ou service), le paie et se sert seul.	Boissons, confiseries, DVD.

3 La vente à distance

Elle s'effectue sans contact physique entre le vendeur et le client.

TECHNIQUE DE VENTE	DESCRIPTION	EXEMPLES
La vente par correspondance (VPC)	L'entreprise présente ses produits dans un catalogue et livre le client à domicile.	La Redoute, Les 3 Suisses
La vente par téléphone	Utilisée pour prospecter et obtenir des rendez-vous.	Chauffage à énergie renouvelable…
Le commerce électronique (e-commerce)	Un catalogue en ligne permet au client de commander.	Amazon, Cdiscount
Le télé-achat	Des émissions télévisées proposent de commander par téléphone ou Internet.	M6 Boutique, Téléshopping

mots clés

Vente traditionnelle ◆ Vente sur stand ◆ Vente à domicile ◆ Libre-service ◆ Libre-service assisté ◆ Vente par correspondance (VPC) ◆ Commerce électronique

Savoir

5

La fiche produit

LU ☐
SU ☐
REVU ☐

La connaissance technique du produit est essentielle pour argumenter, c'est-à-dire convaincre le client et donc vendre. La fiche produit regroupe tous les renseignements qui permettent de bien connaître le produit et de préparer l'argumentation du vendeur.

1 L'utilisation de la fiche produit

1.1. Par le vendeur

Avant la vente, la fiche produit permet de s'informer sur les caractéristiques du produit, de préparer l'argumentaire, et ainsi de mieux vendre.
Pendant la vente, elle permet de concevoir une argumentation personnalisée et adaptée à son client.

1.2. Par le client

Lorsque la fiche est placée à proximité du produit, le client peut récolter les premières informations techniques et commerciales qui guideront son choix.

2 La constitution de la fiche produit

Dans les grandes enseignes, les fiches produits sont souvent réalisées par le service marketing. Si le vendeur réalise lui-même la fiche produit, il faut :

- recueillir un maximum de renseignements sur le produit choisi (dans le magasin, en consultant la notice d'utilisation du produit, en questionnant le fabricant ou le représentant de la marque, sur des sites Internet…) ;
- sélectionner, parmi tous les renseignements récoltés, les éléments vraiment nécessaires ;
- regrouper et classer les éléments retenus dans les rubriques de la fiche produit (voir ci-après) ;
- formuler un argument pour chaque caractéristique technique et commerciale.

3 La construction des arguments

Un argument est un « avantage client ». Pour chaque caractéristique technique, commerciale et psychologique, le vendeur doit démontrer au client l'intérêt qu'il peut en tirer.

EXEMPLE Une des caractéristiques techniques d'un disque dur externe est sa capacité de 2 To. L'argument sera : « Cette importante capacité de stockage vous permettra de réaliser des sauvegardes des ordinateurs, des smartphones et des tablettes de toute la famille. »

4 La présentation de la fiche produit

Généralement, une fiche produit se présente sous la forme d'un tableau et comporte cinq rubriques.

<table>
<tr><th colspan="2">FICHE PRODUIT</th></tr>
<tr><td colspan="2">1. Identification du produit</td></tr>
<tr><td>Dénomination
Marque/Modèle/Référence</td><td>Illustration du produit
(photo, dessin)</td></tr>
<tr><td colspan="2">2. L'environnement du produit</td></tr>
<tr><td colspan="2">Place dans l'assortiment du magasin
Règles de marchandisage</td></tr>
<tr><td>3. Caractéristiques techniques</td><td>Arguments/avantages</td></tr>
<tr><td>Poids net
Volume
Forme
Dimensions
Composition
Couleur(s)
Lieu de fabrication
Signe, label ou norme
Conditionnement : nature (bouteille, boîte...) et matériau (verre, plastique, carton, métal...)
Mode d'emploi/conseils d'utilisation
Conseils d'entretien, de conservation, de stockage</td><td></td></tr>
<tr><td>4. Caractéristiques commerciales</td><td>Arguments/avantages</td></tr>
<tr><td>Prix
Conditions de règlement
Conditions de livraison
Garantie : nature (pièces, main-d'œuvre...) et durée
Conditions de reprise d'un ancien produit
Ventes additionnelles</td><td></td></tr>
<tr><td colspan="2">5. Caractéristiques psychologiques</td></tr>
<tr><td colspan="2">Image du produit et de la marque
Type de clientèle (cible)
Mobile d'achat (selon SONCAS)
Freins</td></tr>
</table>

mots clés

Fiche produit ◆ Argument ◆ Caractéristiques techniques, commerciales et psychologiques

S'entraîner au Bac
Exercice 1 : p. 81

Savoir 6

La découverte du client

LU ☐
SU ☐
REVU ☐

Le vendeur doit tout mettre en œuvre pour accueillir au mieux le client puis effectuer une recherche de besoins la plus complète possible.

1 L'accueil du client

1.1. L'accueil par le point de vente

- L'extérieur du magasin (enseigne, façade, vitrine) doit être irréprochable.
- L'intérieur doit être propre et organisé. Les facteurs d'ambiance (musique, signalétique...) doivent être présents et adaptés au magasin.
- Le personnel de vente doit adopter une tenue et une présentation soignées et adaptées au magasin, et connaître parfaitement l'assortiment proposé.

1.2. L'accueil par le vendeur

Le vendeur doit être attentif aux éléments de communication verbale (saluer chaque client par un « bonjour » adapté, entamer le dialogue sur le produit que le client observe, adopter un registre de langage courant) et non verbale (regard direct, sourire, attitude dynamique, ton de voix affirmé, débit et volume satisfaisants).

2 La recherche des besoins

Le vendeur doit découvrir les motivations, les mobiles d'achat (SONCAS) et les freins éventuels. Il utilise différents types de questions pour les découvrir.

TYPES DE QUESTIONS	EXEMPLES
La question ouverte permet au client de s'exprimer librement.	« Que pensez-vous de... ? »
La question alternative laisse le choix au client tout en le guidant. Le principe est de lui proposer deux possibilités.	« Vous le préférez avec ou sans capuche ? »
La question fermée incite le client à répondre par un seul mot (« oui », « non », un chiffre...).	« C'est pour un enfant de quel âge ? »

Le vendeur doit également :

- user d'empathie : observer, écouter et analyser le client afin de s'adapter ;
- pratiquer l'écoute active : utiliser le questionnement et la reformulation afin de s'assurer que l'on a compris au mieux le message de son interlocuteur.

3 La reformulation

À la fin de cette étape, le vendeur doit reformuler (ou récapituler) les réponses du client afin de s'assurer qu'il a bien compris et qu'il n'a rien oublié.

EXEMPLE « Si j'ai bien compris, vous recherchez... C'est bien cela ? »

mots clés : Question ouverte ◆ Question alternative ◆ Question fermée ◆ Empathie ◆ Écoute active

S'entraîner au Bac
Exercice 1 : p. 81

La sélection et la présentation des produits

LU ☐
SU ☐
REVU ☐

Le choix et la présentation des produits sont essentiels car le client y est très réceptif. Cette phase se confond parfois avec celle d'argumentation et/ou de démonstration.

1 La sélection des produits

Afin de les présenter au client, le vendeur doit sélectionner :
- un maximum de trois à quatre produits (pour ne pas submerger le client) ;
- des produits impeccables et en parfait état de fonctionnement.

Le vendeur doit proposer un article de remplacement si le produit désiré n'est pas disponible.

2 La présentation et la démonstration des produits

2.1. La présentation du produit

Le vendeur doit respecter les règles suivantes :
- présenter un seul produit à la fois pour ne pas perturber l'attention du client ;
- commencer par le produit le plus cher pour éventuellement faire accepter plus facilement le prix des autres produits ;
- mettre la marchandise en valeur, avec respect et soin dans la manipulation ;
- permettre au client de toucher, de manipuler le produit pour susciter l'instinct de possession.

2.2. La démonstration du produit

Si elle est possible, une démonstration est préférable car elle permet de :
- comprendre plus facilement l'utilisation du produit ;
- mieux juger de l'efficacité et de la qualité ;
- réaliser plus facilement des comparaisons.

Pour le vendeur, la démonstration permet :
- de renforcer ses arguments par des preuves ;
- de mieux se rendre compte de la conviction du client.

2.3. Le rôle du vendeur lors de la présentation/démonstration du produit

Pendant la présentation/démonstration, le vendeur doit observer les réactions du client (mots, gestes et attitudes). Les possibilités de démonstration sont nombreuses et dépendent des produits.

EXEMPLES
Faire goûter un aliment, présenter un vêtement déplié, faire sentir un parfum sur la peau ou sur papier, proposer au client de s'installer dans une voiture…

mots clés

Démonstration

Savoir
8

LU ☐
SU ☐
REVU ☐

VENDRE

L'argumentation et le traitement des objections

Argumenter, c'est rechercher l'adhésion du client, le convaincre d'acheter. Pour être efficace, l'argumentation doit être composée d'arguments structurés et adaptés à chaque client.

1 L'argumentation

1.1. La construction d'un argument

L'argument doit être structuré selon la méthode CAP :

CAP = Caractéristique + Avantage + Preuve

EXEMPLE
« Cette valise est en kevlar [caractéristique], elle est donc très résistante aux chocs [avantage]. Regardez les tests qui ont été filmés [preuve]... »

1.2. Le principe d'une bonne argumentation

LES ARGUMENTS DOIVENT ÊTRE :	LE VENDEUR DEVRA DONC :
– structurés avec la méthode CAP ; – adaptés au client ; – en nombre limité.	– avoir déjà préparé son argumentaire ; – connaître parfaitement son client (avoir réalisé une recherche des besoins complète).

1.3. L'utilisation des mobiles d'achat du client

Le vendeur doit orienter son argumentation vers les deux ou trois mobiles d'achat les plus importants pour le client. Pour cela, il privilégiera ou évitera certains mots.

SONCAS	MOTS À PRIVILÉGIER	MOTS À ÉVITER	SONCAS	MOTS À PRIVILÉGIER	MOTS À ÉVITER
Sécurité	*Garantie, norme*	*Problème, panne*	**Confort**	*Confortable, pratique*	*Compliqué*
Orgueil	*Exceptionnel, exclusif*	*Courant, banal*	**Argent**	*Économique, durable*	*Cher, dépense*
Nouveauté	*Création, original*	*Habituel, répandu*	**Sympathie**	*Esthétique, harmonieux*	*Désagréable*

2 La présentation du prix

2.1. L'annonce du prix

Le prix ne doit pas être annoncé en début d'entretien, mais plutôt :

- après que le vendeur a perçu un signal d'achat ;
- avant la phase de conclusion de la vente pour ne pas donner au client l'impression de dissimuler le prix ;
- si le client aborde lui-même le sujet.

Le vendeur ne doit pas insister sur le prix (sauf si celui-ci est très compétitif) et le faire suivre d'un argument pour le justifier.

2.2. Les techniques de présentation du prix

TECHNIQUE	PRINCIPE	EXEMPLE
L'**addition**	Énumérer des avantages procurés par l'achat du produit.	« En plus, vous bénéficiez d'une garantie de trois ans sur ce modèle. »
La **soustraction**	Indiquer au client ce qu'il perdrait en n'achetant pas le produit à ce prix aujourd'hui.	« Notre promotion de 30 % se termine ce soir. »
La **multiplication**	Démontrer que les avantages durent dans le temps.	« Vous pourrez en profiter plusieurs années, ce produit est indémodable. »
La **division**	Diviser le prix du produit par sa durée d'utilisation.	Pour un bien à 1 190 € : « Ce produit a une durée de vie de dix ans, ce qui vous revient à moins de 10 € par mois. »

VENDRE

3 Le traitement des objections

L'**objection** est une formulation du client en réponse à l'argumentation. On distingue :

- l'objection prétexte (ou fausse), qui est utilisée pour se débarrasser du vendeur ;

EXEMPLE
« La couleur de cet ordinateur ne s'harmonise pas avec celle de mon bureau. »

- l'objection réelle (ou sincère), qui est la manifestation d'un frein à l'achat, l'expression d'un doute ou la volonté d'en savoir davantage.

EXEMPLE
« Ce matériel me semble trop difficile à utiliser. »

Le vendeur décèle les objections et les traite avec respect à l'aide de techniques.

TECHNIQUE	PRINCIPE	EXEMPLES
Le **« oui, mais »**	Accepter la remarque du client et continuer l'entretien en apportant un autre argument.	« C'est trop cher ! – Je comprends, mais ce produit se révèle très rentable dans le temps. »
Le **boomerang**	Renvoyer au client son objection sous la forme d'un argument.	« Il est trop petit ! – Justement, cela permet de le glisser dans la poche. »
Le **témoignage**	S'appuyer sur l'expérience d'autres clients.	« Nous avons notamment comme client la ville de ... qui utilise ce produit. »
L'**anticipation**	Devancer une objection certaine.	« Je sais ce que vous allez me dire... »
L'**affaiblissement**	Diminuer la force de l'objection.	« Cet article se vend mal ! – Disons que les ventes ont moins progressé que ces dernières années. »
Le **questionnement**	Demander au client d'expliquer son objection.	« Je n'aime pas les voitures étrangères ! – Pourquoi ? »

mots clés

Méthode CAP ◆ Technique de l'addition/la soustraction/la multiplication/la division ◆ Technique du « oui, mais »/boomerang/témoignage/anticipation/affaiblissement/questionnement

S'entraîner au Bac
Exercice 1 : p. 81

La finalisation de l'entretien de vente

LU ☐
SU ☐
REVU ☐

Pour finaliser l'entretien, le vendeur doit conclure la vente, proposer au client des produits complémentaires, l'encaisser et procéder à la prise de congé.

1 La conclusion de la vente

Le vendeur identifie des signaux d'achat émis par le client pour conclure la vente :
- signaux verbaux : le client imagine le produit chez lui, demande plus d'informations (livraison, mode d'emploi…), un avantage supplémentaire (remise, cadeau)… ;
- signaux non verbaux : le client touche de plus en plus le produit, le garde en main…

Une fois les signaux repérés, le vendeur utilise différentes techniques de conclusion.

TECHNIQUE	PRINCIPE	EXEMPLES
La conclusion directe	Provoquer le déclenchement du « oui » par une question.	« Vous le prenez ? »
La conclusion récapitulative	Récapituler les avantages déjà présentés.	« Cet appareil possède un zoom puissant, une capacité de stockage importante et c'est la première marque mondiale. »
La conclusion alternative	Proposer au client de choisir entre deux possibilités.	« Vous le prenez avec le flash intégré ou sans ? »
La conclusion « avantage en plus » ou « ultime argument »	Proposer un cadeau, une remise, un service gratuit.	« Je vous offre la sacoche pour le transporter. »
La conclusion « avantage en moins » ou « regret »	Faire ressentir au client le risque de perdre un avantage s'il retarde sa décision.	« C'est le dernier modèle que j'ai en stock à ce prix-là. »

2 La conclusion de l'entretien de vente

Pour augmenter les ventes, le vendeur essaie de réaliser des ventes additionnelles :
- la vente complémentaire concerne un article directement associé au produit principal ;

EXEMPLE Un casque pour une moto.

- la vente supplémentaire concerne un article totalement indépendant du produit principal.

EXEMPLE Un nouveau produit, une promotion.

Le vendeur doit ensuite assurer l'encaissement, c'est-à-dire le paiement du client (en espèces, par chèque, carte de paiement, chèques cadeaux…).
Enfin, le vendeur réalise la prise de congé : il rassure le client, lui donne des conseils d'utilisation, d'entretien, maintient un climat agréable, le remercie et le salue.

mots clés
Signaux d'achat ◆ Techniques de conclusion ◆ Vente complémentaire/supplémentaire ◆ Encaissement ◆ Prise de congé

S'entraîner au Bac
Exercice 1 : p. 81

Savoir 10

L'autoévaluation des prestations de vente

LU ☐
SU ☐
REVU ☐

L'autoévaluation d'une prestation de vente est l'analyse par le vendeur de sa pratique professionnelle. Elle lui permet d'identifier ses points forts et ses points faibles. L'utilisation d'une grille d'évaluation rend cet exercice plus aisé.

1 Les connaissances professionnelles

1.1. La qualification de la clientèle du point de vente		
Je connais la zone de chalandise du magasin.	Oui	Non
Je connais le profil de la clientèle (sexe, âge, revenus, lieu d'habitation...).	Oui	Non
J'ai cerné les besoins généraux de la clientèle.	Oui	Non
1.2. Les connaissances relatives aux produits		
Je connais les produits du point de vente : désignation, marque, origine...	Oui	Non
Je connais les caractéristiques techniques des produits (composition, dimension ou taille, performances, entretien, coloris...).	Oui	Non
Je connais les caractéristiques commerciales des produits (prix, facilités de paiement, conditions de livraison, garantie, SAV...).	Oui	Non
Je connais les caractéristiques psychologiques des produits (image, notoriété...).	Oui	Non

2 L'entretien de vente

2.1. La découverte du client et de ses besoins		
J'ai posé des questions qui ont permis l'identification des besoins du client.	Oui	Non
J'ai posé des questions pour identifier les mobiles et les freins d'achat.	Oui	Non
J'ai pratiqué l'écoute active en reformulant les besoins du client.	Oui	Non
J'ai su créer un climat de confiance.	Oui	Non
2.2. L'argumentation de vente		
J'ai su choisir les arguments correspondant aux mobiles et motivations du client.	Oui	Non
J'ai su répondre aux objections du client grâce à différentes techniques.	Oui	Non
2.3. La conclusion de la vente		
J'ai su faire preuve d'une attitude qui a entraîné l'accord du client et j'ai utilisé les techniques de conclusion de la vente.	Oui	Non
J'ai réalisé une vente additionnelle.	Oui	Non
J'ai fidélisé le client.	Oui	Non
J'ai mené l'encaissement de façon correcte en faisant les vérifications d'usage.	Oui	Non
J'ai pris congé du client (je l'ai remercié, félicité pour son choix, salué).	Oui	Non
J'ai su gérer les réclamations suite à une vente (réponse au client, compte rendu à la hiérarchie).	Oui	Non
2.4. La communication professionnelle		
J'ai eu une communication verbale (aisance, vocabulaire, style) conforme aux usages professionnels tout au long de la vente.	Oui	Non
J'ai eu un comportement professionnel.	Oui	Non

Savoir
11

Le traitement des réclamations des clients

LU ☐
SU ☐
REVU ☐

La réclamation d'un client est l'expression de son insatisfaction suite à l'achat d'un bien ou d'un service. Son traitement est important dans la gestion de la relation client.

VENDRE

1 Les deux formes de réclamation

- La réclamation orale s'effectue au magasin, par téléphone ou en répondant à un questionnaire de satisfaction administré par un enquêteur.
- La réclamation écrite s'effectue par courrier postal ou électronique, fiche « Remarques et suggestions » ou questionnaire d'enquête.

Dans les deux cas (réclamation orale ou écrite), le magasin peut ensuite réagir oralement (face-à-face, téléphone) ou par écrit (courrier, e-mail).

2 Les causes de réclamation

Les causes de réclamation sont nombreuses : achat d'un produit défectueux, rupture de stock, retard de livraison, absence d'un service gratuit ou payant, manque de propreté, de signalétique, informations inexactes, personnel peu ou pas souriant, absence de sens du service ou incompétence des vendeurs...

3 Les réponses à apporter

3.1. La réclamation est justifiée

Si le magasin est responsable du désagrément causé, il faut proposer une solution au client (échange, réparation, remboursement) et s'assurer de sa satisfaction.

3.2. La réclamation est injustifiée

La réclamation peut ne pas être justifiée. Le magasin n'est pas responsable.

EXEMPLE
« Cette chemise a rétréci au lavage ! »

Tout en restant ferme, le vendeur doit se montrer disponible et aimable et démontrer avec diplomatie au client que c'est lui qui est à l'origine du problème. Un geste commercial peut être envisagé s'il s'agit d'un client fidèle ou dont le montant des achats est élevé.

4 L'enjeu du bon traitement des réclamations

Traiter efficacement une réclamation permet de regagner la confiance du client, de le satisfaire à nouveau et ainsi de le fidéliser.
Tirer les leçons des retours clients conduit à mettre en place une démarche qualité pour proposer les meilleurs produits et services à la clientèle.

mots clés **Réclamation orale/écrite**

Savoir
12

La satisfaction et la fidélisation de la clientèle

LU ☐
SU ☐
REVU ☐

Un point de vente doit mesurer régulièrement le degré de satisfaction de sa clientèle pour proposer une offre de qualité et ainsi fidéliser ses clients.

1 La satisfaction de la clientèle

1.1. Les enjeux

Des clients satisfaits permettent de développer le chiffre d'affaires et véhiculent une bonne image de la marque.

1.2. Les conditions pour satisfaire les clients

- Il faut connaître les besoins des clients afin de proposer une offre personnalisée, innovante et ainsi devancer la concurrence.

EXEMPLE
Les études marketing des besoins des consommateurs avant l'ouverture d'un point de vente sont déterminantes pour la réussite future de l'opération.

- L'enseigne doit affirmer sa volonté de s'inscrire dans une politique de satisfaction totale, avec des procédures de qualité, des engagements à respecter.

EXEMPLE
Sur plus de 500 produits de grandes marques, Carrefour s'engage à rembourser deux fois la différence si le consommateur trouve le produit moins cher ailleurs.

- L'enseigne doit s'appuyer sur la remontée des informations clients (en face-à-face, par courrier, mail, téléphone ou encore grâce aux réseaux sociaux).

2 La mesure de la satisfaction des clients

Divers critères peuvent être étudiés :
- le magasin lui-même : qualité de l'organisation générale, de la répartition des produits sur la surface de vente, de l'information sur le lieu de vente (ILV), des facteurs d'ambiance, des facilités de stationnement... ;
- les produits vendus : ils doivent correspondre aux besoins des clients (nature des produits, choix, marques, prix pratiqués, disponibilité, qualité...) ;
- le personnel : accueil des vendeurs, disponibilité, compétence, écoute... ;
- les services associés à la vente : livraison, service après-vente, assistance téléphonique, facilités de paiement.

3 Les outils de mesure

3.1. L'enquête de satisfaction par questionnaire

1. Déterminer la taille de l'échantillon (nombre de personnes à interroger) qui doit être représentatif de l'ensemble de la clientèle.
2. Tester le questionnaire.
3. Rédiger un questionnaire avec des questions claires, diversifiées et organisées selon un plan structuré. Différents types de questions peuvent être posés :

VENDRE

TYPES DE QUESTIONS	EXEMPLES
Question fermée unique	« Achetez-vous de la laque ? » Oui ☐ Non ☐
Question fermée à choix multiples (QCM)	« Quelle(s) marque(s) de laque achetez-vous ? » L'Oréal ☐ Provost ☐ Dessange ☐ Autre(s) ☐
Question ouverte	« Que pensez-vous de notre laboratoire photo ? »
Question avec échelle	« Notez notre prestation de mise en service (1 = très rapide, 2 = rapide, 3 = lente, 4 = très lente). » 1 ☐ 2 ☐ 3 ☐ 4 ☐

4. Une fois les questionnaires administrés, dépouiller les réponses et les analyser grâce à un logiciel comme Sphinx ou Ethnos.

3.2. L'analyse des réclamations

Les réclamations doivent être analysées rapidement afin de ne pas perdre le client.

3.3. La boîte à idées

Sur le lieu de vente, elle permet au client de faire des suggestions ou des critiques.

3.4. Le client mystère

C'est un individu (salarié du service marketing ou d'un cabinet de consultants) qui joue, *incognito*, le rôle d'un client. Il relève tous les points positifs et négatifs qu'il rencontre et rédige un compte rendu de ses observations.

4 La fidélisation

4.1. Les enjeux

Fidéliser un client coûte cinq à dix fois moins cher que d'en conquérir un nouveau.

4.2. Les outils de fidélisation

a) La carte de fidélité

Le client cumule des points ou des euros en fonction des produits achetés. La loi Informatique et Libertés oblige à déclarer les fichiers clients à la CNIL (Commission nationale de l'informatique et des libertés) et le client dispose d'un droit d'accès, de modification ou de suppression des données le concernant.

b) La carte de paiement de l'enseigne

Le client l'utilise pour régler ses achats et bénéficie d'offres exclusives (remises supplémentaires, bons d'achat personnalisés, facilités de paiement...).

c) Les messages écrits

Prospectus, publipostage (mailing, e-mailing, newsletters), SMS mailings mettent en avant des offres promotionnelles ou des informations pratiques.

d) Les autres outils de fidélisation

Bons de réduction, points à collecter, soldes privés, objets cadeaux, bons d'achat, cartes cadeaux, communauté (club clients, réseaux sociaux)...

mots clés

Enquête de satisfaction ◆ Boîte à idées ◆ Client mystère ◆ Question fermée unique/fermée à choix multiples/ouverte/avec échelle ◆ Carte de fidélité ◆ Carte de paiement de l'enseigne

S'entraîner au Bac
Exercices 2, 3 et 4 : p. 81 à 83

Exercice 1 voir Fiches Savoir 2, 5, 6, 8 et 9

La vente

Vous travaillez dans une boutique de prêt-à-porter haut de gamme pour hommes qui commercialise les marques Prada, Dolce & Gabbana, Diesel, Boss, Versace, Armani et Ralph Lauren.
Vous prenez en charge une cliente qui vient pour la première fois et qui recherche un polo pour offrir à son mari.
Nous sommes en début de saison et le magasin possède, pour chaque article, toutes les tailles et tous les coloris.

1. **Que dites-vous à la cliente que vous accueillez dans le magasin ?**

2. **Énoncez une question alternative et trois questions fermées que vous allez poser à la cliente afin de pouvoir lui proposer un ou plusieurs articles adaptés à sa demande.**

3. **Quelle est la motivation d'achat de la cliente ?**

4. **Quels sont les mobiles d'achat possibles de la cliente ? Justifiez.**

5. **Présentez l'argumentaire de vente pour le polo présenté dans le document.**

6. **Répondez aux objections ci-dessous en utilisant la technique de réponse indiquée entre parenthèses.**

a) **« Le prix est élevé... » (« Oui, mais »)**

b) **« Il est très près du corps... » (boomerang)**

c) **« Pas cet article-ci, il n'aimera pas ! » (questionnement)**

7. **La cliente n'est toujours pas convaincue par la justification du prix. Proposez trois techniques permettant de lui faire accepter définitivement le prix. Vous illustrerez chacune de ces techniques par un exemple d'argumentation.**

8. **La cliente décide d'acheter le polo Ralph Lauren. Que lui dites-vous pour la rassurer, la conforter dans son choix ?**

9. **Peut-on envisager une vente additionnelle ? Justifiez.**

10. **Que dites-vous à la cliente en guise de formule de prise de congé ?**

Document : Caractéristiques du produit

Produit : polo
Marque : Ralph Lauren
Coupe : cintrée
Couleurs : blanc/marine
Matière : 100 % coton
Tailles : S, M, L et XL
Prix : 125 €

FAIT ☐ REVU ☐

Exercice 2 voir Fiche Savoir 12

L'enquête de satisfaction

Une grande surface spécialisée dans le meuble a réalisé, durant un mois, une enquête de satisfaction auprès de sa clientèle. Ainsi, lors de chaque passage en caisse, un questionnaire intitulé « Votre avis nous intéresse » a été remis au client afin qu'il le remplisse et le dépose dans une urne située derrière les caisses. Le point de vente a recueilli 210 questionnaires alors que 350 étaient escomptés. Les résultats de l'enquête sont fournis en annexe.

1. **Quels sont les trois grands éléments sur lesquels porte l'enquête ?**

2. **Présentez, en les justifiant, les points forts du point de vente.**

3. **Présentez, en les justifiant, les points faibles du point de vente.**

4. **Comment expliquez-vous le résultat de 33 % à la réponse « Ne sais pas » pour les items « Attente d'un vendeur » et « Compétence du personnel » ?**

5. **Le questionnaire ne comprend qu'un seul type de question. Lequel ?**

6. **Citez deux autres points pour lesquels le degré de satisfaction des clients aurait pu être étudié.**

7. **Rédigez une question ouverte qui aurait pu être le sixième item du questionnaire et rappelez l'intérêt d'une telle question.**

8. **Comment expliquez-vous que seuls 210 questionnaires aient été remplis par la clientèle au lieu des 350 escomptés ?**

Document : Résultats de l'enquête de satisfaction

	TRÈS SATISFAIT	SATISFAIT	INSATISFAIT	TRÈS INSATISFAIT	NE SAIS PAS
CONFORT DE VISITE DU POINT DE VENTE	29 %	61 %	7 %	3 %	0 %
ATTENTE D'UN VENDEUR	5 %	15 %	41 %	6 %	33 %
COMPÉTENCE DU PERSONNEL	11 %	45 %	8 %	3 %	33 %
QUALITÉ DES ARTICLES	7 %	34 %	33 %	16 %	10 %
RAPPORT QUALITÉ/PRIX	22 %	53 %	5 %	4 %	16 %

FAIT ☐ REVU ☐

Exercice 3 voir Fiche Savoir 12

La mesure de la fidélisation des clients

Vous êtes en PFMP dans un magasin de prêt-à-porter. Bien que, depuis plusieurs années, le point de vente propose à ses clients une carte de fidélité, votre responsable observe que peu de clients la possèdent. L'objectif était pourtant que 80 % des clients soient en possession de cette carte. Il vous demande de prendre connaissance de son fonctionnement et d'en mesurer l'impact.

1. À partir du document 1, listez les avantages de la carte de fidélité pour les clients.

À partir du document 2 et de vos connaissances, répondez aux questions suivantes :

2. Calculez le panier moyen d'un client avec la carte. Vous arrondirez à deux chiffres après la virgule.

3. Calculez le panier moyen d'un client sans la carte. Vous arrondirez à deux chiffres après la virgule.

4. Analysez globalement tous les résultats de votre magasin (chiffre d'affaires, nombre de passages en caisse avec et sans la carte) et dégagez l'impact de la carte de fidélité par rapport au panier moyen.

5. Calculez quel aurait été le chiffre d'affaires du magasin si 80 % de la clientèle avait possédé la carte de fidélité cette année (vous calculerez le chiffre d'affaires des non-possesseurs de la carte, le chiffre d'affaires des possesseurs de la carte et le chiffre d'affaires total. Vous arrondirez à l'unité la plus proche).

6. Comparez le chiffre d'affaires obtenu au chiffre d'affaires actuel.

▶▶▶

Document 1 : Le fonctionnement et les services de notre carte de fidélité

Des chèques fidélité pour vous récompenser !

1 € = 1 point
200 points = 10 € en chèque fidélité

Chaque euro d'achat vous rapporte **1 point**.
Dès 200 points, vous pouvez déclencher votre **chèque de fidélité de 10 €***.
→ Vous le déclenchez **quand vous le voulez** sur notre site Internet.
→ Vous l'utilisez **quand vous le souhaitez**… même pendant les soldes.
→ Vous oubliez de le déclencher ? On le fait pour vous ! Ainsi vous **bénéficiez toujours de vos avantages** !

De l'information toute l'année !

Vous êtes **informés par SMS** des promotions, une **newsletter** vous est adressée chaque mois.

Des services « Esprit libre » !

Échanges sans ticket, retouches… Pour vous faciliter la vie, nous faisons du « sur mesure ».
Vous pouvez **échanger ou être remboursé sans ticket de caisse**, pendant 30 jours.
Vos retouches vous sont offertes toute l'année, même pendant les soldes !

La consultation de la carte sur votre smartphone !

Enregistrez votre carte dans votre application et consultez vos points, déclenchez vos chèques… où que vous soyez, quand vous voulez !

*200 points = 10 € ; 220 points = 11 €… Chaque tranche de 20 points rajoute 1 € au montant du chèque.

Document 2 : Données annuelles

- Chiffre d'affaires annuel TTC : 619 120 €
- Dont chiffre d'affaires réglé avec la carte de fidélité : 185 736 €
- Nombre de passages en caisse avec la carte de fidélité : 3 780
- Nombre de passages en caisse sans la carte de fidélité : 11 634

FAIT ☐ REVU ☐

Exercice 4 voir Fiche Savoir 12

La mesure de la satisfaction et de la fidélisation des clients

Vous effectuez votre PFMP chez Élégance, un magasin indépendant de prêt-à-porter qui possède un site Internet.
Le responsable vous charge de mesurer la satisfaction et la fidélisation de sa clientèle. Il a déjà réalisé une enquête auprès des clients internautes (document) et vous remet un certain nombre d'indicateurs de performance (annexe 1).

1. Calculez les indicateurs de performance en complétant l'annexe 1.

2. Réalisez un bilan de la satisfaction des clients en complétant l'annexe 2.

3. Proposez des mesures correctives pour les critères d'insatisfaction.

▶▶▶

Document : Les résultats de l'enquête de satisfaction

PAGE D'ACCUEIL	NOTE /5	PRODUITS	NOTE /5	ACHATS	NOTE /5
Attractivité	4	Choix	4	Bonne lisibilité du panier	5
Convivialité	5	Informations techniques claires	1	Information du prix total	5
Simplicité de la recherche	4	Illustrations des produits	1,5	Indication du délai de livraison	5
Clarté des informations	4	Guide pour le choix	2,5	Traçabilité du colis	4
NAVIGATION	**NOTE /5**	**ASSISTANCE TÉLÉPHONIQUE**	**NOTE /5**	**SAV**	**NOTE /5**
Simplicité	5	Temps de réponse	2	Facilité retour produits	2
Rapidité	4	Compétence	5	Rapidité du SAV	4

Annexe 1 : Les indicateurs de performance

PERFORMANCES PAR UNIVERS						
RAYONS	CA 201N-1*	CA 201N*	PROGRESSION DU CA (EN %)**	OBJECTIFS DE CA 201N*	POURCENTAGE DE L'OBJECTIF RÉALISÉ**	ÉCART/ OBJECTIF (%)**
Chemises	115	125		120		
Pulls	125	120		127		
Costumes	210	240		220		
Vestes	120	130		130		
Pantalons	160	180		170		
Manteaux	150	130		165		
Accessoires	105	107		106		
Total						

PERFORMANCES DU SITE INTERNET						
CA 201N (€)	NOMBRE DE VISITES	NOMBRE DE COMMANDES	NOMBRE DE PRODUITS VENDUS	TAUX DE TRANS-FORMATION**	PANIER MOYEN**	
					EN VOLUME	EN VALEUR
	120 000	63 600	112 600			

* Les chiffres d'affaires sont exprimés en milliers d'euros.
** Arrondir à 2 chiffres après la virgule.

Annexe 2 : Bilan de satisfaction des clients

PAGE D'ACCUEIL	+	-	PRODUITS	+	-	ACHATS	+	-
Attractivité			Choix			Bonne lisibilité du panier		
Convivialité			Informations techniques claires			Information du prix total		
Simplicité de la recherche			Illustrations des produits			Indication du délai de livraison		
Clarté des informations			Guide pour le choix			Traçabilité du colis		
NAVIGATION	**+**	**-**	**ASSISTANCE TÉLÉPHONIQUE**	**+**	**-**	**SAV**	**+**	**-**
Simplicité			Temps de réponse			Facilité retour produits		
Rapidité			Compétence			Rapidité du SAV		

Cochez la case correspondant à votre réponse.

FAIT ☐ REVU ☐

Exercice 1

La vente

1. « Bonjour, Madame. En quoi puis-je vous aider ? »

2. Question alternative : « Désirez-vous un polo à manches longues ou à manches courtes ? »
Questions fermées : « Quelle est sa taille ? », « Souhaitez-vous une couleur en particulier ? », « A-t-il une marque préférée ? »

3. Il s'agit d'une motivation oblative.

4. Les mobiles d'achat de la cliente peuvent être : la sécurité, car les articles Ralph Lauren sont d'excellente qualité ; l'orgueil, puisqu'il s'agit d'une marque de vêtements réputée ; la nouveauté (nouvelle collection) ; le confort, avec la qualité du coton ; et enfin la sympathie, avec la coupe du polo et les coloris.

5. « C'est un polo Ralph Lauren, une marque américaine réputée, d'excellente qualité. Vous avez deux choix de coloris : blanc ou marine. Le blanc est une couleur qui se marie avec tout et le marine conviendra très bien avec un jean, par exemple. De plus, l'une comme l'autre sont des couleurs intemporelles. La coupe est cintrée donc très mode. Enfin, les tailles vont du S au XL, ce qui veut dire que nous avons toutes les tailles. »

6. a) « Oui, vous avez raison, mais c'est une très bonne marque et le coton est d'excellente qualité, la couleur restera impeccable dans le temps. »

b) « Justement, la coupe cintrée est très à la mode. »

c) « Puis-je me permettre de vous demander ce qu'il n'aimera pas dans cet article ? »

7. L'addition : « Le prix de 125 € est justifié car c'est un polo de marque. Le coton est d'excellente qualité, la coupe est très mode et le blanc ou le marine sont des couleurs qu'il faut avoir dans sa garde-robe. »
La multiplication : « La qualité de cet article, la couleur intemporelle font que vous le garderez de nombreuses années. »
La soustraction : « Nous sommes en début de collection, nous avons donc toutes les tailles, et cela dans les deux couleurs, ce qui risque de ne plus être le cas dans les semaines à venir. »

8. « Vous faites un bon choix. Vous verrez, vous allez faire plaisir à votre époux. C'est un beau polo, raffiné et qu'il mettra très facilement. »

9. Oui, on peut proposer à la cliente un chèche, un caleçon, une jolie paire de chaussettes… afin de compléter son cadeau.

10. « Au revoir, Madame, et merci. Bonne journée/fin de journée/soirée. »

Exercice 2

L'enquête de satisfaction

1. L'enquête porte sur le point de vente, le personnel et les produits.

2. Les clients sont satisfaits, voire très satisfaits, du confort de visite (90 %), du rapport qualité/prix (75 %) et de la compétence du personnel (56 %).

3. Les clients sont insatisfaits, voire très insatisfaits, de l'attente d'un vendeur (47 %) et de la qualité des articles (49 %).

4. Un client sur trois n'a pas souhaité ou n'a pas eu besoin de faire appel à un vendeur.

5. Le questionnaire ne comprend que des questions avec échelle.

6. Le choix au niveau des produits et la qualité des services (livraison, installation, SAV) auraient pu être étudiés.

7. « Quelle(s) suggestion(s) nous feriez-vous afin de mieux vous satisfaire ? » Cette question ouverte permettrait de laisser la possibilité au client de s'exprimer librement et d'aborder des points non prévus par le magasin.

8. Le questionnaire est remis par les caissières mais il est ensuite en auto-administration. L'incitation à répondre est donc moindre par rapport à un questionnaire mené par un enquêteur. De plus, certains clients ne souhaitent pas répondre aux enquêtes, quel que soit le mode d'administration.

Exercice 3

La mesure de la fidélisation des clients

1. Pour le client, la carte de fidélité permet de recevoir des chèques de fidélité en fonction du montant de ses achats, d'être informé des promotions par SMS et par newsletter, d'effectuer des échanges ou d'être remboursé sans ticket de caisse, de bénéficier de retouches gratuites (même pendant les soldes), de consulter ses points et déclencher ses chèques directement sur l'application de son smartphone.

2. Le panier moyen d'un client avec la carte est de 49,14 € (185736/3780).

3. Le panier moyen d'un client sans la carte est de 37,25 € [(619120 – 185736)/11634)].

4. Le chiffre d'affaires non encarté, c'est-à-dire réalisé par les non-possesseurs de la carte de fidélité, est nettement supérieur au chiffre d'affaires encarté (433384 € de chiffre d'affaires pour les clients non encartés contre 185736 € pour les clients encartés. Le nombre de clients possesseurs de la carte qui passent en caisse est nettement inférieur au nombre de clients qui ne possèdent pas la carte (3780 contre 11634). Enfin, le panier moyen d'un client avec la carte est supérieur de 11,89 € au panier moyen d'un client sans carte (49,14 € avec la carte et 37,25 € sans la carte).

5. Si 80 % de la clientèle avait possédé la carte de fidélité cette année, le chiffre d'affaires encarté aurait été de 605945 € (15414 × 80 % × 49,14), le chiffre d'affaires non encarté de 114842 € (15414 × 20 % × 37,25 €), soit un chiffre d'affaires total pour le magasin de 720787 €.

6. Si 80 % de la clientèle avait possédé la carte de fidélité cette année, le chiffre d'affaires aurait été de 16,42 % supérieur (720787 € au lieu de 619120 €).

Exercice 4

La mesure de la satisfaction et de la fidélisation des clients

1. Corrigé de l'annexe 1

RAYONS	CA 201N-1	CA 201N	PROGRESSION DU CA (EN %)	OBJECTIFS DE CA 201N	POURCENTAGE DE L'OBJECTIF RÉALISÉ	ÉCART/OBJECTIF (%)
Chemises	115	125	+ 8,70	120	104,17	+ 4,17
Pulls	125	120	– 4,00	127	94,49	– 5,00
Costumes	210	240	+ 14,29	220	109,09	+ 9,09
Vestes	120	130	+ 8,33	130	100	0
Pantalons	160	180	+ 12,50	170	105,88	+ 5,88
Manteaux	150	130	– 13,33	165	78,79	– 21,21
Accessoires	105	107	+ 1,90	106	100,94	+ 0,94
Total	985	1 032	+ 4,77	1 038	99, 42	– 0,58
CA 201N (€)	NOMBRE DE VISITES	NOMBRE DE COMMANDES	NOMBRE DE PRODUITS VENDUS	TAUX DE TRANSFORMATION	PANIER MOYEN	
					EN VOLUME	EN VALEUR
1 032 000	120 000	63 600	112 600	53 %	1,77	16,23

2. Corrigé de l'annexe 2

PAGE D'ACCUEIL	+	–	PRODUITS	+	–	ACHATS	+	–
Attractivité	✘		Choix	✘		Bonne lisibilité du panier	✘	
Convivialité	✘		Informations techniques claires		✘	Information du prix total	✘	
Simplicité de la recherche	✘		Illustrations des produits		✘	Indication du délai de livraison	✘	
Clarté des inform.	✘		Guide pour le choix		✘	Traçabilité du colis	✘	
NAVIGATION	+	–	ASSISTANCE TÉLÉPHONIQUE	+	–	SAV	+	–
Simplicité	✘		Temps de réponse		✘	Facilité retour produits		✘
Rapidité	✘		Compétence	✘		Rapidité du SAV	✘	

3. Mesures correctives pour les points d'insatisfaction

CRITÈRES D'INSATISFACTION	MESURES CORRECTIVES PROPOSÉES
Informations techniques claires	Proposer davantage d'informations techniques pour chaque produit.
Illustrations des produits	Montrer des photos du produit sous des angles différents, le montrer porté...
Guide pour le choix	Mettre des guides (tableaux de correspondance) pour les tailles, proposer de l'aide en ligne...
Temps de réponse de l'assistance téléphonique	Revoir le planning de présence des conseillers en fonction des heures de forte affluence.
Facilité de retour des produits	Proposer un coupon retour, un mode d'emploi très clair sur le site et dans chaque colis.

La séduction de la clientèle

LU ☐
SU ☐
REVU ☐

Les points de vente cherchent à attirer, retenir la clientèle et lutter contre la concurrence par tous les moyens. L'organisation de leur surface de vente et la mise en œuvre d'un marchandisage deviennent indispensables.

1 L'organisation de la surface de vente

1.1. L'appareil commercial selon les surfaces de vente

- Magasins de petite dimension (– de 400 m²)
  - Alimentaires
    - Épicerie (moins de 120 m²)
    - Supérette (de 120 à 399 m²)
  - Non alimentaires
    - Boutique
- Magasins de grande dimension (+ 400 m²)
  - Alimentaires
    - Supermarché (de 400 à 2 500 m²)
    - Hypermarché (plus de 2 500 m²)
  - Non alimentaires
    - Grande surface spécialisée (plus de 400 m²)
    - Grande surface multispécialisée (plus de 400 m²)

1.2. L'organisation de la surface

La surface de vente n'a pas le même pouvoir vendeur partout. En grande distribution, l'entrée se fait généralement à droite de la surface de vente.

1.3. Les zones

- La zone chaude (juste après l'entrée principale) est le passage obligé pour les clients. Elle regroupe les rayons non alimentaires et son emplacement favorise les achats d'impulsion.
- La zone froide est située au fond de la surface. Les clients s'y dirigent naturellement car elle regroupe les rayons alimentaires (épicerie, liquides, produits frais...). L'implantation des produits de première nécessité dans cette zone permet de la rentabiliser.
- Les zones de confort d'achat ont pour objectifs de satisfaire et fidéliser la clientèle dans le but d'accroître le chiffre d'affaires du point de vente.

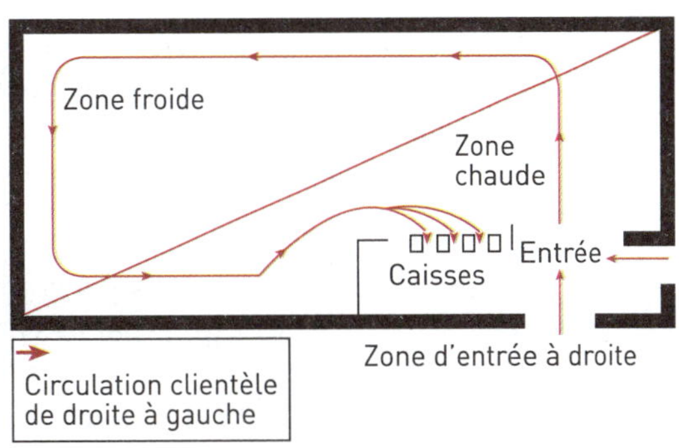

EXEMPLES Accueil, points écoute musique, salle à langer, atelier de retouches, caisses prioritaires, zones d'attente aménagées (fauteuils, fontaines à eau, TV).

1.4. Les univers de consommation

Le client a des habitudes d'achat : quand il désire acheter de la confiture, il veut trouver tout ce qui concerne le petit déjeuner au même endroit. Les produits complémentaires (qui répondent aux mêmes habitudes d'achat) sont regroupés en univers de consommation.

EXEMPLE
Univers de consommation petit déjeuner (thés + cafés + chocolats + sucre).

1.5. La circulation des clients dans l'espace de vente

a) Les catégories d'allées

La clientèle peut circuler sur la surface de vente par trois catégories d'allées :
- les allées principales ou pénétrantes sont très larges et guident le client ;
- les allées secondaires entrent dans les linéaires ;
- les allées périphériques ou anneaux sont placées sur le pourtour du magasin.

b) Les rôles fonctionnel et stratégique des allées

Les allées remplissent deux rôles :
- un rôle fonctionnel : permettre la circulation des marchandises et des clients ;
- un rôle stratégique : mesurer le confort client à l'aide du coefficient d'occupation des sols (COS).

$$\text{COS (\%)} = \frac{\text{Nombre de mètres linéaires au sol}}{\text{Surface de vente en m}^2} \times 100$$

Si le COS est élevé, la surface de vente est encombrée (peu de place pour circuler).
Si le COS est bas, elle est aérée (beaucoup de place pour circuler).

COS PAR RAYONS	PRODUITS FRAIS	PRODUITS DE GRANDE CONSOMMATION	BAZAR	TEXTILE
Supermarché	25 à 28 %	30 à 35 %	33 à 36 %	28 à 32 %
Hypermarché	23 à 26 %	28 à 32 %	34 à 40 %	30 à 35 %

2 La mise en œuvre du marchandisage de séduction

Le marchandisage de séduction regroupe les techniques pour présenter l'offre commerciale de manière attractive dans le but de séduire, fidéliser les clients et vendre. L'agencement du point de vente doit inciter la clientèle à circuler dans tous les rayons et espaces du magasin, et favoriser le confort d'achat.

2.1. Le balisage

Il permet de faciliter les achats. En grande surface (libre-service), il faut baliser le circuit à l'extrémité des rayons par des panneaux visibles de loin indiquant la nature des produits. Le client est guidé, gagne du temps et est incité à aller en zone froide. Le balisage clarifie l'offre en signalant les produits du catalogue, les promotions...

2.2. L'implantation des produits

Il faut choisir les modalités d'implantation (verticale et horizontale), tenir compte des niveaux les plus vendeurs et exploiter les têtes de gondole qui ont un fort pouvoir attractif. Il faut aussi rendre les produits encombrants accessibles, mettre en avant les petits produits et ne pas implanter les produits trop haut (au maximum 1,90 m).

2.3. Les facteurs d'ambiance et la théâtralisation de l'offre

Les facteurs d'ambiance concernent l'éclairage, le mobilier, la décoration, etc. Ils contribuent à la théâtralisation des produits, c'est-à-dire leur mise en valeur.

mots clés
Zone chaude ◆ Zone froide ◆ Zone de confort d'achat ◆ Univers de consommation ◆ Coefficient d'occupation des sols ◆ Marchandisage de séduction ◆ Théâtralisation

Savoir 2

LU ☐
SU ☐
REVU ☐

La mise en place des facteurs d'ambiance

Ils donnent une impression de bien-être aux clients, séduisent et développent les ventes.

1 Les objectifs des facteurs d'ambiance

Les facteurs d'ambiance attirent le client dans le point de vente, suscitent les achats d'impulsion, augmentent les ventes et fidélisent les clients en leur donnant l'envie de revenir.

2 L'installation des facteurs d'ambiance

Il faut choisir des éléments cohérents entre eux et adaptés aux produits vendus.

2.1. À l'extérieur du point de vente

FACTEURS D'AMBIANCE	PRÉCISIONS	OBJECTIFS RECHERCHÉS
L'enseigne	Signe distinctif sur la façade du magasin. Doit être visible et originale.	– Repérer le magasin – Interpeller et séduire
La façade	Devanture d'un magasin.	Donner une image favorable
La vitrine	Elle peut être ouverte (sans fond) ou fermée (avec un fond).	– Attirer le regard – Inciter à entrer

2.2. À l'intérieur du point de vente

FACTEURS D'AMBIANCE	PRÉCISIONS	OBJECTIFS RECHERCHÉS
Le mobilier	Éléments servant à présenter les produits (rayonnage mural, îlot, gondole).	– Mettre en valeur les produits – Créer une identité
Les revêtements	Matériaux utilisés (carrelage, moquette, bois, peinture...).	Créer une impression de confort
Les couleurs	Chaudes, elles stimulent les ventes. Froides, elles ont un effet reposant.	Créer une impression de confort et d'originalité
La décoration	Plantes vertes, tableaux, affiches (PLV), miroirs...	Apporter du confort
L'éclairage	Il produit différents effets en fonction du matériel (tubes fluorescents, spots).	Valoriser les produits
La sonorisation	La musique d'ambiance doit être adaptée au profil de la clientèle.	Créer une ambiance propice à l'achat
La climatisation	Une chaleur constante est propice au bien-être des clients.	Produire un confort d'achat
Les odeurs	Elles sont éliminées ou conservées.	Produire un confort d'achat

mots clés

Facteurs d'ambiance ◆ Achat d'impulsion

Savoir 3

L'installation de la signalétique

LU ☐
SU ☐
REVU ☐

ANIMER

La signalétique est l'ensemble des supports d'information présents dans le magasin.

1 Les objectifs de la signalétique

La signalétique a pour but d'informer, de guider et de séduire par la décoration ou la théâtralisation.

2 Les composantes de la signalétique

PLV (PUBLICITÉ SUR LE LIEU DE VENTE)	ILV (INFORMATION SUR LE LIEU DE VENTE)
Son rôle est d'attirer, favoriser les achats d'impulsion, rappeler une campagne publicitaire, décorer, animer le point de vente, le théâtraliser et fidéliser les clients.	Son rôle est d'orienter/guider, présenter les produits et/ou les services, informer des nouveautés et renseigner/conseiller le client.

EXEMPLES
- Supports visuels : affiche, calicot ou tap, kakémono, etc.
- Supports audiovisuels : borne interactive, téléviseur, écran informatique (diaporama), annonce micro, radio interne.

3 L'efficacité de la signalétique

3.1. La clarté du message

Pour être efficace, la signalétique doit répondre aux questions que se pose le client.

EXEMPLES
L'endroit où se trouve le produit, l'utilisation du produit, la réduction accordée...

3.2. Les choix d'implantation

La signalétique doit être lisible et visible. Les emplacements à favoriser sont l'entrée du magasin, les allées, la proximité avec les produits concernés. Le tout, sans gêner la circulation de la clientèle et du personnel.

4 Le respect de la réglementation

Le point de vente est soumis à des obligations en termes de signalétique : les informations sur l'origine du produit et son prix doivent apparaître obligatoirement.
La réglementation en vigueur prévoit l'emplacement des étiquettes énergie à proximité des appareils électroménagers et encadre l'affichage lié aux soldes ou promotions (présence de la signalétique concernant les soldes uniquement pendant les dates réglementaires).

mots clés Signalétique ◆ PLV ◆ ILV ◆ Calicot/Tap ◆ Kakémono

Le contrôle et le maintien de l'attractivité du point de vente

LU ☐
SU ☐
REVU ☐

Le contrôle et le maintien de l'attractivité du point de vente sont à effectuer quotidiennement, afin que le magasin conserve une bonne image.

1 Le contrôle de l'attractivité du point de vente

Un magasin attractif doit mettre en avant son assortiment pour développer les ventes. Un manque d'attractivité peut en effet provoquer l'insatisfaction des clients, voire leur désaffectation et une baisse du CA.
Le contrôle doit couvrir les éléments suivants :

L'ASSORTIMENT GLOBAL	Il répond aux besoins de la clientèle.
LES RAYONS	Ils sont approvisionnés en quantité suffisante.
LA SIGNALÉTIQUE	PLV et ILV doivent être suffisantes et actualisées.
LE BALISAGE	Il est clair et permet d'identifier les différentes zones du magasin.
L'AMBIANCE	Les facteurs d'ambiance sont en état de fonctionnement.
L'IMPLANTATION	Les règles d'implantation sont respectées : zones chaude/froide, présentations verticale/horizontale.
LA PROPRETÉ	Elle est assurée dans l'ensemble du magasin.
L'HYGIÈNE/SÉCURITÉ	Les règles sont respectées pour le personnel et les clients.
LES PRODUITS	Ils sont rangés (par taille, couleur, *facing*) et correctement étiquetés.
LA VITRINE	Elle est propre et attrayante (offre claire).
LA THÉÂTRALISATION	Les produits sont mis en situation.

2 Le maintien de l'attractivité du point de vente

2.1. Les actions à mettre en place

- Au niveau du magasin : l'approvisionner, le ranger, le nettoyer (avant l'ouverture ou après la fermeture), mettre en place des supports de PLV et d'ILV.
- Au niveau des produits : les étiqueter, les ranger régulièrement, réaliser le *facing*.

2.2. La protection des produits

Pour limiter les vols, des antivols peuvent être placés sur les produits. Les produits de valeur et les petits produits seront placés dans des vitrines. Il est important de se déplacer souvent dans le magasin et/ou d'installer un système de vidéosurveillance et des miroirs.
Pour limiter la casse, il faut protéger les produits fragiles en les plaçant en hauteur ou dans une vitrine, par exemple.

mots clés Attractivité ◆ *Facing*

Savoir

5

Les achats d'impulsion

LU ☐
SU ☐
REVU ☐

L'achat d'impulsion, favorisé par la mise en avant des nouveautés, augmente le chiffre d'affaires du magasin et le panier moyen du client. Il doit donc être favorisé.

ANIMER

1 Les différents comportements d'achat

L'ACHAT RÉFLÉCHI	L'ACHAT AUTOMATIQUE	L'ACHAT D'IMPULSION
Il regroupe les achats inhabituels, qui sont prévus et précis (ex : une voiture…).	Il est effectué régulièrement et de façon habituelle (ex. : la viande ou la lessive).	Non prévu, c'est un achat « coup de cœur » (ex. : produits à petits prix, nouveautés, produits modes…).

2 Les facteurs qui favorisent l'achat d'impulsion

2.1. L'emplacement des produits

Placer les produits là où le client ne les attend pas (en tête de gondole, sur les devants de caisses…). Utiliser l'allée principale et les rayons saisonniers.

2.2. La présentation des produits

Mettre en avant les produits, améliorer leur visibilité et renforcer les facteurs d'ambiance. Ne pas négliger les vitrines qui peuvent déclencher un achat d'impulsion (grâce à la théâtralisation). Penser aux actions promotionnelles, aux animations et aux actions de communication.

EXEMPLES Ventes jumelées ou par lots, dégustations, démonstrations, concours, produits gratuits, échantillons, publicité média, hors média, etc.

2.3. Le prix et les avantages fidélité

Ils incitent le client à acheter les produits en promotion pour faire des économies.

EXEMPLES Réduction immédiate ou différée, vente à prix coûtant, offre de remboursement, avantages réservés aux porteurs de la carte de fidélité, cadeaux, etc.

2.4. La marque

Les offres qui jouent sur la rareté d'un produit ou sur la notoriété d'une marque favorisent les achats d'impulsion.

EXEMPLES Une marque prestigieuse, un packaging spécial, des produits collector (éditions limitées).

2.5. Le moment propice

L'offre doit être adaptée aux événements calendaires ou climatiques.

EXEMPLES Le chocolat pendant les fêtes de fin d'année, les glaces en été, etc.

mots clés

Achat réfléchi ◆ Achat automatique ◆ Achat d'impulsion ◆ Packaging

Savoir 6

La préparation et la mise en œuvre d'une offre promotionnelle

LU ☐
SU ☐
REVU ☐

La préparation et la mise en place d'une offre promotionnelle conditionnent son succès.

ANIMER

1 La préparation d'une offre promotionnelle

1.1. Les initiateurs

Les promotions sont initiées par les fabricants/producteurs et/ou les distributeurs.

EXEMPLE
Super U s'associe à Gillette pour promouvoir le rasoir Mach3 (prix exclusif).

1.2. Les produits

a) La sélection des produits

Les produits doivent répondre aux objectifs du point de vente et à la demande des clients, être en adéquation avec la saison et avec un événement interne au magasin, une manifestation locale ou nationale. Les stocks doivent être suffisants.

EXEMPLE
La Saint-Valentin et ses offres promotionnelles sur les roses, les bijoux...

b) Les promotions imposées

Elles sont organisées par le franchiseur ou la société mère qui établissent un planning publipromotionnel. Celui-ci liste chronologiquement les thèmes, produits, techniques promotionnelles, publicités média et hors média à mettre en place.

1.3. Les objectifs

Une promotion peut avoir des objectifs quantitatifs et/ou qualitatifs.

OBJECTIFS QUANTITATIFS	Développer les ventes et la marge globale, écouler les stocks, générer du trafic, améliorer les performances.
OBJECTIFS QUALITATIFS	Faire connaître un produit, développer sa notoriété, donner une image dynamique et/ou discount, fidéliser la clientèle, séduire de nouveaux clients, lutter contre la concurrence, lever le frein prix.

1.4. La communication externe autour de l'offre promotionnelle

Pour annoncer une offre promotionnelle, le commerçant dispose de supports variés : les prospectus, l'affichage routier, la presse quotidienne, le publipostage, l'e-mailing, la newsletter, le SMS-mailing, le site Internet, les réseaux sociaux.

1.5. Les techniques promotionnelles

a) La promotion par le prix

L'OFFRE SPÉCIALE	Réduction de prix ou offre d'un pourcentage de produit en plus (produit girafe). La revente à perte est interdite, le prix avant et pendant la promotion ainsi que les dates de l'offre doivent être indiqués.
LES SOLDES	Deux périodes de soldes ont lieu (six semaines en hiver et six semaines en été). Elles comportent une annonce de réduction de prix. La vente à perte est autorisée pour écouler les stocks.

LE PRIX COÛTANT	Le produit est vendu au coût d'achat majoré de la TVA. Le point de vente ne réalise alors aucune marge.
L'OFFRE DE REMBOURSEMENT	Le fabricant/producteur rembourse au client le prix de son achat (en partie ou complètement) sur présentation du justificatif d'achat.
LA VENTE PAR LOTS OU VENTE JUMELÉE	Achat d'un lot de deux produits ou plus à un prix inférieur à la somme des produits vendus séparément.
LE *COUPONING*	Bon de réduction immédiat ou différé sur le produit.

b) La promotion par l'objet

LA PRIME DIRECTE	Un cadeau est offert pour tout achat. Si le prix du produit vendu est inférieur ou égal à 80 €, la prime ne doit pas dépasser 7 % du prix net TTC. Si le prix du produit vendu est supérieur à 80 €, la prime est égale à 5 € + 1 % du prix net TTC, dans la limite de 60 €. EX. : une trousse de toilette est offerte pour l'achat d'un parfum de 95 € = > la prime sera de : 5 + (95 × 0,01) = 5,95 €. Remarque : si le cadeau est identique au produit vendu, la législation ci-dessus ne s'applique pas.
LA PRIME DIFFÉRÉE	Un cadeau est offert au client sur justificatif d'un ou plusieurs achats. La législation est la même que pour la prime directe.
L'ÉCHANTILLON	Une petite quantité d'un produit est remise gratuitement au client.

c) La promotion par le jeu

La participation à un jeu ne doit pas être soumise à une obligation d'achat :

- la loterie est un jeu de hasard avec un gagnant tiré au sort. Le règlement, la liste et la valeur des lots, les modalités du tirage doivent être connus des clients et déposés chez un huissier ;
- le concours fait appel aux connaissances et au talent des participants.

2 La mise en place d'une offre promotionnelle

2.1. Le choix de l'emplacement

Visible des clients, il peut être à l'entrée du magasin, dans l'allée centrale, en tête de gondole ou encore dans une zone promotionnelle spécifique.

2.2. Le mobilier et le marchandisage

Certains mobiliers sont à privilégier : présentoirs publicitaires, podiums, tables, corbeilles... L'objectif est de capter le regard des clients grâce à l'effet de masse, la décoration, l'éclairage, la théâtralisation.

2.3. La publicité sur le lieu de vente

La PLV (affiche, stop-rayon, kakémono...) regroupe les supports de la communication interne. Ces supports informent le client, guident son choix et valorisent les promotions.

mots clés

Promotion par le prix ◆ Promotion par l'objet ◆ Promotion par le jeu ◆ Publipostage ◆ E-mailing ◆ Newsletter ◆ SMS-mailing ◆ Stop-rayon

L'information de la clientèle

LU ☐
SU ☐
REVU ☐

Pour attirer la clientèle dans le magasin et la convaincre d'acheter, il faut l'informer par le biais de la communication média et hors média.

1 Les bases de l'information clientèle

1.1. Les différentes formes de publicité

PUBLICITÉ	OBJECTIF	EXEMPLE
Publicité produit	Elle fait connaître et vendre un produit.	Les publicités télévisuelles Activia de Danone
Publicité institutionnelle	Elle crée ou développe l'image ou la notoriété d'une marque.	Le slogan Carrefour : « J'optimisme »
Publicité collective	Elle fait la promotion d'un produit générique.	La promotion des produits laitiers « Nos amis pour la vie »

1.2. Les acteurs

- L'annonceur : c'est l'enseigne ou la marque à l'origine des opérations de communication publicitaire.
- Les professionnels de la publicité : les agences de publicité (comme Publicis, Euro RSCG) conçoivent les publicités (visuels, slogans...) et s'occupent de l'achat des espaces publicitaires les plus appropriés dans la presse, à la télévision...

1.3. Le contenu d'un message publicitaire

Généralement construit selon la méthode dite « créative », il comprend :
- l'axe : c'est l'idée essentielle que l'annonceur veut transmettre à sa cible, la ligne directrice de la communication ;
- le thème : l'axe est mis en scène par un scénario, une musique, un slogan...

EXEMPLE
Appeler Carglass est simple et pratique (axe). Olivier, technicien compétent, intervient à domicile et le slogan « Carglass répare, Carglass remplace » est répété (thème).

1.4. Le mécanisme d'influence de la publicité

L'objectif d'un message publicitaire est de faire réagir le consommateur selon le schéma mnémotechnique AIDA : attirer l'Attention, susciter l'Intérêt, provoquer le Désir, déclencher l'Achat.

2 La communication média

C'est une communication de masse : elle s'adresse à un public très vaste.

2.1. La télévision

Elle touche tous les foyers (très forte audience) mais son coût est très élevé.

2.2. La presse

Elle permet un ciblage local ou national et sociodémographique. Le coût varie en fonction du tirage et de la couverture géographique.

2.3. L'affichage

Il permet de localiser la communication. L'audience est élevée mais peu attentive, le coût assez élevé et la possibilité de ciblage, autre que géographique, est faible.

2.4. La radio

Les stations locales permettent un ciblage géographique et le coût est abordable. L'audience est peu attentive : le message doit être bref et répété.

2.5. Le cinéma

La publicité cinéma permet une bonne mise en valeur du message, une bonne sélectivité et qualité d'audience. Son coût est élevé et l'audience, en fait, est limitée.

2.6. Internet

Ce média a une portée internationale, il est interactif et permet de réaliser immédiatement une vente. Néanmoins, l'audience est limitée aux internautes.

3 La communication hors média

3.1. La mercatique directe

LA MERCATIQUE TÉLÉPHONIQUE	Appel téléphonique durant lequel un télévendeur tente de déclencher une demande de documentation, un rendez-vous, voire un achat auprès d'un prospect.
LE PUBLIPOSTAGE	Courrier personnalisé envoyé par voie postale (mailing) ou par Internet (courriel ou e-mailing) à un segment de clientèle. Le coût est réduit et le taux de réponse faible.
LA NEWSLETTER	Lettre d'information adressée par courrier électronique à une liste de diffusion de personnes qui s'y sont inscrites.
LE SMS-MARKETING OU SMS-MAILING	Message envoyé sur les téléphones mobiles. Il est rapide et peu coûteux.
L'IMPRIMÉ SANS ADRESSE (ISA)	Prospectus distribué dans les boîtes aux lettres. Il est abordable financièrement.

3.2. Les autres moyens d'information hors média

LE PARRAINAGE OU *SPONSORING*	Soutien financier ou matériel d'une manifestation culturelle, sociale ou sportive, en échange d'une publicité.
LE MÉCÉNAT	Aide à des activités présentant un but non lucratif dans les domaines de la solidarité, la culture, l'environnement, la santé.
LES FOIRES ET LES SALONS	Rassemblement de commerçants de tous les secteurs d'activité, organisés par thèmes. La préparation est longue et les retombées sont parfois décevantes.
LES RELATIONS PUBLIQUES	Contact avec les pouvoirs publics, les associations caritatives, les fournisseurs.

mots clés

Média ◆ Annonceur ◆ Axe ◆ Cible ◆ Thème ◆ AIDA ◆ Slogan ◆ Mercatique directe ◆ Parrainage (*sponsoring*) ◆ Mécénat

Savoir 8

La mise en œuvre et la réalisation d'une animation

LU ☐
SU ☐
REVU ☐

Une animation doit être préparée et nécessite des moyens humains et matériels.

1 Les objectifs d'une animation

Les objectifs sont nombreux : déclencher des achats, se distinguer de la concurrence, améliorer la rotation des stocks, informer sur les nouveautés, valoriser les produits, attirer et fidéliser les clients, améliorer la notoriété et l'image du magasin...

2 Les techniques d'animation et leurs objectifs

TECHNIQUES	OBJECTIFS
Démonstration, dégustation, échantillon	Apprécier la qualité du produit, provoquer l'achat.
Annonce micro, vente flash	Informer, provoquer l'achat.
Vente privée, défilé de mode	Privilégier le client, présenter la nouvelle collection.
Manifestation commerciale	Donner de l'ampleur, de l'intérêt à l'animation.
Intervention d'une personnalité	Attirer les clients.

3 La préparation d'une animation

3.1. Les éléments déclencheurs

De nombreuses animations sont liées aux saisons, aux fêtes calendaires. Mais certaines enseignes créent des événements originaux.

EXEMPLE
« Les 3J » des Galeries Lafayette, le « mois Carrefour ».

3.2. Le cadrage de l'animation

Il est nécessaire de déterminer un budget, des objectifs, des dates et horaires, des moyens matériels et humains, une communication pour informer la clientèle.

4 Le déroulement d'une animation

4.1. Les moyens humains

- Les acteurs : personnel du point vente, le fournisseur ou une société spécialisée.
- Leurs rôles : vendre et approcher la clientèle pour la convaincre.

4.2. Les moyens matériels

- Le mobilier : l'approprier au thème et l'implanter aux endroits stratégiques.
- La communication autour de l'animation : disposer l'ILV et la PLV de telle manière à ce qu'elles rappellent le thème de l'animation.

mots clés : Vente flash ◆ Vente privée

Savoir 9

L'évaluation d'une animation et/ou d'une promotion

LU ☐
SU ☐
REVU ☐

Le bilan d'une animation/promotion comporte une analyse quantitative et qualitative des résultats.

1 L'analyse quantitative

1.1. Les ventes

Les quantités vendues et le CA durant l'action sont comptabilisés puis comparés.

EXEMPLE

	QUANTITÉS	CA	ANALYSE
Réalisé semaine 17	32	395 × 32 = 12 640 €	Très satisfaisant. Forte progression (+300 % en quantités, ventes multipliées par 4 et +229,17 % en valeur). Les objectifs fixés ont été dépassés de presque 7 %.
Historique semaine 16	8	480 × 8 = 3 840 €	
Écart en valeur absolue	32 – 8 = +24	12 640 – 3 840 = +8 800 €	
Écart en valeur relative	(24/8) × 100 = +300 %	(8 800/3 840) × 100 = +229,17 % €	
Objectifs semaine 17	30	395 × 30 = 11 850 €	
Écart en valeur absolue	32 – 30 = +2	12 640 – 11 850 = +790 €	
Écart en valeur relative	(2/30) × 100 = +6,67 %	(790/11 850) × 100 = +6,67 %	
Semaine 18 hors OP	12	480 × 12 = 5 760 €	

1.2. La rentabilité

L'opération est rentable si la marge totale réalisée est supérieure à celle hors action.

EXEMPLE

La promotion des tablettes Samsung a permis d'obtenir les résultats suivants :

	PA HT	PV HT	MARGE UNITAIRE	MARGE TOTALE	% D'ÉVOLUTION
Hors animation	240,00	400	160	1 280 (160 × 8)	+122,93 %
Pendant l'animation	240,00	329,17	89,17	2 853,44 (89,17 × 32)	

La marge totale a donc progressé de +122,93 %. Pour la même marge globale qu'en période hors animation/promotion, il fallait vendre au minimum 15 tablettes (1 280/89,17).

2 L'analyse qualitative

Il est utile de réaliser une analyse qualitative *a posteriori* amenant à s'interroger sur le lieu de l'animation, les dates, les produits, le stock, la communication, etc. Les commentaires des clients ou ceux recueillis aident à améliorer ce type d'action.

3 Le compte rendu des résultats

Écrit, structuré, chiffré, il cite les points forts et faibles et les améliorations à proposer.

Entraînement à l'épreuve E2 Préparation et suivi de l'activité de l'unité commerciale

Situation
Vous êtes employé(e) depuis quelques mois comme vendeur(-euse) dans l'hypermarché Leclerc de Saint-Denis-les-Sens (89). Le directeur, M. Secci, vous charge d'effectuer des missions au sein de plusieurs rayons afin de vous rendre polyvalent(e).

PARTIE 1 : L'approvisionnement du rayon
Dans un premier temps, M. Secci vous affecte au rayon des sodas et vous charge de préparer les commandes pour la prochaine livraison qui aura lieu le mardi 26 octobre N. Le fournisseur vous livre chaque semaine, le mardi matin. Votre commande doit être passée au plus tard le lundi à 14 heures.
Vous disposez du bon de commande du 18/10 (document 1), du bon de livraison du 19/10 (document 2) et des ventes réalisées sur la 4e semaine du mois d'octobre N (document 3).

À partir des documents 1 et 2 :

1.1. Complétez le cadencier (annexe 1).

1.2. Déterminez les ventes moyennes pour chaque référence pour le mois d'octobre, puis calculez le stock initial du mois de novembre et, enfin, déterminez la quantité à commander pour la première semaine de novembre. Complétez l'annexe 2.

1.3. Indiquez (sur votre copie) les constats concernant ce cadencier.

PARTIE 2 : La gestion commerciale
M. Secci est satisfait de votre travail. Il vous confie la tâche de suivre et d'analyser les ventes des desserts glacés de l'année N de la marque du distributeur. Vous disposez des résultats des desserts glacés pour l'année N en annexe 3.

2.1. Complétez les tableaux en annexe 3.

2.2. Analysez les résultats des ventes de desserts glacés pour l'année N et complétez l'annexe 4.

PARTIE 3 : Les stocks et la démarque
M. Secci s'intéresse à la gestion des stocks du rayon Électroménager et plus particulièrement de la sous-famille des cafetières à dosettes. Il vous demande de déterminer les principaux ratios de suivi des stocks et de procéder à leur analyse afin de trouver des solutions pour améliorer la gestion des stocks de ces produits.
Il vous remet le document 4, qui est un extrait du cadencier des ventes pour les trois premiers mois de l'année N.

3.1. Déterminez les différents ratios de suivi des stocks. Complétez l'annexe 5.

3.2. Commentez (sur votre copie) les résultats obtenus sachant que la durée moyenne de stockage pour ce type de produit est de 25 jours.

3.3. Proposez (sur votre copie) des solutions afin d'améliorer la gestion des stocks des produits à problème.

Depuis un certain temps, M. Secci a remarqué qu'au rayon des clés USB, plusieurs blisters ont été retrouvés vides. Il s'inquiète pour la démarque concernant ce rayon.
Il a fait réaliser un inventaire la semaine dernière afin d'y voir plus clair. Il vous demande de l'aider à déterminer la démarque et à trouver des solutions afin de la limiter.
Il vous remet l'état d'inventaire (document 5) qui a été réalisé le 19 octobre N sur le rayon des clés USB.

3.4. Déterminez les écarts en volume mais également en valeur, sachant que sur ces produits le coefficient multiplicateur est de 2,10. Complétez l'annexe 6.

3.5. Calculez le taux de démarque pour ce rayon sur l'annexe 6 sachant que le CA HT pour ce rayon est de 1 489,30 € du mois de janvier jusqu'au 19/10/N (détaillez le calcul et arrondissez à la décimale supérieure après la virgule).

3.6. Commentez (sur votre copie) le taux de démarque obtenu en indiquant quelles sont les références les plus sensibles.

3.7. Sur votre copie, indiquez deux solutions afin de lutter contre cette démarque inconnue pour ce type d'article (justifiez vos choix).

3.8. Sur votre copie, donnez une raison qui justifie une surmarque sur ce rayon.

PARTIE 4 : La mesure de la satisfaction et de la fidélisation de la clientèle
Le magasin a réalisé une étude de satisfaction et de fidélisation de sa clientèle.
M. Secci souhaite que vous preniez connaissance des résultats de cette évaluation (documents 6 à 8).

4.1. Calculez, sur l'annexe 7, les principaux indicateurs du magasin pour 201N et 201N–1 en indiquant le détail des calculs.

4.2. Sur l'annexe 7, calculez pour chaque indicateur l'évolution entre 201N et 201N–1 en indiquant le détail de chaque calcul.

À partir des résultats obtenus et de vos connaissances :

4.3. Analysez (sur votre copie) les critères de performance du magasin.

4.4. Comparez les résultats du magasin avec ceux du magasin pilote (complétez l'annexe 8).

4.5. À partir du document 7, évaluez le niveau global de satisfaction de la clientèle du magasin en fonction des critères définis. Complétez l'annexe 9.

4.6. À partir du document 7 et de l'annexe 9 complétée, proposez une mesure corrective pour chaque critère d'insatisfaction de la clientèle. Complétez l'annexe 10.

Document 1 : Bon de commande du 18/10

Leclerc Saint-Denis-les-Sens
Le Pré Aubert, 89100 Saint-Denis-les-Sens
Tél. : 03.86.95.XX.XX

Livraison : Magasin
Bon de commande : 125 XXL456 du 18/10/N

Fournisseur : BOISSONS DIRECTS
15 rue des Ilots
75015 PARIS

Références	Désignations	Quantités
14568	Orangina 1 litre orange	2
14569	Orangina 1 litre fruits rouges	3
14523	Orangina Miss O passion	1
15698	Fanta 1,5 litre citron	1
15478	Fanta 1,5 litre orange	1
24896	Fanta 1,5 litre light orange	1
56986	Fanta 1,5 litre light citron	1

Chef de rayon Liquides : M. Martin

Document 2 : Bon de livraison du 19/10

BOISSONS DIRECTS
15 rue des Ilots 75015 PARIS Tél. 08.34.56.XX.XX

Livraison : Magasin (réserve externe)
Bon de commande : 125 XXL456 du 18/10/N
Bon de livraison : 235LK200 du 19/10/N

Leclerc Saint-Denis-les-Sens
Le Pré Aubert, 89100 Saint-Denis-les-Sens

Références	Désignations	Conditionnement	Quantités
14568	Orangina 1 litre orange	× 6 par pack	1 pack
14569	Orangina 1 litre fruits rouges	× 6	3 packs
14523	Orangina Miss O passion	× 6	1 pack
15698	Fanta 1,5 litre citron	× 6	1 pack
15478	Fanta 1,5 litre orange	× 6	0 pack
24896	Fanta 1,5 litre light orange	× 6	1 pack
56986	Fanta 1,5 litre light citron	× 6	1 pack
Observations :		*Date : le 19/10/N*	*Visa : M. Martin*

Document 3 : Ventes de la semaine 4 d'octobre N

Références	Désignations	Quantités vendues (en bouteilles)
14568	Orangina 1 litre orange	10
14569	Orangina 1 litre fruits rouges	8
14523	Orangina Miss O passion	5
15698	Fanta 1,5 litre citron	6
15478	Fanta 1,5 litre orange	4
24896	Fanta 1,5 litre light orange	8
56986	Fanta 1,5 litre light citron	5

Document 4 : Cadencier des cafetières à dosettes (début année N)

Références	Produits	Janvier			Février			Mars			SF
		SI	L	V	SI	L	V	SI	L	V	
YY1500 FD	Dolce Gusto KRUPS	15	0	9	6	10	12	4	10	11	3
HD7829/21	Senséo PHILIPS	6	15	16	5	15	18	2	20	17	5
YY1471D	Nespresso	11	0	2	9	0	3	6	0	2	4
3203	Tassimo BOSH	12	5	12	5	12	10	7	10	9	8
YY2283 FD	Piccolo KRUPS	6	6	5	7	6	5	8	5	7	6

SI : stock initial SF : stock final L : livraison V : vente

Document 5 : État de l'inventaire du 19/10/N rayon « clés USB »

Références	Désignation	Quantités inventoriées en réserve	Quantités inventoriées en magasin	PV TTC	Stock théorique au 19/10
4730	Clé USB 4 Go	0	10	6,90 €	10
4731	Clé USB 6 Go	10	8	11,20 €	18
4732	Clé USB 8 Go	5	6	14,60 €	16
4733	Clé USB 32 Go	8	9	22,45 €	24
4734	Mini-clé USB 8 Go	12	7	18,70 €	32

Document 6 : Extrait du tableau de bord

Résultats du magasin en 201N	
Chiffre d'affaires (en milliers €)	125 312
Chiffre d'affaires avec la carte (en milliers €)	55 048
Passages en caisse sans la carte	804 750
Passage en caisse avec la carte	558 250
Nombre d'entrées	1 551 500

Résultats du magasin pilote en 201N	
Chiffre d'affaires (en milliers €)	128 202
Chiffre d'affaires avec la carte (en milliers €)	58 732
Évolution du chiffre d'affaires encarté	+ 23,80 %

Résultats du magasin en 201N-1	
Chiffre d'affaires (en milliers €)	119 046
Chiffre d'affaires avec la carte (en milliers €)	48 732

Document 7 : Les résultats de l'enquête clients

Le magasin	TS	S	I	TI	Les produits	TS	S	I	TI
Propreté	50	35	15		Diversité	55	30	10	5
Ambiance	35	25	40		Nouveauté	40	37	3	10
Balisage	65	35	5	5	Mise en avant	6	4	30	60
État des rayons		20	40	40	Disponibilité	14	15	10	61
Le magasin	**TS**	**S**	**I**	**TI**	**Les produits**	**TS**	**S**	**I**	**TI**
Conseils	60	30	8	2	Avantages carte	35	30	30	5
Compétence	55	13	13	9	SAV	40	30	25	5
Amabilité	70	20	7	3					
Disponibilité	15	20	50	15					

TS : très satisfait S : satisfait I : insatisfait TS : très insatisfait

Annexe 1 : Cadencier du mois d'octobre N « Sodas »

Références	SA	SM	Semaine 1 Du 4 au 10				Semaine 2 Du 11 au 17				Semaine 3 Du 18 au 24				Semaine 4 Du 25 au 31			
			SI	C	L	V	SI	C	L	V	SI	C	L	V	SI	C	L	V
Orangina 1 litre orange	18	30	16	18	12		10	24	24	16		12	6		10	24	24	
Orangina 1 litre fruits rouges	12	36	12	24	24		14	0	0	14		18	18		0	36	36	
Orangina Miss O passion	18	30	15	18	18		11	24	24	19		6	6		19	0	0	
Fanta 1,5 litre citron	9	20	13	0	0		4	18	18	8		6	6		5	18	18	
Fanta 1,5 litre orange	9	20	20	0	0		8	6	6	4		6	0		9	0	0	
Fanta 1,5 litre light orange	9	20	10	0	0		2	18	18	7		6	6		2	18	18	
Fanta 1,5 litre light citron	9	20	0	18	18		7	6	6	3		6	6		11	0	0	

Le stock est comptabilisé en unité de bouteille.
SI = stock initial SA = stock d'alerte SM = stock maximal UC = × 6 bouteilles

Annexe 2 : Prévision de commande semaine 1 du mois de novembre N

Références	Ventes moyennes mois d'octobre N (arrondir à l'unité supérieure)	Stock initial S1 novembre N	Quantités à commander pour la semaine 1 du mois de novembre N
Orangina 1 litre orange			
Orangina 1 litre fruits rouges			
Orangina Miss O passion			
Fanta 1,5 litre citron			
Fanta 1,5 litre orange			
Fanta 1,5 litre light orange			
Fanta 1,5 litre light citron			

Annexe 3 : Ventes du rayon Desserts glacés année N marque de distributeur (TVA 20 %)

Produits	Cônes	Pots	Bâtonnets	Bacs	Bûches	Tartes
PV TTC		2,95		3,90		
PA HT	1,25	1,12		1,90		5,15
Coefficient multiplicateur			1,3		1,5	1,8
PV HT	2,75		2,45		7,80	
Marge unitaire						
Taux de marge						

Arrondir vos résultats à deux chiffres après la virgule.

Produits	Ventes mensuelles de l'année N												Ventes annuelles	Ventes moyennes
	Janv.	Févr.	Mars	Avr.	Mai	Juin	Juill.	Août	Sept.	Oct.	Nov.	Déc.		
Cônes	5	7	10	12	18	15	20	19	14	10	7	16		
Pots	3	0	4	8	12	20	22	25	12	0	0	8		
Bâtonnets	8	9	11	15	17	16	12	16	9	7	10	11		
Bacs	22	12	19	25	17	20	19	22	18	11	15	27		
Bûches	12	3	0	0	0	0	0	0	0	0	7	32		
Tartes	4	0	2	0	4	2	3	2	0	0	1	6		

Arrondir vos résultats à deux chiffres après la virgule.

Produits	Chiffre d'affaires annuel TTC	% du CA TTC	Marge totale	% marge totale
Cônes				
Pots				
Bâtonnets				
Bacs				
Bûches				
Tartes				
Total		**100 %**		**100 %**

Arrondir vos résultats à deux chiffres après la virgule.

Annexe 4 : Analyse des résultats du rayon Desserts glacés marque de distributeur année N

Points d'analyse	Réponse	Justifications
Quel est le produit qui subit fortement la saisonnalité ?		
Quel est le produit le plus vendu ?		
Quel est le produit le moins performant au niveau du volume ?		
Quel est le produit qui génère le plus de CA ?		
Quels sont les trois produits les plus rentables ?		

Annexe 5 : Étude des ratios de suivi des stocks

Références	Ventes de la période	Stock moyen sur la période	Coefficient de rotation (1)	Durée de stockage en jours (2)
YY500 D				
HD7829/21				
YY1471D				
3203				
YY 283 FD				

(1) Coefficient de rotation à arrondir à deux chiffres après la virgule.
(2) Durée de stockage à arrondir à l'unité supérieure.

Annexe 6 : Taux de démarque pour le rayon Clés USB

Références	Désignation	Stock théorique			Stock réel			Écarts	
		Quantité	PA HT	Valeur	Quantité	PA HT	Valeur	Quantité	Valeur
4730	Clé USB 4 Go								
4731	Clé USB 6 Go								
4732	Clé USB 8 Go								
4733	Clé USB 32 Go								
4734	Mini-clé USB 8 Go								
	Totaux								

Arrondir vos résultats à deux chiffres après la virgule.

Calcul du taux de démarque :

Annexe 7 : Analyse quantitative des résultats

Indicateurs	Détails des calculs	Résultat		Détails du calcul évolution 201N/201N-1	Résultat (en %)
		201N	201N-1		
Chiffre d'affaires (€)					
Taux de CA encarté (%)					
Nombre de cartes diffusées		11 310	10 500		
Panier moyen non encarté (€)			77		
Panier moyen encarté (€)			105		
Taux de transformation (%)			90,55		
CA unité/CA unité pilote (%)					
CA encarté unité/CA encarté unité pilote (%)					

Arrondir vos résultats à deux chiffres après la virgule.

Annexe 8 : Baromètre des performances

Analyse des données quantitatives du magasin							
	↑	→	↓		↑	→	↓
Chiffre d'affaires				Panier moyen encarté			
Chiffre d'affaires encarté				Panier moyen non encarté			
Taux de transformation							

Analyse des données quantitatives du magasin par rapport au magasin pilote					
	+	-		+	-
Chiffre d'affaires			Évolution du taux du CA encarté		
Chiffre d'affaires encarté					

Cocher la case correspondant à votre réponse.

Annexe 9 : Évaluation du niveau de satisfaction de la clientèle

Le magasin	+	-	Les produits	+	-
Propreté			Diversité		
Ambiance			Nouveauté		
Balisage			Mise en avant		
État des rayons			Disponibilité		
Le personnel	**+**	**-**	**Les services**	**+**	**-**
Conseils			Avantages carte		
Compétence			SAV		
Amabilité					
Disponibilité					

Cocher la case correspondant à votre réponse.

Annexe 10 : Proposition de mesures correctives

Critères d'insatisfaction	Mesures correctives proposées

FAIT ☐ REVU ☐

Entraînement à l'épreuve E2
Préparation et suivi de l'activité de l'unité commerciale

PARTIE 1 : L'approvisionnement du rayon (17 points)

1.1. Annexe 1 complétée

Références	SA	SM	Semaine 1 Du 4 au 10				Semaine 2 Du 11 au 17				Semaine 3 Du 18 au 24				Semaine 4 Du 25 au 31			
			SI	C	L	V	SI	C	L	V	SI	C	L	V	SI	C	L	V
Orangina 1 litre orange	18	30	16	18	12	18	10	24	24	16	18	12	6	14	10	24	24	10
Orangina 1 litre fruits rouges	12	36	12	24	24	22	14	0	0	14	0	18	18	18	0	36	36	8
Orangina Miss O passion	18	30	15	18	18	22	11	24	24	19	16	6	6	3	19	0	0	5
Fanta 1,5 litre citron	9	20	13	0	0	9	4	18	18	8	14	6	6	15	5	18	18	6
Fanta 1,5 litre orange	9	20	20	0	0	12	8	6	6	4	10	6	0	1	9	0	0	4
Fanta 1,5 litre light orange	9	20	10	0	0	8	2	18	18	7	13	6	6	17	2	18	18	8
Fanta 1,5 litre light citron	9	20	0	18	18	11	7	6	6	3	10	6	6	5	11	0	0	5

Le stock est comptabilisé en unité de bouteille.
SI = stock initial SA = stock d'alerte SM = stock maximal UC = × 6 bouteilles

1.2. Annexe 2 complétée

Références	Ventes moyennes mois d'octobre N (arrondir à l'unité supérieure)	Stock initial S1 novembre N	Quantités à commander pour la semaine 1 du mois de novembre N
Orangina 1 litre orange	15 (18 + 16 + 14 + 10)/4 = 14,5 = 15 (arrondi à l'unité supérieure)	24 (10 + 24) – 10	0 SA = 18. Comme il reste un stock de 24 bouteilles, il est inutile de passer commande.
Orangina 1 litre fruits rouges	16	28	0
Orangina Miss O passion	13	14	30 (30 – 5 = 25 → 30)
Fanta 1,5 litre citron	10	17	0
Fanta 1,5 litre orange	6	5	18 (20 – 4 = 16 → 18)
Fanta 1,5 litre light orange	10	12	0
Fanta 1,5 litre light citron	6	6	18 (20 – 5 = 15 → 18)

1.3. Constats concernant le cadencier :
- Orangina 1 litre fruits rouges : 2 fois en rupture en S3 et S4.
- Fanta 1,5 litre light citron : 1 rupture en S1.
- Aucun produit en surstockage, mais des manques sur les quantités livrées.
- Le produit le plus vendu est Orangina 1 litre fruits rouges : 86 bouteilles par mois, soit 22 bouteilles en moyenne par semaine.
- Le produit le moins vendu est Fanta 1,5 litre orange : 22 bouteilles par mois, soit 6 bouteilles en moyenne par semaine.

PARTIE 2 : La gestion commerciale (18,5 points)

2.1. Annexe 3 complétée

Produits	Cônes	Pots	Bâtonnets	Bacs	Bûches	Tartes
PV TTC	3,3 (2,75 × 1,2)	2,95	2,94 (2,45/1,2)	3,90	9,36 (7,8 × 1,2)	9,27 (5,15/1,8)
PA HT	1,25	1,12	2,26 (2,94/1,3)	1,90	6,24 (9,36/1,5)	5,15
Coefficient multiplicateur	1,2 (3,3/1,25)	1,34 (2,95/1,12)	1,3	2,05 (3,9/1,9)	1,5	1,8
PV HT	2,75	2,46 (2,95/1,2)	2,45	3,25 (3,9/1,2)	7,8	7,73 (9,27/1,2)
Marge unitaire	1,5 (2,75 – 1,25)	0,22 (2,46 – 1,12)	0,19 (2,45 – 2,26)	1,35 (3,25 – 1,9)	1,56 (7,8 – 6,24)	2,58 (7,73 – 5,15)
Taux de marge	54,55 % (1,5/2,75 × 100)	19,64 % (0,22/2,46 × 100)	7,76 % (0,19/2,45 × 100)	41,54 % (1,35/3,25 × 100)	20 % (1,56/7,8 × 100)	33,38 % (2,58/7,73 × 100)

Arrondir vos résultats à deux chiffres après la virgule.

Produits	Ventes mensuelles de l'année N												Ventes annuelles	Ventes moyennes
	Janv.	Févr.	Mars	Avr.	Mai	Juin	Juill.	Août	Sept.	Oct.	Nov.	Déc.		
Cônes	5	7	10	12	18	15	20	19	14	10	7	16	153	12,75
Pots	3	0	4	8	12	20	22	25	12	0	0	8	114	9,5
Bâtonnets	8	9	11	15	17	16	12	16	9	7	10	11	141	11,75
Bacs	22	12	19	25	17	20	19	22	18	11	15	27	227	18,92
Bûches	12	3	0	0	0	0	0	0	0	0	7	32	54	4,5
Tartes	4	0	2	0	4	2	3	2	0	0	1	6	24	2

Arrondir vos résultats à deux chiffres après la virgule.

Produits	Chiffre d'affaires annuel TTC	% du CA TTC	Marge totale	% marge totale
Cônes	504,90 (3,3 × 153)	17,6	229,5 (1,5 ×153)	31,27
Pots	336,3	11,72	25,08	3,42
Bâtonnets	414,54	14,45	26,79	3,65
Bacs	885,3	30,86	306,45	41,75
Bûches	505,44	17,62	84,24	11,48
Tartes	222,48	7,75	61,92	8,44
Total	**2 868,96**	**100 %**	**733,98**	**100**

Arrondir vos résultats à deux chiffres après la virgule.

2.2. Annexe 4 complétée

Points d'analyse	Réponse	Justifications
Quel est le produit qui subit fortement la saisonnalité ?	Les bûches	Il n'est vendu que 4 bûches par mois en moyenne dans l'année (ventes seulement en janvier, février, novembre et décembre) pendant la période des fêtes de fin d'année.
Quel est le produit le plus vendu ?	Les bacs	Il s'est vendu 227 bacs sur l'année.
Quel est le produit le moins performant au niveau du volume ?	Les tartes	Il ne s'est vendu que 24 tartes sur l'année.
Quel est le produit qui génère le plus de CA ?	Les bacs	885,30 € de CA (30,86 % du CA du rayon).
Quels sont les trois produits les plus rentables ?	- Les bacs - Les cônes - Les bûches	- 306,45 € de marge (41,75 % de la marge du rayon) - 229,50 € de marge (31,27 % de la marge du rayon) - 84,24 € de marge (11,48 % de la marge du rayon)

PARTIE 3 : Les stocks et la démarque (23,5 points)

3.1. Annexe 5 complétée

Références	Ventes de la période	Stock moyen sur la période	Coefficient de rotation (1)	Durée de stockage en jours (2)
YY500 D	32	9	3,6	25
HD7829/21	51	5,5	9,3	10
YY1471D	7	7,5	0,9	100
3203	31	10	3,1	30
YY 283 FD	17	6	2,8	33

(1) Coefficient de rotation à arrondir à deux chiffres après la virgule.
(2) Durée de stockage à arrondir à l'unité supérieure.

3.2. Commentaire des résultats :
- le produit le plus vendu est la référence HD7829/21 (51 par trimestre) ;
- le produit le moins vendu est la référence YY1471D (7 par trimestre) ;
- le produit qui tourne bien en stock est la référence HD7829/21 (elle tourne 9,3 fois par trimestre et ne reste que 10 jours en stock).
- le produit qui tourne peu est la référence YY1471D (elle tourne seulement soit 0,9 fois par trimestre et reste 100 jours en stock).

3.3. Pour la référence HD7829/21, on peut augmenter les quantités ou la fréquence de commande. Pour la référence YY1471D, il est possible de réduire la quantité de commande, de mettre en avant le produit pour booster ses ventes ou de décider d'arrêter la commercialisation du produit.

3.4. Annexe 6 complétée

Références	Désignation	Stock théorique			Stock réel			Écarts	
		Quantité	PA HT	Valeur	Quantité	PA HT	Valeur	Quantité	Valeur
4730	Clé USB 4 Go	10	3,29	32,9	10	3,29	32,9	0	0
4731	Clé USB 6 Go	18	5,33	95,94	18	5,33	95,94	0	0
4732	Clé USB 8 Go	16	6,95	111,2	11	6,95	76,45	– 5	– 34,75
4733	Clé USB 32 Go	24	10,69	256,56	17	10,69	181,73	– 7	– 74,83
4734	Mini-clé USB 8 Go	32	8,9	284,8	19	8,9	169,1	– 13	– 115,7
	Totaux	**100**		**781,40**	**76**		**556,12**	**– 25**	**– 225,28**

3.5. Calcul du taux de démarque :
225,28/1 489,30 × 100 = 15,13 % = 15,20 %.

3.6. Le taux de démarque est très important (15,2 % du CA HT). Il représente 25 produits en moins sur 100 en stock théorique. Les références les plus sensibles sont : la référence 4734 mini-clé USB 8 Go avec 13 produits en moins et la référence 4733 clé USB 32 Go avec 7 produits en moins. Ce sont les produits les plus chers de notre assortiment.

3.7. Deux solutions afin de lutter contre cette démarque inconnue :
– ne plus mettre les produits en libre-service : mise sous vitrine, obligation de demander au vendeur ou à la caissière le produit pour l'obtenir et le paiement est immédiat ;
– protéger l'article par un système antivol (dissuasif pour les clients, il permet le libre-service et la manipulation du produit par le client).

3.8. Raisons qui justifient une sur-marque sur ce rayon :
– erreur positive d'enregistrement en caisse ou lors des réceptions ;
– retour de produits non comptabilisé ;
– gratuits fournisseurs vendus.

PARTIE 4 : La mesure de la satisfaction et de la fidélisation de la clientèle (21,5 points)

4.1. et **4.2.** Annexe 7 complétée

Indicateurs	Détails des calculs	Résultat 201N	Résultat 201N-1	Détails du calcul évolution 201N/201N-1	Résultat (en %)
Chiffre d'affaires (€)		125 312	119 046	$\frac{125312 - 119046}{119046} \times 100$	+ 5,26
Taux de CA encarté (%)	$\frac{55048 \times 100}{125312}$ $\frac{48732 \times 100}{119046}$	43,93	40,94	$\frac{55048 - 48732}{48732} \times 100$	+ 12,96
Nombre de cartes diffusées		11 310	10 500	$\frac{11310 - 10500}{10500} \times 100$	+ 7,71
Panier moyen non encarté (€)	$\frac{70264^{(1)} \times 100}{804750}$	87,31	77	$\frac{87,31 - 77}{77} \times 100$	+ 13,39
Panier moyen encarté (€)	$\frac{55048 \times 100}{558250}$	98,60	105	$\frac{98,60 - 85}{85} \times 100$	+ 16
Taux de transformation (%)	$\frac{804750 - 558250}{1551500} \times 100$	87,85	90,55		
CA unité/CA unité pilote (%)	$\frac{125312}{128802}$	97,77			
CA encarté unité/CA encarté unité pilote (%)	$\frac{55048}{58732}$	93,73			

(1) 125312 – 55048

4.3. et **4.4.** Annexe 8 complétée

Analyse des données quantitatives du magasin							
	↑	→	↓		↑	→	↓
Chiffre d'affaires	✗			Panier moyen encarté			✗
Chiffre d'affaires encarté	✗			Panier moyen non encarté	✗		
Taux de transformation			✗				

Analyse des données quantitatives du magasin par rapport au magasin pilote					
	+	–		+	–
Chiffre d'affaires		✗	Évolution du taux du CA encarté		✗
Chiffre d'affaires encarté		✗			

4.5. Annexe 9 complétée

Le magasin	+	–	Les produits	+	–
Propreté	✗		Diversité	✗	
Ambiance	✗		Nouveauté	✗	
Balisage	✗		Mise en avant		✗
État des rayons		✗	Disponibilité		✗
Le personnel	**+**	**–**	**Les services**	**+**	**–**
Conseils	✗		Avantages carte	✗	
Compétence	✗		SAV	✗	
Amabilité	✗				
Disponibilité		✗			

4.6. Annexe 10 complétée

Critères d'insatisfaction	Mesures correctives proposées
– État des rayons du magasin	– Remettre en état marchand les rayons tout au long de la journée.
– Disponibilité du personnel	– Revoir le planning de présence du personnel afin d'avoir toujours du personnel présent et disponible pour les clients.
– Mise en avant des produits	– Demander aux employés de réaliser du *facing* régulièrement au cours de la journée.
– Disponibilité des produits	– Revoir les fréquences d'approvisionnement.

Savoir
1

LU ☐
SU ☐
REVU ☐

Identité et diversité

1 En quoi l'autre est-il semblable et différent ?

1.1. Les individus et leur identité

Chaque individu a le sentiment d'**appartenir à un groupe** auquel il s'identifie : sa famille, ses amis, sa région, son pays sont constitués d'autres individus qui lui ressemblent car ils partagent avec lui des habitudes et des valeurs communes.

1.2. La littérature et la découverte de l'autre

La diversité culturelle se caractérise par des différences de goûts, de croyances, d'opinions, de traditions entre les groupes humains. L'art, et notamment la littérature, nous invite à **porter notre regard sur les autres**. Les reportages, les récits de voyage, les œuvres autobiographiques nous permettent de réfléchir sur d'autres modes de vie et d'autres manières d'envisager le monde.

EXEMPLE L'ethnologue **Claude Lévi-Strauss** part ainsi à la découverte des peuples d'Amérique du Sud afin d'étudier leurs modes de vie.

1.3. L'individu face à la diversité

Le monde contemporain se caractérise par le **brassage incessant des cultures**. L'identité de chaque individu ne peut ignorer la diversité de ceux qui l'entourent. La lecture d'œuvres littéraires permet de mieux comprendre les autres et le regard qu'ils portent sur nous.

EXEMPLE Les poètes de la Négritude, comme **Aimé Césaire** ou **Léopold Sédar Senghor**, revendiquent leur propre culture à une époque où ils se sentent écrasés par la colonisation.

2 Comment transmettre son histoire, son passé, sa culture ?

De nombreux écrivains s'interrogent sur leurs origines, leurs racines, leur famille pour comprendre quelle est leur véritable identité. À travers **les écrits autobiographiques**, ils s'interrogent sur leur génération en la comparant à celles qui l'ont précédée. Le cinéma, la peinture ou la chanson constituent d'autres moyens de transmettre son histoire personnelle, son passé ou sa culture aux générations suivantes.

EXEMPLE Les romans autobiographiques d'**Annie Ernaux** racontent comment l'écrivain se détache peu à peu, à travers ses études, du milieu familial de son enfance, auquel elle reste néanmoins très attachée.

3 Doit-on renoncer aux spécificités de sa culture pour s'intégrer dans la société ?

3.1. L'exil et le déracinement

Le déchirement entre deux cultures, provoqué par l'exil et la découverte d'un univers nouveau, est un thème très présent de la littérature contemporaine. Celle-ci explore les tensions qui animent l'individu confronté à une culture qui n'est pas la sienne.

EXEMPLE Le romancier d'origine algérienne **Azouz Begag** raconte dans *Le Gone du Chaâba* son enfance dans la banlieue de Lyon et sa découverte progressive de la culture française grâce à l'école.

3.2. Le partage des valeurs et des cultures

En définitive, l'individu, confronté aux autres, voit **ses valeurs individuelles**, celles qui fondent son identité, remises en cause par d'autres valeurs dans lesquelles il ne se reconnaît pas forcément. C'est **le partage de ces valeurs différentes** qui crée la richesse d'une existence.

EXEMPLE C'est le choix de la diversité culturelle que fait l'écrivain sénégalais **Fatou Diome** en refusant de choisir entre l'Afrique et l'Occident pour affirmer une identité qui lui est propre.

4 La littérature et la diversité

4.1. La littérature de la colonisation et de la décolonisation

Le développement de l'Empire colonial français, au XIXe siècle, a imposé l'usage du français dans les pays colonisés. À la littérature glorifiant la colonisation ont succédé **des œuvres de révolte** écrites par les colonisés. Ceux-ci revendiquent la richesse de leurs propres cultures, qu'ils soient originaires du Maghreb, de l'Afrique noire ou des Antilles. Les écrivains participent ainsi aux combats qui ont conduit à l'indépendance de leurs pays.

EXEMPLE L'écrivain francophone algérien **Mohamed Dib** s'engage à travers son œuvre dans **les combats menés pour l'indépendance et la liberté**.

4.2. Les récits de voyage

L'auteur fait découvrir, au fil de son itinéraire, les lieux qu'il a visités, les personnes qu'il a rencontrées, les péripéties qu'il a vécues. Le récit de voyage propose ainsi un regard original et informé sur des lieux exotiques, de même qu'**une réflexion personnelle sur des manières de vivre différentes**. L'auteur, mais aussi le lecteur, sont donc amenés à réfléchir sur leurs propres habitudes et leurs modes de penser.

EXEMPLE Dans son *Voyage au Congo*, en 1927, **André Gide** dénonce les ravages de la colonisation.

4.3. La littérature en rapport avec les récits de filiation

Le récit de filiation est **le récit qu'un écrivain fait de son enfance** en insistant particulièrement sur la vie et la personnalité de ses parents. L'écrivain, qui prend en charge le récit à la première personne comme dans une autobiographie, n'est pas le « héros » de son livre. Il s'efface au contraire pour mettre en valeur la figure de ses parents ou de ses grands-parents car leur rôle a été déterminant dans **sa formation personnelle**.

EXEMPLE Dans *Les Ritals*, **François Cavanna** recrée minutieusement l'univers des immigrés italiens confrontés à la pauvreté et aux difficultés de l'intégration.

S'entraîner au Bac
Exercice 1 : p. 135

L'homme et son rapport au monde à travers la littérature et les autres arts

LU ☐
SU ☐
REVU ☐

1 En quoi le XXe siècle a-t-il modelé l'homme moderne ?

1.1. Les bouleversements de l'Histoire

Le XXe siècle est celui des **grands conflits idéologiques**. À deux reprises (lors de la Première Guerre mondiale : 1914-1918, et de la Seconde Guerre mondiale : 1939-1945), démocraties et dictatures s'affrontent lors de guerres qui concernent l'humanité tout entière. **Les écrivains s'engagent** dans ces conflits pour protester ou lutter.

EXEMPLE Pour dénoncer l'occupation allemande, le poète surréaliste **Paul Éluard** écrit son poème « Liberté », qui devient le symbole de la Résistance.

1.2. La marche du progrès

Parallèlement, **les sociétés modernes** passent d'un mode de vie rural adapté au rythme des saisons à un mode de vie industriel et citadin, dans lequel tout s'accélère. Les progrès technologiques et scientifiques qui accompagnent ces bouleversements modèlent un homme nouveau, qui s'interroge sur sa propre condition à travers ses artistes et ses écrivains.

EXEMPLE Les **sciences humaines**, comme l'ethnographie, la psychanalyse ou la sociologie, aident peu à peu à mieux comprendre le regard que l'homme porte sur lui-même et sur le monde.

2 Les mythes appartiennent-ils seulement au passé ?

2.1. Qu'est-ce qu'un mythe ?

Le mot mythe vient d'un mot grec qui **signifie « récit »**. Il est une histoire qui a pour objectif d'expliquer les mystères de la création du monde, les origines de l'homme et ses rapports avec les dieux. **Le mythe a donc une signification profonde** qui nous renseigne sur l'image que l'homme a de lui-même à une époque ou une autre.

EXEMPLE **Le mythe d'Icare** fait le récit d'un homme orgueilleux, qui se brûle les ailes pour avoir voulu se rapprocher des dieux.

2.2. Les mythes aujourd'hui

Les mythes sont un besoin fondamental des êtres humains qui s'identifient à leurs héros. Un sportif exceptionnel peut ainsi être qualifié de « mythique ». **La société de consommation** se crée de nouveaux mythes qui mettent en évidence les valeurs contemporaines : mythe de l'éternelle jeunesse, de l'amour romantique, de la puissance virile d'une automobile...

EXEMPLE Les artistes, les scientifiques ou les publicitaires montrent que les mythes antiques comme celui de **Narcisse** (l'amour excessif de soi) ou de **Prométhée** (le défi lancé aux dieux ou à la nature) **continuent à éclairer les comportements modernes**.

3 Comment la lecture d'œuvres littéraires permet-elle de s'interroger sur le rapport de l'homme au monde ?

Les œuvres littéraires offrent au lecteur un nombre infini de regards sur le monde, le passé, le présent. **Le roman, mais aussi la poésie ou le théâtre stimulent l'imagination du lecteur** en lui faisant vivre des existences qui ne sont pas la sienne : les personnages de fiction représentent des questions humaines universelles.
Les œuvres littéraires mettent également en place des **mythes** et des **symboles** qui répondent aux questions que se pose l'homme sur son rapport au monde.

EXEMPLE Le romancier **Albert Camus**, en inventant l'histoire d'une épidémie de peste qui sévit à Oran dans les années 1940, fait **l'allégorie du mal qui ronge les hommes** à la même époque et qui conduira aux horreurs de la guerre.

4 La littérature et le questionnement de l'homme

4.1. Mythes et figures mythiques

Les mythes sont **des récits fabuleux et le plus souvent anonymes**. Leur sens symbolique fonde une culture commune à tous les membres d'une même société, parfois à tous les hommes. **Les mythes éclairent ainsi la fondation de l'univers**, des hommes, des cités. Ils ont une origine religieuse et expliquent ainsi les rapports de l'homme avec les dieux.

EXEMPLE Les récits sur l'origine de l'univers, comme la Bible, mettent en place **l'image du chaos** (désordre) dans lequel un créateur vient mettre de l'ordre pour y faire vivre les hommes.

4.2. L'expression du doute et de la révolte face au monde moderne

La littérature du XXe siècle, mais aussi l'ensemble des autres arts, revisitent les mythes anciens pour **exprimer leurs doutes et leur révolte devant le monde moderne**, pour mieux comprendre les grands problèmes posés à la condition de l'homme. Des écrivains comme **Jean Giraudoux**, **Jean Anouilh** ou **Jean-Paul Sartre** reprennent les figures mythiques de l'Antiquité dans leurs œuvres.

EXEMPLE L'héroïne d'***Antigone***, du dramaturge Jean Anouilh, cette jeune femme qui s'oppose au roi dans la tragédie grecque, symbolise la résistance française à l'occupation allemande.

4.3. L'influence des nouvelles sciences humaines sur les arts

L'apparition de nouvelles sciences humaines apporte un regard neuf sur **la condition humaine**, mais aussi sur les habitudes culturelles et les productions artistiques. En transformant notre compréhension du monde, la psychanalyse, l'ethnologie et la sociologie exercent une influence considérable sur toutes les formes d'art.

EXEMPLE **Sigmund Freud fonde la psychanalyse** en insistant sur le rôle de la sexualité et de l'inconscient dans les comportements humains. Cette découverte de l'inconscient et de l'importance du rêve a eu une grande influence sur de nombreux artistes, écrivains, cinéastes, peintres et sculpteurs, et notamment sur **le mouvement surréaliste d'André Breton**.

S'entraîner au Bac
Exercice 1 : p. 135

La parole en spectacle

LU ☐
SU ☐
REVU ☐

1 Dans le dialogue, utilisons-nous seulement des mots ?

1.1. Les contextes de la parole

Dès lors qu'elle s'adresse à un **public** (amis, spectateurs, téléspectateurs…), **la parole est mise en scène**. Celui qui parle adopte les codes de communication attendus par ses interlocuteurs : on ne s'exprime pas de la même manière sur une scène de **théâtre**, un plateau de **télévision** ou une tribune **politique**. Ce n'est pas seulement la parole qui s'exprime chez **l'orateur** : il se donne en spectacle au regard de l'autre, dans un décor soigneusement choisi.

EXEMPLE **Au tribunal**, le décor solennel, la robe noire de l'avocat ou rouge du procureur, la tribune où s'expriment les témoins ou l'accusé mettent en scène la parole à la façon d'un **spectacle dramatique**.

1.2. Le corps en spectacle

Le corps accompagne la parole pour lui donner du sens. **Les gestes, les mimiques, les déplacements** sont aussi importants que les mots. Le **langage corporel** appuie ainsi les termes clés du discours et traduit les émotions que veut faire partager l'orateur.

EXEMPLE Les hommes politiques accompagnent leurs discours de gestes symboliques porteurs de sens : le poing serré, la main levée, l'index dressé, les mains jointes…

2 Comment la mise en spectacle de la parole fait-elle naître des émotions ? (jusqu'à la manipulation)

2.1. Une arme de séduction

Le discours est d'abord fait pour intéresser celui auquel il s'adresse, le séduire, emporter son adhésion. La **mise en spectacle de la parole** vise à rendre le discours **plus efficace** : il ne s'adresse pas seulement à la raison, **il s'adresse aussi au cœur**. Celui qui parle doit être éloquent s'il veut agir sur l'autre.

EXEMPLE Plaidoirie de l'avocat, réquisitoire du procureur, discours à la tribune de l'Assemblée, tirade du héros d'une pièce de théâtre… Chaque type de parole s'appuie sur **l'éloquence** pour toucher et persuader.

2.2. Une arme de manipulation

La parole peut aussi servir à manipuler ceux auxquels elle s'adresse. Si la démocratie met le dialogue et **la liberté d'expression** au centre de la vie sociale, la parole peut devenir une arme utilisée pour manipuler et devenir **propagande**. Cette parole mise en scène pour manipuler existe depuis l'Antiquité. Elle est facilitée aujourd'hui par la multiplication des médias qui la véhiculent rapidement, comme **Internet**.

EXEMPLE **Charlie Chaplin** montre dans son film *Le Dictateur* comment Hitler met en scène ses discours pour manipuler les foules.

3 Qu'apporte la dimension collective de la mise en spectacle de la parole ?

Les lieux où la parole est mise en scène sont multiples et existent depuis l'Antiquité (l'agora, le forum, la place publique). Ils sont conçus pour pouvoir réunir des groupes d'individus qui se trouvent dès lors liés par une même émotion. **La parole peut alors avoir un effet cathartique**, c'est-à-dire qu'elle permet au groupe qu'elle réunit de se « purger » des passions qui l'animent par le **rire**, les **larmes**, la **colère** et la **tristesse** communes.

EXEMPLE La salle de théâtre ou de concert, l'hémicycle de l'Assemblée, le plateau d'une émission de télévision sont conçus pour faire naître une même émotion collective.

4 La littérature et la parole

4.1. Le texte de théâtre et sa représentation

Le texte théâtral est d'abord destiné à être représenté sur scène. À travers le jeu de la **double énonciation**, les personnages ne s'adressent pas seulement aux autres personnages, ils s'adressent aussi au **public**. Le **décor**, le jeu des **acteurs**, l'**éclairage**, les **accessoires** participent également à la mise en scène de la parole théâtrale.

EXEMPLE On peut représenter un texte de **Molière** (XVIIe siècle) en le renouvelant au moyen de sa mise en scène : décor contemporain, personnages anachroniques, accompagnement musical...

4.2. La télévision et la mise en scène de la parole

La télévision, lorsqu'elle informe, est un lieu privilégié de la parole et du **débat**.
Le terme « **talk-show** » désigne aujourd'hui l'ensemble des émissions basées sur des échanges verbaux codifiés. L'**animateur** est au centre de ce dispositif, dans lequel il intervient pour donner ou reprendre la parole aux **intervenants**, la dramatiser, prendre parti pour l'un ou l'autre... Il occupe de cette manière le rôle du **téléspectateur** en le faisant participer lui aussi à l'échange verbal, comme s'il était son représentant.

EXEMPLE Le générique d'un journal télévisé montre souvent **les équipements techniques** qui permettent sa diffusion. C'est une manière de montrer au téléspectateur que l'information qu'il diffuse est sérieuse, à la pointe de la technologie.

4.3. Le spectacle de la parole politique

La parole politique est spectaculaire car elle met **face à face un orateur et un public** acquis à sa cause. Elle repose dès lors sur **l'éloquence du tribun** (celui qui monte à la tribune) : l'argumentation est accompagnée de procédés verbaux ou non verbaux qui permettent de susciter l'enthousiasme.

EXEMPLE **La cérémonie des vœux du Président de la République** s'accompagne chaque année d'un rituel attendu par ceux qui la regardent : paroles de réconfort et de confiance en l'avenir, mais aussi décor évoquant la grandeur de la fonction et donc du pays.

S'entraîner au Bac
Exercice 1 : p. 135

Les genres littéraires

LU ☐
SU ☐
REVU ☐

1 La poésie

Le poème joue avec **le langage** (sonorités, syntaxe, images, typographie, connotations) pour créer de nouvelles façons de dire et de voir l'univers. À travers ce genre d'écrits, le poète cherche à émerveiller, exalter ou émouvoir le lecteur.

EXEMPLE La chanson, qui est l'une des formes les plus anciennes de la poésie, demeure au cœur de la vie quotidienne de chacun. Le poète et le destinataire y partagent une même vision du monde.

2 Le théâtre

Le texte théâtral donne à voir **des personnages** qui effectuent un échange de paroles en public. La force du texte théâtral repose donc sur son écriture, **sa mise en scène** et **le jeu des acteurs** qui l'incarnent. **Le dramaturge** peut avoir pour objectif de divertir le public, d'engager avec lui une réflexion politique ou une critique sociale.

EXEMPLE Les pièces de **Molière**, qui ont été jouées plus de 30 000 fois depuis la création de la Comédie Française, en 1680, témoignent d'un message intemporel, renouvelé par l'adaptation de la mise en scène aux spectateurs d'aujourd'hui.

3 Le roman

Le roman montre un dynamisme exceptionnel, en présentant des formes, des thèmes et des personnages d'une extraordinaire variété. **Le genre romanesque** se renouvelle constamment avec l'évolution de la société et les changements de sensibilité des lecteurs. **Le romancier**, à travers son récit et le parcours de ses personnages, explore **les rapports de l'homme avec la société**.

EXEMPLE À une époque où l'individu est au cœur des préoccupations, l'autobiographie connaît aujourd'hui un succès considérable qui place le genre romanesque en tête des ventes des libraires.

4 L'essai et les genres argumentatifs

L'essai est **un texte qui permet de prendre position sur un sujet**, afin de créer le débat. Il est l'occasion pour l'auteur de faire preuve d'humour ou d'ironie, de séduire le lecteur ou de le provoquer, en exprimant une opinion originale. On retrouve les règles de l'essai (défendre une thèse, apporter des arguments), dans tous les genres argumentatifs : l'article de presse, le discours politique, le tract, le plaidoyer...

EXEMPLE Les écrivains, les philosophes, les journalistes, les sociologues publient régulièrement des essais qui leur permettent de faire partager au lecteur leur point de vue sur l'actualité : **Alain Finkielkraut**, *Nous autres, modernes*, 2005 ; **Jean-Pierre Le Goff**, *Malaise dans la démocratie*, 2016.

S'entraîner au Bac
Exercices 2, 3, 4, 5 : p. 136 à 137

Les principales figures de style

LU ☐
SU ☐
REVU ☐

1 Les figures d'insistance

1.1. Le parallélisme

Reprise d'une construction syntaxique ou rythmique pour accentuer une similitude, une opposition ou une gradation.

EXEMPLE **J'ai** tendresse **pour** toi, **j'ai** passion **pour** elle. (Corneille)

1.2. L'anaphore

Reprise en tête de phrase ou de vers d'un même mot ou d'une même expression pour créer un effet incantatoire, mélodique ou persuasif.

EXEMPLE **Il y aura des fleurs** tant que vous en voudrez
Il y aura des fleurs couleur de l'avenir
Il y aura des fleurs lorsque vous reviendrez. (Louis Aragon)

1.3. L'accumulation

Succession de termes de même nature et de même fonction pour produire un effet de foisonnement ou des variations d'intensité. Lorsque cette intensité est croissante ou décroissante, on parle de gradation.

EXEMPLE Je me meurs, je suis mort, je suis enterré ! (Molière)

2 Les figures d'amplification et d'atténuation

2.1. L'hyperbole

Procédé d'exagération qui met en relief une perception vécue ou un sentiment éprouvé, en les grossissant à l'extrême.

EXEMPLE Et quand sur la mer il fera noir,
Tes beaux yeux seront mes deux étoiles. (Richepin)

2.2. La litote

Procédé d'atténuation qui consiste à en dire moins pour signifier plus. C'est une atténuation qui sert à amplifier.

EXEMPLE Va, je ne te hais point. (Corneille)

2.3. L'euphémisme

Procédé d'atténuation qui consiste à utiliser un mot ou une expression plus faible pour signifier une réalité plus dure afin de l'adoucir.

EXEMPLE Il est temps que je me repose ;
Je suis terrassé par le sort.
Ne me parlez pas d'autre chose
Que des ténèbres où l'on dort ! (Victor Hugo)

3 Les figures d'opposition

3.1. L'antithèse

Elle rapproche deux éléments opposés, disposés de manière symétrique à l'intérieur d'une phrase ou d'un paragraphe, pour signifier un conflit ou un contraste.

EXEMPLE Paris est tout petit C'est là sa vraie grandeur. (Prévert)

3.2. L'oxymore

Il juxtapose deux mots contradictoires au sein d'un même groupe grammatical, pour faire surgir une réalité nouvelle et inattendue.

EXEMPLE Cette obscure clarté qui tombe des étoiles. (Corneille)

4 Les figures de substitution

4.1. La comparaison

Elle rapproche deux réalités au moyen d'un outil de comparaison.

EXEMPLE Il était **plus** en colère **que** dix tigres déchaînés. (Renart)

4.2. La métaphore

Elle met sur le même plan deux réalités, sans outil de comparaison.

EXEMPLE Paris est un véritable océan. (Balzac)

4.3. La personnification

Elle consiste à prêter des sentiments et des comportements humains à un objet, à un être inanimé ou à un animal.

EXEMPLE La cathédrale explique tout, a tout enfanté et conserve tout.
Elle est la mère, la reine, énorme au milieu du petit tas des maisons basses, pareille à une couvée abritée frileusement sous ses ailes de pierre. (Zola)

4.4. L'allégorie

Elle rend concrète une idée abstraite en lui donnant la forme d'un être vivant qui la représente par son apparence, ses comportements, ses gestes.

EXEMPLE Je vis cette faucheuse. Elle était dans son champ.
Elle allait à grands pas, moissonnant et fauchant,
Noir squelette laissant passer le crépuscule. (Hugo)

4.5. La périphrase

Elle désigne un objet par une expression qui le caractérise, en précise ou en développe le sens et permet souvent d'éviter une répétition.

EXEMPLE L'auteur de *La Comédie humaine* (pour Balzac)

4.6. L'antiphrase

Elle dit le contraire de ce qu'on veut faire entendre, en ne laissant aucun doute sur l'intention de sens. L'ironie est la figure de l'antiphrase par excellence.

EXEMPLE Ne vous gênez pas ! C'est du joli ! Ça sent la rose, ici.

S'entraîner au Bac
Exercices 6 à 17 : p. 137 à 139

Les discours rapportés

LU ☐
SU ☐
REVU ☐

1 Le discours direct

1.1. Définition

Le discours direct reproduit les paroles citées de la manière la plus fidèle possible (pronoms, temps des verbes, tonalité). Il donne ainsi un caractère d'authenticité au récit. Il permet de caractériser la personne qui parle à travers ses propos.

EXEMPLE «– On n'a pas de la viande tous les jours.
– Encore si l'on avait du pain !
– C'est vrai, ça, si l'on avait du pain seulement !» (Zola, *Germinal*)

1.2. Construction

Le discours direct est signalé par des guillemets et un verbe introducteur qui précise la nature de la prise de parole. Celui-ci est placé avant les paroles citées (Il s'écria : «Zut !»), en incise («J'en ai assez, dit-il, de tout cela !»), ou après («Allez au diable !», s'exclama-t-il).

2 Le discours indirect

2.1. Définition

Le discours indirect rapporte les propos en les introduisant par un verbe de parole suivi d'une subordonnée : *Il dit que..., il affirma que..., elle ajouta que..., elle demande si...* Les guillemets disparaissent et le narrateur intègre à son propre discours les paroles qu'il cite. Il peut ainsi résumer, reformuler ou commenter le propos cité.

EXEMPLE Ils se plaignaient de ne pas manger de viande tous les jours ; certains affirmaient même que le pain manquait lui aussi.

2.2. Construction

Le passage du discours direct au discours indirect implique de respecter la concordance des temps entre le verbe introducteur et celui du discours rapporté : *Il a dit : «Je bois de l'eau.» = Il a dit qu'il buvait de l'eau*. Les guillemets ont disparu, le verbe introducteur est suivi d'une subordonnée, et le pronom «je» du discours direct devient «il» dans le discours indirect.

3 Le discours indirect libre

Le discours indirect libre combine le discours direct et le discours indirect. Il garde du discours direct la vérité des propos tenus, mais sans les marques des guillemets et de la personne. Il conserve du discours indirect le système énonciatif et la transposition des temps. Il peut se manifester dans le flux du discours du narrateur.

EXEMPLE Il fallait donc crever de faim ? Bientôt les routes seraient pleines de mendiants. Oui, disait le vieillard, ça finirait par mal tourner. (Zola, *Germinal*)

S'entraîner au Bac
Exercices 18 à 21 : p. 139 à 140

Savoir 7

Les connecteurs logiques

LU ☐
SU ☐
REVU ☐

Lorsqu'on veut expliquer ou argumenter, on peut souligner les relations logiques qui relient les idées aux moyens de termes appelés connecteurs. Ces connecteurs indiquent, la cause, la conséquence, l'addition, etc.

1 L'addition

Elle ajoute une idée à une autre idée, qu'elle met sur le même plan ou classe selon un ordre logique :

EXEMPLE **D'une part**, Internet est un instrument de loisir. **De l'autre**, c'est un moyen de se cultiver. ⇒ *et, puis, en outre, de surcroît, d'ailleurs, voire, d'une part... d'autre part, d'un côté... de l'autre, par ailleurs, ensuite, etc.*

2 L'opposition

Elle souligne une contradiction plus ou moins forte entre deux idées ou deux faits.

EXEMPLE Les jeux en ligne sont nombreux et passionnants **mais** ils sont chronophages. ⇒ *mais, cependant, en revanche, au contraire, or, alors que, toutefois, pourtant, etc.*

3 La cause

Elle indique l'origine d'un fait, son point de départ.

EXEMPLE **En effet**, plus on y joue et plus on y réussit. ⇒ *en effet, car, parce que, puisque, en raison de, du fait de, vu que, sous prétexte que, à cause de, etc.*

4 La conséquence

Elle expose l'aboutissement d'un fait ou le résultat d'un raisonnement.

EXEMPLE **C'est pourquoi** les personnes qui jouent en ligne y passent souvent des heures. ⇒ *ainsi, c'est pourquoi, à tel point que, en conséquence, si bien que, de sorte que, donc, etc.*

5 La concession

Elle souligne une contradiction apparente. Elle peut aussi reconnaître en partie la validité d'arguments adverses avant de les réfuter.

EXEMPLE **Il est vrai qu**'Internet permet aussi de s'informer et de se cultiver. ⇒ *il est vrai que, sans doute, certes, quoique, même si, bien que, etc.*

6 L'explication

Elle apporte des informations supplémentaires ou des exemples.

EXEMPLE **Ainsi**, on peut y lire la presse ou se documenter sur des encyclopédies en ligne comme Wikipédia. ⇒ *c'est-à-dire, en d'autres termes, d'ailleurs, effectivement, etc.*

S'entraîner au Bac
Exercices 23 à 26 : p. 140 à 141

FRANÇAIS

Comprendre le sujet d'examen

LU ☐
SU ☐
REVU ☐

Afin de réussir l'épreuve, il est nécessaire de lire et d'analyser soigneusement les textes du « corpus », de manière à préparer les réponses aux questions posées.

1 La phase d'observation

1.1. L'identification de l'objet d'étude

Le corpus proposé à l'examen comprend un ou plusieurs textes accompagnés d'un document iconographique (image, schéma, photographie, peinture, etc.). Il s'agit d'abord pour le candidat de comprendre ce qui fonde l'unité du corpus, à travers l'objet d'étude qu'il illustre.

EXEMPLE Le corpus de l'examen peut illustrer l'objet d'étude intitulé « L'homme et son rapport au monde à travers la littérature et les autres arts » en étant constitué des trois éléments suivants : un texte présentant le récit d'un mythe de l'Antiquité, une illustration du héros représenté, un extrait de pièce de théâtre du XXe siècle proposant une réécriture de ce mythe.

1.2. Le repérage du paratexte

Avant même de lire les textes, il est nécessaire d'identifier le contexte de leur écriture afin de mieux les comprendre. Pour cela, il est important de repérer les références (noms d'auteur, dates de publication), les introductions, notes ou légendes éventuelles qui présentent les textes ou documents.

EXEMPLE Devant un document iconographique, il faut se demander ce qui le lie aux textes du corpus, de quelles façons il les éclaire ou les illustre.

2 La lecture des textes

2.1. La lecture cursive

Une première lecture attentive des textes du corpus doit permettre d'en saisir le sens global et de souligner les mots ou expressions qui posent des problèmes de compréhension.

EXEMPLE Il est nécessaire de lire l'ensemble des textes et documents avant de passer à une analyse plus approfondie. En effet, la lecture du texte 3 peut aider à mieux comprendre ensuite le texte 1. De même, le document iconographique peut éclairer le sens de l'un ou l'autre des textes.

2.2. La lecture analytique

Une deuxième lecture des textes du corpus doit permettre d'en analyser les différentes facettes et de mettre des notes dans les marges des textes.

EXEMPLE Si l'on repère une figure de style dans l'un des textes, on la surligne en mentionnant sa nature dans la marge (comparaison, métaphore, personnification...), afin de pouvoir éventuellement la citer dans l'une des réponses aux questions.

S'entraîner au Bac
Exercices 27, 28 : p. 142 à 145

Répondre aux questions de lecture

LU ☐
SU ☐
REVU ☐

Notées sur dix points, trois questions évaluent les compétences de lecture du candidat. Leurs réponses doivent être entièrement rédigées, sous la forme de paragraphes citant ou évoquant les textes et documents étudiés.

1 La question de présentation du corpus

1.1. La présentation des textes et documents

Il faut commencer par présenter en deux ou trois phrases les textes et documents du corpus en s'aidant des éléments repérés préalablement dans le paratexte : nom de l'auteur, date de publication, genre, nature et titre des textes ou documents.

EXEMPLE
Le texte 1 est une interview de l'écrivain J.M.-G. Le Clézio évoquant son grand-père. Le texte 2 est extrait du roman autobiographique de Le Clézio intitulé « Voyage à Rodrigues » (1986) et nous présentant l'écrivain parti sur les traces de son grand-père. Le document iconographique est une photographie de l'île de Rodrigues dans laquelle a vécu le grand-père de l'écrivain.

1.2. L'explication des relations entretenues

Il faut ensuite expliquer en une ou deux phrases ce qui justifie le regroupement des textes et documents du corpus. En effet, le corpus est construit autour d'un thème issu des objets d'étude de terminale. Il illustre l'objet d'étude et pose une problématique.

EXEMPLE
Le corpus illustre la problématique du récit de filiation en montrant comment un écrivain peut trouver une source d'inspiration dans une réflexion sur ce qui fonde son identité.

2 Les questions d'analyse et d'interprétation

2.1. La lecture de la question

Le libellé de la question invite à rechercher dans le texte un procédé qui permet à l'écrivain d'exprimer sa pensée de manière originale : construction d'une description, recours à un lexique particulier, rythme ou syntaxe de la phrase, figure de style, etc. Après avoir souligné dans la question l'effet d'écriture à analyser, il est nécessaire de repérer ensuite cet effet d'écriture dans le texte ou le document concerné.

EXEMPLE
Comment l'auteur du texte 1 traduit-il l'autorité du personnage dans sa façon de parler ?

2.2. L'analyse et l'interprétation de l'effet d'écriture

Il s'agit de présenter les éléments de réponse de manière rédigée à l'aide de citations extraites des textes (entre guillemets) et d'expliquer quels sont les effets d'écriture utilisés par l'auteur. On ne peut se contenter de dire qu'un auteur a utilisé tel ou tel champ lexical. Il faut aussi expliquer quel est l'objectif qu'il vise en le faisant.

EXEMPLE

L'autorité du personnage s'affirme à travers de nombreuses répliques : « Ôte-toi de mon chemin ! », « Fichez-moi la paix ! », « Qui m'aime me suive ! ». On remarque que ses phrases sont souvent exclamatives et qu'il utilise le mode subjonctif pour donner des ordres à ses compagnons. En faisant s'exprimer son personnage de cette manière autoritaire, l'auteur souligne sa force de caractère et l'attraction qu'il exerce auprès des autres personnages de la pièce.

3 La mise en relation des textes et des documents

Une fois que le corpus a été lu et analysé, il est nécessaire de se demander en quoi les textes et documents se complètent ou s'opposent. Ils illustrent en effet une problématique qui a été étudiée au cours de l'année et sur laquelle ils apportent un éclairage nouveau.

EXEMPLE

Un corpus illustrant l'objet d'étude « Identité et diversité » peut poser la problématique de l'exil, ou encore celle du regard et des jugements de valeur.

S'entraîner au Bac
Exercices 27, 28 : p. 142 à 145

Savoir 10

Répondre à la question d'écriture : la recherche des idées

LU ☐
SU ☐
REVU ☐

1 L'analyse du sujet

L'analyse de la question posée doit permettre de mettre en évidence le problème qu'elle pose et qu'il faut résoudre. Il faut en souligner ou en surligner les mots et expressions les plus importants, en fonction de leur nature.

EXEMPLE
Selon vous, celui qui prend la parole pour **défendre une cause** doit-il nécessairement **mettre en scène son discours** ? Vous répondrez à cette question dans un développement argumenté d'une quarantaine de lignes en vous appuyant sur les textes du corpus, sur vos lectures de l'année, et sur vos connaissances personnelles.

2 La collecte des premiers arguments

2.1. Les arguments provenant du corpus

Comme indiqué par le sujet, le corpus de textes et de documents contient des arguments qui peuvent être réutilisés pour répondre à la problématique. Ils ont été étudiés à l'occasion des réponses aux questions de lecture.

EXEMPLE
Le corpus correspondant au sujet ci-dessus est constitué de deux extraits de roman montrant comment des personnages mettent en scène leurs discours respectifs, et d'une photographie montrant un orateur monté sur une table pour mieux se faire entendre.

2.2. Les arguments liés à la connaissance de l'objet d'étude

L'essentiel des arguments à apporter provient des connaissances acquises durant l'année sur l'objet d'étude. Il s'agit dès lors de mobiliser les connaissances engrangées durant l'année scolaire en les séparant en deux colonnes.

EXEMPLE
Pour le sujet ci-dessus, on peut regrouper d'un côté les arguments qui montrent que toute parole défendant une cause doit être mise en scène, et de l'autre, les contre-arguments qui montrent qu'une parole spontanée peut elle aussi être efficace.

3 La recherche de nouvelles idées

3.1. L'association d'idées

Pour trouver des idées nouvelles, on peut procéder par associations d'idées à partir des mots-clés du sujet. Il faut pour cela noter les associations de mots qui surgissent et permettent d'élargir la recherche autour des mots-clés, sans s'éloigner du sujet.

3.2. Les exemples tirés de la culture personnelle

Pour enrichir son argumentation, il faut enfin puiser dans ses lectures de l'année et ses connaissances personnelles (cinéma, chanson, théâtre, actualité, etc.) en rapport avec la question posée.

S'entraîner au Bac
Exercices 27, 28 : p. 142 à 145

Savoir

11

Répondre à la question d'écriture : la construction du développement

LU ☐
SU ☐
REVU ☐

1 Le premier paragraphe : la thèse

1.1. L'objectif du paragraphe

La première partie du développement a pour objectif de mettre en valeur l'un des points de vue proposés par le sujet. Il ne s'agit pas de défendre sa propre opinion, mais de montrer qu'on est capable d'accepter l'opinion d'autrui.

EXEMPLE

« Pensez-vous que les œuvres dans lesquelles les auteurs racontent leur vie et celle de leurs proches n'ont d'intérêt que pour leur entourage ou qu'elles peuvent concerner tous les lecteurs ? » Dans cet exemple, le premier paragraphe va défendre le point de vue selon lequel les œuvres autobiographiques ont d'abord de la valeur pour l'entourage de leurs auteurs (leur famille, leurs amis, leurs proches…).

FRANÇAIS

1.2. Le plan du paragraphe

Le paragraphe doit mettre en évidence la validité du point de vue exprimé au moyen d'arguments et d'exemples précis. On lui donne un titre (l'idée défendue) et on numérote les deux ou trois arguments qu'il développe.

EXEMPLE

I. Les œuvres autobiographiques ont un intérêt personnel.
1. Elles évoquent la vie de leur auteur et de ses proches : les gens qui écrivent leur vie pour expliquer à leurs enfants leurs racines, les albums de photos de famille, les arbres généalogiques, etc.
2. Elles racontent une histoire particulière, éloignée de celle du lecteur : l'enfance d'Azouz Begag dans son roman *Le Gone du Chaâba*.

2 Le deuxième paragraphe : l'antithèse

2.1. L'objectif du paragraphe

Le deuxième paragraphe a pour objectif de nuancer le point de vue du premier en montrant qu'il n'est pas forcément le seul à envisager. Le sujet propose là aussi une piste de réflexion qui aide à la construction du plan.

2.2. Le plan du paragraphe

Le plan du deuxième paragraphe doit étayer le point de vue exprimé par le sujet au moyen de deux ou trois arguments illustrés d'exemples concrets, issus des lectures de l'année ou de la culture personnelle.

3 Le troisième paragraphe : le point de vue personnel

Il s'agit dans le dernier paragraphe de montrer un point de vue plus personnel sur la problématique du sujet. On peut donner une préférence pour l'un ou l'autre des points de vue discutés ou en donner un troisième, qui complète les deux autres.

S'entraîner au Bac
Exercices 27, 28 : p. 142 à 145

Répondre à la question d'écriture : la rédaction de la réponse

LU ☐
SU ☐
REVU ☐

L'introduction et la conclusion sont brèves mais particulièrement soignées. La mise en pages des paragraphes du développement participe aussi à l'effort de lisibilité de la compréhension écrite.

1 L'introduction

1.1. La mise en place du thème du sujet

L'introduction permet d'abord de mettre en place le thème du sujet en présentant celui-ci au lecteur. Elle explique en deux ou trois phrases quels sont les grands enjeux de l'objet d'étude dans lequel s'inscrit la problématique.

EXEMPLE DE SUJET
Selon vous, le fait d'être au contact de plusieurs cultures est-il plutôt un obstacle ou plutôt une richesse pour construire sa propre identité ? ⇒ Pour ce sujet, l'introduction doit mettre en évidence le brassage de « cultures » très diverses dans le monde moderne.

1.2. L'annonce du sujet

L'introduction se termine par une question : celle-ci a pour fonction d'annoncer le sujet. Pour cela, il est nécessaire de reprendre les termes utilisés dans le sujet en les adaptant au devoir. La mise en place du thème et la question qui annonce le sujet sont reliées au moyen d'un terme d'articulation.

EXEMPLE D'INTRODUCTION
Le monde moderne se caractérise par le brassage des cultures. Les frontières disparaissent et les médias diffusent les cultures du monde entier auxquelles chacun peut avoir accès. Ce contact avec des cultures très diverses est-il un obstacle ou une richesse pour construire sa propre identité ?

2 Le développement

2.1. La rédaction des paragraphes

Chaque paragraphe développe une idée générale, en l'expliquant et en apportant des arguments qui viennent en souligner la validité. L'idée est illustrée par un ou plusieurs exemples qui la rendent plus concrète.

2.2. Les termes d'articulation

Des termes d'articulations logiques, les connecteurs, viennent souligner la progression du raisonnement : l'opposition « cependant », la cause « en effet », etc.

EXEMPLE
Certes, le contact avec des cultures diverses constitue un enrichissement personnel certain. Cependant, ce contact incessant n'est-il pas aussi une menace pour la construction de sa propre identité ?

3 La conclusion

3.1. Le bilan de la réflexion

La conclusion rappelle dans un premier temps les réponses apportées à la problématique du sujet dans chacun des trois paragraphes. Chaque paragraphe est résumé au moyen d'une phrase.

EXEMPLE

Le brassage des cultures est caractéristique du monde moderne, marqué par la disparition des frontières et le développement des nouveaux médias. Il permet à chacun de découvrir les cultures du monde entier. Mais il apparaît aussi à certains comme un facteur de perte d'identité, notamment pour ceux qui s'inquiètent de la mondialisation.

3.2. L'expression d'un choix personnel

La dernière phrase de la conclusion exprime un choix personnel du candidat, qui exprime de manière explicite son propre point de vue sur le thème du sujet.

S'entraîner au Bac
Exercices 27, 28 : p. 142 à 145

Savoir

13

L'épreuve orale de contrôle

LU ☐
SU ☐
REVU ☐

L'épreuve orale de contrôle concerne les candidats ayant obtenu une moyenne comprise entre 8 et 10 sur 20 aux épreuves écrites du baccalauréat professionnel. Elle est constituée de deux interrogations de 15 minutes chacune, l'une en maths-sciences, l'autre en français-histoire-géo. Les sujets sont tirés au sort par les candidats, qui disposent de 15 minutes de préparation.

1 Les modalités de l'épreuve

1.1. Le sujet

Le candidat n'a aucun document à apporter pour passer l'épreuve. Il tire au sort un sujet de français ou un sujet d'histoire-géographie dans une enveloppe contenant un nombre équilibré de sujets relevant de chaque matière. En français, le sujet invite le candidat à présenter une lecture d'œuvre intégrale (littéraire ou cinématographique) ou un groupement de textes étudiés durant l'année de Terminale. L'exposé du candidat est suivi d'un dialogue avec l'examinateur.

EXEMPLE DE SUJET Après avoir présenté une œuvre/un groupement de textes le plus précisément possible (titre(s) d'œuvre(s), auteur(s), époque(s) de publication, propos de l'œuvre/des textes), vous expliquerez ce qui vous a intéressé dans cette étude dont vous présenterez les principales lignes de force.

1.2. Les critères d'évaluation

Trois critères d'évaluation guident l'appréciation de l'examinateur :
– Pendant l'exposé, l'examinateur écoute la présentation de l'œuvre ou du groupement de textes produite par le candidat. Il évalue la qualité de précision et d'organisation de la présentation faite par le candidat (sur 4 points).
– Durant l'entretien, l'examinateur évalue la qualité d'écoute et de participation à l'échange (sur 3 points).
– Pendant l'épreuve, enfin, l'examinateur évalue globalement la correction de l'expression orale (sur 3 points).
La note globale ainsi retenue est fixée sur 10 points.

2 L'exposé du candidat

2.1. La préparation de l'exposé

Le candidat dispose de quinze minutes pour préparer son exposé. C'est à lui de choisir le groupement de textes ou l'œuvre intégrale qu'il va présenter à l'examinateur. Il est donc nécessaire de se préparer durant l'année en établissant des fiches sur telle ou telle œuvre étudiée en classe, de manière à pouvoir présenter : le nom de l'auteur, l'époque concernée, le titre de l'œuvre, ainsi que son contenu.

EXEMPLE Un élève qui a étudié en terminale le roman d'Albert Camus, *La Peste*, doit être capable de présenter le roman dans son contexte historique (la fin de la Seconde Guerre mondiale). Il présente ensuite l'histoire de la maladie, comment elle s'étend progressivement à toute la ville d'Oran, malgré les efforts du héros, le docteur Rieux, avant de disparaître. En conclusion, le candidat peut faire un parallèle entre la peste et le nazisme, auquel l'auteur fait implicitement référence.

2.2. La présentation de l'exposé

Le candidat doit s'exprimer de façon autonome, c'est-à-dire qu'il doit montrer qu'il est capable de présenter une œuvre ou un groupement de textes sur un thème précis. Pour atteindre cet objectif, l'exposé peut se dérouler en trois temps :
– **L'introduction** présente rapidement l'auteur, l'œuvre et le contexte de son écriture. Elle explique à quel objet d'étude la lecture de l'œuvre est liée («Identité et diversité», «Au XXe siècle, l'homme et son rapport au monde à travers la littérature et les autres arts», «La parole en spectacle»).
– **Le corps de l'exposé** présente l'intrigue du roman ou de la pièce de théâtre, les grandes lignes de l'essai. Il rappelle quels sont les personnages principaux, les rapports qu'ils entretiennent.

EXEMPLE On peut présenter une œuvre en répondant à quelques questions simples auxquelles on a répondu lors de la préparation : Quelle est l'histoire racontée ? Quels sont les personnages ? Quels liens les unissent ? Comment leurs relations progressent-elles ? Comment l'histoire se termine-t-elle ?

– **La conclusion** donne un avis personnel sur l'œuvre, en propose une interprétation en montrant à l'examinateur ce que sa lecture a pu apporter : une leçon de vie, une mise en garde, une vision originale du monde, une réflexion sur l'homme, les arts ou la société...

REMARQUE Il est absolument nécessaire de ne pas donner un jugement négatif sur l'œuvre présentée ! C'est le candidat qui la choisit et ce choix est effectué en fonction des goûts et non par obligation.

3 Le dialogue avec l'examinateur

3.1. La qualité d'écoute et de participation à l'échange

C'est l'examinateur qui mène l'entretien. Les questions qu'il pose sont destinées à aider le candidat à exprimer son point de vue sur l'œuvre et l'objet d'étude concerné, et non à le piéger. Il est donc indispensable de bien écouter les questions posées et d'y répondre calmement et clairement. Lorsqu'une question n'est pas comprise, le candidat ne doit pas hésiter à demander qu'elle soit reformulée.

EXEMPLE Qu'avez-vous pensé du personnage de Meursault ? Quelles autres auteurs avez-vous étudié en classe dans le cadre de l'objet d'étude «La parole en spectacle» ? Avez-vous lu d'autres romans au cours de l'année scolaire ? Selon vous, en quoi l'œuvre que vous avez choisie éclaire-t-elle le lecteur sur la construction de sa propre identité ?

3.2. La correction de l'expression orale

Plus que le fond (la lecture et la compréhension de l'œuvre présentée par le candidat), l'épreuve orale de contrôle vérifie la capacité du candidat à s'exprimer oralement dans un français correct.

A

Anaphore : répétition du même mot ou de la même expression au début de plusieurs vers, phrases ou paragraphes.

Antihéros : dans une œuvre littéraire ou cinématographique, l'antihéros est un personnage qui ne possède aucune des qualités remarquables du héros traditionnel. Il est au contraire falot, sans envergure. Les personnages de Flaubert sont souvent des antihéros.

Aparté : au théâtre, réplique entendue par le public mais non par l'interlocuteur pourtant en scène.

Autobiographie : comme le montre l'étymologie, c'est le récit qu'une personne fait de sa propre existence.

C

Caricature : portrait qui grossit les défauts de la personne, dans le but de faire rire.

Champ lexical : l'ensemble des mots qui, dans un texte, appartiennent à un même domaine, à un même thème.

Connotations : l'ensemble des associations d'idées et d'impressions qui peuvent s'ajouter au sens strict d'un mot, par influence du contexte, ou des références culturelles, sociales ou personnelles.

Conte : récit bref qui fait entrer le lecteur dans un monde différent du monde réel (conte merveilleux ou fantastique). Il peut inviter à la réflexion (conte philosophique).

Coup de théâtre : événement imprévu qui modifie le cours de l'action.

D

Dénouement : moment où, à la fin d'une pièce de théâtre, se résout le conflit.

Diversité : le mot « diversité », du latin *diversus*, signifie contradictoire, différent. La diversité des individus repose sur leurs croyances, leurs traditions, leur âge, leur sexe, leurs origines sociales et géographiques…

E

Éloquence : c'est une manière de s'exprimer avec aisance par le discours pour toucher et persuader. L'éloquence s'appuie souvent sur la rhétorique, l'ensemble des techniques de l'art de bien parler.

Énumération : accumulation de termes qui décrivent une situation.

Essai : l'essai permet à l'écrivain de traiter d'un sujet, d'un auteur, avec une certaine liberté dans le ton, dans la forme de son ouvrage. L'auteur veut exprimer un point de vue personnel, renouveler la façon d'aborder une question de littérature, d'art, d'histoire ou de société.

Exposition : terme désignant, au théâtre, la ou les scènes dont la fonction principale est de fournir sur la situation et les personnages les renseignements nécessaires pour que le lecteur ou le spectateur comprennent l'action et ses enjeux.

F

Filiation : la filiation désigne le lien de parenté unissant l'enfant à son père ou à sa mère. Plus largement, le récit de filiation évoque la culture transmise d'une génération à une autre.

Focalisation (ou point de vue) : choix d'un mode de narration qui consiste à faire savoir au lecteur tout ou partie de l'histoire racontée : ou il sait tout (focalisation zéro), ou il ne sait que ce qu'il verrait de l'extérieur (focalisation externe), ou il ne sait que ce que voit, pense et ressent un personnage (focalisation interne).

H

Hyperbole : figure de style consistant à employer des termes trop forts, exagérés.

I

Identité : l'identité recouvre toutes les caractéristiques qui fondent l'originalité d'une personne et qui permettent de la différencier des autres. Par ailleurs, elle correspond aussi à tout ce qui rapproche et qui affirme l'appartenance à un groupe.

Incipit : première phrase d'une œuvre, qui introduit le lecteur dans cette œuvre.

Ironie : moquerie qui consiste à faire entendre le contraire de ce qu'on dit, ou à donner aux mots un sens détourné.

L

Lyrisme : on qualifie ainsi l'expression de sentiments personnels intimes.

M

Métaphore : figure de style qui consiste à utiliser, pour désigner une réalité, un terme ou des termes (métaphore filée) qui sont habituellement employés pour désigner une autre réalité qui entretient avec la première un rapport de ressemblance.

Mise en scène : art de porter à la scène un texte en utilisant les ressources de l'espace scénique (déplacement des acteurs, décor, lumière).

Monologue : au théâtre, il s'agit des propos que tient un personnage qui se trouve (ou se croit) seul.

Mythe : le mythe est un récit fabuleux anonyme, auquel on peut trouver un sens symbolique, et qui fait partie des traditions d'une communauté humaine ; c'est aussi la représentation de faits ou de personnages de façon déformée parce que cela exprime les désirs de la communauté qui véhicule ce mythe.

N

Narrateur : celui par lequel est racontée une histoire. Le narrateur peut être l'un des personnages ; et même lorsqu'il n'est pas un personnage il est celui qui prend en charge le récit sans vraiment représenter l'auteur, sauf dans le cas de l'autobiographie.

O

Objection : argument qui sert à réfuter une thèse.

Onirique : on caractérise ainsi un texte où abondent les visions de rêve ou de délire.

P

Paratexte : le terme désigne l'ensemble des informations données sur un texte : introduction, notes, renseignements biographiques sur l'auteur...

Parodie : imitation comique et souvent moqueuse d'une œuvre ou d'une célébrité.

Pathétique : caractère d'un texte qui provoque une grande émotion, qui éveille par exemple des sentiments de pitié.

Péripétie : dans une pièce de théâtre ou un récit, c'est un changement brusque de la situation.

Plaidoyer : le plaidoyer est l'exposé de la défense d'une personne accusée. Il sert aussi à réfuter des idées et à prendre la défense d'une cause.

R

Réquisitoire : le réquisitoire appartient au genre judiciaire : c'est le développement de l'accusation présentant devant un tribunal tous les délits attribués à l'accusé.

S

Satire : la satire désigne d'abord, au XVIIe siècle, un discours en vers qui se moque de quelqu'un, de quelque chose. Le genre a évolué vers un écrit ou un discours qui constitue une attaque mêlée de moquerie.

Sciences humaines : ce sont des disciplines scientifiques qui étudient les comportements individuels et collectifs de l'être humain. La sociologie étudie le rôle social. La psychologie étudie le comportement individuel. La psychanalyse étudie l'inconscient. L'ethnologie étudie les mœurs et les coutumes d'une population.

Spectacle : dans le sens de l'objet d'étude, le spectacle désigne l'ensemble des choses ou des faits qui s'offrent au regard dans une expression orale.

T

Talk-show : le terme talk-show signifie en anglais « parole en spectacle ». Il est employé pour désigner les émissions télévisées, soigneusement conçues, basées sur des échanges verbaux.

U

Utopie : le mot signifie à l'origine le pays de nulle part (*utopia* : le non-lieu). C'est le titre que l'écrivain anglais Thomas More a donné à son œuvre, dans laquelle il imagine une société idéale. Ce fut le point de départ d'un genre littéraire qui consiste à imaginer une communauté parfaitement organisée.

V

Valeurs : les valeurs sont des idéaux collectifs qui définissent les critères de ce qu'une communauté tient pour désirable ou de ce qu'elle rejette. Le bien et le mal, le beau et le laid, le juste et l'injuste... forment ce que l'on appelle le système de valeur d'une société donnée.

Exercice 1 voir Fiches Savoir 1, 2, 3

Les objets d'étude au programme : vérifier ses connaissances

1. Sur quoi repose le sentiment d'identité culturelle d'un individu ? Chassez l'intrus.

a) Les croyances et la religion

b) Les traditions, les goûts et les coutumes

c) La mode, les marques et l'argent

2. Dans le récit de filiation, l'écrivain s'interroge sur ses racines, sa famille et son héritage culturel, qu'il fait partager au lecteur.

a) Vrai

b) Faux

3. *Altérité, altruisme, alter ego, altérer*... Quelle est la signification du latin *alter*, à partir duquel ont été forgés ces mots ?

a) autre

b) ailleurs

c) soif

4. À qui renvoie le « je » d'un récit de vie (plusieurs réponses possibles) ?

a) à l'auteur

b) à l'éditeur

c) au narrateur

d) au personnage principal

5. Parmi les disciplines suivantes, lesquelles peut-on qualifier de « sciences humaines » ?

a) L'histoire

b) Les mathématiques

c) La sociologie

d) La psychologie

6. Lequel de ces personnages de fiction ne renvoie pas à un grand mythe de l'Antiquité ?

a) Icare

b) Harpagon

c) Narcisse

7. Quel grand mouvement artistique du XXe siècle a été influencé par les découvertes de la psychanalyse ?

a) Le cubisme

b) Le surréalisme

c) L'existentialisme

8. Qu'est-ce que la Francophonie ?

a) L'ensemble des pays dans lesquels se parle la langue française.

b) Un orchestre regroupant des musiciens de langues différentes.

c) L'union des anciennes colonies françaises.

9. Au moyen de quel pronom celui qui s'exprime peut-il s'impliquer fortement dans un discours, oral ou écrit ?

a) ils

b) je

c) on

10. Qu'est-ce qu'un écrivain « engagé » ?

a) Un écrivain en plein travail de rédaction

b) Un soldat qui témoigne de sa vie de militaire

c) Un écrivain qui met sa plume au service d'une cause

11. Parmi les types de discours suivants, lequel ne relève pas d'une parole mise en scène ?

a) Le plaidoyer

b) La conférence

c) La conversation

d) L'allocution

12. Qu'est-ce qu'un essai ?

a) Le brouillon d'un roman

b) La première représentation d'une pièce de théâtre

c) Un texte argumentatif

13. Laquelle de ces créatures peut être qualifiée de « mythique » ?

a) Le lion

b) La baleine

c) Le minotaure

14. Dans un dialogue, nous utilisons seulement des mots pour nous faire comprendre de notre interlocuteur.

a) Vrai

b) Faux

15. La mise en scène de la parole peut parfois être au service du mensonge. Chassez l'intrus.

a) L'information

b) La propagande

c) La manipulation

d) La désinformation

16. Qu'appelle-t-on un « talk-show » ?

a) Un spot publicitaire

b) Une forme de débat télévisé

c) Un spectacle humoristique

17. Que cherche d'abord à toucher chez son interlocuteur celui qui utilise les procédés de la persuasion ?

a) Son intelligence et sa raison

b) Ses émotions et ses sentiments

18. Parmi ces procédés de mise en valeur de la parole, lesquels sont visuels ?

a) Les déplacements

b) Les cris

c) Les applaudissements

d) Les costumes

19. Dans le sens de l'objet d'étude, comment peut-on appeler les messages suivants : *expressions du visage, postures, gestes, mimiques...* ?

a) Des didascalies

b) Des indications scéniques

c) Du langage non verbal

20. L'hyperbole est une figure de style très utilisée lors d'une prise de parole. Quelle est sa définition ?

a) L'emploi de termes très forts, exagérés

b) L'emploi de termes de sens contraires dans une phrase

c) L'emploi d'un même mot au début de plusieurs phrases

FAIT ☐ REVU ☐

Exercice 2 voir Fiche Savoir 4

Les genres littéraires

1. Relevez l'ensemble des indices qui vous permettent d'affirmer que le texte suivant est un poème.

2. Quelle est l'intention de l'auteur de ce poème ? Justifiez votre réponse.

Une allée du Luxembourg

Elle a passé, la jeune fille
Vive et preste comme un oiseau :
À la main une fleur qui brille,
À la bouche un refrain nouveau.

C'est peut-être la seule au monde
Dont le cœur au mien répondrait,
Qui venant dans ma nuit profonde
D'un seul regard l'éclairerait !...

Mais, non, – ma jeunesse est finie...
Adieu, doux rayon qui m'as lui, –
Parfum, jeune fille, harmonie...
Le bonheur passait, – il a fui !

Gérard de Nerval, *Odelettes*, 1833.

FAIT ☐ REVU ☐

Exercice 3 voir Fiche Savoir 4

Les genres littéraires

1. À partir de quel moment la tirade d'Harpagon devient-elle franchement comique ? Pourquoi ?

2. Complétez puis poursuivez l'analyse proposée de manière à distinguer les différentes formes de comiques utilisées par Molière dans cet extrait.

Le texte à étudier

Harpagon est un riche vieillard avare et tyrannique. Seul sur scène, il vient de découvrir qu'on lui a volé la cassette qu'il avait enterrée dans son jardin.

HARPAGON. (*Il crie au voleur dès le jardin, et vient sans chapeau.*) Au voleur ! au voleur ! à l'assassin ! au meurtrier ! Justice, juste ciel ! Je suis perdu, je suis assassiné ! On m'a coupé la gorge, on m'a dérobé mon argent ! Qui peut-ce être ? Qu'est-il devenu ? Où est-il ? Que ferai-je pour le trouver ? Où courir ? Où ne pas courir ? N'est-il point là ? N'est-il point ici ? Qui est-ce ? Arrête ! (*Il se prend lui-même le bras.*) Rends-moi mon argent, coquin ! ... Ah ! c'est moi. Mon esprit est troublé, et j'ignore où je suis, qui je suis, et ce que je fais. Hélas ! mon pauvre argent, mon pauvre argent, mon cher ami, on m'a privé de toi ; et, puisque tu m'es enlevé, j'ai perdu mon support, ma consolation, ma joie ; tout est fini pour moi, et je n'ai plus que faire au monde : sans toi, il m'est impossible de vivre. C'en est fait, je n'en puis plus, je me meurs, je suis mort, je suis enterré ! N'y a-t-il personne qui veuille me ressusciter en me rendant mon cher argent, ou en m'apprenant qui l'a pris ? Euh ! que dites-vous ? Ce n'est personne...

Molière, *L'Avare*, Acte IV, scène VII, 1668.

L'analyse à compléter
L'œuvre de Molière exploite les moyens les plus divers pour déclencher le rire. Ainsi, cet extrait de *L'Avare* utilise le comique de .... en plaçant Harpagon seul sur scène, « sans chapeau » et essoufflé, face aux spectateurs heureux de le voir puni de son avarice. Dès les premières phrases, le rire est ensuite causé par les .... qui caractérisent le discours du vieil avare : il n'est pas seulement volé, il est « assassiné » !

FAIT ☐ REVU ☐

Exercice 4 voir Fiche Savoir 4

Les genres littéraires

1. Quel personnage apparaît dans cet extrait de roman ? Relevez ses caractéristiques.

2. Par quels procédés le narrateur attire-t-il l'attention du lecteur sur la vie misérable de la petite fille ?

Cosette montait, descendait, lavait, brossait, frottait, balayait, courait, trimait, haletait, remuait des choses lourdes, et, toute, chétive, faisait de grosses besognes. Nulle pitié, une maîtresse farouche, un maître venimeux. La gargote Thénardier était comme une toile où Cosette était prise et tremblait. L'idéal de l'oppression était réalisé par cette domesticité sinistre. C'était quelque chose comme la mouche servante des araignées.
Victor Hugo, *Les Misérables*, II, 3, 1862.

FAIT ☐ REVU ☐

Exercice 5 voir Fiche Savoir 4

Les genres littéraires

1. Identifiez le destinataire de ce tract. Quelles suppositions peut-on faire sur l'identité de l'émetteur ?

2. Relevez et analysez les indices qui montrent que l'émetteur s'implique fortement dans son argumentation.

3. Par quels procédés de mise en page le message de l'argumentation est-il mis en valeur ?

LE VEAU EN BATTERIE, ÇA SUFFIT

UNE SOUFFRANCE QUI PASSE PAR VOTRE ASSIETTE

Arraché brutalement à sa mère quelques jours après sa naissance, le veau est enfermé seul, sans contact avec ses congénères, maintenu dans un box étroit dans lequel il ne peut ni se coucher dans une position normale, ni se retourner. Pendant plusieurs mois, il reste dans ce box, ne recevant qu'une alimentation appauvrie en fer et sans fourrage. Affaibli, anémié, sans avoir vu ni prairie, ni soleil, il sera délivré... par la mort à l'abattoir.
Maintenant vous savez pourquoi la viande de ce veau élevé en batterie est <u>blanche</u> !
Quand vous achetez du veau, n'achetez pas de veau élevé en batterie.
Mobilisons-nous dès aujourd'hui pour obtenir l'arrêt définitif de cet élevage.

FAIT ☐ REVU ☐

Exercice 6 voir Fiche Savoir 5

Les principales figures de style

Relevez les parallélismes et expliquez l'effet recherché par l'auteur.

Les uns mouraient sans parler, les autres parlaient sans mourir, les uns mouraient en parlant, les autres parlaient en mourant.
François Rabelais, *Gargantua*, 1534.

FAIT ☐ REVU ☐

Exercice 7 voir Fiche Savoir 5

Les principales figures de style

Relevez les anaphores des extraits suivants. Précisez en une phrase l'effet produit par l'emploi de cette figure de style.

Rome, l'unique objet de mon ressentiment !
Rome, à qui vient ton bras d'immoler mon amant !
Rome qui t'a vu naître, et que ton cœur adore !
Rome enfin que je hais parce qu'elle t'honore !
Pierre Corneille, *Horace*, Acte IV, scène VI, 1640.

• • •

• • •
Il y a des petits ponts épatants
Il y a mon cœur qui bat pour toi
Il y a une femme triste sur la route
Guillaume Apollinaire, « Il y a », *Poèmes à Lou*, Éditions Gallimard, 1915.

Paris a froid Paris a faim
Paris ne mange plus de marrons dans la rue
Paris a mis de vieux vêtements de vieille
Paris dort tout debout sans aire dans le métro
Paul Éluard, « Courage », *Au rendez-vous allemand*, Éditions Gallimard, 1944.

FAIT ☐ REVU ☐

Exercice 8 voir Fiche Savoir 5

Les principales figures de style

Relevez les accumulations dans les citations suivantes. Expliquez en une phrase quel est, pour chacune, l'effet recherché.

a) « Va, cours, vole, et nous venge. » (Corneille)

b) « Un souffle, une ombre, un rien, tout lui donnait la fièvre. » (La Fontaine)

c) « Pierre marchait au milieu de ces gens, plus perdu, plus séparé d'eux, plus isolé, plus noyé, dans sa pensée torturante, que si on l'avait jeté à la mer du pont d'un navire. » (Maupassant)

d) « Ah ! Oh ! Je suis blessé, je suis troué, je suis perforé, je suis administré, je suis enterré. » (Jarry)

FAIT ☐ REVU ☐

Exercice 9 voir Fiche Savoir 5

Les principales figures de style

Les phrases suivantes recherchent-elles un effet d'amplification ou d'atténuation ? Identifiez la figure de style utilisée.

a) Je suis mort de rire.

b) Elle est maigre comme un clou.

c) Le courage n'est pas son fort.

d) Ils ont tout soldé à un prix hallucinant.

e) Il est devenu fou de rage.

f) Il a recommencé mille fois avant de réussir.

g) Il est mort des suites d'une longue et douloureuse maladie.

h) Il n'a pas inventé l'eau tiède.

FAIT ☐ REVU ☐

Exercice 10 voir Fiche Savoir 5

Les principales figures de style

1. Repérez l'hyperbole présente dans ce passage.

2. Quel est l'effet produit par cette figure de style sur le portrait du personnage ?

Il apportait dans la société une gaucherie sans timidité, une absence de forme convenue, un dédain si parfait de ce qu'on y admire, qu'au bout de quelques minutes, avec trois ou quatre syllabes, il avait trouvé moyen de se faire une meute d'ennemis acharnés.
Théophile Gautier, « Onuphrius », *Contes fantastiques*, 1832.

FAIT ☐ REVU ☐

Exercice 11 voir Fiche Savoir 5

Les principales figures de style

Identifiez les euphémismes dans les citations suivantes. À quelle réalité ces trois citations renvoient-elles ?

a) « Allons ! Il est bien temps que je désemplisse le monde. » (Victor Hugo)

b) « Dormir... enfin ! Je vais dormir » (Alfred de Musset)

c) « Le temps s'en va, le temps s'en va, ma Dame ;
Las ! le temps, non, mais nous nous en allons,
Et tôt serons étendus sous la lame » (Pierre de Ronsard)

FAIT ☐ REVU ☐

Exercice 12 voir Fiche Savoir 5

Les principales figures de style

Le langage journalistique impose l'emploi d'euphémismes pour atténuer l'effet de brutalité de certains mots. Trouvez ceux couramment employés à la place des mots suivants.

a) vieillard

b) pays sous-développé

c) cancer

d) aveugle

e) sourd

FAIT ☐ REVU ☐

Exercice 13 voir Fiche Savoir 5

Les principales figures de style

Repérez les antithèses ou les oxymores dans ces extraits de chanson. Expliquez-les en une phrase.

a) « Fantaisie Militaire » (Alain Bashung)

b) « Leur soleil nous fait de l'ombre » (Renaud)

c) « Douce violence » (Johnny Hallyday)

d) « Nous parlons en silence d'une jeunesse vieille » (Jacques Brel)

FAIT ☐ REVU ☐

Exercice 14 voir Fiche Savoir 5

Les principales figures de style

Identifiez le comparé, l'outil de comparaison et le comparant. Précisez l'élément de sens commun qui justifie la comparaison.

a) « Je suis rouge comme un bœuf écorché. » (Sartre)

b) « Les éclairs fusaient de la terre comme des jets d'eau. » (Giono)

c) « Le ciel n'est pas plus pur que le fond de mon cœur. » (Racine)

d) « Mon verre s'est brisé comme un éclat de rire. » (Apollinaire)

FAIT ☐ REVU ☐

Exercice 15 voir Fiche Savoir 5

Les principales figures de style

1. À quelle réalité renvoie l'expression « l'or du soir qui tombe » ?

2. Expliquez en quoi cette expression constitue une métaphore.

> « Je ne regarderai ni l'or du soir qui tombe
> Ni les voiles au loin descendant vers Harfleur »
> Victor Hugo, « Demain dès l'aube... », *Les Contemplations*, 1856.

FAIT ☐ REVU ☐

Exercice 16 voir Fiche Savoir 5

Les principales figures de style

Repérez la périphrase dans cette citation. Quel personnage de la fable évoque-t-elle ?

> « Celui de qui la tête au ciel était voisine
> Et dont les pieds touchaient à l'Empire des Morts »
> La Fontaine, « Le Chêne et le Roseau », *Les Fables*, 1668.

FAIT ☐ REVU ☐

Exercice 17 voir Fiche Savoir 5

Les principales figures de style

Que signifie en réalité chacune des antiphrases suivantes ? Reformulez chaque idée exprimée sans avoir recours à l'ironie.

a) Tes résultats du trimestre sont vraiment exceptionnels !

b) Bravo ! Continue comme ça ! Tu es sur la bonne voie !

c) J'ai eu 5 en maths : génial ! Il va être content, mon père !

FAIT ☐ REVU ☐

Exercice 18 voir Fiche Savoir 6

Les discours rapportés

Relevez et classez les marques du discours direct : verbes introducteurs, marques de ponctuation, marques personnelles, marques verbales.

a) Tout à coup le maréchal des logis cria à ses hommes : « Vous ne voyez donc pas l'Empereur, s... ! ». Sur-le-champ l'escorte cria : « Vive l'Empereur ! » à tue-tête.

Stendhal, *La Chartreuse de Parme*, 1839.

b) L'homme arriva tout de même à sortir de sa bouche quelque chose d'articulé : « Le maréchal des logis Barousse vient d'être tué, mon colonel » qu'il dit tout d'un trait.

Céline, *Voyage au bout de la nuit*, Éditions Gallimard, 1932.

FAIT ☐ REVU ☐

FRANÇAIS

Exercice 19 voir Fiche Savoir 6

Les discours rapportés

1. Quelles sont les marques du dialogue dans le texte qui suit ? Qui sont les deux interlocuteurs ?

2. Associez à chaque réplique le verbe de parole qui convient : répliqua Jean-Louis, dit Josette, demanda Jean-Louis, essaya d'expliquer Josette, se moqua-t-il, maugréa-t-elle, dit Jean-Louis en s'énervant, reprit Josette.

Au musée.
« On aurait dû prendre un guide, Jean-Louis.
– Un guide ? Pour quoi faire ?
– Pour expliquer, je comprends rien.
– Y a pas à comprendre, Josette, y a à ressentir.
– Je ressens pas, ça fait une heure que je ressens pas, c'est long.
– Parce que tu crois qu'un guide ça ressent ?
– Ça raconte, ça apprend au moins.
– Apprendre sans ressentir, merci bien, et pour vingt euros en plus ! Excuse-moi, mais c'est de l'arnaque. »

Jean-Michel Ribes, *Théâtre sans animaux*, Actes Sud, 2004.

FAIT ☐ REVU ☐

Exercice 20 voir Fiche Savoir 6

Les discours rapportés

Réécrivez ce passage en transposant trois répliques au discours indirect.

Un marin les fit lever pour dérouler les câbles.
« Où vont-ils donc ces bateaux-là ? hasarda Jacques.
– Ça dépend. Lequel ?
– Ce gros-là ?
– À Madagascar.
– Vrai ? On va le voir partir ?
– Non. Celui-là ne part que jeudi. Mais si tu veux voir un départ, faut t'amener ce soir à cinq heures : celui-ci, le *La Fayette*, part pour Tunis. »

Roger Martin du Gard, *Les Thibault*, Éditions Gallimard, 1922-1940.

FAIT ☐ REVU ☐

Exercice 21 voir Fiche Savoir 6

Les discours rapportés

Quel est l'intérêt pour l'auteur de rapporter les paroles des personnages de cette façon ?

Elle ne toucha pas à son café. Il aurait voulu qu'elle le bût. Il aurait terriblement voulu qu'elle le bût. Mais il ne le lui aurait dit pour rien au monde. Il n'était plus sûr de l'aimer. Il n'était plus sûr de rien. S'il y avait eu maldonne ? C'était trop atroce à penser. Il l'aimait, voyons, il l'aimait.

Louis Aragon, *Aurélien*, Éditions Gallimard, 1944.

FAIT ☐ REVU ☐

Exercice 22 voir Fiche Savoir 6

Les discours rapportés

Réécrivez le passage suivant en utilisant le discours direct.

Elle raconta tout de suite son histoire pour se poser : elle était mariée maintenant, elle avait épousé au printemps un ancien ouvrier ébéniste qui sortait du service et qui sollicitait une place de sergent de ville, parce qu'une place, c'est plus sûr et plus comme il faut.

Émile Zola, *L'Assommoir*, 1877.

FAIT ☐ REVU ☐

Exercice 23 voir Fiche Savoir 7

Les connecteurs logiques

Quelle est la relation logique qui unit implicitement (c'est-à-dire sans connecteur) les propositions contenues dans les phrases suivantes ?

a) Les jours se suivent, ils ne se ressemblent pas.
b) Il s'est blessé, on a dû l'hospitaliser d'urgence.
c) La tempête se lève, les bateaux rentrent au port.
d) Je m'inquiète pour toi, tu ne me donnes aucune nouvelle.
e) Son geste lui valut de nombreux ennuis : on le poursuivit, il fut condamné, il connut la prison.

FAIT ☐ REVU ☐

Exercice 24 voir Fiche Savoir 7

Les connecteurs logiques

1. Quelle est la relation logique explicitée par les termes d'articulation contenus dans les phrases suivantes ?

2. Remplacez chaque connecteur par un terme d'articulation équivalent, en transformant la phrase si nécessaire.

a) **Comme** il a beaucoup plu, la saison touristique a été décevante.

b) **D'une part**, les affiches publicitaires favorisent la consommation ; **d'autre part**, elles embellissent les rues.

c) **Certes**, le début est un peu lent, **mais** ce roman est passionnant.

d) Ce joueur a quitté le terrain **parce qu'**il prétend à tort que l'arbitrage était mauvais.

e) La vente des maillots de bain a baissé, **mais** celle des parapluies a augmenté.

f) J'ai adoré les poèmes de ce recueil **si bien que** j'ai emprunté d'autres livres de cet auteur.

FAIT ☐ REVU ☐

Exercice 25 voir Fiche Savoir 7

Les connecteurs logiques

1. Replacez les termes d'articulation suivants dans le texte en respectant le développement logique du raisonnement : mais, par exemple, ainsi, en effet, car, c'est par exemple le cas pour, parce qu', cependant, certes.

2. Rédigez une phrase de conclusion au texte suivant en l'introduisant au moyen d'un terme d'articulation logique.

Victimes de leur succès, de nombreux mots de verlan sont progressivement intégrés dans les dictionnaires, perdant (...) leur caractère marginal. (...) *ripou, meuf, keuf*, et de nombreux autres. (...), cette récupération est bénéfique (...) elle oblige le verlan à une créativité sans cesse renouvelée.
(...), créer un mot de verlan est en théorie une chose facile. (...) en théorie seulement ! (...) dans la pratique, il existe des règles secrètes que seuls connaissent les utilisateurs de cette langue de la rue. (...), personne n'a jamais entendu un jeune évoquer, (...), sa *tomo* pour désigner sa moto !

FAIT ☐ REVU ☐

Exercice 26 voir Fiche Savoir 7

Les connecteurs logiques

1. Relevez les termes d'articulation logique présents dans cet extrait et indiquez quelle relation logique ils explicitent.

2. Reformulez en une phrase la conclusion à laquelle le raisonnement aboutit.

Dire la vérité est utile à celui à qui on la dit, mais désavantageux à ceux qui la disent, parce qu'ils se font haïr. Or, ceux qui vivent avec les princes aiment mieux leurs intérêts que celui du prince qu'ils servent ; et ainsi, ils n'ont garde de* lui procurer un avantage en se nuisant à eux-mêmes.
Ce malheur est sans doute plus grand et plus ordinaire dans les plus grandes fortunes ; mais les moindres n'en sont pas exemptes, parce qu'il y a toujours quelque intérêt à se faire aimer des hommes. Ainsi la vie humaine n'est qu'une illusion perpétuelle ; on ne fait que s'entre-tromper et s'entre-flatter.

Blaise Pascal, *Pensées*, 1669.

* n'ont garde de : ils évitent de.

FAIT ☐ REVU ☐

Exercice 27 voir Fiches Savoir 8 à 13

S'entraîner au Bac (sujet n° 1)
Objet d'étude : Identité et diversité

Texte 1

Parfois, l'on me demande si je ne souhaiterais pas un jour « rentrer chez moi » et quand je réponds que je n'ai plus d'autre chez moi que Paris, on est éberlué. J'essaie d'expliquer : je n'ai vécu dans aucune autre ville aussi longtemps (le record a été battu il y a trois ans déjà) ; je n'ai jamais vécu là où habitent maintenant ma mère et mon père (ce n'est d'ailleurs pas la même ville ni le même pays) ; pendant les neuf ans qu'a duré leur mariage, ils ont déménagé dix-huit fois (c'était l'une des raisons du divorce) ; j'ai quitté mon pays natal il y a quinze ans maintenant, c'est-à-dire la moitié de ma vie... Non. On ne comprend toujours pas. Pour un Européen, il est inconcevable que l'on ne ressente pas, loin de chez soi, le « mal du pays » et, *a fortiori*, que l'on n'ait pas de pays pour lequel le ressentir. J'envie parfois leur attachement à leur province ou à leur patrie ; j'envie aussi les « vrais » exilés, ceux qui disent aimer passionnément leur pays d'origine sans pouvoir pour des raisons politiques ou économiques y vivre ; dans ces moments, mon exil à moi réel me semble superficiel, capricieux, individualiste..., mais il n'en est pas moins réel, et de plus en plus réel à mesure que le temps passe. (...)

Quand, après un an ou deux d'absence, je descends de l'avion à Montréal, à Boston ou à New York, il y a toujours une mince épaisseur d'étrangeté au tout début : je perçois mon propre pays comme un pays étranger - ou plutôt, j'éprouve la sensation troublante, comme dans un rêve, que tout m'y est absolument familier et en même légèrement « déplacé ». Cette sensation dure très peu de temps, quelques jours tout au plus. Elle est remplacée par l'étouffement. Je commence à « faire corps », comme tu le dis si bien, avec cette langue maternelle, et avec cette mère patrie.

Nancy Huston, *Lettres parisiennes, histoires d'exil*, Éditions Barrault, 1986.

Texte 2

C'est un vieil homme debout à l'arrière d'un bateau. Il serre dans ses bras une valise légère et un nouveau-né, plus léger encore que la valise. Le vieil homme se nomme Monsieur Linh. Il est seul à savoir qu'il s'appelle ainsi car tous ceux qui le savaient sont morts autour de lui.

Debout à la poupe du bateau, il voit s'éloigner son pays, celui de ses ancêtres et de ses morts, tandis que dans ses bras l'enfant dort. Le pays s'éloigne, devient infiniment petit, et Monsieur Linh le regarde disparaître à l'horizon, pendant des heures, malgré le vent qui souffle et le chahute comme une marionnette.

Le voyage dure longtemps. Des jours et des jours. Et tout ce temps, le vieil homme le passe à l'arrière du bateau, les yeux dans le sillage blanc qui finit par s'unir au ciel, à fouiller le lointain pour y chercher encore les rivages anéantis.

• • •

• • •

Quand on veut le faire entrer dans sa cabine, il se laisse guider sans rien dire, mais on le retrouve un peu plus tard, sur le pont arrière, une main tenant le bastingage, l'autre serrant l'enfant, la petite valise de cuir bouilli posée à ses pieds.

Une sangle entoure la valise afin qu'elle ne puisse pas s'ouvrir, comme si à l'intérieur se trouvaient des biens précieux. En vérité, elle ne contient que des vêtements usagés, une photographie que la lumière du soleil a presque entièrement effacée, et un sac de toile dans lequel le vieil homme a glissé une poignée de terre. C'est là tout ce qu'il a pu emporter.

Philippe Claudel, *La Petite Fille de Monsieur Linh*, Éditions Stock, 2005.

Évaluation des compétences de lecture (10 points)

Présentation du corpus

Question 1 : Présentez le corpus en trois à six lignes en montrant son unité et ses différences. (3 points)

Analyse et interprétation

Question 2 : Comment l'auteur du texte 1 ressent-elle son exil ? En ressent-elle une souffrance ? (3 points)

Question 3 : Quels indices permettent de dire que le départ du vieil homme du texte 2 est définitif ? Vous vous appuierez sur la construction du récit et le lexique employé. (4 points)

Évaluation des compétences d'écriture (10 points)

Selon vous, dans quelle mesure l'identité d'une personne est-elle liée à son pays d'origine ?

Vous répondrez à cette question dans un développement argumenté d'une quarantaine de lignes en vous appuyant sur les textes du corpus, sur vos lectures de l'année et sur vos connaissances personnelles.

Exercice 28 voir Fiches Savoir 8 à 13

S'entraîner au Bac (sujet n° 2)
Objet d'étude : Au XXe siècle, l'homme et son rapport au monde à travers la littérature et les autres arts

Texte 1

Sur mes cahiers d'écolier
Sur mon pupitre et les arbres
Sur le sable sur la neige
J'écris ton nom

Sur toutes les pages lues
Sur toutes les pages blanches
Pierre sang papier ou cendre
J'écris ton nom

Sur les images dorées
Sur les armes des guerriers
Sur la couronne des rois
J'écris ton nom

Sur la jungle et le désert
Sur les nids sur les genêts
Sur l'écho de mon enfance
J'écris ton nom (...)

Sur mes refuges détruits
Sur mes phares écroulés
Sur les murs de mon ennui
J'écris ton nom

Sur l'absence sans désirs
Sur la solitude nue
Sur les marches de la mort
J'écris ton nom

Sur la santé revenue
Sur le risque disparu
Sur l'espoir sans souvenir
J'écris ton nom

Et par le pouvoir d'un mot
Je recommence ma vie
Je suis né pour te connaître
Pour te nommer
Liberté

Paul Éluard, *Poésie et Vérité*, Éditions Gallimard, 1942.

Texte 2

La veille au soir j'avais soufflé mes quinze bougies. Bientôt on fêterait un autre anniversaire, celui de la victoire de 1945. Le proviseur, qui avait décidé de projeter aux élèves un documentaire, nous avait réunis dans l'obscurité d'une salle de classe face à un drap tendu sur le tableau noir. Je m'étais retrouvé assis à côté du capitaine de l'équipe de football, un garçon râblé, chahuteur, aux cheveux taillés en brosse, qui ne m'avait jamais adressé la parole.
La projection commença : pour la première fois je vis les montagnes. Ces terribles montagnes dont je n'avais lu que des descriptions. Les bobines tournaient, dévidant leur pellicule, on n'entendait que le ronronnement du projecteur. Des terrils[1] de chaussures, de vêtements, des pyramides de cheveux et de membres. Ni figurants, ni décors, contrairement à ce film que ma mère et moi avions regardé en silence. Je serais bien allé m'enfermer pour échapper à ces images. L'une d'entre elles m'a rivé à mon siège : celle d'une femme qu'un soldat en uniforme tirait par un pied pour la précipiter dans une fosse déjà comble. Ce corps désarticulé avait été une femme. Une femme qui avait couru les magasins, contemplé dans un miroir la ligne élégante de sa nouvelle robe, une femme qui avait remis en place une mèche échappée de son chignon : elle n'était plus que cette poupée disloquée, traînée comme un sac et dont le dos rebondissait sur les cailloux d'un sentier.

Philipe Grimbert, *Un Secret*, Éditions Grasset & Fasquelle, 2004.

1. Terrils : mont de déchets à proximité d'une mine.

Document iconographique

Affiche publiée pour les 50 ans d'Amnesty International,
Janus Kortermann Jauch, février 2012.

Évaluation des compétences de lecture (10 points)

Présentation du corpus

Question 1 : Présentez le corpus en trois à six lignes, en montrant le thème commun qui unit les documents. **(3 points)**

Analyse et interprétation

Question 2 : En vous appuyant sur une étude précise des textes (lexique, figures de styles...), montrez que les auteurs mettent leur écriture au service d'une cause à défendre. **(4 points)**

Question 3 : De quel texte pourriez-vous rapprocher le document 3 ? Justifiez votre réponse. **(3 points)**

Évaluation des compétences d'écriture (10 points)

Selon vous, est-il nécessaire que les arts témoignent de l'Histoire ? Ou bien existe-t-il des moyens plus efficaces pour cela ?
Vous répondrez dans un texte argumenté d'une quarantaine de lignes en vous appuyant sur les documents du corpus et vos connaissances.

Exercice 1

Les objets d'étude au programme : vérifier ses connaissances

1. c) ; **2. a)** ; **3. a)** ; **4. a) c)** et **d)** ; **5. c)** et **d)** ; **6. b)** ; **7. b)** ; **8. a)** ; **9. b)** ; **10. c)** ; **11. c)** ; **12. c)** ; **13. c)** ; **14. b)** ; **15. a)** ; **16. b)** ; **17. b)** ; **18. a)** et **d)** ; **19. c)** ; **20. a)**

Exercice 2

Les genres littéraires

1. Le texte est un poème parce que : il est écrit en vers (12 vers de huit syllabes, des octosyllabes) ; il se compose de trois strophes de quatre vers (des quatrains) ; il possède des rimes croisées (ABAB).

2. Le poète veut émouvoir son lecteur en lui racontant une petite histoire, celle d'une jeune fille dont il est tombé amoureux mais qu'il n'a pas voulu retenir, se sentant trop vieux. Il s'agit d'un poème lyrique qui exprime les sentiments personnels de l'auteur, ici, la mélancolie (première personne du singulier, exclamations, antithèses entre la beauté de la jeune fille et la morosité du poète.

Exercice 3

Les genres littéraires

1. La tirade d'Harpagon devient franchement comique à partir des lignes 9-10 : l'avare se prend lui-même le bras par dépit, comme si cela pouvait lui rendre son argent. Dès lors, il ne cesse de chercher un coupable coûte que coûte, tout en s'adressant au cher argent disparu. Le public ne peut compatir au malheur de cet homme qui fait de l'argent une idée fixe.

2. L'œuvre de Molière exploite les moyens les plus divers pour déclencher le rire. Ainsi, cet extrait de *L'Avare* utilise le comique de situation en plaçant Harpagon seul sur scène, « sans chapeau » et essoufflé, face aux spectateurs heureux de le voir puni de son avarice. Dès les premières phrases, le rire est ensuite causé par les exagérations qui caractérisent le discours du vieil avare : il n'est pas seulement volé, il est « assassiné » ! Dans cette tirade, Molière utilise à la fois le comique de mots (« C'en est fait, je n'en puis plus, je me meurs, je suis mort, je suis enterré ! »), le comique de geste (« Il se prend lui-même le bras. ») et le comique de caractère : Harpagon est un être caricatural, dont le défaut est grossi au point de lui ôter une partie de son humanité.

Exercice 4

Les genres littéraires

1. Cosette, l'une des héroïnes des Misérables, est le personnage central de cet extrait. Elle apparaît ici comme une petite fille exploitée, esclave de la « gargote Thénardier », l'auberge appartenant à ceux qui l'ont adoptée.

2. Pour souligner la vie misérable de la petite fille, Victor Hugo utilise une énumération (« montait, descendait, lavait, etc. »), des métaphores (« un maître venimeux ») et des comparaisons (« quelque chose comme la mouche servante des araignées »).

Exercice 5

Les genres littéraires

1. Le destinataire du tract est constitué par l'ensemble de ceux qui mangent de la viande de veau. Son émetteur est probablement une association de consommateurs ou de défenseurs de la cause animale.

2. L'émetteur s'implique fortement au moyen du pronom personnel « nous », qui associe celui qui s'exprime au destinataire du message. Il utilise aussi le vocabulaire affectif (« affaibli », « anémié », « délivré... par la mort »). Il emploie enfin le mode impératif pour montrer son engagement (« n'achetez pas de veau »).

3. Le slogan en lettres majuscules, l'utilisation du gras sont autant de procédés de mise en page qui mettent en valeur le message de ce tract.

Exercice 6

Les principales figures de style

Les parallélismes (associés à la structure anaphoriques « les uns... les autres ») créent un effet de symétrie entre les différents groupes de personnages évoqués. La dernière phrase (qui utilise en plus le chiasme) répète à trois reprises, sous des formes différentes, les verbes « parler » et « mourir », créant ainsi un effet comique.

Exercice 7

Les principales figures de style

a) L'anaphore s'apparente ici à un cri, de haine en l'occurrence. L'émetteur renie sa ville qui a tué son amant. La répétition de ce nom sonne aussi comme une provocation, un défi lancé à Rome par une de ses enfants.

b) L'anaphore évoque l'amour du poète pour celle qu'il aime, comme une idée fixe qui l'obsède.

c) L'anaphore se double d'une personnification de la ville de Paris en martyr. La répétition est destinée à accentuer l'impression tragique rendue par le contraste entre ce nom de ville aux connotations glorieuses et la misère du tableau dressé ici. Cette répétition lancinante insiste sur les souffrances endurées par la capitale de la France pendant la Seconde Guerre mondiale.

Exercice 8

Les principales figures de style

a) « Va cours, vole et me venge. » : gradation d'intensité croissante. La phrase insiste sur l'urgence d'agir.

b) « Un souffle, une ombre, un rien, tout lui donnait la fièvre. » : gradation d'intensité décroissante. Le vers souligne la peur du personnage.

c) « Pierre marchait au milieu des gens, plus perdu, plus séparé d'eux, plus isolé, plus noyé, dans sa pensée torturante, que si on l'avait jeté à la mer du pont d'un navire. » : gradation d'intensité croissante. L'accumulation isole le personnage au sein de la foule.

d) « Ah ! Oh ! Je suis blessé, je suis troué, je suis perforé, je suis administré, je suis enterré. » : gradation d'intensité croissante. Ubu pastiche l'avare de Molière à travers cette gradation loufoque (« administré »).

Exercice 9

Les principales figures de style

a) « Je suis mort de rire » : hyperbole. Effet d'amplification.

b) « Elle est maigre comme un clou » : hyperbole. Effet d'amplification.

c) « Le courage n'est pas son fort » : euphémisme. Effet d'atténuation.

d) « Ils ont tout soldé à un prix hallucinant » : hyperbole. Effet d'amplification.

e) « Il est devenu fou de rage » : hyperbole. Effet d'amplification.

f) « Il a recommencé mille fois avant de réussir » : hyperbole. Effet d'amplification.

g) « Il est mort des suites d'une longue et douloureuse maladie » : euphémisme. Effet d'atténuation.

h) « Il n'a pas inventé l'eau tiède » : litote. Effet d'atténuation qui sert à amplifier.

Exercice 10

Les principales figures de style

1. « Une meute d'ennemis acharnés ».

2. L'effet produit s'appuie sur le contraste entre le portrait du personnage qui ouvre l'extrait et le jugement des autres, en opposition avec la réalité.

Exercice 11

Les principales figures de style

a) « Il est bien temps que je désemplisse le monde » : euphémisme pour atténuer l'annonce de la mort.

b) « Dormir… enfin ! Je vais dormir » : euphémisme (et presque litote) pour exprimer le désir de mort.

c) « Le temps s'en va », « nous nous en allons » : euphémismes pour exprimer l'arrivée inexorable de la mort. La dernière périphrase, « Et tôt serons étendus sous la lame », relève moins de l'euphémisme que de l'image macabre du travail de la « faucheuse ».

Exercice 12

Les principales figures de style

a) vieillard = troisième âge, quatrième âge

b) pays sous-développé = pays en voie de développement

c) cancer = longue et douloureuse maladie

d) aveugle = malvoyant, non-voyant

e) sourd = malentendant

Exercice 13

Les principales figures de style

a) « Fantaisie militaire » : juxtaposition de deux idées contradictoires : d'un côté l'originalité, voire l'extravagance du mot « fantaisie » et de l'autre la rigueur, voire la rigidité du mot « militaire ».

b) « Leur soleil nous fait de l'ombre » : image contradictoire d'un soleil qui n'apporte pas la joie ou la gaîté mais qui, au contraire, apporte le remords et la mauvaise conscience en l'occurrence.

c) « Douce violence » : oxymore classique qui associe deux mots de sens opposé pour suggérer l'idée ambiguë d'une « violence » maîtrisée et féconde.

d) « Nous parlons en silence d'une jeunesse vieille » : double oxymore qui associe d'une part la parole au silence et d'autre part la jeunesse à la vieillesse. Cette « jeunesse vieille » évoque la distance, maintenant très grande, qui sépare les locuteurs de leurs années de jeunesse, aujourd'hui très ancienne.

Exercice 14

Les principales figures de style

a) « Je suis rouge comme un bœuf écorché. » Comparé : « je ». Comparant : « un bœuf écorché ». Outil : « comme ». Élément de sens commun : la couleur (du sang).

b) « Les éclairs fusaient de la terre comme des jets d'eau. » Comparé : « les éclairs ». Comparant : « les jets d'eau ». Outil : « comme ». Élément de sens commun : le jaillissement, la manifestation soudaine du phénomène.

c) « Le ciel n'est pas plus pur que le fond de mon cœur. » Comparé : « le ciel ». Comparant « mon cœur ». Outil : expression comparative « pas plus que ». Élément de sens commun : la pureté (du ciel et des sentiments).

d) « Mon verre s'est brisé comme un éclat de rire. » Comparé : « Mon verre ». Comparant : « un éclat de rire ». Outil : « comme ». Élément de sens commun : la soudaineté, l'explosion.

Exercice 15

Les principales figures de style

1. « L'or du soir qui tombe » représente métaphoriquement le crépuscule (sa couleur dorée par une journée ensoleillée) qui envahit le ciel.

2. Cette vision compare le soleil couchant à de l'or, avec, pour points communs entre le comparant (l'or) et le comparé (le soleil couchant), la beauté, la couleur ou encore la valeur.

Exercice 16

Les principales figures de style

Le personnage évoqué dans la périphrase de la fable de la Fontaine est le chêne, symbole de puissance quasi divine comparé à la fragilité du roseau.

Exercice 17

Les principales figures de style

a) Tes résultats sont vraiment mauvais.

b) Arrête tes bêtises et reviens dans le droit chemin.

c) J'ai eu 5 en maths, c'est une catastrophe, mon père ne va pas être content.

Exercice 18

Les discours rapportés

a) Stendhal :
Verbe d'énonciation : « cria » ; « cria... à tue-tête ».
Ponctuation : deux points ; guillemets ; points d'exclamation et de suspension.
Marques personnelles : « vous ».
Marques verbales : « voyez ».

b) Céline :
Verbe d'énonciation : « arriva tout de même à sortir de sa bouche quelque chose d'articulé » ; « qu'il dit tout d'un trait ».
Ponctuation : deux points.
Marques personnelles : « mon colonel ».
Marques verbales : *aucune.*

Exercice 19

Les discours rapportés

1. Les marques du dialogue sont les guillemets et les tirets. Les interlocuteurs sont Jean-Louis et Josette, qui visitent un musée.

2. Le passage avec les verbes de parole :
« On aurait dû prendre un guide, Jean-Louis, *dit Josette.*
– Un guide ? Pour quoi faire ? *répliqua Jean-Louis.*
– Pour expliquer, je comprends rien, *essaya d'expliquer Josette.*
– Y a pas à comprendre, Josette, y a à ressentir, *dit Jean-Louis en s'énervant.*
– Je ressens pas, ça fait une heure que je ressens pas, c'est long, *maugréa-t-elle.*
– Parce que tu crois qu'un guide ça ressent ? *se moqua-t-il.*
– Ça raconte, ça apprend au moins, *reprit Josette.*
– Apprendre sans ressentir, merci bien, et pour vingt euros en plus ! Excuse-moi, mais c'est de l'arnaque. »

Exercice 20

Les discours rapportés

À Jacques qui demandait où allaient ces bateaux, le marin répondit que cela dépendait duquel il parlait. Quand Jacques précisa de quel bateau il parlait, l'autre répondit à Madagascar. Comme le jeune homme s'exclamait qu'on allait donc le voir partir, le marin lui apprit qu'il ne partait que le jeudi suivant et que s'il voulait assister à un départ, il lui faudrait revenir dans la soirée quand le *La Fayette* s'en irait pour Tunis.

Exercice 21

Les discours rapportés

Certaines phrases relèvent nettement de pensées rapportées parce qu'elles comportent des marques d'émotion où des marques du style direct comme l'interrogation : « Il aurait terriblement voulu qu'elle le bût. » (l. 1-2) ; « Mais il ne le lui aurait dit pour rien au monde » (l. 2-3) ; « Il n'était plus sûr de rien » (l. 4-5) ; « S'il y avait eu maldonne ? C'était trop atroce à penser. Il l'aimait, voyons, il l'aimait. »
L'entremêlement des différents niveaux de narration peut signifier une proximité entre le narrateur et le personnage. Il favorise aussi l'implication du lecteur.

Exercice 22

Les discours rapportés

Elle raconta tout de suite son histoire, pour se poser :
« Je suis mariée, maintenant, j'ai épousé au printemps un ancien ouvrier ébéniste qui sortait du service et qui sollicitait une place de sergent de ville, parce qu'une place, c'est plus sûr et plus comme il faut. »

Exercice 23

Les connecteurs logiques

a) Les jours se suivent, ils ne se ressemblent pas (opposition).

b) Il s'est blessé, on a dû l'hospitaliser d'urgence (cause/conséquence).

c) La tempête se lève, les bateaux rentrent au port (cause/conséquence).

d) Je m'inquiète pour toi, tu ne me donnes aucune nouvelle (conséquence/cause).

e) Son geste lui valut de nombreux ennuis : on le poursuivit, il fut condamné, il connut la prison (explication).

Exercice 24

Les connecteurs logiques

1. La relation logique indiquée par les connecteurs :

a) Cause

b) Addition

c) Concession

d) Cause

e) Opposition

f) Conséquence

2. La relation logique formulée par un autre connecteur :

a) **C'est parce qu'**il a beaucoup plu **que** la saison touristique a été décevante.

b) **D'un côté**, les affiches publicitaires favorisent la consommation ; **de l'autre**, elles embellissent les rues.

c) **Il est vrai que** le début est un peu lent, **toutefois** ce roman est passionnant.

d) Ce joueur a quitté le terrain **sous prétexte que** l'arbitrage était mauvais.

FRANÇAIS

e) La vente des maillots de bain a baissé. **Cependant** celle des parapluies a augmenté.

f) J'ai **tellement** adoré les poèmes de ce recueil **que** j'ai emprunté d'autres livres de cet auteur.

Exercice 25

Les connecteurs logiques

Victimes de leur succès, de nombreux mots de verlan sont progressivement intégrés dans les dictionnaires, perdant **ainsi** leur caractère marginal. **C'est le cas de** *ripou, meuf, keuf*, et de nombreux autres. **Toutefois** cette récupération est bénéfique **car** elle oblige le verlan à une créativité sans cesse renouvelée.

Ainsi, créer un mot de verlan est en théorie une chose facile. **Mais** en théorie seulement ! **Car** dans la pratique, il existe des règles secrètes que seuls connaissent les utilisateurs de cette langue de la rue. **En effet**, personne n'a jamais entendu un jeune évoquer, **par exemple**, sa *tomo* pour désigner sa moto !

Exercice 26

Les connecteurs logiques

1. Les termes d'articulation logique : **mais** (opposition) ; **parce qu'** (cause) ; **Or** (opposition) ; **et ainsi** (addition + conséquence) ; **sans doute** (concession) ; **mais** (opposition) ; **parce que** ; **Ainsi** (conséquence).

2. Les relations entre les hommes sont trompeuses car ils sont hypocrites.

Exercice 27

S'entraîner au Bac (sujet n° 1)

Compétences de lecture

1. Le corpus est constitué de deux textes évoquant le thème de l'exil. La lettre de Nancy Huston affirme que sa ville d'adoption, Paris, est sa vraie patrie. L'extrait de roman de Philippe Claudel montre un vieil homme quittant son pays pour toujours. Deux émigrés aux destins différents.

2. Nancy Huston ne souffre pas de son exil, bien au contraire. Elle voit dans la France, son pays d'adoption, sa véritable patrie : « je n'ai plus d'autre chez moi que Paris ». Elle explique avoir eu l'habitude des déménagements depuis l'enfance et se sentir en pays étranger lorsqu'elle rentre dans son pays natal, les États-Unis.

3. On peut dire que l'exil du vieil homme semble définitif car le personnage est seul, avec un bébé et une valise, et regarde son pays s'éloigner « pendant des heures », voire « des jours ». On ressent sa détresse qui s'amplifie au fur et à mesure du récit. Chaque paragraphe l'éloigne de son pays. La dernière phrase du texte, dans laquelle le narrateur omniscient affirme que le maigre contenu de la valise « est là tout ce qu'il a à emporter » confirme ce sentiment.

Compétences d'écriture

Exemple de réponse rédigée :

L'éducation, les amis, l'école, le quartier… Nous construisons chacun notre identité à mesure que nous découvrons et apprenons de ceux qui nous entourent. L'identité change et évolue au fil du temps et des rencontres. Mais dans quelle mesure peut-on affirmer qu'elle est liée à notre pays d'origine ? C'est à cette question que nous allons essayer de répondre en nous demandant d'abord quelle est l'influence du pays dans lequel nous vivons sur notre identité, avant de voir dans quelle mesure un changement de pays peut transformer l'identité d'un individu.

Chaque nation a ses coutumes, ses lois, son histoire et une identité qui lui est propre. Chaque individu se reconnaît dans une langue, un drapeau, un hymne, une équipe de football… L'environnement dans lequel nous grandissons est ce qui fonde notre identité, du moins en partie. C'est ce qui nous rend proche de notre voisin et nous permet de le reconnaître même si nous ne l'avons jamais croisé auparavant. On le voit dans le corpus : ce qui brise le cœur de Monsieur Linh, le héros du roman de Claudel, c'est cette certitude qu'il a d'abandonner tout ce qui lui est cher. Une partie de son identité est brisée, anéantie par l'exil. Peut-être ne sera-t-il jamais plus lui-même… Nous sommes en effet tous attachés au pays qui nous a vus naître et grandir et dont nous sommes, en quelque sorte, les enfants.

Qu'en est-il réellement de l'identité de celui qui quitte la terre qui l'a bercé ? On voit dans le texte A que lorsque l'exil est choisi, comme pour Nancy Huston, il ne fait que participer à l'évolution de l'identité de celui qui fait ce choix. La romancière américaine aime la France et n'a « plus d'autre chez moi », comme elle l'affirme. La France est devenue son pays et participe à part entière à la construction de son identité. Cependant, le changement peut être difficile. C'est cette

histoire de migration forcée que raconte Azouz Begag dans son roman de filiation intitulé *Le Gone du Chaâba*. On les découvre, lui et toute sa famille, faire l'apprentissage d'un pays qui n'est pas le sien. Ensemble, ils doivent tant bien que mal tout réapprendre, tout changer, ce qui est très difficile : une nouvelle langue, des nouvelles manières de vivre, de se comporter... de devenir des « Gaulois » !
L'identité est donc, nous l'avons vu, fortement liée à notre pays d'origine, peut-être même au pays d'origine de nos ancêtres, également, même si c'est là un autre débat. Je pense personnellement que chacun réagit de manière différente à l'exil, seul moment où cette appartenance à un pays se fait sentir de manière cruelle. Peut-être l'identité devient-elle alors double, voire triple pour ceux qui bougent sans cesse... Notre identité change à chaque instant, à chaque fois que nous vivons un événement qui nous « touche », et donc nous transforme.

Exercice 28

S'entraîner au Bac (sujet n° 2)

Compétences de lecture

1. Le corpus est constitué de deux textes et une image évoquant le thème de l'enfermement. Le poème de Paul Éluard a été écrit pendant la guerre, comme un hymne à la liberté. L'extrait de roman de Philippe Grimbert raconte comment, enfant, le narrateur découvre l'horreur des camps d'extermination nazis. Enfin, le document iconographique est une affiche publiée par l'ONG Amnesty international appelant à libérer tous les prisonniers.

2. Chacun à leur manière, les deux écrivains exaltent la notion de liberté et les valeurs qui lui sont liées. Paul Éluard choisit la poésie - on dirait presque une chanson - à travers « Liberté ». La répétition au début de chaque vers du connecteur spatial « sur », et l'anaphore à la fin de chaque strophe avec l'anaphore de la proposition « J'écris ton nom » prennent tout leur sens au dernier vers du poème. De la même manière, Philippe Grimbert raconte comment, à quinze ans, il fait la découverte des camps de concentration au cinéma. Il est « rivé à son siège », comme s'il était prisonnier lui aussi des camps. Les êtres qu'il décrit sont comme réduits à l'état d'objets : « corps désarticulé », « pyramides de cheveux et de membres », « poupée disloquée ». Dans les deux textes, la liberté apparaît comme la valeur la plus importante et la moins respectée.

3. On pourrait rapprocher l'image des deux textes, car elle porte sur le même thème : la liberté. Elle est plus proche encore du texte 2 car le barbelé qui traverse l'image en diagonale évoque avec force les camps de concentration de la Seconde Guerre mondiale. La main rouge qui fait le V de la victoire semble sur le point de couper cette barrière qui retient encore aujourd'hui des prisonniers dans le monde. Elle symbolise à la fois la volonté de se battre et l'impuissance à vaincre, à trancher définitivement tous les barbelés de la Terre.

Compétences d'écriture

Exemple de réponse rédigée :

Connaître le passé permet de mieux comprendre le présent et de préparer l'avenir. L'Histoire et la connaissance du passé sont donc nécessaires. Mais comment transmettre la foule d'événements qui constituent l'Histoire aux générations futures ? Nous verrons dans un premier temps que la documentation et l'étude scientifique sont indispensables pour transmettre les connaissances du passé. Puis, dans un second temps, nous nous demanderons en quoi les œuvres d'art peuvent participer à l'entretien de notre mémoire collective.
La connaissance du passé passe d'abord par l'étude de l'Histoire. Des empires de l'Antiquité aux attentats qui marquent le monde contemporain, des événements terribles ont jalonné l'Histoire des hommes. C'est pourquoi, depuis l'école maternelle jusqu'à l'université, les programmes scolaires gardent une place pour l'Histoire, ses guerres, ses changements de civilisations, ses génocides parfois... Les livres d'Histoire retracent ce passé d'une manière rigoureuse et scientifique, en s'appuyant sur les documents et les témoignages. Le texte 2 du corpus nous montre ainsi un jeune adolescent découvrant le film d'Alain Resnais, *Nuit et Brouillard*, qui retrace avec émotion la tragédie des camps d'extermination nazis. C'est seulement en connaissant les erreurs de leurs parents que les nouvelles générations pourront ne pas les reproduire...
De même, les documentaires qui passent à la télévision, comme le soir sur la chaîne Arte, renseignent avec objectivité ceux qui sont curieux de connaître le destin des civilisations disparues, comme celle des Romains ou de l'île de Pâques. Cependant, l'enseignement de l'Histoire est-il suffisant pour prendre pleinement conscience des leçons à tirer des erreurs passées ? Nous

avons étudié en classe le tableau que Pablo Picasso a imaginé pendant la guerre d'Espagne, *Guernica*. Lorsqu'on connaît les origines de ce tableau, on est touché par ce qu'il représente, des « corps disloqués », qui annoncent ceux du texte 1 du corpus. Les artistes montrent dans leurs œuvres ce qu'ils ressentent devant les événements de l'Histoire, « face sa grande Hache » (Georges Perec). Le poème d'Éluard, « Liberté », rappelle à chacun que la liberté est une valeur essentielle pour laquelle il faut lutter, à chaque époque. Les artistes s'engagent dans leur temps et dénoncent mieux que les livres, les horreurs auxquelles ils assistent. Ce n'est hélas pas suffisant : Charlie Chaplin n'a pas empêché Hitler de régner en maître sur l'Europe, malgré son film *Le Dictateur* (1940). Mais la fréquentation des musées et la lecture des romans nous font réfléchir d'une autre manière sur le ressenti d'une époque.

En définitive, l'Histoire et les arts sont complémentaires. L'Histoire recherche l'objectivité et l'art joue avec les sentiments. Mais la leçon à en tirer est la même : sans connaître le passé, nous ne comprenons pas le présent et répétons toujours les mêmes erreurs. Je pense personnellement que l'enseignement de l'Histoire est fondamental, mais que les films, les livres, les tableaux ou même les chansons peuvent aussi nous aider à comprendre l'essentiel du passé.

Savoir 1

Les États-Unis et le monde (1917-1989) – Question obligatoire

LU ☐
SU ☐
REVU ☐

1 Un acteur majeur des relations internationales

a) L'engagement dans la Première Guerre mondiale. En 1917, l'entrée en guerre des États-Unis est annoncée comme une «croisade» pour la liberté et la démocratie. Le président Wilson est l'un des acteurs des traités de paix mettant fin au conflit.

b) La victoire sur l'Allemagne et le Japon. Après l'attaque japonaise sur Pearl Harbor en 1941, les États-Unis interviennent dans la Seconde Guerre mondiale. En 1945, ils jouent un rôle décisif dans l'élaboration de l'ordre du monde.

c) Le face-à-face avec l'URSS. À partir de 1947, les États-Unis et l'URSS s'opposent indirectement dans la guerre froide. Chacun s'entoure d'alliés ; le bloc capitaliste fait face au bloc communiste. L'équilibre de la terreur nucléaire rejette les crises en périphérie (Berlin, Cuba, guerre du Vietnam).
Des accords de désarmement, la chute du mur de Berlin (novembre 1989) et la disparition de l'URSS (décembre 1991), mettent fin à la division du monde en deux blocs.

2 Un rôle moteur dans l'économie mondiale

a) Le modèle du capitalisme libéral. L'économie américaine repose sur la libre entreprise. L'État intervient peu. Le culte de la réussite fait partie des valeurs de la société américaine.

b) Une influence économique et financière mondiale. Les multinationales américaines s'étendent dans le monde entier. Le dollar sert de monnaie internationale de référence.

c) Le modèle de la société de consommation. Les produits américains (jeans, Coca-Cola...) sont répandus partout dans le monde. Leur domination dans le cinéma et les télécommunications permet aux États-Unis de diffuser leur mode de vie et leurs valeurs.

3 Une «République impériale»

a) La plus ancienne constitution du monde. Votée en 1787, elle institue la démocratie libérale. Elle repose sur un pouvoir présidentiel fort et la séparation des pouvoirs. La vie politique est dominée par le bipartisme (parti républicain et parti démocrate).

b) Les limites du modèle. L'action politique est influencée par les groupes de pression ou lobbies. L'abstentionnisme est important. Les inégalités sociales et raciales demeurent fortes. Le modèle américain est remis en cause aux États-Unis et à l'étranger.

c) La tentation hégémonique. Les États-Unis interviennent dans le monde financièrement ou par la force pour sauvegarder leurs intérêts (soutien aux dictatures, renversement du socialiste Salvador Allende au Chili en 1973...).

Notions
Capitalisme ◆ Démocratie libérale ◆ Guerre froide ◆ Guerres mondiales ◆ Puissance

Savoir

1

Les États-Unis et le monde (1917-1989) – Situations

LU ☐
SU ☐
REVU ☐

1 Les 14 points de Wilson

1. Des propositions pour la paix à venir

a) La Première Guerre mondiale n'est pas terminée mais dès janvier 1918, le président américain Wilson définit des objectifs pour la paix future. Son discours va servir de base à l'élaboration des traités de paix.

b) Wilson insiste sur le respect de la liberté et de la démocratie. Il prévoit la libération des territoires occupés comme la Belgique, les territoires russes... Il est favorable au « droit des peuples à disposer d'eux-mêmes » et propose des modifications de frontières dans le respect des revendications nationales. Les intérêts des populations colonisées devront être pris en compte à égalité avec ceux des pays colonisateurs, mais la colonisation n'est pas remise en cause.

2. Un nouveau type de relations internationales

a) Le président américain propose la fin de la diplomatie secrète. La réduction des armements doit être recherchée. Wilson suggère la formation d'une Société des Nations (SDN) garantissant l'indépendance politique et territoriale à tous les États.

b) Dans le domaine économique, Wilson propose la levée des barrières protectionnistes et la libre circulation sur les mers.

c) Les 14 points ont servi de base de discussion, mais en 1920 les États-Unis rejettent le traité mettant fin à la guerre, et de ce fait, ne font pas partie de la Société des Nations.

2 Le plan Marshall et le début de la guerre froide

1. Les objectifs du plan

a) Le plan s'inscrit dans la logique de l'endiguement. Les États-Unis s'inquiètent de la puissance de l'URSS au lendemain de la guerre. L'Armée rouge occupe alors la moitié de l'Europe.

b) Le 5 juin 1947 le général Marshall, secrétaire d'État américain, propose à l'Europe un plan de reconstruction qui a pour buts essentiels de reconstruire l'économie européenne ruinée par la guerre, de résorber la surproduction américaine et d'empêcher la progression du communisme.

2. Les mécanismes et conséquences du plan Marshall

a) Le plan, étalé sur quatre ans, consiste en 13 milliards de dollars de prêts et de dons en argent ou en nature.

b) L'aide à la reconstruction économique et financière est effective dans la majorité des pays bénéficiaires ; le plan favorise aussi les exportations américaines.

c) Mais il coupe l'Europe en deux. Le plan est accepté par 16 pays d'Europe occidentale. Il est refusé par les pays d'Europe de l'Est et par l'Union soviétique, mais accepté par la Yougoslavie. L'entrée dans la guerre froide est accélérée.

S'entraîner au Bac
Exercices 1-2-3 : p. 175

Savoir 2

L'idée d'Europe au XXe siècle Question obligatoire

LU ☐
SU ☐
REVU ☐

1 Des projets anciens relancés par les guerres mondiales

a) Des valeurs identiques. Malgré les divisions qui durent depuis des siècles, des projets d'union ont été élaborés. Au XIXe siècle, Victor Hugo imagine des « États-Unis d'Europe ».

b) Des guerres civiles européennes. Les désastres des guerres mondiales relancent l'idée d'union européenne. En 1930, face à la crise économique, aux nationalismes, à la montée du nazisme, Aristide Briand propose une fédération européenne ; le projet est refusé par la Société des Nations. Le 19 septembre 1946, Winston Churchill invite les pays européens à s'unir et parle même d'États-Unis d'Europe.

2 Les étapes de la construction européenne

a) Les conséquences du plan Marshall. Les pays ayant accepté l'aide américaine se regroupent dans l'Organisation européenne de coopération économique (OECE).

b) Le Conseil de l'Europe (1949). Comme la Cour européenne des droits de l'Homme (1950), il a pour objectif « la protection des droits de l'Homme et des libertés fondamentales ».

c) La Communauté européenne du charbon et de l'acier (CECA). Instituée en 1951, elle contrôle la production de charbon et d'acier des six pays membres. Elle marque une étape essentielle dans la construction européenne et dispose de pouvoirs supranationaux.

d) Les traités de Rome (1957) créent la Communauté économique européenne (CEE), dont les objectifs sont l'union économique et douanière (marché commun), la sauvegarde de la paix et de la liberté, le progrès social. Ils créent aussi la Communauté européenne de l'énergie atomique (CEEA ou Euratom), qui a pour but d'associer la recherche et l'industrie nucléaire civile.

3 L'élargissement de l'Union européenne

a) La naissance de l'Union européenne. En 1992, le traité de Maastricht approfondit la CEE et la remplace par l'Union européenne (UE) qui met en place une citoyenneté européenne, une politique extérieure et de sécurité commune (PESC) et une monnaie commune.

b) Des membres toujours plus nombreux. La disparition des blocs de la guerre froide a accéléré l'élargissement de l'UE. Depuis 2013, celle-ci compte 28 États membres.

c) Supranationalité et fédéralisme. Les deux conceptions s'opposent. L'UE est un organisme supranational, mais elle n'est pas une fédération, elle ne constitue pas un État. Ainsi, les accords de Schengen (1995) qui supprimaient les contrôles aux frontières intérieures de l'UE peuvent être remis en cause.

Notions

Construction européenne ◆ Disparition des blocs ◆ Supranationalité ◆ Fédéralisme

L'idée d'Europe au XXe siècle
Situations

LU ☐
SU ☐
REVU ☐

1 Le plan Schuman

1. Un projet ambitieux

a) Le ministre français des Affaires étrangères Robert Schuman propose la mise en commun des productions de charbon et d'acier français et allemand, ainsi que celles de tout autre pays volontaire.

b) Le plan a pour but le redressement industriel des deux pays et la fin de leur antagonisme. Il prévoit aussi d'harmoniser et améliorer les conditions de la main-d'œuvre de ces industries.

c) La « Déclaration Schuman » possède également des objectifs à long terme. La CECA doit servir de base à l'élaboration progressive de l'Europe fédérale.

2. La mise en place et le bilan de la CECA

a) Le 18 avril 1951, six pays (France, RFA où le chancelier Adenauer est l'un des « pères » de la construction européenne, pays du Benelux et Italie) signent le traité de Paris créant la Communauté européenne du charbon et de l'acier (CECA).

b) La CECA, mise en place en 1952, est dirigée par une Haute Autorité supranationale, représentant les États mais indépendante politiquement et financièrement.

c) Les résultats économiques sont positifs. La CECA a amorcé la réconciliation et la coopération franco-allemande. Elle a facilité la création de l'Europe communautaire.

d) En 1967, les organes de la CECA fusionnent avec ceux de la CEE. En 2002, le traité de Paris est intégré à ceux de l'Union européenne.

2 Kohl, Mitterrand et l'Europe

1. Deux fortes personnalités

a) Le socialiste François Mitterrand est président de la République française de 1981 à 1995. Chancelier de la République fédérale d'Allemagne (RFA) de 1982 à 1998, Helmut Kohl est partisan de la poursuite de la coopération franco-allemande.

b) La réconciliation franco-allemande est symbolisée à Verdun en 1984, où Mitterrand et Kohl commémorent la Première Guerre mondiale. La construction européenne va s'approfondir dans les années 1980-1990 autour de l'axe franco-allemand.

c) La construction européenne séduit ; le nombre de membres de la CEE augmente, 11 en 1981, 12 en 1986. Des pays se portent candidats. La réunification allemande (1990) ouvre de nouvelles perspectives.

2. Des réalisations concrètes

a) Les échanges culturels franco-allemands sont facilités. Une chaîne de télévision franco-allemande est créée en 1988 (Arte).

b) En 1986, est signé l'Acte unique européen. Il prévoit la création d'une Union économique et monétaire pour le 1er janvier 1993 et une nouvelle coopération politique.

c) En 1989 est créée la brigade franco-allemande (Eurocorps en 1993).

d) Le traité de Maastricht (1992) instaure l'Union européenne, qui entre en vigueur en 1993. Il comprend la création de l'euro et de la citoyenneté européenne.

S'entraîner au Bac
Exercices 4-5-6 : p. 176-177

Savoir 3

La décolonisation et la construction de nouveaux États : Inde, Algérie – Question obligatoire

LU ☐
SU ☐
REVU ☐

1 Le contexte favorable de l'après-guerre

a) L'affaiblissement des puissances coloniales. Leurs positions sont ébranlées. Les États-Unis et l'Union soviétique, s'appuyant sur l'ONU, dénoncent le phénomène colonial.

b) L'essor des mouvements indépendantistes. Ils mettent en évidence les contradictions des métropoles qui se sont battues au nom des valeurs démocratiques mais ne respectent pas ces valeurs dans les colonies.

2 Les indépendances de l'Inde et de l'Algérie

a) L'indépendance de l'Inde. Les leaders nationalistes Gandhi puis Nehru lancent des campagnes anti-anglaises non violentes. Après négociations, l'Inde accède à l'indépendance en 1947. L'opposition entre musulmans et hindous conduit à la partition du pays en deux États indépendants : le Pakistan musulman et la République indienne hindouiste.

b) L'Algérie sous la colonisation. L'Algérie colonisée est divisée en trois départements français. La population algérienne (8,4 millions de personnes) n'a pas l'égalité de fait avec les Européens (1 million). Les révoltes (Sétif en 1945) sont violemment réprimées.

c) La guerre d'Algérie et l'indépendance. La guerre éclate le 1er novembre 1954, à l'instigation du Front de libération nationale (FLN). En 1955, le gouvernement français fait appel au contingent. Les tortures et les attentats entraînent progressivement le rejet de la guerre par l'opinion publique. Le 18 mars 1962, les accords d'Évian mettent fin à la guerre, l'indépendance est proclamée le 5 juillet.

3 Décolonisation et construction des nouveaux États : Inde et Algérie

a) Des lendemains difficiles. La partition indienne déclenche une guerre civile. En 1948, Gandhi est assassiné par un fanatique hindou. En Algérie, les soldats musulmans de l'armée française (harkis) sont victimes de représailles ; plusieurs milliers d'entre eux se réfugient en France. De la même façon, près d'un million de Français d'Algérie, ou pieds-noirs, gagnent la France.

b) Deux voies différentes de développement. L'Inde, qui est une démocratie, a libéralisé son économie. L'autosuffisance alimentaire est réalisée ; l'Inde dispose d'industries de haute technologie et de la bombe atomique. Elle fait partie des puissances émergentes, mais les inégalités demeurent.

La République algérienne, d'abord dominée par un parti unique, est multipartite depuis 1989. La montée des islamistes a provoqué dans les années 1990 une terrible guerre civile. L'Algérie tire ses plus grandes ressources des hydrocarbures.

c) Des leaders du tiers monde. Des années 1950 aux années 1990, l'Inde et l'Algérie ont contribué à l'affirmation du tiers monde et du non-alignement (Bandung 1955, Alger 1973).

Notion Décolonisation

La décolonisation et la construction de nouveaux États : Inde, Algérie – Situations

LU ☐
SU ☐
REVU ☐

1 Gandhi et la non-violence

1. Un leader exceptionnel

a) Gandhi (1869-1948) est un Hindou, né dans la caste des Vayshia (les marchands). Avocat formé à Londres, il s'installe en Afrique du Sud et défend la cause des Indiens immigrés.

b) En 1914, Gandhi rentre en Inde. Son objectif est de mettre fin à l'exploitation coloniale britannique. Symboliquement, il s'habille à l'indienne, fabrique lui-même ses vêtements et devient végétarien. Il choisit un mode d'action à la fois moral et politique : la non-violence.

c) Gandhi organise le boycott des produits britanniques, des marches de protestation, comme la marche du sel en 1930 contre le monopole de vente anglais. Il poursuit des grèves de la faim et est emprisonné plusieurs fois.

d) Son action, ajoutée au contexte favorable de l'après-guerre, aboutit à l'indépendance de l'Inde en 1947. Il n'évite cependant pas la partition entre le Pakistan et la République indienne.

2. Un mythe mondial

a) Surnommé « Mahatma », la « Grande Âme », Gandhi est considéré comme le « Père de la nation indienne ». Il meurt assassiné en 1948. Le jour anniversaire de sa naissance (2 octobre) est une fête nationale en Inde. Ce jour-là aussi, l'ONU célèbre la Journée de la non-violence.

b) La revendication par la non-violence a servi de modèle pour d'autres causes comme pour le mouvement des droits civiques de l'Américain Martin Luther King.

2 La Toussaint 1954

1. L'Algérie en 1954

a) La population algérienne, majoritairement rurale et peu scolarisée, manque de terres et occupe en général les emplois subalternes. À l'Assemblée algérienne, les 8,4 millions d'Algériens sont représentés par le même nombre de députés que les 984 000 Français.

b) Les mouvements anticolonialistes revendiquent l'indépendance ou l'autonomie. Ils peuvent être réformistes ou révolutionnaires.

2. La « Toussaint rouge »

a) Le 1er novembre 1954, 70 attentats éclatent dans une trentaine de points disséminés sur le territoire algérien, faisant 8 victimes. Ils sont organisés par le Front de libération nationale (FLN), créé le 10 octobre 1954.

b) Le FLN annonce ses objectifs : l'indépendance dans le cadre des principes islamiques, le respect des libertés fondamentales. Il appelle le peuple algérien à s'associer à « la lutte nationale ». Il en appelle aussi au soutien international, en particulier à celui des Nations unies. Le gouvernement Mendès France proclame l'état d'urgence, envoie des CRS et des parachutistes. Des réformes sont cependant envisagées. La guerre vient de commencer.

S'entraîner au Bac
Exercices 7-8-9 : p. 177-178

Savoir 4

Le monde depuis le tournant des années 1990 – Question obligatoire

LU ☐
SU ☐
REVU ☐

1 L'effondrement du modèle soviétique

a) La fin des démocraties populaires. Mikhaïl Gorbatchev, secrétaire du Parti communiste soviétique depuis 1985, engage des réformes qui donnent davantage de libertés. En 1989, les gouvernements communistes de Pologne, de Tchécoslovaquie et de RDA sont renversés. Des révolutions violentes éclatent avec succès en Roumanie et Bulgarie. Le 9 novembre, le mur de Berlin s'ouvre. L'Allemagne est réunifiée le 3 octobre 1990.

b) L'effondrement de l'Union soviétique. Au sein même de l'Union soviétique, les réformes échouent ; les revendications nationalistes se multiplient. Plusieurs républiques proclament leur indépendance. Le 21 décembre 1991, l'URSS fait place à la Communauté des États indépendants (CEI), avec 11 des anciens membres de l'URSS dont la Russie. Toutes les organisations économiques et militaires du bloc communiste sont dissoutes.

c) L'extension de la démocratie libérale. Les anciens régimes communistes adoptent le multipartisme et le libéralisme. Ils adoptent aussi l'économie de marché.

2 Un nouvel ordre mondial plus complexe

a) Les États-Unis « gendarmes du monde ». Après l'implosion de l'Union soviétique, les États-Unis restent seule hyper puissance dans le monde. Ils interviennent ainsi depuis 2001 en Afghanistan avec l'OTAN, puis en 2003 en Irak sans l'accord de l'ONU.

b) Les puissances émergentes. Dans le cadre de la mondialisation, des puissances s'affirment de plus en plus sur la scène internationale (Chine, Inde, Brésil).

c) Le rôle des ONG. Les organisations non gouvernementales jouent un rôle croissant aux côtés des États sur des problèmes planétaires tels celui du développement durable.

3 Les nouvelles menaces planétaires

a) La multiplication des guerres civiles. On assiste à l'affrontement entre nationalités (ex-Yougoslavie) ou à des conflits interethniques comme en Afrique. Ces luttes débouchent parfois sur des génocides, ainsi au Rwanda en 1994 ou à Srebrenica (Bosnie) en 1995.

b) La prolifération des armements. La prolifération des armes de destruction massive est difficile à contrôler (Corée du Nord…).

c) Le terrorisme. Le réseau terroriste islamiste Al-Qaïda a pu frapper les États-Unis, au cœur même de New York, le 11 septembre 2001. Le terrorisme frappe aussi l'Europe : attentats de Paris en 2015, de Bruxelles en 2016, perpétrés par l'« État islamique » que des interventions internationales tentent d'éradiquer au Moyen-Orient.

Notions

Effondrement du modèle soviétique ◆ Crise ◆ Génocide ◆ Terrorisme

Le monde depuis le tournant des années 1990 – Situations

LU ☐
SU ☐
REVU ☐

1 La chute du mur de Berlin

1. Berlin, une ville divisée et occupée

a) Depuis 1945, Berlin est divisée en quatre secteurs d'occupation, soviétique à l'est, américain, britannique et français, à l'ouest.

b) La guerre froide entre l'Est et l'Ouest aboutit à la division de l'Allemagne en deux États séparés, la République fédérale d'Allemagne (RFA) à l'ouest et la République démocratique allemande (RDA) à l'est. Berlin devient une enclave dans la RDA.

c) À partir du 13 août 1961, la RDA édifie un mur entre Berlin-Est et Berlin-Ouest, afin de stopper l'exode vers l'ouest. Entre 1961 et 1981, 99 personnes meurent en tentant de franchir le mur.

2. La chute du « mur de la honte »

a) Le contexte est favorable. La politique réformiste de Mikhaïl Gorbatchev en URSS encourage les oppositions dans les démocraties populaires. Les manifestations massives se multiplient. Le régime communiste de la RDA est ébranlé.

b) Le 9 novembre, les autorités est-allemandes accordent la liberté de circulation. Le mur est ouvert et démantelé. Symboliquement, c'est la fin de la guerre froide.

c) Sur la base d'un plan proposé par le chancelier de la RFA, Helmut Kohl, le traité du 12 septembre 1990 entre Allemands et puissances alliées autorise la réunification. Le 3 octobre 1990, l'Allemagne est officiellement réunifiée.

2 Le 11 septembre 2001

1. L'attaque terroriste

a) Le 11 septembre 2001, les deux tours du World Trade Center à New York, symbole du capitalisme occidental, s'écroulent, touchées par deux avions. À Washington, le Pentagone est également la cible d'un autre avion terroriste.

b) Des réseaux terroristes internationaux sont impliqués. Les attentats sont attribués au réseau terroriste islamiste dirigé par Oussama Ben Laden, Al-Qaïda, qui a par la suite revendiqué ces attaques.

c) Le bilan est lourd. 2976 victimes ont été dénombrées dans les attentats, ainsi que des milliers de blessés.

2. Les réactions américaines

a) Dans un monde devenu global, les États-Unis constatent leur vulnérabilité. Afin de préserver la sécurité nationale, ils décident des attaques préventives contre les « États-voyous », alliés du terrorisme. Le combat contre le terrorisme devient aussi une lutte idéologique.

b) Les États-Unis interviennent avec l'OTAN en Afghanistan (2001-2014) et, par une décision unilatérale, avec une coalition restreinte, en Irak (2003-2011).

c) À l'issue d'une longue traque, Ben Laden est tué en mai 2011, au Pakistan, par une opération américaine menée secrètement.

S'entraîner au Bac
Exercices 10-11-12 : p. 179

La France dans l'UE et dans le monde Question obligatoire

LU ☐
SU ☐
REVU ☐

1 L'appartenance à l'Europe

a) Le territoire européen le plus étendu (hors Russie). La France couvre 545 000 km² (632 834 avec les eaux intérieures) et est située à l'extrémité occidentale du continent eurasiatique. Son territoire s'ouvre sur quatre mers ou océans (mer du Nord, Manche, Océan Atlantique, Méditerranée).

b) Une grande puissance européenne. La France est l'un des principaux fondateurs et acteurs de la construction européenne. Elle réalise plus de 60 % de ses échanges commerciaux et plus de 70 % de ses investissements avec l'Union européenne. Elle participe à des programmes européens comme ceux d'Airbus Industries ou d'Arianespace. La France est la première puissance agricole de l'UE et occupe le deuxième rang derrière l'Allemagne pour les produits industriels.

2 La population : répartition et mobilités

a) L'inégale répartition. Au 1er janvier 2016, La France compte 66,6 millions d'habitants, dont 64,5 en métropole. Les espaces à dominante urbaine regroupent 80 % de la population. La France est coupée en deux par la « diagonale du vide », des Pyrénées centrales aux pays de Meuse.

b) Les mobilités de population. Les déplacements pendulaires quotidiens concernent plus de 60 % de la population. Il existe aussi des mobilités de loisirs, saisonnières ou de week-end. En outre, 2 % des Français changent de résidence tous les ans.

c) Un pays d'immigration. On compte 200 000 entrées légales par an. Les étrangers et immigrés représentent plus de 8 % de la population française, dont 40 % d'Européens.

3 La France, 6e puissance économique du monde

a) Une présence planétaire. Les territoires d'Outre-mer (120 000 km²) sont dispersés partout dans le monde ; ils offrent une large ZEE (zone économique exclusive).

b) La cinquième puissance commerçante du monde. La France fait partie du G8, groupe des huit plus grandes puissances de la planète ; elle est le quatrième pays d'accueil des investissements directs à l'étranger (IDE) et est aussi la première destination touristique mondiale. Mais sa balance commerciale est déficitaire, la dette publique et le chômage sont importants. La croissance n'augmente que faiblement.

c) Une puissance géopolitique et culturelle. La France est l'un des cinq membres permanents du Conseil de sécurité de l'ONU. Elle dispose de sa propre force nucléaire. Le français est parlé par plus de 200 millions de personnes dans le monde.

Notions

Territoire ◆ Répartition ◆ Mobilité ◆ Puissance

Savoir 5

La France dans l'UE et dans le monde Situations

LU ☐
SU ☐
REVU ☐

1 Paris, ville mondiale

1. Un centre décisionnel national et mondial

a) Paris est le siège du pouvoir politique de la France. On y trouve les résidences du président de la République (l'Élysée), du Premier ministre (Matignon) et les sièges du Parlement. C'est aussi le siège de grandes organisations internationales (OCDE, UNESCO).

b) Paris occupe le 2e rang après Londres pour les implantations des grandes entreprises étrangères mondiales.

c) C'est une capitale culturelle mondiale et la ville la plus visitée du monde (28 millions de touristes par an). Le Louvre est le musée le plus visité au monde. Paris occupe le 1er rang mondial des villes d'accueil des salons et congrès.

2. Un pôle majeur de communications

a) Paris est un carrefour de communications, en particulier pour l'UE. La capitale se trouve à quelques heures d'accès de ses partenaires.

b) Le groupe Aéroports de Paris (Roissy, Orly, Le Bourget) génère un trafic de 90 millions de passagers par an. C'est le 2e rang européen et le 1er rang pour les marchandises.

c) Paris est un nœud routier et autoroutier. Le TGV relie la capitale à de grandes villes européennes.

2 L'Outre-mer et la puissance française

1. Un ensemble très diversifié

a) Les PTOM (Pays et Territoires d'Outre-mer) s'étendent sur 120 000 km² et comptent 2,7 millions d'habitants. Il existe plusieurs statuts : les DROM ou départements et régions d'Outre-mer (Martinique, Guadeloupe, Guyane, La Réunion et Mayotte, à la fois départements et régions), les TOM ou territoires d'Outre-mer (Terres australes et antarctiques françaises ou TAAF), les COM ou collectivités d'Outre-mer (Saint-Pierre-et-Miquelon). La Nouvelle-Calédonie possède un statut particulier.

b) L'Outre-mer français est en majorité composé d'îles et d'archipels sauf la Guyane, terre continentale de 85 000 km², surtout situés dans des mers tropicales.

c) L'Outre-mer représente un important intérêt géostratégique (la zone économique exclusive (ZEE) couvre 11 millions de km²). Il faut aussi compter avec les ressources minières comme le nickel de Nouvelle-Calédonie ou la base de Kourou en Guyane.

2. Des économies fragiles

a) La majorité des emplois relèvent du secteur tertiaire : administrations publiques, tourisme… Les transferts d'argent depuis la métropole sont massifs. L'agriculture est en crise et le secteur industriel peu important.

b) Le taux de chômage s'élève en moyenne entre 25 et 30 %.

c) Les économies sont dépendantes. L'Outre-mer reçoit des aides sociales de la métropole et de l'UE.

S'entraîner au Bac
Exercices 13-14-15 : p. 180-181

Savoir 6

Acteurs et enjeux de l'aménagement des territoires – Question obligatoire

LU ☐
SU ☐
REVU ☐

1 Les acteurs de l'aménagement des territoires

a) De 1945 à 1970, le rôle primordial de l'État. L'État s'appuie sur des plans et des institutions comme la DATAR, délégation à l'aménagement du territoire et à l'action régionale, créée en 1963.

b) Depuis 1970, la décentralisation. Les lois de 1982 et 1983 donnent des pouvoirs aux régions, qui sont devenues en 2004 des collectivités territoriales tout comme les communes et les départements. Depuis 2016, la France ne compte plus que treize régions métropolitaines. Leurs compétences sont renforcées par la loi NOTRe (nouvelle organisation territoriale de la République, 7 août 2015).

c) Le rôle de l'Union européenne. Celle-ci intervient à partir de 1994, avec entre autres le FEDER, ou Fonds européen de développement économique régional. Elle encourage la coopération territoriale européenne entre régions ou États.

2 L'intercommunalité

a) Les objectifs. Face au grand nombre de communes, l'intercommunalité est conçue pour mieux maîtriser l'aménagement du territoire. Elle désigne les différents types de coopération entre les communes (gestion des services publics, réalisation d'équipements communs…). Par ailleurs, les fusions de communes sont encouragées ; la France compte en 2016 moins de 36 000 communes.

b) Les modalités. Depuis sa mise en place en 1992, des lois ont renforcé et simplifié l'intercommunalité. À partir de 2013, l'appartenance à un ECPI (établissement public de coopération intercommunale à fiscalité propre) est devenue obligatoire selon un certain seuil.

c) Le cas des métropoles. Les lois de 2010 et 2014 permettent aux communes des aires urbaines de plus de 400 000 habitants de se regrouper.

3 Les enjeux de l'aménagement

a) Une logique de compétitivité. L'aménagement des territoires prend en compte les défis de la mondialisation et recherche l'innovation : technopôles, systèmes productifs locaux (SPL), pôles de compétitivité.

b) La recherche d'une gestion durable. Le développement durable est pris en compte dans les politiques publiques (agendas 21 locaux…).

c) La volonté d'équité territoriale. Pour les villes (loi SRU, Solidarité et renouvellement urbains ; SCOT, Schémas de cohérence territoriale) ou pour les espaces ruraux, l'aménagement vise à promouvoir le progrès social, à réduire les inégalités territoriales, à parvenir à plus de cohésion sociale.

Notions
Aménagement des territoires ◆ Acteur ◆ Collectivité territoriale

Acteurs et enjeux de l'aménagement des territoires – Situations

LU ☐
SU ☐
REVU ☐

1 Le Conservatoire du littoral

1. La création et les objectifs du Conservatoire

a) Le Conservatoire du littoral est un établissement public, créé en 1975, face au constat du bétonnage accéléré des côtes françaises.

b) Le Conservatoire intervient sur les espaces naturels et les paysages des rivages maritimes et lacustres (si les lacs concernés couvrent plus de 1 000 ha).

c) Le but est de protéger de manière définitive ces espaces, de les mettre en valeur et de constituer un patrimoine protégé et inaliénable.

2. Les actions du Conservatoire

a) Le Conservatoire rachète les terrains fragiles ou menacés. Il dispose d'un budget annuel d'environ 50 millions d'euros et mène ses actions en partenariat avec les collectivités territoriales, les usagers, les fondations et les entreprises.

b) Le patrimoine constitué est restauré, protégé, valorisé. Il est ouvert au public. La surveillance et l'entretien sont assurés par plus de 600 gardes du littoral.

c) Le Conservatoire du littoral est devenu propriétaire de plus de 138 000 ha sur 600 sites naturels, y compris Outre-mer. Il assure la protection de 1 200 km de côtes.

2 Un aménagement dans une communauté de communes

Conseils généraux pour répondre au sujet

a) Les thèmes concernés

Le **lieu** envisagé. Les échelles : locale, nationale, européenne.

Les **objectifs** de l'aménagement. À court terme ? À plus longue échéance ?

Les **travaux** envisagés. Durée ? Financement ? Moyens techniques mis en œuvre ?

Les **acteurs** de l'aménagement, publics et privés, décideurs et opérateurs.

Les **réalisations** déjà effectuées. Le projet est-il mené à bien ?

Les **conséquences** de l'aménagement ; l'impact sur les acteurs de l'intercommunalité. Qu'en est-il du développement durable ? De la compétitivité ?

b) Les notions-clés

Aménagement, collectivité territoriale, décentralisation, intercommunalité, territoire.

c) Les textes-clés

Loi du 12 juillet 1999 (extraits) : « La communauté de communes est un établissement public de coopération intercommunale regroupant plusieurs communes d'un seul tenant et sans enclave. Elle a pour objet d'associer des communes au sein d'un espace de solidarité, en vue de l'élaboration d'un projet commun de développement et d'aménagement de l'espace ».

Charte de l'environnement (2004), inscrite dans le Préambule de la Constitution (art. 6) « Les politiques publiques doivent promouvoir un développement durable. À cet effet, elles concilient la protection et la mise en valeur de l'environnement, le développement économique et le progrès social. »

S'entraîner au Bac
Exercices 16-17 : p. 181-182

Savoir 7

Les transformations de l'espace productif et décisionnel – Question obligatoire

LU ☐
SU ☐
REVU ☐

1 Les mutations du système productif

a) Les effets de la mondialisation. La production s'adapte au marché international. La tendance est à la concentration, même si les PME-PMI restent dynamiques. Les grandes firmes délocalisent ; la France est le troisième investisseur mondial et le quatrième pays d'accueil des IDE (investissements directs à l'étranger).

b) La tertiarisation du système productif. Les services sont de plus en plus utilisés. 75 % de la richesse nationale proviennent du tertiaire. Les activités de recherche et de gestion comptent autant que la fabrication.

c) La recherche de la synergie. Les technopôles associent industries de haute technologie, recherche et organismes financiers. Les pôles de compétitivité structurent en réseau, des entreprises et des centres de recherche. Les clusters regroupent géographiquement, les entreprises d'une même filière « en grappes ».

2 Le mouvement de métropolisation

a) La polarisation autour des grandes villes. L'augmentation des échanges, en particulier internationaux, entraîne de nouvelles localisations. Les grandes villes, mieux desservies, concentrent les fonctions de commandement, de recherche et d'innovation. Elles attirent les emplois, en particulier du tertiaire supérieur, et polarisent ainsi l'espace productif.

b) La suprématie parisienne. Paris et la région Île-de-France dominent les autres pôles urbains. La région parisienne représente 30 % du PIB français.

c) Des paysages spécifiques. Le redéploiement de l'espace productif crée un paysage spécifique dans les métropoles : parcs d'activités, centres d'affaires, commerces…

3 La diversité des espaces productifs : permanences et mutations

a) Les espaces productifs compétitifs. Ce sont des régions comme l'Île-de-France et Rhône-Alpes-Auvergne, les espaces de la haute technologie (*Cosmetic Valley*…), mais aussi certains espaces agricoles d'agriculture intensive et compétitive tels que le Nord, le Bassin parisien, les espaces ruraux sous influence urbaine et les grands vignobles.

b) Les espaces industriels en reconversion. Ce sont des espaces d'industries traditionnelles (vieux bassins miniers, espaces industrialo-portuaires, espaces des petites industries).

c) Les espaces agricoles fragiles. Le modèle breton s'essouffle, face à la concurrence et à l'éloignement des marchés. Il s'agit aussi des zones de moyenne montagne et de leurs périphéries et des espaces ruraux en déprise.

Notion

Espaces productifs et décisionnels

Les transformations de l'espace productif et décisionnel – Situations

LU ☐
SU ☐
REVU ☐

1 L'espace productif d'une métropole

1. Le phénomène de métropolisation

a) En 1963, la DATAR crée 8 métropoles d'équilibre (Lyon, Marseille, ...) destinées à faire contrepoids à l'hypertrophie parisienne. Progressivement, des capitales régionales sont assimilées aux métropoles d'équilibre.

b) Les métropoles régionales sont organisées en système. Elles se trouvent à la tête d'un réseau urbain à différentes échelles spatiales. Elles centralisent des fonctions tant économiques que politiques et culturelles et exercent des fonctions de commandement. Les métropoles recherchent l'innovation et favorisent l'implantation de centres de recherche, de parcs d'activités, de technopôles, d'universités.

c) Les flux engendrés se traduisent aussi par un fort étalement urbain. La périurbanisation entraîne d'importants mouvements pendulaires.

2. Une géographie en mutation

a) L'importance de l'arc méridional. En dehors de Paris, métropole mondiale, et de l'exception lilloise, les métropoles régionales sont surtout situées le long d'un arc qui s'étire de Grenoble à Nantes et Rennes.

b) Le nouveau concept de métropole. Dans le cadre de l'intercommunalité, des métropoles se constituent avec des compétences ordinairement dévolues aux départements et régions. Elles concernent les territoires de plus de 400 000 habitants.

3. Critères d'étude d'une métropole

Localisation géographique/population/occupation de l'espace/aire d'influence régionale/intercommunalité/équipements/emplois/fonctions universitaire et recherche/fonctions commerciales/fonctions touristiques/pouvoir d'impulsion national et international/flux nationaux et internationaux.

2 La région de l'établissement

1. La région, un concept à plusieurs sens

a) La région géographique et historique, la région fonctionnelle, la région administrative, née de la décentralisation.

b) La région s'inscrit dans les réseaux européens et mondiaux.

c) Il existe une hiérarchie régionale entre régions dynamiques et régions fragiles. Le rayonnement de la région dépend surtout de la position par rapport à l'Europe, de la présence de métropoles, de l'importance des emplois qualifiés et de la recherche. Il existe aussi des disparités intra-régionales.

2. Critères d'étude d'une région

a) L'identité régionale (nom, situation géographique, population).

b) Acteurs régionaux et aménagements (fonctions et pouvoirs, plans et objectifs, réalisations).

c) Le réseau régional (infrastructures, autres métropoles, pôles de compétitivité).

d) La région à l'échelle européenne et mondiale (rayonnement, flux, perspectives).

S'entraîner au Bac
Exercice 18 : p. 182

Savoir
8

L'Union européenne et ses territoires Question obligatoire

LU ☐
SU ☐
REVU ☐

1 La construction de l'Union européenne

a) Une construction géoéconomique. Les pays membres ont choisi le libre-échange et l'économie de marché. La politique économique repose sur la préférence communautaire et la libre circulation des marchandises et des personnes.

b) Une construction géopolitique. Les membres de l'UE sont unis au nom de valeurs communes : la démocratie, le libéralisme, le droit et les libertés fondamentales.

c) Les acquis communautaires. Ce sont les institutions, les directives et règlements qui organisent la vie de l'UE. La citoyenneté européenne a été officialisée par le traité de Maastricht en 1992.

2 Un espace à géométrie variable

a) Des élargissements ou retraits successifs. Aux 6 signataires des traités de Rome (1957) se sont progressivement ajoutés d'autres États (28 depuis 2013 mais le retrait du Royaume-Uni est programmé). Les critères d'adhésion dépendent des situations économiques et sociales, de la présence d'institutions démocratiques et du respect des libertés fondamentales.

b) Des accords qui se superposent. 19 pays ont choisi une monnaie unique, l'euro. Pour faire partie de la zone euro, il faut satisfaire à des critères de convergence reposant sur une dette publique limitée. Depuis les accords de Schengen (1985), 26 États dont 4 associés hors Union forment un espace sans contrôle aux frontières intérieures (remis en cause par l'afflux des réfugiés depuis 2015).

c) La conciliation des intérêts nationaux et communautaires. Selon le principe de subsidiarité, une action est confiée à la collectivité la plus compétente pour cette tâche. Des discussions sur la forme future de l'Union opposent les fédéralistes, favorables à un gouvernement européen au-dessus des États, et les souverainistes, défendant une Europe des États.

3 Les contrastes territoriaux

a) L'égalité politique théorique. Grands et petits États sont en théorie égaux, mais les votes à la majorité qualifiée au Conseil de l'UE reposent sur l'importance de chaque population.

b) Les différences entre États. La taille, la population, la dynamique économique, mais aussi le niveau de vie différencient les États. L'UE a pour enjeu le rééquilibrage des économies et l'harmonisation des législations, en particulier la législation sociale.

c) Les disparités à l'intérieur des États. Résorber les déséquilibres sociaux et les disparités entre les régions est l'un des enjeux auxquels l'UE est confrontée. Le Fonds européen de développement régional (FEDER) apporte son aide aux régions en difficulté.

Notions
Espace Schengen ◆ Zone euro ◆ Acquis communautaires

Savoir 8

L'Union européenne et ses territoires Situations

LU ☐
SU ☐
REVU ☐

1 Les frontières de l'Union européenne

1. L'évolution des frontières

a) L'UE élargit ses frontières vers l'Est. Cependant en 2016, les Britanniques, par référendum, ont choisi de quitter l'UE (Brexit).

b) Les accords de Schengen (1985) ont supprimé les contrôles aux frontières intérieures des pays signataires. Le Royaume-Uni et l'Irlande ont refusé les accords mais l'Islande, la Norvège, la Suisse, le Liechtenstein, non membres de l'UE, les ont signés.

c) Une structure commune incluant les signataires de Schengen a été créée en 2004 : il s'agit de FRONTEX, Agence européenne pour la coopération opérationnelle aux frontières extérieures. Elle exerce un rôle de surveillance mais aussi d'aide au retour. En outre, des accords de voisinage sont signés ponctuellement entre États membres de l'UE et leurs voisins non membres.

2. Les difficultés d'une politique migratoire commune

a) Des raisons familiales, économiques, politiques et des guerres poussent actuellement des centaines de milliers de migrants vers l'UE.

b) Les États tentent de coordonner leur politique de surveillance (postes de douanes, *hot points* pour les migrants venant massivement des zones en guerre).

c) Certains pays (Royaume-Uni, France...) pratiquent des politiques restrictives. Des États ont suspendu leurs dispositions de Schengen. Il est cependant difficile de concilier les besoins économiques ou démographiques et le respect des droits humains.

2 Un grand projet européen : Galileo

1. Les caractéristiques du projet

a) Galileo est un système européen de navigation par satellites destiné à supprimer la dépendance de l'Europe envers les deux grands systèmes de navigation existant, l'américain GPS et le russe Glonass. Le projet a été décidé par l'UE en 2001.

b) Le système repose sur la mise sur trois orbites de 30 satellites positionnés en moyenne altitude, à 23 222 m de haut. L'ensemble s'appuie sur un maillage d'infrastructures au sol.

c) Galileo concernera de multiples domaines : les transports, les travaux publics, l'agriculture, la prospection pétrolière, les secours...

2. La mise en œuvre du projet

a) La phase IOV (validation en orbite) entre 2005 et 2012. Ces premiers lancements ont été effectués par une fusée russe Soyouz depuis Kourou, le centre spatial de Guyane.

b) La phase IOC (capacité opérationnelle initiale) devrait être achevée en 2019-2020.

c) Certains États comme la Chine et la Norvège ont décidé de participer au financement et un grand nombre de pays demandent à bénéficier du système.

S'entraîner au Bac
Exercices 19-20-21 : p. 182-183

Pluralisme des croyances et laïcité

LU ☐
SU ☐
REVU ☐

1 La notion de laïcité

a) La laïcité, valeur fondamentale de la République française. Elle repose sur trois principes : la liberté de conscience et de culte, la séparation des institutions publiques et des organisations religieuses, l'égalité devant la loi quelles que soient les croyances et les convictions.

b) La loi de 1905. Base de la laïcité en France, la loi officialise la séparation des Églises et de l'État ; celui-ci garantit la liberté de conscience mais les croyances et les pratiques religieuses relèvent de la vie privée. L'État est neutre et indépendant de toutes les religions. Il n'exerce aucun pouvoir religieux et les Églises n'exercent aucun pouvoir politique. Cependant l'Alsace-Moselle, pour des raisons historiques, ne dépend pas de la loi de 1905.

c) La garantie de la Constitution. La constitution de la Ve République (1958) affirme le caractère laïc de la République française.

2 Le pluralisme des croyances

a) La diversité des convictions. Les grandes religions comme le judaïsme, le christianisme, l'islam et le bouddhisme coexistent en France. L'islam est devenu la deuxième religion de France après le catholicisme. Les non-croyants représentent plus de 50 % de la population.

b) La diversité des lieux cultuels. En 2015, on a recensé en France 45 000 églises catholiques, 4 000 temples protestants, 2 450 mosquées, 420 synagogues, 380 lieux de culte bouddhistes, 150 églises orthodoxes. La loi de 1905 interdit le financement public des lieux de culte. Depuis 1907, cependant, les églises appartiennent aux communes et doivent être entretenues par elles.

c) La diversité des fêtes religieuses. La vie quotidienne et le calendrier, sont rythmés par les fêtes chrétiennes (Toussaint, Noël, ...). Mais les autres religions ont aussi leurs fêtes propres : Yom Kippour, Hanoukka, Aït-El-Kebir, ... Elles ne donnent cependant pas lieu à des jours fériés officiels.

3 La République et les religions aujourd'hui

a) Les enjeux de la laïcité. La coexistence des religions, leur liberté d'expression mais aussi la liberté de ne pas croire doivent être assurées. La liberté, valeur de la République, et la cohésion nationale sont à ce prix. La laïcité, principe essentiel de la démocratie française, repose sur la neutralité de l'espace public et permet à tous de vivre ensemble.

b) La défense et la réaffirmation de la laïcité à l'école. La loi du 15 mars 2004 rappelle l'interdiction à l'école publique de « signes religieux ostentatoires ». Depuis 2013, la « Charte de la laïcité », affichée dans les locaux scolaires, rappelle les valeurs de la République.

c) La lutte contre les communautarismes. Défendre l'égalité de tous implique le refus des replis communautaires et la lutte contre les sectarismes. La laïcité induit la tolérance mais celle-ci s'exerce dans le respect de la loi commune et dans celui de l'ordre public.

Biologie, éthique, société et environnement

LU ☐
SU ☐
REVU ☐

1 La bioéthique, une notion récente

a) La notion d'éthique et la naissance de la bioéthique. L'éthique désigne la réflexion philosophique autour des valeurs de l'existence, des mœurs et de la morale. La bioéthique (*bio*, venant du grec *bios*, vie) est une branche de l'éthique. Elle est une réflexion par de multiples acteurs sur les pratiques médicales nouvelles et se traduit par des lois (1994, 2004, 2011).

b) Les grandes questions bioéthiques contemporaines. C'est par exemple, l'étude des caractères héréditaires des individus ou des plantes, leur transmission de génération en génération et leurs mutations. La science génétique peut ainsi créer le clone d'un animal ou créer des gènes résistant aux maladies. C'est aussi l'assistance médicale à la procréation (AMP). Celle-ci définit par des lois (2004 et 2011) l'usage de la procréation médicalement assistée (PMA), c'est-à-dire l'ensemble des pratiques permettant aux couples non fertiles d'avoir des enfants.

c) La bioéthique, une notion relative. La bioéthique évolue : ainsi le clonage animal est interdit en Europe ; la France interdit la GPA (gestation pour autrui). En 1983, est créé Le Comité Consultatif National d'Éthique ou CCNE qui a pour rôle de soulever les enjeux posés par les sciences de la vie et de la santé.

2 Citoyenneté et environnement

a) L'impact de l'homme sur l'environnement. C'est à partir de la Révolution industrielle et de l'urbanisation massive que les atteintes à l'environnement s'accentuent et menacent la biodiversité (variété des milieux naturels et des formes de vie sur la terre). Le réchauffement climatique dû en grande partie aux activités humaines (gaz à effet de serre) modifie et menace aussi la biodiversité.

b) Les débats majeurs. L'humanité produit de plus en plus de déchets qui polluent la planète. Les adversaires du nucléaire alarment sur la longévité des déchets (des milliers d'années). Les partisans mettent en avant l'indépendance énergétique et l'absence d'émission des gaz à effet de serre. Un autre débat concerne les OGM, organismes génétiquement modifiés (maïs, colza, ...). Les opposants dénoncent une menace sur la biodiversité et sur la santé humaine. Les partisans insistent sur le fait qu'aucun danger n'a encore été scientifiquement prouvé.

c) Le développement durable. L'homme doit ménager la nature par le développement durable, en répondant aux besoins du présent mais sans compromettre la capacité des générations futures à répondre aux leurs. Les actions s'effectuent à tous les niveaux (tri sélectif des déchets, agendas 21, sommets internationaux comme la Cop 21 en 2015). En France, le principe de précaution est inscrit dans la Constitution. Le Haut Conseil des biotechnologies, créé en 2008, est une instance indépendante qui rend des avis sur les questions de biotechnologies en particulier sur les OGM.

Notions d'histoire

1. LES ÉTATS-UNIS ET LE MONDE (1917-1989)

- **Capitalisme :** système de production reposant sur l'entreprise privée, l'économie de marché et la primauté du capital financier.
- **Démocratie libérale :** régime politique représentatif dans lequel démocratie et libéralisme se complètent pour garantir les droits humains et les libertés individuelles et publiques.
- **Guerre froide :** conflit indirect opposant, de 1947 à 1989, les États-Unis et leurs alliés à l'URSS et ses alliés.
- **Guerres mondiales :** conflits majeurs du XXe siècle ayant impliqué de nombreux pays dans le monde et provoqué des désastres humains (des millions de morts) et matériels.
  Première Guerre mondiale : 1914-1918.
  Seconde Guerre mondiale : 1939-1945.
- **Puissance :** capacité d'un État à peser sur les autres États dans les domaines économique, financier, politique, diplomatique et culturel. La puissance peut être incomplète et ne s'exercer que dans un de ces domaines.

2. L'IDÉE D'EUROPE AU XXe SIÈCLE

- **Construction européenne :** nom donné au rapprochement progressif entre les États européens. Il est envisagé au lendemain de la Première Guerre mondiale mais commence à se réaliser seulement après la Seconde Guerre mondiale.
- **Disparition des blocs :** chute des démocraties populaires d'Europe et implosion de l'URSS (1989-1991) provoquant la fin du bloc communiste et la fin de la guerre froide.
- **Fédéralisme :** Système politique mettant en application le principe de la supranationalité.
- **Supranationalité :** est supranational ce qui se place au-dessus des souverainetés nationales (des nations et de leurs gouvernements et institutions).

3. LA DÉCOLONISATION ET LA CONSTRUCTION DE NOUVEAUX ÉTATS : INDE, ALGÉRIE

- **Décolonisation :** processus qui conduit à l'indépendance des territoires dominés et colonisés par des puissances européennes.

4. LE MONDE DEPUIS LE TOURNANT DES ANNÉES 1990

- **Crise :** rupture d'équilibre dans une situation donnée (économie, relations internationales...) et pouvant avoir de graves conséquences.
- **Effondrement du modèle soviétique :** effondrement du système de l'URSS. Celui-ci était politique, économique, social et culturel et affirmait l'idéal d'une société sans classes. Il s'appuyait sur un parti unique, le parti communiste. Les moyens de production étaient contrôlés par l'État. Le modèle s'effondre en 1991 avec l'implosion de l'URSS.
- **Génocide :** anéantissement volontaire et méthodique d'un groupe en raison de son appartenance ethnique, de sa nationalité ou de sa religion.
  Terme inventé en 1944 par le juriste Raphaël Lemkin pour désigner l'extermination des Juifs par les nazis.
- **Terrorisme :** action violente se manifestant ponctuellement par des attentats ou des prises d'otages. Elle s'inscrit dans une stratégie du faible au fort ; elle peut s'exercer dans le cadre d'un État ou dans le cadre international.

Notions de géographie

1. LA FRANCE DANS L'UE ET DANS LE MONDE

- **Mobilité :** capacité ou propriété à changer d'espace de vie par un individu ou par un groupe, ce changement s'effectuant pour des motifs variés et de façon temporaire ou définitive. Les mouvements migratoires s'observent à des échelles spatiales différentes.
- **Puissance :** capacité d'un État à peser sur les autres États, dans les domaines économique, financier, politique, diplomatique et culturel. La puissance peut être incomplète et ne s'exercer que dans un de ces domaines.
- **Répartition :** manière dont sont distribués, répartis dans une catégorie ou une zone données, des êtres ou des choses.
- **Territoire :** espace délimité par des frontières, à l'intérieur desquelles s'exerce la souveraineté d'un État.

2. ACTEURS ET ENJEUX DE L'AMÉNAGEMENT DES TERRITOIRES

- **Acteur :** tout agent, qu'il soit individu, entreprise, collectivité locale, structure transnationale, qui soit susceptible d'avoir directement ou indirectement une action sur l'espace aménagé.
- **Aménagement des territoires :** ensemble des politiques mises en œuvre par des acteurs variés, de l'échelle locale à l'échelle européenne. Ces politiques sont destinées à prendre en compte les besoins et à organiser l'espace concerné au nom de l'équité territoriale.
- **Collectivité territoriale :** structure administrative française autre que l'État, qui prend en charge les intérêts de la population sur un territoire précis. Il s'agit des communes, des départements, des régions (y compris Outre-mer), des collectivités à statut particulier, des collectivités d'outre-mer.

3. LES TRANSFORMATIONS DE L'ESPACE PRODUCTIF DÉCISIONNEL

- **Espaces productifs et décisionnels :** espaces sur lesquels s'exerce une économie dépassant la coupure traditionnelle en secteurs d'activités (primaire, secondaire, tertiaire). On étudie les activités de production (agriculture, industrie), les activités péri-productives (transports, banques, services aux entreprises…) et les fonctions dites de reproduction sociale telles les administrations publiques, l'éducation, la santé…

4. L'UNION EUROPÉENNE ET SES TERRITOIRES

- **Acquis communautaires :** en droit européen, l'expression fait référence à l'ensemble des droits et obligations juridiques (le corpus juridique) qui lie les États membres.
- **Espace Schengen :** ensemble des pays européens créé en 1985 ayant supprimé leurs frontières intérieures et qui, dans cet espace, assurent la libre circulation des personnes et des biens. Les frontières extérieures demeurent surveillées.
- **Zone euro :** territoires européens où l'euro est la monnaie en circulation. La zone est contrôlée par la Banque centrale européenne, dont le siège est à Francfort.

DES PRÉSIDENTS DES ÉTATS-UNIS

- **Woodrow Wilson** (1856-1924) : président des États-Unis à partir de 1912. Il fait entrer son pays dans la Première Guerre mondiale et expose ses idées pour l'après-guerre dans ses 14 points.

- **Franklin Delano Roosevelt** (1882-1945) est élu en 1932 président des États-Unis, puis est réélu trois fois. Après l'attaque de Pearl Harbor, il engage les États-Unis dans une guerre sur deux fronts et prépare la naissance d'une nouvelle organisation internationale, l'ONU.

- **John Fitzgerald Kennedy** (1917-1963) est élu président de États-Unis en 1960, il fait face à deux graves crises de la guerre froide, celles de Berlin et de Cuba. Il est assassiné le 22 novembre 1963 à Dallas.

- **George W. Bush** (né en 1946) : membre du parti républicain, il est président des États-Unis de 2000 à 2008. À la suite des attentats du 11 septembre 2001, sa présidence est marquée par la « guerre contre le terrorisme » et les interventions américaines en Afghanistan et en Irak.
Il est le fils de George Bush (né en 1924), président des États-Unis de 1989 à 1993 et qui eut à gérer le nouveau rôle mondial des États-Unis après l'implosion de l'Union soviétique.

- **Barack Obama** (né en 1961) : démocrate, président des États-Unis de 2008 à 2012, il est réélu en 2012. Il doit relancer l'économie américaine en crise. Moins interventionniste que son prédécesseur G. W. Bush, il désengage les États-Unis d'Irak ; il commande cependant l'opération qui aboutit à la mort du chef d'Al-Qaïda, Oussama Ben Laden, le 1er mai 2011.

DES ACTEURS DE LA CONSTRUCTION EUROPÉENNE

- **Robert Schuman** (1886-1963) : démocrate chrétien et centriste, plusieurs fois ministre, il est l'auteur avec Jean Monnet de la déclaration du 9 mai 1950, texte fondateur de la construction européenne. R. Schuman est à l'origine de la CECA, première institution européenne supranationale.

- **Helmut Kohl** (né en 1930) : chancelier de la République fédérale d'Allemagne à partir de 1982, puis de l'Allemagne réunifiée après 1990, il renforce le « couple » franco-allemand et joue un rôle déterminant dans la création de l'Union européenne.

- **François Mitterrand** (1916-1996) : président socialiste de la République française de 1981 à 1995, il contribue largement au rapprochement franco-allemand et à la construction européenne.

LA DÉCOLONISATION ET LA CONSTRUCTION DE NOUVEAUX ÉTATS

- **Décolonisation :** processus qui conduit à l'indépendance des territoires dominés et colonisés par des puissances européennes.

- **Indépendance :** fait pour une colonie de rompre tous les liens de subordination avec sa puissance dominante et de devenir un État souverain.

- **Tiers monde :** l'expression créée par le français Alfred Sauvy date de 1952. Elle désigne l'ensemble des pays en développement, en référence au tiers état d'avant 1789 en France et par opposition aux deux blocs de la guerre froide.

L'UNION SOVIÉTIQUE

- **Modèle soviétique :** système politique, économique, social et culturel qui affirme l'idéal d'une société sans classes. Le modèle s'appuie sur un parti unique, le parti communiste. Les moyens de production sont contrôlés par l'État.

- **Mikhaïl Gorbatchev** (né en 1931) : dirigeant soviétique, il contribue à mettre fin à la guerre froide. Il ne peut cependant éviter l'implosion de l'Union soviétique en 1991.

Repères de géographie

LA FRANCE DANS L'UE ET DANS LE MONDE

- **Émigré :** personne ayant quitté son pays d'origine pour un autre.
- **Étranger :** toute personne qui réside dans un pays et qui n'en possède pas la nationalité.
- **Immigré :** personne résidant dans un pays étranger, de manière temporaire ou définitive.
- **Solde migratoire :** différence entre le nombre de personnes entrées sur un territoire (immigrants) et le nombre de personnes qui en sont sorties (émigrants). Le solde est indépendant de la nationalité.
- **Zone économique exclusive (ZEE) :** zone maritime qui s'étend jusqu'à 370 km des côtes d'un État et sur laquelle cet État exerce des droits exclusifs en matière d'exploration, d'exploitation, de protection et de gestion des ressources (pêche, ressources minérales et énergétiques sous-marines).

ACTEURS DE L'AMÉNAGEMENT

ÉCHELLE	NIVEAU CONCERNÉ
Locale	Communes
Locale	Regroupements de communes (intercommunalité)
Infra-régionale	Départements
Régionale	Régions
Nationale	État
Supra-nationale	Union européenne

LES ESPACES PRODUCTIFS

- **Pôle de compétitivité :** regroupement sur un territoire d'entreprises, d'organismes de recherche et de formation, fonctionnant en réseau afin d'augmenter la compétitivité d'un produit sur le marché national, européen et mondial.

L'UNION EUROPÉENNE

Repères chronologiques
1951 : traité de la CECA (Communauté européenne du charbon et de l'acier)
1957 : traités de Rome. Naissance de la CEE.
1995 : entrée en vigueur des accords de Schengen
1986 : Acte unique européen
1992 : traité de Maastricht. Naissance de l'Union européenne (UE) et de l'Eurocorps.
1999 : création d'Europol
2007 : traité de Lisbonne
2016 : référendum britannique sur le Brexit

Exercice 1 voir Fiche Savoir 1

Les États-Unis et le monde (1917-1989)

1. Complétez le tableau ci-dessous en indiquant l'événement majeur correspondant à l'année inscrite.

1917	Entrée en guerre des E.U
1941	Pearl Harbor, 2ème guerre M
1945	Fin de la guerre
1947	plan marshall, début guerre froide

2. Citez un président des États-Unis ayant joué un rôle majeur dans les relations internationales au XXe siècle.

3. Présentez une crise de la guerre froide en insistant sur le rôle des États-Unis dans cette crise.

4. « Les États-Unis ont gagné la guerre froide ». Justifiez ou infirmez cette affirmation.

FAIT ☐ REVU ☐

Exercice 2 voir Fiche Savoir 1

Les 14 points de Wilson

1. Présentez l'auteur du discours.

2. Dans quel contexte le document se situe-t-il ?

3. Comment ce discours montre-t-il la place et le rôle des États-Unis ?

4. En quoi est-il un tournant de l'histoire ?

« Des traités de paix ouverts, auxquels on a librement abouti, après lesquels il n'y aura ni action ou décision internationale privée d'aucune nature, mais une diplomatie franche et transparente. »
« Une absolue liberté de navigation sur les mers, en dehors des eaux territoriales, en temps de paix, aussi bien qu'en temps de guerre, sauf si les mers doivent être en partie ou totalement fermées afin de permettre l'application d'alliances internationales. »
« Le retrait autant que possible, de toutes les barrières économiques, et l'établissement d'une égalité des conditions de commerce parmi toutes les nations désirant la paix et s'associant pour la maintenir. »
« Des garanties adéquates à donner et à prendre afin que les armements nationaux soient réduits au plus petit point possible compatible avec la sécurité intérieure. »
« Un ajustement libre, ouvert, absolument impartial de tous les territoires coloniaux, se basant sur le principe qu'en déterminant toutes les questions au sujet de la souveraineté, les intérêts des populations concernées soient autant prises en compte que les revendications équitables du gouvernement dont le titre est à déterminer. »
« Une association générale des nations doit être constituée sous des alliances spécifiques ayant pour objet d'offrir des garanties mutuelles d'indépendance politique et d'intégrité territoriale aux petits comme aux grands États. »

Extraits du discours du président Wilson, 8 janvier 1918.

FAIT ☐ REVU ☐

Exercice 3 voir Fiche Savoir 1

Le plan Marshall et les débuts de la guerre froide

1. Que proposent les États-Unis ? (doc. n° 1)

2. Quels sont leurs objectifs ? (doc. n° 1)

3. Qui est le commanditaire de l'affiche et que veut-il dénoncer ? (doc. n° 2)

4. Comment les documents témoignent-ils des origines de la guerre froide ?

Document n° 1 : Le plan Marshall

« Il est logique que les États-Unis fassent tout ce qu'ils peuvent pour aider à rétablir la santé économique du monde, sans laquelle il ne peut y avoir aucune stabilité politique et aucune paix assurée. Notre politique n'est dirigée contre aucun pays, aucune doctrine, mais contre la famine, la pauvreté, le désespoir et le chaos. Son but doit être la reconnaissance d'une économie active dans le monde, afin que soient créées les conditions politiques et sociales où de libres institutions puissent exister ».

Discours du général Marshall, 5 juin 1947.

Document n° 2 : Affiche contre le plan Marshall

© Varma/Rue des Archives

FAIT ☐ REVU ☐

Exercice 4 voir Fiche Savoir 2

L'idée d'Europe au XXe siècle

1. Indiquez à quels événements de la construction européenne les dates suivantes correspondent : 1947, 1992.
2. Complétez le tableau ci-dessous en précisant à quel moment de l'idée d'Europe, le personnage cité appartient.

ARISTIDE BRIAND	
WINSTON CHURCHILL	
ROBERT SCHUMAN	
FRANÇOIS MITTERRAND	

3. Présentez une réalisation ou un projet européen.
4. « La France et l'Allemagne sont les pays moteurs de la construction européenne ». Expliquez cette affirmation en en faisant éventuellement la critique.

FAIT ☐ REVU ☐

Exercice 5 voir Fiche Savoir 2

Le plan Schuman

1. Présentez l'auteur du texte (doc. n° 1)
2. Quelle est sa proposition ? (doc. n° 1)
3. Quelle en serait la conséquence pour les relations de la France et de l'Allemagne ? (doc. n° 1)
4. Expliquez la couleur bleue figurant sur le document n° 2.

Document n° 1

« L'Europe ne se fera pas d'un coup, ni dans une construction d'ensemble : elle se fera par des réalisations concrètes créant d'abord une solidarité de fait. Le rassemblement des nations européennes exige que l'opposition séculaire de la France et de l'Allemagne soit éliminée. L'action entreprise doit toucher au premier chef la France et l'Allemagne.
Dans ce but, le gouvernement français propose immédiatement l'action sur un point limité mais décisif.
Le gouvernement français propose de placer l'ensemble de la production franco-allemand de charbon et d'acier sous une Haute Autorité commune, dans une organisation ouverte à la participation des autres pays d'Europe ».

Extraits de la déclaration de Robert Schuman, 9 mai 1950.

Document n° 2 : La CECA

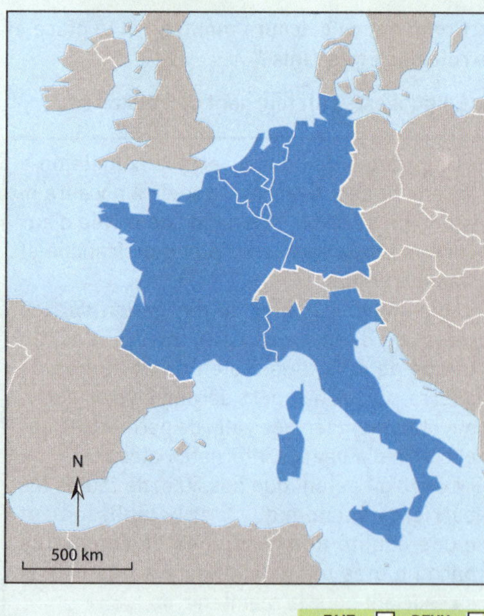

FAIT ☐ REVU ☐

Exercice 6 voir Fiche Savoir 2

Kohl, Mitterrand et l'Europe

1. Identifiez les deux personnages.
2. Quelle est la signification de leur geste ?
3. En quoi le lieu est-il symbolique ?

Kohl et Mitterrand, le 22 septembre 1984 à Verdun

FAIT ☐ REVU ☐

Exercice 7 voir Fiche Savoir 3

La décolonisation et la construction de nouveaux États : Inde, Algérie

1. Complétez la carte en indiquant le nom de deux colonies britanniques, deux colonies françaises, deux colonies portugaises et la date des indépendances.
2. Indiquez par un astérisque les pays où se sont déroulées des guerres d'indépendance.
3. Expliquez en quoi le contexte de 1945 est favorable à la décolonisation.
4. Présentez les principales étapes de la décolonisation de l'Inde et la partition.

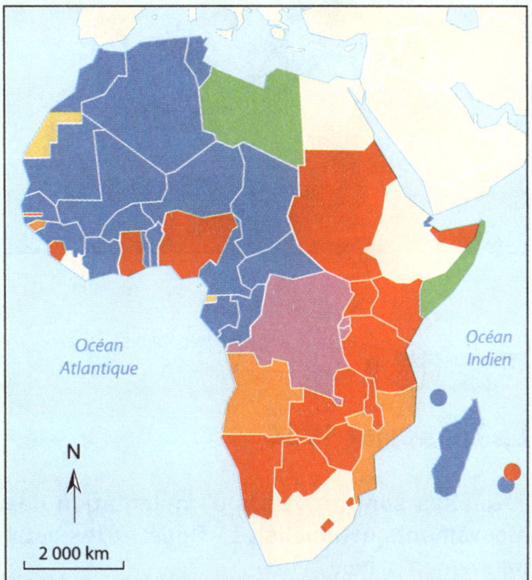

Les empires coloniaux en 1945
(colonies, protectorats, mandats)

- Royaume-Uni
- France
- Belgique
- Espagne
- Portugal
- Italie

FAIT ☐ REVU ☐

Exercice 8 voir Fiche Savoir 3

Gandhi et la non-violence

1. Quel est l'objectif final de la « marche du sel » ? (doc. n° 1)
2. Quelle forme de lutte politique Gandhi applique-t-il ainsi ? (doc. n° 1)
3. Pourquoi le choix de tisser ses vêtements et le choix même de ceux-ci est-il symbolique ? (doc. n° 1 et doc. n° 2)

Document n° 1 : La marche de protestation contre la taxe britannique sur le sel, 1930

Document n° 2 : Gandhi filant au rouet ses propres vêtements

FAIT ☐ REVU ☐

Exercice 9 voir Fiche Savoir 3

La Toussaint 1954

1. Quelles sont les zones d'implantation des mouvements nationalistes ? Repérez les deux mouvements. (doc. n° 2)

2. Quel est le but du FLN ? (doc. n° 1)

3. Par quel moyen compte-t-il y parvenir ? (doc. n° 1)

4. Comment les deux documents illustrent-ils le début de la guerre d'Algérie ? (doc. n° 1 et doc. n° 2)

Document n° 1 : Les revendications du FLN

But : L'Indépendance nationale par :

1. La restauration de l'État algérien, souverain, démocratique et social dans le cadre des principes islamiques.

2. Le respect de toutes les libertés fondamentales sans distinction de race ni de confession.

[...]

Moyens de lutte :

Conformément aux principes révolutionnaires, et compte tenu des situations intérieure et extérieure, la continuation de la lutte par tous les moyens jusqu'à la réalisation de notre but.

Front de libération nationale,
proclamation du 1er novembre 1954.

FAIT ☐ REVU ☐

Document n° 2 : Les débuts de l'insurrection algérienne

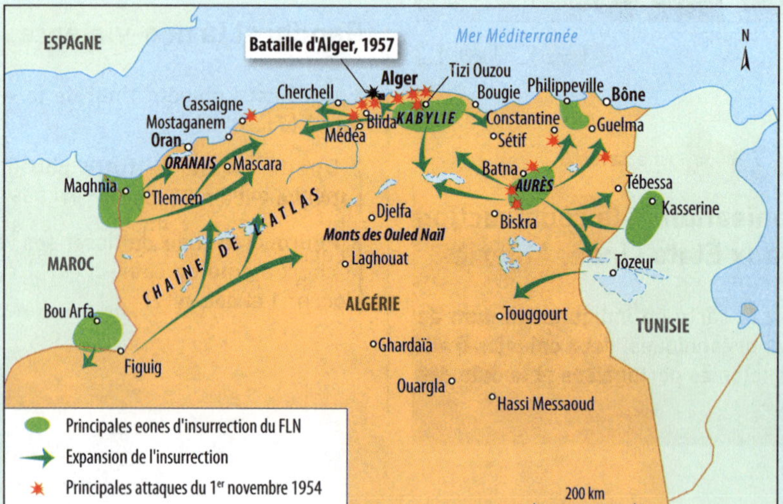

Exercice 10 voir Fiche Savoir 4

Le monde depuis le tournant des années 1990

1. Complétez le tableau ci-dessous.

1990	Réunification de l'Allemagne
1991	
2001	
	Attentats terroristes en France

2. Présentez les étapes de l'effondrement du bloc communiste.

3. Citez trois présidents américains depuis les années 1990.

4. « Les États-Unis » sont l'hyper puissance mondiale. Expliquez ou infirmez cette proposition.

FAIT ☐ REVU ☐

Exercice 11 voir Fiche Savoir 4

La chute du mur de Berlin

1. Que représente la photographie ?

2. Rappelez ce qu'est ce « mur ».

3. Comment la photographie illustre-t-elle la fin de la guerre froide ?

Ruines du mur de Berlin, 11 août 2011

© AP/Markus Schreiber, *Le Monde Europe*, 18-09-2013.

FAIT ☐ REVU ☐

Exercice 12 voir Fiche Savoir 4

Le 11 septembre 2001

1. De quel événement les documents sont-ils les témoignages ?

2. Présentez l'auteur du discours (doc. n° 2)

3. Comment l'attaque terroriste est-elle analysée ? (doc. n° 2)

4. Quelle est la décision politique annoncée ?

Document n° 1 : L'attaque sur les tours du World Trade Center à New York (11 septembre 2001)

Document n° 2 : Discours du président des États-Unis George W. Bush le soir du 11 septembre 2001 depuis la Maison Blanche

« Aujourd'hui, nos concitoyens, notre mode de vie, notre liberté même ont été attaqués dans une série d'actes terroristes meurtriers et délibérés. [...] Les attaques terroristes peuvent secouer les bases de nos plus grands bâtiments, mais elles ne peuvent pas toucher les fondements de l'Amérique. Ces actes brisent l'acier, mais ils ne peuvent pas entamer celui de la détermination américaine. Aujourd'hui notre nation a vu le mal, le plus mauvais de la nature humaine. [...] L'Amérique et nos amis et alliés se joignent à tous ceux qui veulent la paix et la sécurité dans le monde et nous feront front ensemble pour gagner la guerre contre le terrorisme. »

FAIT ☐ REVU ☐

Exercice 13 voir Fiche Savoir 5

La France dans l'UE et dans le monde

1. Placez sur le fond de carte les noms de trois régions françaises et de cinq grandes métropoles régionales.

2. Citez deux firmes transnationales françaises et deux firmes transnationales étrangères implantées en France.

3. Présentez des exemples de la place de la France dans le monde. Donnez des exemples économiques, géopolitiques ou culturels.

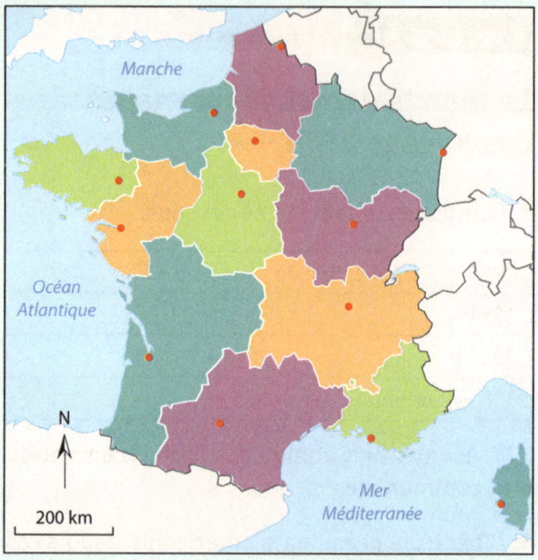

FAIT ☐ REVU ☐

Exercice 14 voir Fiche Savoir 5

Paris, ville mondiale

1. Quels lieux sont les centres du pouvoir politique ?

2. Quels équipements culturels et sportifs peut-on repérer ?

3. Montrez d'après la carte que Paris est aussi une métropole internationale.

Paris capitale nationale et ville mondiale

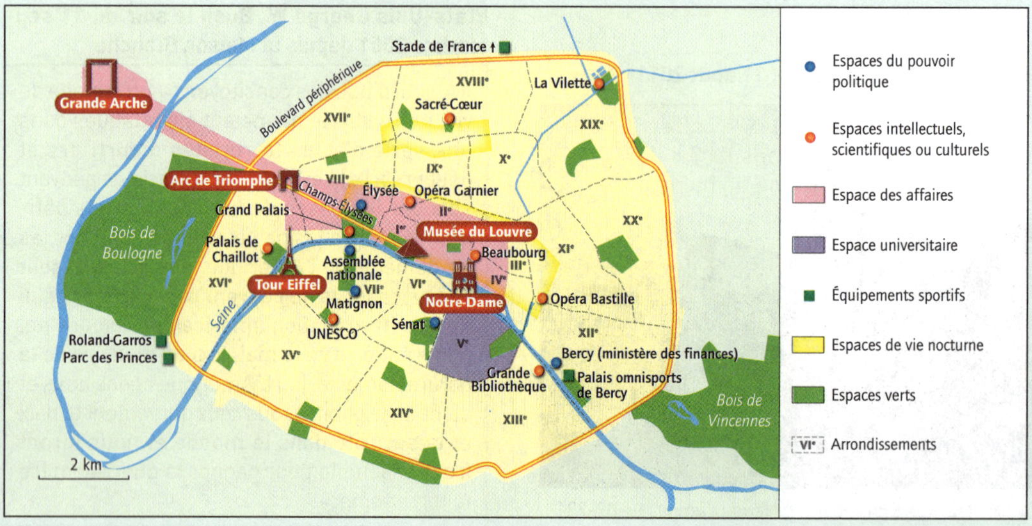

FAIT ☐ REVU ☐

Exercice 15 voir Fiche Savoir 5

L'Outre-mer et la puissance française

1. Définissez d'après le texte 1 ce qu'est la ZEE.

2. Expliquez le « deuxième domaine maritime mondial » (texte 2).

3. Quelles réserves l'auteur de l'article cité par *Géoconfluences* émet-il ?

Texte 1

La ZEE s'étend jusqu'à 200 milles marins, mais un pays a le droit de revendiquer l'extension de sa zone économique exclusive au-delà des 200 milles traditionnels, et jusque dans une limite de 350 milles, en faisant entrer en ligne de compte, études géologiques à l'appui, les limites de son plateau continental qui s'étend sous les eaux.
C'est ainsi que la France vient d'étendre son domaine maritime de 579 000 km^2, soit l'équivalent de la superficie de l'hexagone.

Revue maritime, « *Vous avez dit 11 millions de km^2 ?* », Vice-amiral François Pézard, n° 292, 2011.

Texte 2

Induire dans l'esprit des Français que nos espaces maritimes nationaux abritent nos principales richesses du futur est, en l'état actuel, au mieux imprudent. Mais cristalliser leur nationalisme sur l'étendue de leur « empire maritime » ne peut que les engager dans une logique d'affrontement dans un contexte où le rapport de forces nous sera défavorable dans la plupart des cas. La vraie richesse maritime de la France se situe avant tout dans le dynamisme de son économie liée à la mer et non dans la contemplation satisfaite de ses « 11 millions de km^2 de zones économiques, deuxième domaine maritime mondial ».

Géoconfluences, 9 octobre 2015.

FAIT ☐ REVU ☐

Exercice 16 voir Fiche Savoir 6

Acteurs et enjeux de l'aménagement des territoires français

1. Situez sur le fond de carte la région Ile-de-France, la région Rhône-Alpes Auvergne.

2. Indiquez les trois villes dépassant le million d'habitants.

3. Présentez trois acteurs intervenant dans l'aménagement des territoires.

4. « Il y a plus de 36 000 communes en France ». Justifiez ou critiquez cette affirmation.

5. Donnez une définition de l'intercommunalité.

6. Présentez un aménagement local en indiquant les territoires concernés, les acteurs et les objectifs ainsi que les réalisations.

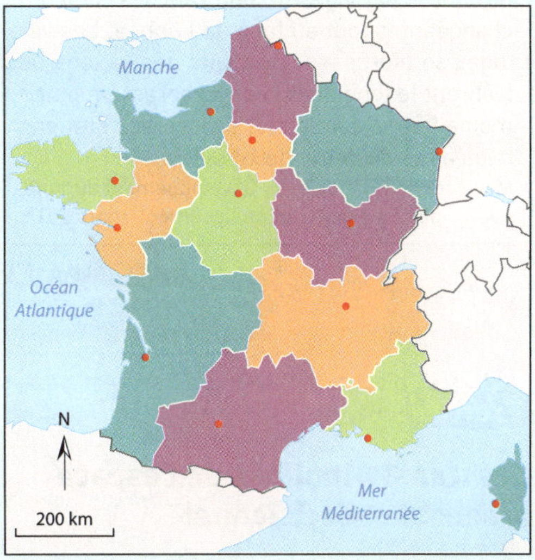

FAIT ☐ REVU ☐

Exercice 17 voir Fiche Savoir 6

Le Conservatoire du littoral

1. Présentez le Conservatoire et ses objectifs.

2. Expliquez à travers l'exemple, ses types d'actions.

3. Montrez qu'il agit en partenariat.

Un exemple d'action : L'attribution du label « Grand Site de France » au site protégé des Deux Caps/Gris-Nez Blanc-Nez (Pas-de-Calais)

L'obtention du label « Grand site de France » marque la reconnaissance d'un travail engagé par les collectivités territoriales et l'État depuis 1978 pour **réhabiliter le site, préserver son patrimoine et accueillir un public atteignant aujourd'hui 1 million de visiteurs**. Le label a été attribué au Conseil général du Pas-de-Calais, qui anime le projet du Grand Site en partenariat avec le Parc naturel régional des caps et marais d'Opale, le syndicat mixte de gestion des espaces naturels Eden 62 et le Conservatoire du littoral. S'étendant sur huit communes du Pas-de-Calais, face à l'Angleterre, ce territoire est constitué de falaises surplombant la mer, de plages immenses, mais aussi de dunes, landes, zones humides et estuaires. L'agriculture y est très vivante et façonne le paysage, lui conférant des couleurs changeantes tout au long de l'année. Les villages se blottissent au creux des vallons ou s'étirent le long de la mer, arborant un patrimoine bâti exceptionnel propre aux stations balnéaires du début du XXe siècle.

Ministère de l'Écologie, du Développement durable, des Transports et du Logement, mars 2011.

FAIT ☐ REVU ☐

Exercice 18 voir Fiche Savoir 7

Les transformations de l'espace productif et décisionnel

1. Indiquez sur la carte deux espaces industriels en reconversion et deux espaces agricoles compétitifs.
2. Citez deux facteurs de localisation des activités économiques.
3. Expliquez ce qu'est un pôle de compétitivité. Donnez un exemple.
4. « Les métropoles sont des espaces décisionnels ». Justifiez cette affirmation.

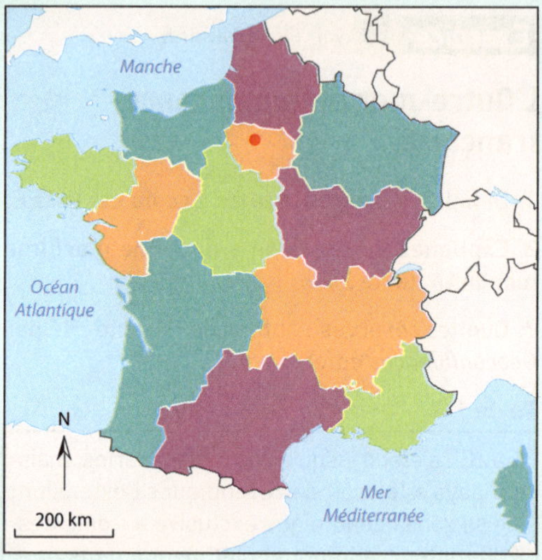

FAIT ☐ REVU ☐

Exercice 19 voir Fiche Savoir 8

Les frontières de l'UE

1. Définissez ce qu'est l'espace Schengen.
2. Dans quelle mesure l'espace Schengen correspond-il à l'espace de l'Union européenne ?
3. Comment et dans quelles limites, l'espace Schengen contribue-t-il à la cohésion européenne ?

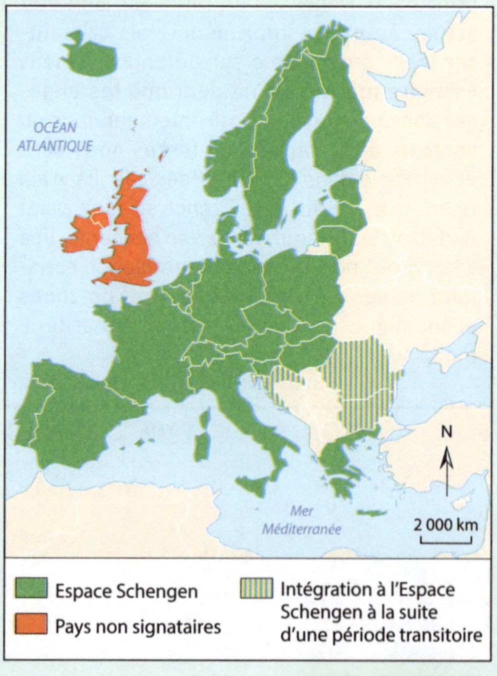

FAIT ☐ REVU ☐

Exercice 20 voir Fiche Savoir 8

L'Union européenne et ses territoires

1. Situez sur la carte ci-dessous dix États membres de l'Union européenne.
2. Situez les trois villes sièges des institutions européennes.
3. Définissez ce qu'est la zone euro. Coïncide-t-elle avec l'Union européenne ?
4. Qu'est-ce que le FEDER ? Quels sont ses objectifs ?
5. Présentez un projet commun aux États membres.

FAIT ☐ REVU ☐

Exercice 21 voir Fiche Savoir 8

Un grand projet européen

1. Quel est, ici, l'objectif d'Ariane ?
2. Où la base de lancement se situe-t-elle ?
3. Quels sont les pays concernés ?
4. Comment le document montre-t-il qu'Ariane est un exemple de coopération européenne réussie ?

La 200e fusée Ariane lance le deuxième cargo de l'Europe

Pour le 200e vol de son histoire, la fusée Ariane doit mettre sur orbite mardi soir, à 23 h 08, heure de Paris, le vaisseau cargo sans équipage « Johannes-Kepler », l'engin spatial le plus lourd jamais lancé par l'Europe. Avec une masse totale de 20 tonnes au décollage, dont un peu plus de 7 tonnes de fret, ce mastodonte de plus de 10 m de haut pour 4,5 m de diamètre doit ravitailler la Station spatiale internationale (ISS) et ses six membres d'équipage qu'il rejoindra le 23 février au terme d'une course-poursuite d'une huitaine de jours. Il s'agit du second véhicule de transfert automatique (ATV-2) affrété par l'Agence spatiale européenne (ESA), partenaire de l'ISS avec les États-Unis, la Russie, le Canada et le Japon. Il a été fabriqué par un consortium d'une trentaine d'industriels européens, implantés dans dix pays, sous la maîtrise d'œuvre d'Astrium Space Transportation, filiale du groupe EADS.

Le Figaro, 15 février 2011.

FAIT ☐ REVU ☐

Exercice 1

Les États-Unis et le monde (1917-1989)

1.

1917	Entrée des États-Unis dans la Première Guerre mondiale
1941	Pearl Harbor. Entrée des États-Unis dans la Seconde Guerre mondiale
1945	Fin de la Seconde Guerre mondiale
1947	Doctrine Truman (endiguement) ; plan Marshall ; début de la guerre froide

2. Wilson, F. D. Roosevelt, Truman, Eisenhower, Kennedy, Carter, Clinton, Bush (père et fils)…

3. Cuba est une île proche de la Floride où Fidel Castro, au pouvoir depuis 1959, s'est rapproché de l'URSS surtout après l'échec d'un débarquement d'exilés cubains aidés par les États-Unis et destiné à le renverser (Baie des Cochons, 15 avril 1961). L'Union soviétique dirigée par Nikita Khrouchtchev est sur le point d'installer des fusées offensives à moyenne portée à Cuba. Le président américain John Kennedy décide une « quarantaine » (blocus de l'île), et annonce son intention d'arraisonner tout navire soviétique porteur de missiles et de charges nucléaires. Le monde se pense « au bord du gouffre ». Mais la crise se dénoue : les navires soviétiques font demi-tour, les installations démontées, les États-Unis renoncent à envahir Cuba. Cette crise montre la tension et le rapport de forces entre les deux grandes puissances dominatrices où la menace nucléaire et l'arme économique font aussi partie des caractéristiques de la guerre froide. Elle est aussi une première tentative de dialogue entre les deux grandes puissances.

4. Les États-Unis restent la seule grande puissance après l'effondrement du bloc soviétique et l'implosion de l'URSS.

Exercice 2

Les 14 points de Wilson

1. Le discours est prononcé par le président américain, le démocrate Woodrow Wilson.

2. Les États-Unis sont entrés en guerre depuis janvier 1917. Toutes les tentatives de paix ont échoué. Wilson en propose une, sur de nouvelles bases.

3. Le discours s'adresse aux nations belligérantes. Il montre la place importante prise par les États-Unis dans les relations internationales et le rôle qu'ils veulent jouer alors.

4. Outre la place mondiale des États-Unis, le discours pose les jalons de la mondialisation économique, de la décolonisation. C'est aussi un moment important pour la diplomatie mondiale avec la création de la Société des nations.

Exercice 3

Le plan Marshall et les débuts de la guerre froide

1. En 1947, les États-Unis proposent à l'Europe ruinée par la Seconde Guerre mondiale une aide économique et financière, le plan Marshall.

2. Cette aide a pour but de sauver les populations et de restaurer l'économie européenne (et par là même mondiale) ; elle est aussi inspirée par la crainte de voir les peuples dans la misère se tourner vers le communisme.

3. L'affiche de 1952 est commanditée par le Parti communiste français. La pieuvre symbolise les États-Unis et leur « impérialisme ». Les communistes qui ne font plus partie du gouvernement en France depuis 1947, évoquent les Américains comme des colonisateurs.

4. Seize pays d'Europe occidentale ont accepté l'aide et se sont regroupés dans l'OECE (Organisation européenne de coopération économique), chargée de répartir l'argent du plan Marshall. En revanche, les pays communistes sauf la Yougoslavie ont refusé le plan. L'acceptation ou non du plan Marshall est l'un des éléments ayant contribué à la coupure de l'Europe en deux et à la constitution des deux blocs de la guerre froide. Parallèlement, s'est constituée l'OTAN (Organisation du Traité de l'Atlantique Nord) en 1949 et a éclaté la première grande crise, le blocus de Berlin aboutissant à la formation des deux Allemagne.

Exercice 4

L'idée d'Europe au XXe siècle

1. 1947 : plan Marshall (OECE), 1992 : traité de Maastricht

2.

ARISTIDE BRIAND	1929 : devant la SDN, Briand propose de créer un lien fédéral entre les pays européens.
WINSTON CHURCHILL	1946 : Churchill propose de réaliser des États-Unis d'Europe.
ROBERT SCHUMAN	1950 : discours de Robert Schuman aboutissant à la création de la CECA
FRANÇOIS MITTERRAND	1984 : relance de la réconciliation franco-allemande (commencée par de Gaulle-Adenauer) et de la construction européenne autour de l'axe franco-allemand.

3. Par exemple Erasmus (programme d'échanges d'étudiants et d'enseignants), Ariane (programme européen de mise en orbite de satellites)...

4. On peut dire que la réconciliation franco-allemande a été l'un des fondements de la construction européenne à travers la CECA ou le traité franco-allemand de 1963 entre de Gaulle et Adenauer. L'entente plus ou moins étroite des deux pays les plus puissants de l'UE est un gage de solidité pour l'UE.

Exercice 5

Le plan Schuman

1. Robert Schuman est, en mai 1950, le ministre français des Affaires étrangères.

2. Il propose la réalisation d'une «Communauté européenne du charbon et de l'acier»; le plan est inspiré par Jean Monnet. Ce serait la mise en commun de la production du charbon et des produits sidérurgiques. Ce plan prépare à une union européenne future, celle-ci ne pouvant, selon ses concepteurs, se réaliser que progressivement, et à partir d'opérations concrètes.

3. Le plan rendrait la guerre impossible entre les deux pays puisque la production d'acier, hautement symbolique, sert à faire des armes de guerre.

4. La couleur bleue correspond aux États membres de la CECA.

Exercice 6

Kohl, Mitterrand et l'Europe

1. Il s'agit à gauche, sur la photo, du socialiste François Mitterrand, président de la République française de 1981 à 1995 et à droite d'Helmut Kohl, chancelier de l'Allemagne fédérale (RFA) de 1982 à 1998.

2. Ces mains unies symbolisent la réconciliation franco-allemande.

3. Verdun a été l'une des batailles les plus meurtrières et très emblématique de la Première Guerre mondiale. Les deux hommes se recueillent devant le Mémorial.
Rappel : La construction européenne sous Mitterrand-Kohl

SEPTEMBRE 1984	Rencontre de Verdun
FÉVRIER 1986	Acte unique européen
OCTOBRE 1986	Mesures favorisant les échanges culturels
MARS 1988	Conseil financier et économique franco-allemand
NOVEMBRE 1988	Création de la chaîne télévisée franco-allemande, Arte
OCTOBRE 1989	Création de la brigade franco-allemande (Eurocorps en 1993)
NOVEMBRE 1989	Chute du mur de Berlin
AVRIL 1990	Proposition Mitterrand-Kohl de création d'une Union politique européenne
OCTOBRE 1990	Réunification de l'Allemagne
DÉCEMBRE 1991	Accords de Maastricht, préparés à Paris et à Bonn
FÉVRIER 1992	Signature du traité de Maastricht
NOVEMBRE 1993	Entrée en vigueur de Maastricht : l'Union européenne remplace la CEE
JUILLET 1994	L'Eurocorps allemand participe au défilé du 14 juillet à Paris

Exercice 7

La décolonisation et la construction de nouveaux États : Inde, Algérie

1. et **2.**

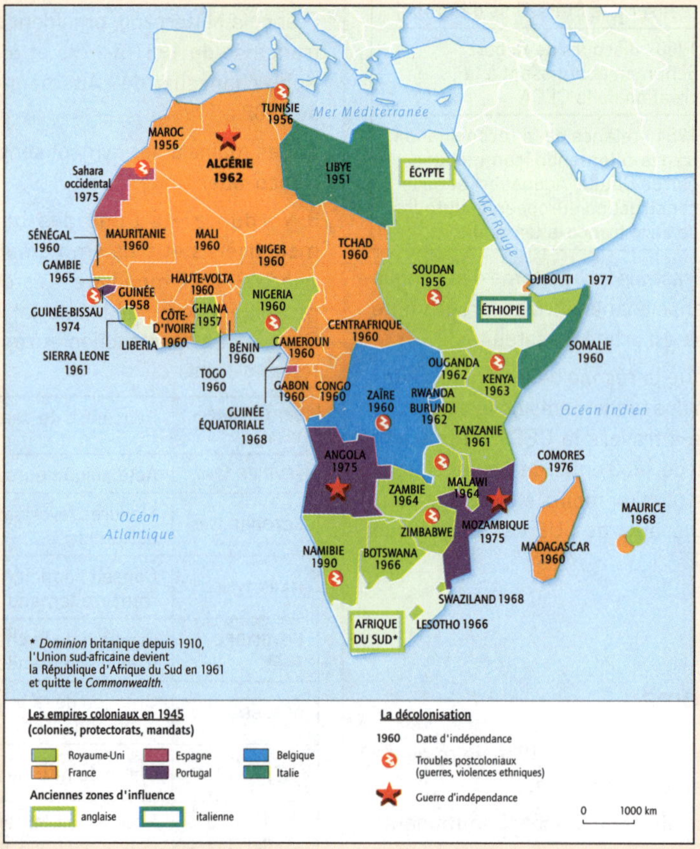

3. Les puissances coloniales sont affaiblies par la guerre ; leur prestige est ébranlé. Elles ont aussi promis au moins des réformes aux peuples colonisés. Les États-Unis et l'Union soviétique, appuyés sur l'ONU, dénoncent le phénomène colonial.

4.

1919	Gandhi à la tête du Parti du Congrès dirige une campagne de protestation contre la répression britannique sur les activités « subversives ». Répression d'Amritsar (400 morts).
1920	choix de la « non-violence » pour la lutte pour l'indépendance. Gandhi lance le boycott du textile anglais pour défendre la production indienne.
1930	« Marche du sel ».
1940	Campagne de désobéissance civile.
1942	Campagne « *Quit India* » (« Quittez l'Inde »).
1946	Le gouvernement britannique (Clement Atlee, travailliste) vote l'indépendance de l'Inde.
1947	15 août, indépendance de l'Inde et du Pakistan (partition entre hindouistes et musulmans). Massacres. Nehru, premier ministre de l'Union indienne. Octobre : première guerre indo-pakistanaise à propos du Cachemire.
1948	30 janvier, assassinat de Gandhi par un extrémiste hindou. Février : indépendance de Ceylan (Sri Lanka).
1950	26 janvier, proclamation officielle de la République indienne, entrée en vigueur de la constitution.

Exercice 8

Gandhi et la non-violence

1. La « marche » a pour but de protester contre le monopole britannique sur le sel (impôt et interdiction d'en récolter). C'est aussi pour Gandhi, une étape vers l'indépendance.

2. Il applique le principe de non-violence et choisit des campagnes de protestation et de boycott.

3. Il symbolise ainsi le rejet de la production britannique (industrielle) qui s'est faite au détriment de la production indienne (artisanale). C'est aussi le désir de revenir à la tradition et à l'identité indiennes.

Exercice 9

La Toussaint 1954

1. Les principaux foyers d'insurrection du FLN (Front de libération nationale) se situent sur la frontière algéro-marocaine, en Kabylie et dans les Aurès. L'expansion de l'insurrection se porte aussi contre les régions détenues par le Mouvement national algérien, (MNA), mouvement indépendantiste également mais adversaire du FLN.

2. Le but est l'indépendance de l'Algérie.

3. Par « tous les moyens », la négociation mais aussi la lutte armée

4. Les documents montrent la détermination du FLN à obtenir y compris par les attentats l'indépendance nationale. Si le gouvernement français ne cède pas, le recours à la violence et à la guerre vont en découler.

Exercice 10

Le monde depuis le tournant des années 1990

1.

1990	Réunification de l'Allemagne
1991	Implosion de l'URSS ; elle devient la CEI ou Communauté des États indépendants
2001	Attentats terroristes aux États-Unis (New York, Washington)
2015	Attentats terroristes en France à Paris

2. L'Union soviétique disparaît officiellement le 21 décembre 1991. Les réformes du dirigeant soviétique Mikhaïl Gorbatchev, au pouvoir depuis 1985, ont donné davantage de libertés. Dans les démocraties populaires européennes, les régimes communistes s'effondrent les uns après les autres, pacifiquement ou par des révolutions. Le 9 novembre 1989, le mur de Berlin, symbole de la guerre froide et du monde bipolaire, est ouvert. L'Allemagne est réunifiée le 3 octobre 1990. À l'intérieur même de l'Union soviétique, le mécontentement grandit contre l'échec des réformes, les revendications nationalistes se multiplient. Plusieurs républiques proclament leur indépendance. En décembre 1991, la CEI remplace l'Union soviétique. Elle comprend alors 11 membres sur les quinze États de l'ex-Union (9 actuellement).

3. George Bush (1989-1993), William Clinton (1993-2001), George W. Bush (2001-2009), Barak Obama (2009-2017)

4. Les États-Unis sont la seule grande puissance et même hyperpuissance à la fin de la guerre froide. Le modèle libéral en économie et la démocratie libérale ont triomphé sur l'URSS et le modèle soviétique. Cependant, le monde est devenu davantage multipolaire (puissances émergentes comme la Chine ou l'Inde) et la puissance américaine est remise en cause.

Exercice 11

La chute du mur de Berlin

1. La photographie représente des ruines du mur de Berlin.

2. À partir du 13 août 1961, la RDA édifie un mur entre Berlin-Est et Berlin-Ouest, afin de stopper l'exode vers l'ouest. Ce « mur de la honte », ainsi appelé par les Occidentaux était long de 155 km ; 136 personnes sont officiellement mortes en raison de l'existence du mur dont 99 en tentant de le franchir.

3. Le 9 novembre, les autorités est-allemandes accordent la liberté de circulation. Le mur est ouvert dans la nuit du 9 au 10 et démantelé. La coupure de l'Europe en deux (le « rideau de fer » selon l'expression de Churchill) et qui symbolisait aussi la division du monde en deux blocs est terminée. C'est la fin de la guerre froide.

Exercice 12

Le 11 septembre 2001

1. La destruction des tours du World Trade Center de New York par des attentats terroristes.

2. Le discours est prononcé par le président américain George W. Bush, président depuis 2001 (son père a également été président de 1989 à 1993).

3. L'attaque, selon le président américain, a pour cible les valeurs américaines (mode de vie, libertés), les bases même de la démocratie des États-Unis. Cette attaque est perpétrée par des êtres mauvais qui sont le « mal ».

4. La riposte sera la recherche d'un front d'alliances contre ce « mal » et ira jusqu'à la guerre.

Exercice 13

La France dans l'UE et dans le monde

1.

Carte des régions françaises au 1er juillet 2016.

2. PSA, Total... Toyota, Sony...

3. La France est la sixième puissance économique mondiale (puissance agricole, industrielle, forte exportatrice de services) ; elle siège au Conseil de sécurité des Nations unies et y dispose du droit de veto. Son rôle militaire est important : participation aux opérations de maintien de la paix et de la lutte contre le terrorisme (Libye, Mali...) ; elle possède des bases militaires comme Djibouti. La France est aussi une puissance nucléaire. Le rayonnement français est également culturel (prix Nobel de littérature, place du cinéma français, gastronomie française...). L'importance de la communauté francophone, permet à la France de garder une influence culturelle mondiale (francophonie). Elle défend ainsi la langue française mais aussi la diversité culturelle et les droits de l'homme.

Exercice 14

Paris, ville mondiale

1. Le palais de l'Élysée, résidence du président de la République, l'hôtel Matignon, résidence du Premier ministre et les sièges du Parlement (palais Bourbon et palais du Luxembourg).

2. On y trouve des monuments comme la Tour Eiffel, l'Arc de triomphe et Notre-Dame, des musées comme le Louvre, le centre Pompidou, le palais de Chaillot, la Cité des sciences et de l'industrie, des opéras (Garnier et Bastille), la Grande Bibliothèque… Pour le sport : le Parc des Princes, Roland-Garros, le palais omnisports de Bercy (Accord Hôtel Arena), le grand Stade de France en périphérie…

3. La présence de l'OCDE et de l'UNESCO montre aussi que Paris est une métropole internationale, de même la présence de centres de congrès comme le Parc des expositions.
C'est également un carrefour européen et mondial.

Exercice 15

L'Outre-mer et la puissance française

1. C'est le territoire maritime qui s'étend jusqu'à 200 milles des côtes d'un État et dont l'exploitation est exclusivement réservée à celui-ci. On peut maintenant étendre jusqu'aux limites du plateau continental, jusqu'à 350 milles.

2. La France possède le second domaine maritime en superficie de ZEE derrière les États-Unis.

3. L'auteur émet un avis pondéré. L'exploitation de la ZEE est une vision pour l'avenir. Il faut plutôt envisager le présent et la richesse actuelle se trouve dans son économie liée à la mer (flottes diverses, pêche, élevages marins, production d'énergie…). En outre, les rivalités à propos de la ZEE risquent de provoquer des conflits d'où la France ne sortira sans doute pas victorieuse.

Exercice 16

Acteurs et enjeux de l'aménagement des territoires français

1.

Carte des régions françaises au 1er juillet 2016.

2. Paris, Lyon, Marseille.

3. L'État qui a été le premier aménageur, les collectivités territoriales dont le rôle a crû avec la décentralisation, l'Union européenne.

4. Le nombre est maintenant inférieur à 36 000 en raison des fusions de communes.

5. L'intercommunalité désigne les différents types de coopération entre les communes. Il peut s'agir de la gestion de services publics locaux (ramassage d'ordures ménagères...) et de la réalisation d'équipements locaux ou bien de la conduite de projets de développement local. La première forme d'intercommunalité est apparue en 1890 (le syndicat intercommunal). Depuis 1992, des lois l'ont renforcée et simplifiée. Par exemple, à partir de 2013, l'appartenance à un ECPI est devenue obligatoire.

6. *Choix libre de l'élève.*

Exercice 17

Le Conservatoire du littoral

1. Le Conservatoire du littoral est un établissement public, dépendant de l'État, dont la vocation, depuis 1975, est de protéger de manière définitive les espaces maritimes et lacustres (si les lacs concernés couvrent plus de 1 000 ha). Le Conservatoire peut intervenir aussi en mer. Son action concerne la métropole, les DROM et Saint-Pierre-et-Miquelon. Le but est aussi de constituer un patrimoine protégé et inaliénable.

2. Le Conservatoire rachète les terrains fragiles ou menacés. Il les réhabilite, peut y constituer des parcs naturels mais maintient aussi les activités humaines respectueuses de l'environnement (comme ici l'agriculture et le tourisme). Il décerne des labels, « Grand site de France » dans l'exemple.

3. Il agit en partenariat avec les ministères, les collectivités publiques (communes, conseils départementaux et régionaux mais aussi organismes publics et privés, Union européenne, personnes privées.

Exercice 18

Les transformations de l'espace productif et décisionnel

1. Espaces industriels en reconversion : Nord-Pas-de-Calais, Lorraine.
Expaces agricoles compétitifs : Bordelais, Bretagne...

2. Les premières localisations se sont faites sur les sources de matières premières ou d'approvisionnement ou près des grands foyers de consommation ou ponctuellement à la suite d'initiatives individuelles ou familiales ainsi Peugeot à Sochaux. Dans les années 1960, l'industrie s'est diffusée vers les littoraux. Puis il y eut de nouvelles stratégies transfrontalières avec des aides de l'Europe. L'étape actuelle, depuis les années 1980, s'appuie sur la recherche et l'innovation, les capacités de financement et le rapport à la mondialisation, la qualité de l'environnement (transports...). Les métropoles deviennent ainsi des lieux particulièrement attractifs du moins pour les industries à forte valeur ajoutée.

3. Les pôles de compétitivité, selon la DATAR, sont le « rassemblement sur un territoire bien identifié et sur une thématique ciblée, d'entreprises petites et grandes, de laboratoires de recherche et d'établissements de formation ». Ils travaillent en synergie, ainsi le pôle Énergivie en Alsace. Certains sont qualifiés de « mondiaux » comme Aerospace dans le Sud-ouest. ». Ainsi, la *Cosmetic Valley* est-elle un pôle de compétitivité axé sur la parfumerie ; elle englobe 200 entreprises et 16 000 emplois dans les régions Ile-de-France, Centre-Val-de-Loire et Normandie.

4. Les métropoles concentrent des fonctions stratégiques de commandement, de gestion des administrations ou des entreprises, des fonctions logistiques aussi. Elles sont également des pôles d'attraction et de rayonnement à l'échelle régionale, voire nationale et internationale.

Exercice 19

Les frontières de l'Union européenne

1. L'accord de Schengen signé en 1985 par l'Allemagne, le Benelux et la France prévoyait la suppression du contrôle des personnes à l'intérieur des frontières communautaires. En 1990, la Convention de Schengen promulgue l'ouverture des frontières entre les pays signataires et entre en vigueur en 1995. Elle a été renforcée par le traité de Lisbonne en décembre 2007. Cet espace est un « espace de liberté, de sécurité, de justice ». La participation à l'espace Schengen peut être momentanément suspendue (avec l'accord des États membres) pour des raisons exceptionnelles comme c'est le cas actuellement devant l'arrivée massive des migrants.

2. L'espace Schengen qui comprend 26 États, ne coïncide pas avec l'Union européenne. Entré en vigueur en 1995, il compte vingt-deux États membres de l'Union européenne et quatre États associés non-membres de l'UE (l'Islande, la Norvège, la Suisse, le Liechtenstein). Le Royaume-Uni et l'Irlande n'en font pas partie et quatre autres États de l'UE n'ont qu'une participation incomplète : la Roumanie, la Bulgarie, la Croatie et Chypre. Les territoires d'Outre-mer ne sont pas membres non plus.

3. Cet espace contribue à l'unification de l'Europe car il crée un espace de libre circulation entre les États et concerne plus de 500 millions d'Européens. Il induit aussi une politique commune mais montre aussi les limites de celle-ci (on le voit aussi actuellement à travers la question des migrants).

Exercice 20

L'Union européenne et ses territoires

1. et **2.**

* En 2016, le Royaume-Uni a voté par référendum une sortie de l'UE.

3. La zone euro est dirigée par la Banque centrale européenne. Cette zone a été créée pour éviter la trop grande instabilité des taux de change et pour lutter contre la spéculation financière. Actuellement l'euro, adopté par les banques en 1999 et devenu monnaie fiduciaire en 2002, est la deuxième monnaie internationale. La zone ne coïncide pas : 19 pays sur les 28 membres de l'Union européenne font partie de la zone euro, plus le Kosovo et le Monténégro (sans accord officiel et sans pouvoir d'émission) ainsi que des micro-États avec accord (San Marin, le Vatican, Monaco et « de facto » Andorre), font partie de la zone euro. Les collectivités françaises du Pacifique (Nouvelle-Calédonie, Polynésie française et Wallis-et-Futuna) devraient aussi adopter l'euro dans l'avenir.

4. Le rôle du FEDER (Fonds européen de développement régional) est d'apporter son aide aux régions en difficulté afin de réduire les inégalités. Une politique de cohésion a été définie en 2014. Il s'agit de créer de la croissance et des emplois, de lutter contre le changement climatique et la dépendance énergétique, de réduire la pauvreté et l'exclusion sociale.

5. a) Ariane est un programme européen de mise en orbite de satellites lancé en 1973 et mis en œuvre par l'Agence spatiale européenne (ESA). Elle comprend actuellement 20 pays dont des États non-membres de l'Union européenne comme la Suisse. La France est représentée par le CNES (Centre national d'études spatiales).

b) Galileo est un système européen de navigation par satellites ; le projet a été décidé par l'Union européenne en 2001. Le système repose sur la mise sur trois orbites de 30 satellites qui doivent aider les transports, les travaux publics, l'agriculture, la prospection pétrolière, les secours... Le financement et l'utilisation ne sont pas uniquement européens mais concernent aussi d'autres États dans le monde comme la Chine ou la Norvège.

Exercice 21

Un grand projet européen

1. Ariane, lanceur lourd européen, doit lancer un lourd « cargo » de ravitaillement pour la station spatiale internationale (ISS).

2. La base de lancement se situe à Kourou en Guyane.

3. Les pays concernés sont les membres de l'Agence spatiale européenne (ASE ou ESA en anglais), plus les États-Unis, la Russie, le Canada et le Japon.

4. Le lanceur Ariane, fruit d'une collaboration européenne, rappelée ici par l'ASE et la filiale d'EADS maîtresse d'œuvre ; trente industriels européens de dix pays différents, ont fabriqué le « cargo ».

Le groupe verbal

LU ☐
SU ☐
REVU ☐

1 L'ordre des mots dans la phrase

PHRASE	CONSTRUCTION	EXEMPLES
AFFIRMATIVE	Sujet + (auxiliaire) + V	*Simon smokes. Ken can cook.*
NÉGATIVE	Sujet + auxiliaire + *not/n't* + V	*Donald doesn't drive. Kate can't count.*
QUESTIONS	(*Wh.../how...*) + auxiliaire + sujet + V	*What can a cat scratch? Is Liz fit?* *How do you do?*

2 Les principaux temps

TEMPS	FORMES = SUJET + ...	USAGES	EXEMPLES
PRÉSENT	V (+ -s à la 3e pers.)	Généralités, goûts	*Lily likes lemonade.*
PRÉSENT -*ING*	*be* + V + -*ing*	Situations particulières	*You're reading this page!*
FUTUR SIMPLE	*will* + V	Projets, prévisions	*Elections will take place in 2020.*
FUTUR *GOING TO*	*be going to* + V	Intentions, futur proche	*I'm going to write to the Mayor.*
PRÉTÉRIT	V + -*ed* ou irrégulier	Fini + précis	*Sam saw Sid last Sunday.*
PRESENT PERFECT	*have* + V + part. passé *have been* + V + -*ing*	Pas précis ou pas fini	*Bart has bought a boat.* *Willy has worked for weeks.*
CONDITIONNEL	*could* (pourrais) + V *should* (devrais) + V *would* + V	Suggestion Conseil Situation envisagée	*Cooper could cook soup.* *Charles should change shoes.* *Mike would like a bike.*

3 Les auxiliaires de modalité

Construction : sujet + auxiliaire + verbe.
Deux sens : 1. Vie quotidienne. 2. Hypothèse.

AUX.	USAGES	EXEMPLES
MAY	**1.** Permission (peut) **2.** Pas sûr (*might* : moins sûr = peut éventuellement)	**1.** *You may not drive fast in town.* **2.** *It may rain in Marseille tomorrow.*
CAN	**1.** Capacité (peut) **2.** Possible (*could* : moins sûr = pourrait)	**1.** *Cats can catch mice.* **2.** *A new strategy can be a good idea.*
MUST	**1.** Devoir (doit) **2.** Sûr (*should* : moins sûr = devrait)	**1.** *You must go and see this film!* **2.** *My train must arrive at 10.*

S'entraîner au Bac
Exercices 1, 2, 3, 4 : p. 204

Le groupe nominal

LU ☐
SU ☐
REVU ☐

1 Pluriel des noms dénombrables/indénombrables

– Dénombrables = objets qu'on peut compter > ils ont un singulier et un pluriel.
– Indénombrables (notions, matières, aliments) = non comptables > pas de pluriel.

Dénombrables : *a flower, two flowers.* **Indénombrables :** *love, peace, coffee, plastic*
Attention : *information* (les informations), *homework* (les devoirs), *furniture* (les meubles), *luggage* (les bagages), *advice* (les conseils), *fruit* (les fruits)

2 *The* ou ø ?

– *The* > précis, singulier ou pluriel/ø (absence d'article) > généralité.

The cakes I make. (Les gâteaux que je fais.) *I like cakes.* (J'aime les gâteaux.)

– Les noms propres ne sont pas précédés de *the* car ils sont uniques. Cela vaut pour les pays sauf lorsqu'ils contiennent un nom commun.

France, Great Britain/the United States/the United Kingdom

3 Adjectifs

Ils sont invariables et se placent avant le nom qu'ils accompagnent : *black taxis*.

3.1. Comparatifs (on compare deux éléments)

plus + adj. + que	**adj. court + *-er than*** ***more* + adj. long + *than***	*-y* > *-ier* Exemple : *funny* > *funnier* Comparatifs irréguliers : *good* > *better* (mieux) ; *bad* > *worse* (pire) ; *far* > *farther* (plus loin)
moins + adj. + que	***less* + adj. + *than***	
aussi + adj. + que	***as* + adj. + *as***	

3.2. Superlatifs (on parle du seul élément qui sort du lot)

le plus + adj.	**adj. court + *est*** ***the most* + adj. long**	*-y* > *-ies* Exemple : *happy* > *happiest* *good* > *the best* (le meilleur) ; *bad* > *the worst* (le pire)
le moins + adj.	***the least* + adj.**	

4 Pronoms relatifs qui, que

	HUMAIN	NON HUMAIN
SUJET	***who*** (qui)	*which*, ***that*** (qui)
COMPLÉMENT	Ø, ***that*** (que)	*which*, ***that***, Ø (que)

Autres relatifs : ***whose*** (= dont, jamais suivi de *the* : *the man whose photo...* = l'homme dont la photo...), ***where*** (*the place where...* = l'endroit où...), ***when*** (*the day when...* = le jour où...), ***why*** (*the reason why...* = la raison pour laquelle...)

S'entraîner au Bac
Exercices 5, 6, 7 : p. 204-205

Les nombres et les quantités

LU ☐
SU ☐
REVU ☐

1 Les nombres

1.1. *Dozen, hundred, thousand* et *million* sont invariables lorsqu'ils sont précédés d'un chiffre.

two dozen eggs, three hundred people. Mais : *millions of people*

1.2. À l'oral, les dizaines sont précédées de *and* dans un nombre contenant au moins trois chiffres. À l'écrit, on place une virgule avant les milliers et la virgule décimale française est un point en anglais.

3,052 : *three thousand* ***and*** *fifty two* (trois mille cinquante deux).
3.55 : *three point fifty five* (trois virgule cinquante cinq).

1.3. Les nombres ordinaux se forment (à partir du 4e) en ajoutant *-th* à la fin du nombre (il y a juste quelques variantes orthographiques comme : *fifth, ninth*...).

Le 1er = *the first* ; le 2e = *the second* ; le 3e = *the third* ; le 4e = *the fourth*, le 5e = *the fifth*... *the twenty-first* (= 21^{e}) ; *the forty-third* (= 43^{e}) ; *the hundredth* (= 100^{e})...

On les utilise aussi pour exprimer une fraction et les dates.

Un tiers = *a third*, un quart = *a fourth*.
Le 3 juin = *June 3rd* (On dira : « *June the third* ».)

2 La quantité indéfinie : *some – any – no* et leurs composés

- *Some, any* et *no* seuls = du, de la, des, quelques...
- *Some* dans les phrases affirmatives ; *any* dans les questions ou dans les phrases avec négation ; *no* dans les phrases négatives sans autre négation.

You'll find some milk in the fridge but there's no butter left.

- Composés : *somebody, someone* (quelqu'un), *anybody/anywhere/anything* (n'importe qui/n'importe où/n'importe quoi), *nobody/nothing* (personne, rien)...

3 Pour indiquer un excès : « trop »

- Devant un adjectif : *My brother is* ***too*** *young to go to the pub.*
- Devant une quantité : ***too*** *many* + dénombrable pluriel/*too much* + indénombrable (*too much* peut être employé seul).

There are too many cars and too much noise in big cities. Some people work too much.

Attention, *too* après un mot ou une phrase signifie « aussi, également » : *My friend lives in Paris too.*

4 Dates et âge

on + date/jour ; ***in*** + année/mois ; pour donner son âge : *I am ... years old.*

I was born on June the 1st. I was born in 1996, I am twenty years old.

S'entraîner au Bac
Exercices 8, 9, 10 : p. 205

La prononciation et l'intonation

LU ☐
SU ☐
REVU ☐

1 Les mots

1.1. Prononciation : quelques règles et conseils

Règle 1 : voyelle/consonne + voyelle = son long ou diphtongue.

cat/Kate [ei], *rid/ride* [aɪ], *ton/tone* [əʊ], *pet/Pete* [iː]

Règle 2 : devant une consonne double, le son voyelle est court.

write [aɪ]/*wri**tt**en* [i] ; *wine* [aɪ]/*wi**nn**ing* [i]

Conseil 1 : pour les voyelles, il faut bien distinguer les sons « courts » des sons « longs ».

fit/feet ; slip/sleep ; cat/cart...

Conseil 2 : pour les consonnes, il faut bien distinguer les sons « **ch** » et « **tch** » et veiller à la prononciation du « ***th*** » (jamais « v » !).

ships/chips ; three/tree ; three/free

Conseil 3 : la terminaison -***able*** ne se prononce pas « abeul » mais presque « eubo ».

comfortable = [ˈkʌmftəbəl]

1.2. Accentuation : règles

a) Mots terminant par *-ic(s), -ical, -ion, -ian, -ial, -ity, -ety* : accent de mot sur la syllabe qui précède les terminaisons.

economic, economical, solution, technician, official, commercial, intensity, society
Exceptions en *-ic*: *Arabic, arsenic, catholic, heretic, politics, rhetoric.*

b) Verbes se terminant par *-ate* (et de plus de 2 syllabes) : l'accent de mot se place deux syllabes avant la terminaison.

accelerate, collaborate, manipulate

c) Mots avec consonne doublée : accent de mot avant la dernière consonne doublée.

cigarette, coffee, committee, graffitti

d) Les terminaisons *-ing* et *-ed* ne déplacent pas l'accent du mot racine.

interest > interesting, interested
challenge > challenging, challenged

2 La phrase, rythme et intonation

2.1. Les mots accentués sont les mots importants. Dans *What time is it?* seul *time* est accentué.

2.2. Dans une phrase, l'intonation est descendante sauf dans les questions qui commencent par un auxiliaire (et parfois pour indiquer la surprise ou l'ironie).

S'entraîner au Bac
Exercices 11, 12, 13 : p. 205-206

ANGLAIS

Les mots de liaison, les prépositions

LU ☐
SU ☐
REVU ☐

1 Les mots de liaison

1.1. Pour annoncer le plan

first of all = tout d'abord
at the beginning = au début
at the end = à la fin
finally = finalement

1.2. Pour indiquer une liaison entre des idées

so/consequently = par conséquent, donc
in short = en bref
since = puisque
because = parce que
because of = à cause de
besides = d'ailleurs
that is to say = c'est-à-dire
anyway = de toute façon
in addition/moreover = de plus
in spite of = malgré
either … or… = soit … soit…
neither… nor… = ni… ni…

1.3. Pour donner des exemples

such as = comme/tel que
for example/for instance = par exemple
actually/in fact = en fait
in particular/in general = en particulier/en général

2 Les prépositions à connaître

2.1. Précisions de temps

a) *For* indique **la durée totale d'une action**. Il peut donc accompagner tous les temps.

How long can you work? > I can work for hours (pendant des heures). *Yesterday I worked for 6 hours.*

b) *Ago* indique **le temps écoulé depuis que l'action a eu lieu**. Elle est finie et définie, donc *ago* n'accompagne que le prétérit.

How long ago did he pass his exam? > He passed his exam two years ago. (= Il a réussi son examen il y a 2 ans.)

c) *Since* indique **le début d'une action non terminée** (donc avec *present perfect*).

Since when…? > I have been working here since 2009. (= Je travaille ici depuis 2009.)
Attention : *We've been together since we met.* (= On est ensemble depuis qu'on s'est rencontrés. L'action qui **suit** *since* est passée et finie, donc au prétérit.)

2.2. « Pour » / « Pour que »

« Pour » = *for* + nom ; *to* + verbe. « Pour que… » = *for* + nom et *to* + verbe.

That film is for children. They bought the DVD to please their children. Here is the address for you to find the cinema easily.

S'entraîner au Bac
Exercices 14, 15, 16 : p. 206

Présenter un sujet

LU ☐
SU ☐
REVU ☐

La liste de 3 sujets que vous présenterez le jour de l'examen peut comporter plusieurs types de supports : un événement, un extrait d'œuvre, un objet. L'expérience professionnelle peut aussi être abordée dans une question complémentaire.

1 Présenter un événement, son expérience

Il s'agit de relater des faits : il faudra donc être précis et ordonner les faits chronologiquement (voir FICHE SAVOIR 5), les présenter de façon vivante en illustrant par des anecdotes. Pour la partie 2, préparez une fiche de vocabulaire spécifique au domaine (ou à l'entreprise) dont vous parlez.

1. Introduction : expliquez votre choix de sujet, indiquez quand cela a eu lieu.

2. Pour développer, donnez des détails précis et utilisez essentiellement le prétérit.

– S'il s'agit d'un stage, indiquez le nom de l'entreprise, son type d'activité, sa taille, le lieu où vous avez travaillé, comment vous avez trouvé l'entreprise. Expliquez en quoi a consisté le stage : ce qu'on vous a demandé, les points positifs, les difficultés rencontrées.

I chose to speak about this company because I attended an interesting training course there in November.

– S'il s'agit d'un événement : indiquez son contexte (historique, politique, sportif…), soulignez les aspects culturels, son intérêt (pour vous, la société, le monde…)

I chose to speak about London because I met tourists from London last year and they invited me over to spend a week there.

LEXIQUE

I was asked to = on m'a demandé
I was offered = on m'a proposé/offert
to carry out = mener à bien
thanks to = grâce à
to go on/to attend a training course = suivre une formation, faire un stage
to do work experience = faire un stage en entreprise
Attention : *a two-week training period* = un stage de 2 semaines, *week* ne prend pas de *s*.

2 Présenter une œuvre, un objet

Pour la description, utilisez le présent, *there is/are, we can see/notice*… et utilisez la même démarche pour tout type d'image (FICHE SAVOIR 9).
Pour parler de l'auteur : utilisez le présent s'il est encore en vie, le prétérit dans le cas contraire. Pour expliquer la création de l'œuvre ou d'événements associés, utilisez le prétérit (faits passés).

3 Conclure

Expliquez votre choix : le rôle que cette expérience/événement a joué dans votre vie (*present perfect*, voir FICHE SAVOIR 1), l'importance de l'objet, de l'œuvre dans la culture. Vous pouvez ouvrir la réflexion sur vos projets en utilisant cette fois le futur.

I'd like to/I want to/I intend to (+ V), *Next year I will…*

S'entraîner au Bac
Exercices 17, 18, 19, 20 : p. 206-207

Répondre à des questions

LU ☐
SU ☐
REVU ☐

1 Comprendre la question

1.1. Identifier les pronoms interrogatifs

Revoyez les pronoms interrogatifs (*who, what*, etc. et *how* et ses composés) et leur sens. Attention : *What … for?* = Dans quel but ? On y répond par : *to* + V, alors qu'une question commençant par *Why* demande une cause.

Why did you choose this CD? Because of quality of the group.
What did you choose this subject for? To show that music plays a real role.

Attention également aux questions contenant *what* et *like*.

What was it like to work there? = Comment c'était de travailler là-bas ?
What did you like when you worked there? = Qu'avez vous aimé… ?

1.2. Identifier le temps de la question

Repérez l'auxiliaire ou la terminaison du verbe, pour reprendre le temps dans votre réponse.
L'auxiliaire *do* indique le temps (présent/passé : *do, does* ou *did*) à réutiliser mais pas à reprendre dans les réponses.

Who did you have the time to meet? I only had the time to meet the boss.
Where will you work next summer? I'll work…

1.3. Si l'on ne comprend pas la question

Ne pas hésiter à faire répéter : *I'm sorry, I didn't understand your question. Could you repeat it, please?*

2 Répondre

- Respectez l'ordre de la phrase en anglais (**FICHE SAVOIR 1**).
- Ne répondez pas par quelques mots, formulez des réponses complètes : *Yes, I do. No, I don't, because…*
- Si vous hésitez, utilisez des *gap-fillers* (« bouche-trous ») : *Well, er…, actually* (en fait)… *Let me think…,The thing is…, The problem is…, The point is…, I'd say that…*
- Si vous êtes à court de mots, pensez à utiliser des synonymes. Pensez aussi au stock de verbes irréguliers et aux mots transparents (mots en *-tion*, en *-ic(al)*) : *pollution, civilization, creation, dramatic, economic, historical, geographical…* Attention : *politics* = la politique ; *a policy* = une politique.
- Si vous devez absolument demander un mot, demandez-le en anglais : *What's the English for…? What's the verb for … in English?*
- Si vous voulez donner votre opinion, variez les expressions : *I think (that)…* = je pense que…, *I believe (that)…* = je crois que…, *in my opinion, in my view, according to me…*

S'entraîner au Bac
Exercices 21, 22 : p. 207

Comprendre un document écrit

LU ☐
SU ☐
REVU ☐

1 Avant la lecture : identifier le document

Repérez la source (journal, magazine, livre...), la date, l'auteur (est-il connu ?). Les illustrations guident la lecture : lisez la légende de l'image s'il y en a une. Attention, un copyright n'est pas une légende : il est précédé de ©.

2 Première lecture : comprendre globalement

Pour comprendre un texte écrit, deux lectures sont nécessaires : la première, rapide, pour une vue d'ensemble et une deuxième pour voir les détails et vérifier ce qu'on a compris à la première lecture.

Éléments à repérer :

- Dans un article de journal, **le gros titre** (= *headline*) contient **les mots-clés** (= *key words*) et donne l'idée principale qui figure aussi dans le premier paragraphe.
- Dans le texte, en principe **un paragraphe = une idée**. Cela doit guider la lecture.
- **Les noms propres** vont permettre de répondre aux questions : qui ? et où ?.
- Identifiez ce à quoi se réfèrent **les nombres** présents dans le texte (dates, quantités, âge... : voir FICHE SAVOIR 3). Ils aident à répondre aux questions : quoi ?, quand ?, quel âge ?...
- **Le temps des verbes** est significatif :
  - les prétérits indiquent un événement passé lié au sujet principal ;
  - le présent indique une opinion, un fait de société ou une description.
- **Les pronoms** utilisés indiquent si l'auteur s'adresse au lecteur (*I/you*), s'il parle de personnes en particulier (*he/she, they*), s'il décrit des faits généraux (*they, people*).
- **Les auxiliaires de modalité** indiquent si l'auteur donne des conseils (*you can, you should*), prévoit des événements à venir (*will, should*), envisage des possibilités (*can, may, might*), etc.

3 Deuxième lecture : entrer dans les détails

- Intéressez-vous à des **points précis** : les exemples donnés, les chiffres choisis, la relation entre les personnes mentionnées (différences, points communs).
- Cherchez si besoin **le sens des mots inconnus** : grâce au contexte immédiat, ou en en retrouvant sa racine et en le décomposant. **Ne cherchez pas à tout comprendre.**

> - Dans la phrase : *Don't be cowed by others' attitudes. Speak your mind!*, l'opposition entre *Don't be cowed* et *speak* permet de deviner que *be cowed* signifie le contraire de *speak*, donc il peut vouloir dire « se taire, se laisser impressionner ».
> - Dans la phrase *What you've done is unforgivable!*, pour deviner le sens du mot *unforgivable*, on sait que *un-* en début de mot correspond à in-/im- en français, que *-able* en fin de mot indique un adjectif (comme en français) et que *forgive* est un verbe irrégulier connu (*give* = donner, *forgive* = pardonner), on aboutit donc à « impardonnable ».

- Résumez mentalement, en français, ce que vous avez compris.

S'entraîner au Bac
Exercice 23 : p. 208

Analyser une image

LU ☐
SU ☐
REVU ☐

Qu'il s'agisse d'une image isolée (photo, peinture) ou associée à un texte (article de journal), la démarche d'analyse est la même. Si l'image figure dans votre liste à l'examen, vous la présenterez en anglais, si elle est associée au document inconnu proposé par l'examinateur, vous répondrez aux questions en français.

1 Identifier

Repérez l'année, l'auteur, le titre ou la légende. Ces indications peuvent faire partie de votre introduction, à l'oral.

This photo was taken in [date/place] by [photographer].
This painting was painted in [date/place] by [painter].

LEXIQUE
photograph = photo ; *photographer* = photographe ; *painting* = peinture ; *painter* = peintre ; *caption* = légende ; *drawing* = dessin

2 Décrire très brièvement

Partez du plus important pour aller aux détails. Ne dites que ce qui est intéressant.

In the background there is (are)/We can see...
The main (= principal) *subject is ...*

LEXIQUE
setting = décor ; *in the foreground* = au premier plan ; *in the middle distance* = au deuxième plan ; *in the background/at the back* = en arrière-plan, au fond ; *in the corner* = dans le coin ; *at the top/at the bottom* = en haut/en bas ; *in the center* = centre ; *on the right/left* = à droite/gauche ; *shade, shadow/light* = ombre/lumière

3 Commenter et donner son opinion

Expliquez l'intérêt de l'image (artistique, publicitaire ou informatif). Décrivez l'impression donnée. Pour finir, donnez votre opinion et justifiez-la.

The focus is on...= our attention is first caught by... so the reader/spectator will immediately have the impression that... I think that/In my opinion the photographer/painter/journalist/advertiser has wanted to + V (= a voulu)... *because...*

LEXIQUE
to focus on = faire la mise au point sur, s'intéresser à ; *to convey a message* = transmettre un message ; *to intend to* + V = avoir l'intention de ; *to try to* + V = essayer de ; *to underline* = souligner ; *to suggest* = suggérer ; *convincing/successful* = convaincant(e) / réussi(e)

S'entraîner au Bac
Exercice 24 : p. 208

Analyser un cartoon, une BD

LU ☐
SU ☐
REVU ☐

1 Commenter un dessin ou une BD

La démarche d'analyse et de présentation est la même que pour une image simple (voir **FICHE SAVOIR 9**), mais la forme et le but visé par l'auteur sont spécifiques.

1.1. Identifier et décrire

Si cela est possible, vous indiquerez d'où est extrait le dessin (journal, magazine) et quelle en est la cible (le type de dessin et les textes sont adaptés à la cible).
Décrivez ensuite les éléments présents : composition, couleurs, style de dessin, les personnages et objets importants.
Si le dessin (la BD) accompagne un article de presse, vous aurez déjà identifié le document. Vous expliquerez maintenant la relation image-texte en soulignant les points communs (sujet, lieu, personnages).

1.2. Décomposer et interpréter

Vous déduisez ce que l'auteur a voulu exprimer grâce au texte dans les bulles, aux symboles dans le dessin, aux références éventuelles à d'autres images connues, à des héros, à des endroits, etc.
Pour conclure, vous pourrez expliquer pourquoi, selon vous, le dessin est intéressant (ou pas), pourquoi il atteint son but (ou pas) en s'appuyant sur différents critères tels que la qualité artistique, l'humour, l'accord ou le désaccord avec l'idée principale, la clarté du message, etc.

I think the aim (= le but) *of this caricature is to denounce… And, according to me* (= selon moi), *this cartoon reaches its target* (= atteint son but) *because the situation is clear/the drawing is funny/the text in the balloons refers to a film that all teenagers know…*

LEXIQUE

cartoon, cartoonist = dessin, dessinateur humoristique ; caricature ; *caption* = légende d'image ; *layout* = composition ; *font* = police de caractères ; *baloon* = bulle ; *frame* = cadre ; *to criticize* = critiquer ; *to make fun of* = se moquer de ; *to ridicule* = ridiculiser ; *to attack* = dénoncer ; *to draw* = dessiner ; *to exaggerate* = exagérer ; *grim humour* = humour noir

2 Analyser une publicité

Expliquez les liens entre le(s) texte(s) et l'image. Observez la place des éléments (*the slogan/the logo/the text/the photo*).

LEXIQUE

ad/advert/advertisement = publicité imprimée ; *to advertise (for)* = faire de la publicité pour ; *brand* = marque ; *target* = cible ; *buyer* = acheteur ; *to attract people's attention* = attirer l'attention des gens ; *purpose/goal/aim* = le but ; *link* = lien ; *pun* = jeu de mot ; *a means of* + V-*ing* = un moyen de ; *layout* = mise en page ; *in bold characters* = en caractères gras ; *in capitals* = en majuscules

S'entraîner au Bac
Exercice 24 : p. 208

Présenter un graphique

LU ☐
SU ☐
REVU ☐

1 Démarche

a) Identifiez le type de graphique et sa source, le pays (= *country*)/la ville (= *city*)/le lieu où ont été recueillies les données.

The figures correspond to the number of people who lived in Boston between 1995 and 2015.

b) Décrivez ensuite les informations : à quoi correspondent les chiffres, comment ils évoluent, et comparez les différentes données.

The blue line corresponds to... and the red one shows ...
We can see that there are more people in Boston in 2015 than in 1995. The population has grown a lot ...

c) Concluez en faisant un résumé des informations, puis en expliquant l'intérêt des données : liez le graphique au sujet de l'article s'il s'agit d'un journal, expliquez pourquoi le graphique présente un intérêt... Vous pouvez compléter en décrivant des situations similaires ou contraires.

I think the situation is similar in x city because people tend to go to big cities when they're looking for a job...

LEXIQUE

a graph = un graphique ; *a bar chart* = un graphique à barres ; *a table* = un tableau ; *a diagram* = un diagramme ; *a pie chart* = un diagramme circulaire (en camembert) ; *a dot* = un point ; *a column* = une colonne ; *a line* = une ligne ; *a dotted line* = une ligne pointillée ; *a broken line* = une ligne discontinue ; *a solid line* = une ligne continue ; *a slice/a share* = une portion ; *a scale* = une échelle ; *a figure* = un chiffre ; *a data* = une donnée ; *a percentage* = un pourcentage ; *10% = ten per cent* ; *a period* = une période ; *a trend* = une tendance ; *average* = moyen(ne) ; *a loss* = une perte ; *a gain* = un gain ; *low* = bas ; *high* = élevé ; *both* = tous les deux ; *to account for* = expliquer, justifier ; *to publish* = publier ; *to grow* = s'accroître ; *to improve* = (s')améliorer ; *to increase* = augmenter, croître ; *to decrease* = baisser decroître

2 Structures à utiliser

Pour décrire un graphique, vous aurez besoin d'exprimer des quantités (voir **FICHE SAVOIR 3**), de faire des comparaisons avec le comparatif et le superlatif (voir **FICHE SAVOIR 2**) et vous pourrez avoir besoin des comparatifs progressifs :

- « de plus en plus » = *more and more* [adjective] / adjective + *-er and adjective* + *-er* ;
- « de moins en moins » = *less and less* [adjective] ; *fewer and fewer* + nom pluriel.

The graph shows that the city is bigger and bigger. It's more and more polluted, noisier and noisier. There are more and more people too. And there are fewer and fewer gardens.

S'entraîner au Bac
Exercice 25 : p. 209

Les sujets de ces exercices sont tous différents : ils peuvent enrichir votre lexique et certains peuvent servir d'exemples de commentaires.
Faites ces exercices sur un brouillon pour pouvoir les refaire en cas de résultat insuffisant.

Exercice 1 voir Fiche Savoir 1

Choisir le bon présent

Présent simple ou présent V + *-ing* ? Mettez le verbe entre crochets au temps qui convient.

Young people and jobs

Nowadays people [have] lots of difficulties to find a job. Young people [work] for months as trainees and they [earn] very little money. I have a friend, Sammy: at the moment, he [work] for a big building company to pay for his school. And every month his parents [help] him!

FAIT ☐ REVU ☐

Exercice 2 voir Fiche Savoir 1

Choisir entre *preterit* et *present perfect*

Mettez le verbe au temps qui convient.

The progress of surgery[1]

Before the XIXth century operations [be] horrific procedures, and most patients [die] from post-operative shock or infection. But in 1800 the scientist Humphrey Davy [find] out that laughing gas was an anaesthetic and Wilhelm Roentgen [discover] x-rays.
Now things [improve] thanks to other anaesthetics and antiseptics. Of course the number of operations [grow] since the XIXth century but new blood transfusion techniques [save] many lives Karl Landsteiner [discover] blood groups in 1901. And surgeons [become] more and more skilled.

1. La chirurgie.

FAIT ☐ REVU ☐

Exercice 3 voir Fiche Savoir 1

Respecter les constructions

Trouvez, pour chaque proposition, la forme correcte du verbe.

Food packaging[1]

How [do / does / doing] manufacturers[2] choose their food packaging? Of course food packaging will [preserved / preserve / preserving] and protect the product. It can also [made / make / making] the product more attractive to the consumer and easier to transport. Plastics are [using / used / uses] a lot in food packaging because they are resistant and cheap to produce. Paper, card, metal and glass can also [is / be / was / been] used for packaging. Manufacturers have [sticking / sticks / to stick] labels [carried / carrying / carry] information for the consumer.

1. Les emballages alimentaires.
2. Les fabricants.

FAIT ☐ REVU ☐

Exercice 4 voir Fiche Savoir 1

Utiliser le bon auxiliaire modal

Trouvez l'auxiliaire qui convient suivant le degré de certitude du détective.

Crime scene

The detective observed the scene and thought : "I am nearly sure : the doctor [may / can / must] have committed the crime in the kitchen. I am certain: we [should / may / might] find a proof there. But I hesitate: he [should / can / must] have used a knife or scissors. And we don't know when he did it exactly: it [might / should / must] have been 9:30 or 10 o'clock. Perhaps later..."

FAIT ☐ REVU ☐

Exercice 5 voir Fiche Savoir 2

Utiliser le bon article

Complétez le texte par *a, an, the* ou ø.

Businesses: definitions

... business is ... organisation engaged in ... commercial or industrial activities. It can make goods or provide services (goods are ... products such as ... books or ... cars.)
Businesses range from ... small firms run by just one person to large companies which employ thousands of ... people.
Nearly half ... million businesses start up each year. ... vast majority of businesses are very small and operate in ... service sector

FAIT ☐ REVU ☐

Exercice 6 voir Fiche Savoir 2

Former le comparatif et le superlatif

Mettez l'adjectif à la bonne forme.

Do super powers make a man happy?

The original super-hero was Superman : he was [strong] ... man in the world, he could fly [fast] ... a plane, he could see [far] ... anyone else. But what about his life? The [powerful] man in the universe worked as an anonymous reporter, he had to be [clumsy (= *maladroit*)] ... others, his boss bullied (= *maltraitait*) him ... than other reporters. And in his Fortress of Solitude he was [happy] ... than other people ...

FAIT ☐ REVU ☐

Exercice 7 voir Fiche Savoir 2

Utiliser le bon pronom relatif

Complétez avec le pronom relatif qui convient (*who, that, why* ou *when*).

Guy Fawkes day, the failure of a plot[1]

Guy Fawkes Day is an annual commemoration ... is observed on 5 November in Great Britain. It commemorates the day ... Guy Fawkes was arrested, in 1605: he was a member of a group of plotters ... had placed explosives beneath the House of Lords to kill the king. The Londoners celebrated the fact ... King James had survived and they lit bonfires ... were seen all around London. That is the reason ... there are still people ... burn the effigy of Guy Fawkes every year.

1. L'échec d'un complot.

FAIT ☐ REVU ☐

Exercice 8 voir Fiche Savoir 3

Dire un nombre

Écrivez ces nombres en toutes lettres, puis énoncez-les à haute voix.

a. 2,056 – **b.** 9.5 – **c.** $300 – **d.** the 51st – **e.** 1/100

FAIT ☐ REVU ☐

Exercice 9 voir Fiche Savoir 3

Choisir entre *some*, *any* et *no*.

Complétez les phrases avec *some*, *any* ou *no*.

Life at the North Pole?

... people say that living at the North Pole must be fantastic. But does ... live at the North Pole? No, there's ... life AT the North Pole itself. There is ... actual land at the North Pole itself, so ... inhabitants, ... animals actually live there either as there is ... food. ... species live AROUND the Pole, in the Arctic Ocean.
But be careful! There are ... people who live IN North Pole: it's a small town in Alaska. And ... child in the US knows it's Santa Claus's town!

FAIT ☐ REVU ☐

Exercice 10 voir Fiche Savoir 3

Parler de dates et d'âge

Dites-le anglais.

a. J'aurai 19 ans la semaine prochaine.

b. Je passe mon examen oral jeudi.

c. La reine Victoria est morte en 1901. Elle avait 81 ans.

d. Amundsen a atteint le Pôle Nord en 1926. C'était en mai.

e. Mon frère a eu 16 ans le mois dernier.

FAIT ☐ REVU ☐

Exercice 11 voir Fiche Savoir 4

Trouver l'intrus

Trouvez le mot dont la voyelle se prononce différemment des autres.

a. think – stick – time – with

b. fat – park – thank – pack

c. pole – bone – rose – done – hope

d. been – steam – this – week – feel

e. say – says – red – ten – bet

FAIT ☐ REVU ☐

ANGLAIS

Exercice 12 voir Fiche Savoir 4

Accentuer les mots au bon endroit

Trouvez la syllabe accentuée des mots suivants.
a. democratic – **b.** politician – **c.** society – **d.** exaggerate – **e.** exhibition – **f.** fantastic – **g.** finished – **h.** communicated – **i.** financial

FAIT ☐ REVU ☐

Exercice 13 voir Fiche Savoir 4

Lire avec la bonne intonation

Indiquez pour chaque phrase si l'intonation est montante ou descendante.

a. I have never heard such a funny story.
b. Can you open the door, please?
c. Which paragraph shall I read?
d. This cartoon is very interesting, I think.

FAIT ☐ REVU ☐

Exercice 14 voir Fiche Savoir 5

Organiser votre présentation

Complétez le texte par les mots de liaison de la liste suivante : *because of, but, finally, first, so, then.*

Bad luck[1]

My wedding was supposed to be the most beautiful day in my life ... it wasn't! ... my fiancé arrived late at the wedding ceremony ... a traffic jam on the road. ... my parents got lost on the way to the reception site ... we had to wait for them. ... during the reception the fire alarm went off! What a day!

1. Manque de chance.

FAIT ☐ REVU ☐

Exercice 15 voir Fiche Savoir 5

Choisir la préposition de temps

Replacez les mots suivants dans le texte : *ago, for, in, on, since.*

London

Two thousand years ... , London was invaded by the Romans. It was the capital of Roman Britain ... four centuries. And ... that period London has never stopped growing. ... 1666, ... September 2, the Great Fire destoyed 60% of the City but it was rebuilt and the town continued to expand. A few years ... London even hosted the Olympic Games.

FAIT ☐ REVU ☐

Exercice 16 voir Fiche Savoir 5

Exprimer « pour »

***For* ou *to* ? Complétez.**

In Venezuela, in 1975, José Abreu founded a music education program ... rescue poor kids from their environment in slums (= bidonvilles).
The program got violins and other musical instruments ... the kids ... practise.
The system was not only created ... the children ... play classical music, but also ... them ... develop their talents.
Abreu even formed a Symphony Orchestra in 1990 ... give concerts in the US and in Europe.

FAIT ☐ REVU ☐

Exercice 17 voir Fiche Savoir 6

Énoncer ce qui est pertinent

Vous voulez parler d'une recette de l'*Indian Tandoori Chicken*. Parmi les phrases suivantes trouvez celles qui se rapportent au sujet.

a. I think food is part of the culture of a country.
b. I have a new cooking book.
c. Indian food became fashionable (= à la mode) in England during Queen Victoria's reign in the XIXth century.
d. This dish (= plat) is interesting because the tandoor is typically Indian.
e. There are more than 9,000 Indian restaurants in England, which show that the British love Indian food.
f. I think India has nice monuments.
g. There's a strong link between India and Great Britain because India was a British colony until 1947.

FAIT ☐ REVU ☐

Exercice 18 voir Fiche Savoir 6

Ordonner une présentation

Vous voulez présenter un poème qui vous a touché. Dans quel ordre allez-vous énoncer les phrases suivantes ?

a. There are no rhymes but…
b. It was written in…
c. I was touched by this poem because…
d. This poem is an extract from…
e. And the words are chosen to express love…

FAIT ☐ REVU ☐

Exercice 19 voir Fiche Savoir 6

Utiliser le temps approprié

Pour chacune des idées suivantes, quel temps allez-vous utiliser ?

a. Vous racontez votre arrivée au stage.
b. Vous décrivez les difficultés que rencontrent les jeunes actuellement en Grande-Bretagne.
c. Vous présentez vos projets de carrière.
d. Vous expliquez ce qu'on pourrait faire pour économiser l'énergie.
e. Vous listez les films que vous avez déjà vus.

FAIT ☐ REVU ☐

Exercice 20 voir Fiche Savoir 6

Raconter une anecdote

Mettez ce texte au passé.

I have a dream. I arrive at the office early. My boss is already there. He is phoning. Then he turns round and sees me. He says to me "Why don't you put on your jeans?" And then I realize that I have put on a bathing suit instead of my trousers. That's when I wake up.

> Last night I…

FAIT ☐ REVU ☐

Exercice 21 voir Fiche Savoir 7

Identifier le sujet de la question

Associez les réponses aux questions.

Questions :

a. Why did you choose this company?
b. What did you ask a certificate for?
c. What was working in a team like?
d. What did you like in the team?
e. Did you like working in a team?

Réponses :

A. Great. And sometimes fun.
B. To show it next time I'm looking for a job.
C. Yes, I really did.
D. I think it's because they're really good.
E. The feeling you're never alone.

FAIT ☐ REVU ☐

Exercice 22 voir Fiche Savoir 7

Anticiper les questions

En partie 1 de l'épreuve, vous avez présenté un article expliquant que la chaîne de magasins Marks and Spencer propose à ses clients de recycler leurs anciens vêtements quand ils en achètent des neufs. En partie 2, parmi les questions suivantes, lesquelles pourraient vous être posées ?

a. Do you think it's a good idea?
b. Do you think it can bring new customers to M&S?
c. Is M&S British or Italian?
d. What do you think of this idea?
e. What do you think the British Government should do?
f. Can you think of other things retailers[1] could do to waste[2] less?

1. Les commerçants.
2. Gâcher.

FAIT ☐ REVU ☐

Exercice 23 voir Fiche Savoir 8

Comprendre un document écrit

Student deceives friends and family

Zilla V. deceived her loved ones into thinking she was enjoying an exotic five-week holiday across Asia. But the 25-year-old was actually still at home in Amsterdam and used Photoshop to create the images before posting them on Facebook.

The graphics student was waved off at the airport by her family before she took a train back to Amsterdam and spent the following 42 days indoors cleverly altering images.

For five weeks Zilla seemed to go snorkelling in turquoise blue water, sample authentic Asian food, travel in traditional tuk-tuks and she even visited a Buddhist temple. She even created the illusion of a Thai hotel room in her own bedroom, using old Christmas decorations and an umbrella, to fool her parents during Skype sessions.

Zilla said, 'My goal was to prove how common and easy it is for people to distort reality.'

1. Choisissez la bonne proposition.

A. De quoi parle l'article ?

a. D'une fille de 25 ans partie en Asie pour Noël.

b. D'un jeune asiatique qui voyage pour donner des cours d'informatique.

c. D'une jeune fille qui a trompé ses proches sur les réseaux sociaux.

B. Où Zilla a-t-elle séjourné pendant 5 semaines ?

a. En Thailande – **b.** À Amsterdam – **c.** Dans un temple bouddhiste.

C. Pendant 5 semaines, Zilla a (plusieurs réponses) :

a. voyagé en pousse-pousse. **b.** visité un temple. **c.** retouché des photos. **d.** utilisé des décorations de Noël pour simuler un décor thaïlandais. **e.** communiqué avec ses parents sur Skype et Facebook.

D. Le but de Zilla était de :

a. mentir à ses parents pour les rendre ridicules.

b. prouver qu'on peut jouer avec la réalité.

c. apprendre à se servir de Photoshop.

2. Quel paragraphe :

a. explique le but que Zilla s'était fixé ?

b. décrit ses activités en détails ?

c. indique ce qu'elle a fait au moment de son départ ?

d. résume la situation ?

3. Que signifient les mots suivants dans le texte ? Aidez-vous du contexte pour deviner.

a. *deceive*: décevoir – déchoir – tromper – voler

b. *actually*: actuellement – en réalité – activement

c. *snorkelling*: faire de la plongée – chasser des oiseaux – raconter des histoires

d. *sample*: exemple – échantillonner – goûter

FAIT ☐ REVU ☐

Exercice 24 voir Fiche Savoir 9-10

Analyser un document illustré

1. Cette photo représente :

a. un panneau d'interdiction de jeter des ordures sur la voie publique.

b. un panneau d'interdiction de consommer de l'alcool.

c. un panneau qui annonce la vérification de quantités d'alcools achetées.

2. La photo a été prise à :

a. New York. – **b.** Londres. – **c.** Metropolis.

3. L'illustration montre :

a. que l'interdiction vaut pour tout type d'alcool.

b. qu'on peut boire des jus de fruits en canettes.

c. que boire est une activité conviviale.

4. Le texte :

a. met en garde contre l'abus d'alcool.

b. indique qu'on ne peut pas vous empêcher de boire.

c. dit qu'il faut obéir si un policier intervient.

5. En cas de refus d'obtempérer, on risque :

a. la peine de mort.

b. l'arrestation et une forte amende.

c. de se voir confisquer l'alcool.

d. rien.

FAIT ☐ REVU ☐

Exercice 25 voir Fiche Savoir 11

Présenter un graphique

Average hours per weekday spent by highschool students in various activities in 2014

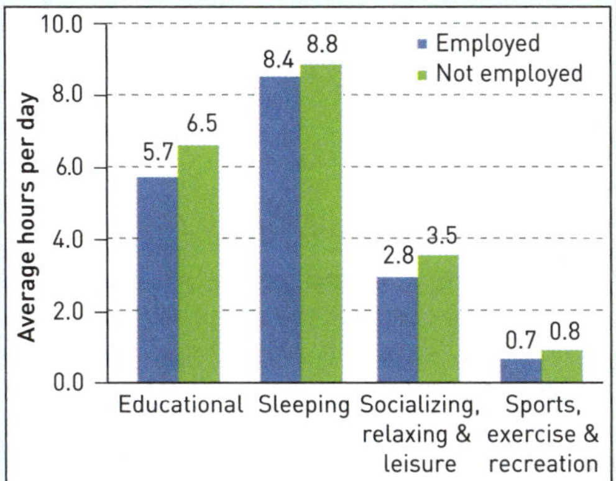

Source: US Bureau of Labor Statistics

1. This is:
a. a pie chart. – **b.** a bar chart. – **c.** a table.

2. It was published by:
a. a US private company. – **b.** a British department. – **c.** an American official agency.

3. It gives information on what highschool[1] students do:
a. in their free time. – **b.** during weekdays. – **c.** during the week-end.

4. Right or wrong?
a. Employed students spend less time studying.
b. Unemployed students sleep longer.
c. Students practise sport every day for hours.
d. Unemployed students have more time to make friends.
e. Students spend about one third of a day studying.

1. Lycée.

FAIT ☐ REVU ☐

ANGLAIS

Exercice 1

Choisir le bon présent

Young people and jobs

Nowadays people have lots of difficulties to find a job. Young people work for months as trainees and they earn very little money. (Généralités : nowadays = de nos jours.)

I have a friend, Sammy: at the moment, he is working for a big building company to pay for his school. (Cas précis + at the moment > présent V + *-ing*.)

And every month his parents help him! Habitude > présent simple.

Exercice 2

Choisir entre *preterit* et *present perfect*

The progress of surgery

were (passé fini et défini : avant le XIXe siècle)
died
found
discovered (passés finis et définis : en 1800)
have improved (ça s'est passé, ça vaut jusqu'à maintenant, pas de date précise : présent perfect).
has grown
have saved
discovered (ici on a à nouveau une date > prétérit)
have become (évolution non datée touchant au présent > present perfect).

Exercice 3

Respecter les constructions

Il faut ici comprendre et respecter la structure du groupe verbal : l'accord sujet verbe ou auxiliaire (*-s* de 3e personne) et l'enchaînement des formes verbales. Ainsi après *have* on ne trouve que le participe passé, après *be* (à n'importe quel temps), on peut trouver une verbe + *-ING* ou un participe passé (qui forme le passif, comme en français).

Food packaging

How do manufacturers choose their food packaging? Of course food packaging will preserve (Base verbale après *will*) and protect the product. It can also make (base verbale après les auxiliaires de modalité) the product more attractive to the consumer and easier to transport. Plastics are used (passif : les plastiques sont utilisés – ils ne sont pas "en train d'utiliser" ou "utilisant" !) a lot in food packaging because they are resistant and cheap to produce. Paper, card, metal and glass can also be used (passif : *be* suit l'auxiliaire de modalité donc base verbale) for packaging. Manufacturers have to stick (*have to* est l'équivalent de *must*, et derrière *have*, on ne peut trouver qu'un participe passé, or *stuck* n'était pas proposé) labels carrying information for the consumer. (= portant, équivalent ici de *that carry*).

Exercice 4

Utiliser le bon auxiliaire modal

Crime scene

The detective observed the scene and thought: "I am nearly sure: the doctor must have committed the crime in the kitchen (il est quasiment certain et *must* indique la plus grande certitude parmi les 3 auxiliaires proposés). I am certain: we should find a proof there (même chose). But I hesitate: he can have used a knife or scissors (il n'est plus aussi sûr. On aurait pu trouver *may* également). And we don't know when he did it exactly: it might have been 9:30 or 10 o'clock. Perhaps later..." (*we don't know* implique une hypothèse peu étayée donc *might*).

Exercice 5

Utiliser le bon article

Businesses: definitions

A business is an organisation (noms comptables singuliers) engaged in ø commercial or industrial activities. (pluriel général)

It can make goods or provide services (goods are ø products such as ø books or ø cars.) (pluriels généraux aussi)

Businesses range from ø small firms (pluriel général) run by just one person to large companies which employ thousands of ø people.

Nearly half a million (nom comptable singulier) businesses start up each year. The vast majority (singulier précis) of businesses are very small and operate in the service sector (ce secteur en particulier).

Exercice 6

Former le comparatif et le superlatif

the strongest (le plus fort, superlatif : il sort du lot), faster than (on compare Superman à un avion donc comparatif), farther than (on compare Superman à n'importe qui d'autre donc comparatif), most powerful (il n'y en a qu'un, lui, donc superlatif), clumsier than others (on le compare aux autres), more (même chose), less happy (comparatif : il était moins heureux que les autres).

Exercice 7

Utiliser le bon pronom relatif

that (objet, sujet de "is"), when, who (humain sujet de "had"), that, that, why, who.

Exercice 8

Dire un nombre

a. Two thousand and fifty six – **b.** Nine point five – **c.** Three hundred dollars – **d.** The fifty first – **e.** One hundredth

Exercice 9

Choisir entre *some*, *any* et *no*

Life at the North Pole?

Some people say (= Des gens disent, il y a des gens qui disent, certaines personnes diront...) that living at the North Pole must be fantastic. But does anything/anybody live at the North Pole? No, there's no life at the North Pole itself (= pas de vie, aucune vie au pôle à proprement parler). There is no actual land at the North Pole itself, so no inhabitants, no animals actually live there either as there is no food. Some species (= Certaines espèces) live around the Pole, in the Arctic Ocean. But be careful! There are some people (= il y a des gens) who live IN North Pole: it's the name of a small town in Alaska. And any child (= n'importe quel enfant) in the US will tell you it's Santa Claus's town!

Exercice 10

Parler de dates et d'âge

a. I'll be 19 (years old) next week. **b.** I'm taking my oral exam on Thursday. **c.** Queen Victoria died in 1901. She was 81 (years old). **d.** Amundsen reached the North Pole in 1926. It was in May. **e.** My brother was 16 last month.

Exercice 11

Trouver l'intrus

a. time (son /ai/, les autres ont un /i/ court)
b. park (c'est le son de car, les autres ont le son /æ/ de cat)
c. done (c'est le son de "sun", les autres ont le son /əv/ de « no »)
d. this (les autres ont un /i/ long)
e. say (/ei/, les autres ont le son /e/. Attention « said » a bien le même son que « red » !

Exercice 12

Accentuer les mots au bon endroit

a. democratic – **b.** politician – **c.** society – **d.** exaggerate – **e.** exhibition – **f.** fantastic – **g.** finished – **h.** communicated – **i.** financial

Exercice 13

Lire avec la bonne intonation

Toutes descendantes sauf **b.**

Exercice 14

Organisez votre présentation

but, First, because of, Then, so, Finally.

Exercice 15

Choisir la préposition de temps

London

Two thousand years ago, London was invaded by the Romans. It was the capital of Roman Britain for four centuries. And since that period London (cette période = début de la croissance de Londres) has never stopped growing. In 1666, on September 2, the Great Fire destoyed 60% of the City but it was rebuilt and the town continued to expand. A few years ago London even hosted the Olympic Games.

Exercice 16

Exprimer « pour »

to rescue. for the kids to practise. for the children to play classical music, for them to develop their talents. to give concerts.

ANGLAIS

Exercice 17

Énoncer ce qui est pertinent

Toutes sauf **b.** et **f.** parlent de l'intégration de la nourriture indienne dans la culture britannique, ses causes et ses effets. On parle bien de civilisation. La phrase **b.** ne donne qu'une information personnelle et la **f.** parle de tourisme.

Exercice 18

Ordonner une présentation

d. – **b.** – **a.** – **e.** – **c.**
Identification – description – analyse – opinion personnelle.

Exercice 19

Utiliser le temps approprié

a. prétérit (récit passé) – **b.** présent simple (généralités) – **c.** futur : *will* (projets) – **d.** conditionnel : *could* – *should* (suggestion, conseil) – **e.** present perfect (bilan, constat)

Exercice 20

Raconter une anecdote

Last night I had a dream. I arrived at the office early. My boss was already there. He was phoning. Then he turned round and saw me. He said to me "Why didn't you put on your jeans?" And then I realized that I had put on a bathing suit instead of my trousers. That's when I woke up.

Exercice 21

Identifier le sujet de la question

a. D. – **b.** B. – **c.** A. – **d.** E. – **e.** C.

Exercice 22

Anticiper les questions

Toutes les questions traitent bien du sujet sauf les questions **c.** (qui parle de nationalité) et **e.** (qui mentionne une possible intervention du gouvernement).

Exercice 23

Comprendre un document écrit

1. A. : **c.**; B. : **b.**; C. : **c.**, **d.**, **e.**; D. : **b.**

2. **a.** : §4 ; **b.** : §3 ; **c.** : §2 ; **d.** : §1

3. **a.** *deceive*: tromper ; **b.** *actually*: en réalité ; **c.** *snorkelling*: faire de la plongée ; **d.** *sample*: goûter

Exercice 24

Analyser un document illustré

1. = **b.**; **2.** = **b.** (£500) ; **3.** = **a.**; **4.** = **c.**; **5.** = **b.** et **c.**

Exercice 25

Présenter un graphique

1. = **b.** **2.** = **c.** **3.** = **b.**

4. **a.** = right ; **b.** = right ; **c.** = wrong ; **d.** = right ; **e.** = wrong (one fourth : about 6 hours/24)

Savoir 1

Les métiers

LU ☐
SU ☐
REVU ☐

On classe un métier en fonction de la branche professionnelle et du secteur d'activité auquel il appartient, ainsi que du niveau de qualification et de formation requis.

1 Les secteurs d'activité et les branches professionnelles

1.1. Les secteurs d'activité

Pour identifier le secteur d'activité auquel appartient une entreprise, il faut considérer ce qu'elle produit ou ce qu'elle vend. Si elle a plusieurs activités, elle appartient au secteur de son activité principale, celle qui est la plus importante pour elle.

- Le secteur primaire regroupe l'ensemble des activités dont la finalité consiste en une exploitation des ressources naturelles (agriculture, pêche, forêts, mines).
- Le secteur secondaire regroupe l'ensemble des activités de transformation de matières premières (industries, construction).
- Le secteur tertiaire recouvre un ensemble d'activités qui vont du commerce à l'administration, en passant par les transports, la finance, l'immobilier, les services.
- Le secteur quaternaire regroupe les activités liées à l'information et à la communication (presse, télécommunications, Internet, recherche).

1.2. Les branches professionnelles

L'INSEE a établi une nomenclature des activités françaises (NAF), qui identifie les branches professionnelles. Toutes les entreprises qui produisent ou vendent les mêmes biens ou services appartiennent à la même branche professionnelle.

2 Le métier et le niveau de qualification

2.1. Le métier

Un métier se définit par la formation nécessaire pour l'exercer, par les tâches à accomplir, par les responsabilités qui lui sont liées et les possibilités d'évolution. Un métier est une activité humaine, le plus souvent à but lucratif. C'est aussi un savoir-faire acquis qui nécessite l'amélioration permanente de ce savoir.

2.2. Le niveau de qualification

Un niveau de qualification dépend de la formation nécessaire pour occuper un poste dans le monde professionnel. Il témoigne des capacités de chacun à accomplir les tâches confiées et à prendre des responsabilités plus ou moins importantes.

3 Les formations

Le niveau de formation représente la condition de départ pour exercer un métier. La formation initiale est celle reçue pendant ses études au lycée ou dans un centre de formation. La formation continue s'effectue tout au long de la vie professionnelle.

mots clés : **Secteur d'activité ◆ Branche professionnelle ◆ Métier ◆ Qualification ◆ Formation initiale ◆ Formation continue**

S'entraîner au Bac
Exercice 2 : p. 261

Savoir 2

Le contexte institutionnel de l'activité professionnelle

LU ☐
SU ☐
REVU ☐

L'environnement institutionnel d'une profession comprend de nombreux partenaires. Trois catégories d'organismes sont en relation avec les entreprises.

1 Les chambres consulaires

1.1. Les chambres de métiers et de l'artisanat (CMA)

Les CMA ont en charge toutes les questions concernant l'artisanat. Les entreprises artisanales sont présentes dans les secteurs de l'alimentation, du bâtiment, de la production et des services. Ces chambres assurent des missions de formation, d'enregistrement des entreprises et de représentation auprès des pouvoirs publics.

1.2. Les chambres de commerce et d'industrie (CCI)

Les CCI sont des établissements publics, placés sous la tutelle de l'État.
Les principales missions d'une CCI portent sur la formation des jeunes, la gestion d'infrastructures (ports, aéroports...) et l'aide à la création d'entreprise.

1.3. Les chambres d'agriculture

Les chambres d'agriculture représentent les intérêts du monde agricole et l'ensemble de ses intervenants : exploitants, salariés, organisations agricoles.

2 Les organisations professionnelles

Certaines organisations professionnelles représentent les salariés des entreprises, d'autres les patrons. Leur principal rôle est de défendre les intérêts de leurs membres auprès des pouvoirs publics. Elles signent des accords sur les salaires, les conditions de travail et la formation professionnelle.

3 Les administrations et les collectivités territoriales

3.1. Les administrations publiques

Elles regroupent l'État, les collectivités territoriales et les administrations de Sécurité sociale. Elles s'occupent des services collectifs (justice, santé, éducation).

3.2. Les collectivités territoriales

- La région est dotée d'un conseil régional. Ses missions portent sur le développement économique, l'aménagement du territoire, les transports, la formation.
- Le département est géré par un conseil départemental élu pour six ans. Ses missions comprennent l'action sociale, l'éducation, l'aménagement, la culture, le sport.
- Les communautés de communes et les communautés d'agglomération gèrent l'aménagement de l'espace, le développement économique, la politique de la ville.
- La commune est la plus petite collectivité territoriale. Le maire est l'exécutif de la commune qu'il représente et dont il gère le budget. Il est élu pour six ans.

mots clés Chambre consulaire ◆ Collectivité territoriale

Savoir

3

Les différentes organisations

LU ☐
SU ☐
REVU ☐

Une organisation est un groupe de personnes qui ont décidé de s'organiser pour agir ensemble en se fixant un objectif commun.

1 La diversité des organisations

1.1. Les formes d'organisations

- Les entreprises produisent des biens et des services qu'elles vendent à des clients dans le but de gagner de l'argent (but lucratif). Une entreprise individuelle est gérée par une seule personne. À partir de deux propriétaires, on parle de société.
- Les organisations publiques proposent des services, le plus souvent gratuits, à la collectivité. On distingue les entreprises publiques, qui produisent des biens et des services marchands et ont un objectif de profit comme les entreprises privées, et les administrations publiques, qui produisent des services non marchands.
- Les organisations à but non lucratif proposent des services, gratuits ou non, à un groupe de personnes sans chercher à faire de bénéfices. Elles ont pour objectif la solidarité et l'équité. Elles fournissent soit des biens et des services marchands (mutuelles et coopératives) soit des services non marchands (associations).

1.2. Les besoins couverts par les organisations

La diversité des organisations répond à trois catégories de besoins :

- des besoins économiques, quand l'organisation satisfait des intérêts privés ;
- des besoins sociaux, quand elle satisfait uniquement l'intérêt de ses membres ;
- des besoins sociétaux, quand elle satisfait l'intérêt collectif.

2 Le secteur marchand et le secteur non marchand

- Certaines organisations, notamment les entreprises, proposent leurs productions aux consommateurs à des prix qui leur permettent de réaliser un bénéfice. Cette production est dite « marchande » et l'organisation appartient au secteur marchand.
- D'autres organisations, notamment les associations, mettent leurs productions gratuitement ou quasi gratuitement (à un prix inférieur à 50 % du coût de production) à la disposition des utilisateurs/consommateurs. Cette production est alors dite « non marchande » et l'organisation appartient au secteur non marchand.

3 La marchandisation des services non marchands

La marchandisation d'un service est son passage de la forme non marchande à la forme marchande. Un service non marchand devient une marchandise lorsque son prix ne permet plus au plus grand nombre de personnes d'y accéder. Cette situation, fréquente dans les secteurs de la santé et de l'éducation, rend difficile de dire si ce type de service appartient au secteur marchand ou non marchand.

mots clés — **Entreprise ◆ Organisation publique ◆ Organisation à but non lucratif ◆ Secteur marchand ◆ Secteur non marchand**

S'entraîner au Bac
Exercice 1 : p. 259

Savoir 4

Les finalités et les objectifs des organisations

LU ☐
SU ☐
REVU ☐

Les organisations ont des finalités qui varient en fonction de leur objet et des besoins économiques et sociaux qu'elles remplissent.

1 La différence entre finalité et objectif

La finalité d'une entreprise est le but à atteindre, la valeur qui justifie son existence. Un objectif est une étape, un moyen d'atteindre la finalité. C'est un but concret à réaliser dans un délai précis. Il est exprimé quantitativement ou qualitativement.

2 Les missions de service public

Une mission de service public correspond à une activité qui profite à toute la population ; on parle d'« activité d'intérêt général ». Les principales missions de service public portent sur la sécurité des personnes et des biens, l'éducation de la population, la santé et l'accès aux soins et l'accès à la culture.
Il existe trois grandes catégories de services publics :
- les services publics relevant de la responsabilité traditionnelle de l'État (la sécurité, la justice, les finances du pays, l'Administration…) ;
- les services non marchands qui sont mis gratuitement ou quasi gratuitement à la disposition de tous (la santé, la culture, l'enseignement, la Sécurité sociale…) ;
- les services marchands qui sont vendus à la population par des entreprises qui dépendent de l'État ou à qui l'État a confié la mission (les transports, l'énergie, les télécommunications, La Poste…).

3 Les fonctions économique et sociale d'une organisation

3.1. La fonction économique

Elle repose sur un objectif de rentabilité économique. La création de richesse conduit à la réalisation d'un profit qui est réparti entre les personnes.

3.2. La fonction sociale

De plus en plus, se développe un secteur d'économie sociale ou solidaire dont l'objectif est de privilégier le service à la personne plutôt que la recherche du profit.

4 La création de richesse

La création de richesse est le résultat d'une activité économique dans laquelle la valeur de ce qui est produit est supérieure à la valeur des éléments utilisés pour cette production. Cette notion est à distinguer de celle de profit. Le profit réalisé permet de rémunérer les propriétaires de l'entreprise. Il représente la différence entre les recettes (ressources) et les dépenses.

mots clés Finalité ◆ Création de richesse ◆ Profit

S'entraîner au Bac
Exercice 1 : p. 259

Savoir
5

Les acteurs des organisations

LU ☐
SU ☐
REVU ☐

Au sein d'une organisation, chaque acteur est identifié par son rôle et ses objectifs.

1 Les acteurs de l'association

1.1. La participation à la vie associative

Toute personne peut participer à la vie d'une association. Dans la vie associative, on distingue différents acteurs aux niveaux d'engagement différents :

- les membres fondateurs à l'origine de l'association et les adhérents qui entrent dans l'association moyennant une cotisation ;
- les membres bienfaiteurs qui versent une cotisation annuelle supérieure et les membres d'honneur qui rendent des services sans payer de cotisation ;
- les participants ponctuels.

Ils s'engagent tous bénévolement, sans contrepartie.

1.2. Le fonctionnement d'une association

Pour fonctionner, une association doit élire un conseil d'administration et désigner en son sein les trois membres du bureau, qui la dirigent au quotidien :

- le président, qui représente l'association devant la justice et dirige ;
- le secrétaire, qui assure les tâches administratives ;
- le trésorier, qui mène la gestion de l'association et tient la comptabilité.

Les décisions importantes de l'association sont prises à l'unanimité des membres.

2 Les acteurs de l'entreprise

2.1. Les propriétaires

Les propriétaires des entreprises sont des individus, isolés ou associés, ou des actionnaires. Ils apportent les ressources financières pour créer l'entreprise. Dans les petites entreprises, l'entrepreneur est à la fois le propriétaire et le patron qui dirige l'activité des employés. On parle alors de chef d'entreprise.

2.2. Les dirigeants

Ils prennent les décisions importantes et gèrent les budgets et les hommes.
Dans les moyennes et les grandes entreprises, le dirigeant est rarement le propriétaire. L'entreprise appartient le plus souvent à des personnes qui nomment à sa tête des dirigeants salariés qui rendent des comptes à un conseil d'administration. Dans les micro-entreprises (moins de 10 salariés) et les PME (petites et moyennes entreprises, de 10 à 249 salariés), les dirigeants sont le plus souvent les propriétaires.

2.3. Les employés

Ce sont la plupart du temps des salariés qui travaillent, avec un contrat qui les lie à une entreprise en échange d'un salaire. Par leur travail, ils créent la richesse de l'entreprise. Ils peuvent être responsables de certaines décisions et, dans ce cas, ont la qualification de cadres.

mots clés Adhérent ◆ Bénévole ◆ Propriétaire ◆ Dirigeant ◆ Salarié

Les partenaires de l'entreprise

LU ☐ SU ☐ REVU ☐

Les partenaires de l'entreprise sont présents tout au long de la vie de l'entreprise.

1 Les banques

1.1. L'accompagnement par les banques

Les banques accompagnent les chefs d'entreprise tout au long de l'existence de l'entreprise. Elles proposent différents services.

EXEMPLES Ouverture d'un compte, prêts, placements financiers, carte bancaire...

1.2. Le financement par les banques

Tout au long de son développement, l'entreprise est dans l'obligation d'investir pour acquérir de nouveaux moyens de production. Le recours aux banques est la solution la plus souvent utilisée par les petites et moyennes entreprises afin d'obtenir un financement de leurs activités. En contrepartie, elles paient des intérêts à la banque.

2 Les pouvoirs publics

2.1. Les aides fournies par les pouvoirs publics

Une entreprise peut recevoir des aides de l'État et/ou des collectivités locales, en particulier lors de sa création. Les formes les plus courantes d'aide sont :
- les réductions ou suppressions d'impôts, de taxes, de charges sociales ;
- les primes et les subventions.

2.2. Les obligations imposées par les pouvoirs publics

- Les obligations sociales sont liées aux salariés : les entreprises qui emploient du personnel ont l'obligation de payer des charges sociales pour la retraite et la Sécurité sociale de chaque salarié. Les cotisations sont versées à l'Urssaf.
- Les obligations fiscales concernent le paiement d'impôts et de taxes en fonction de la nature de l'activité et du montant du chiffre d'affaires de l'entreprise.

3 Les assurances

Toute entreprise peut un jour être victime d'un sinistre susceptible d'interrompre son activité. Pour se protéger, les entreprises ont recours aux services des assureurs. On distingue trois grandes catégories d'assurances :
- l'assurance des biens de l'entreprise, pour les risques liés aux dégradations, aux pannes ou aux vols (locaux, machines, marchandises) ;
- l'assurance de responsabilité, pour les dégâts causés à des tiers ;
- l'assurance des personnes, pour les baisses d'activité de l'entreprise.

mots clés Banque ◆ État ◆ Collectivités locales ◆ Assurances

S'entraîner au Bac
Exercice 1 : p. 259

Les différents types d'entreprises

LU ☐
SU ☐
REVU ☐

Différents indicateurs économiques et différentes formes juridiques sont utilisés pour caractériser la diversité des entreprises.

1 Les critères économiques

1.1. En fonction de la performance économique

Les critères qui permettent de mesurer la performance d'une entreprise sont :
- le chiffre d'affaires (CA), qui correspond au montant des ventes réalisées ;
- le bénéfice, soit la différence entre le CA et l'ensemble des coûts de l'entreprise ;
- le nombre de clients, qui est un critère alternatif au chiffre d'affaires ;
- la part de marché, soit le rapport entre les ventes d'un produit et le total du marché.

1.2. En fonction de la taille

Pour classer les entreprises selon leur taille, on utilise le critère de l'effectif.

CATÉGORIES	EFFECTIF EMPLOYÉS	NOMBRE D'ENTREPRISES
Micro-entreprises	Moins de 10 salariés	Environ 2,5 millions
Petites et moyennes entreprises (PME)	De 10 à 249 salariés	130 000
Entreprises de taille intermédiaire	De 250 à 4 999 salariés	4 500
Grandes entreprises (GE)	À partir de 5 000 salariés	217

2 Les critères juridiques

2.1. L'entreprise publique et l'entreprise privée

Une entreprise publique est une entreprise dont le capital appartient en majorité, voire en totalité, à l'État ou à une collectivité territoriale (ex. : EDF). Les pouvoirs publics peuvent ainsi exercer sur leur activité une influence prépondérante.
Dans une entreprise privée, le capital est détenu par des personnes privées.

2.2. L'entreprise individuelle et la société de personnes

Le statut juridique d'une entreprise dépend de deux critères :
- le nombre de personnes responsables de l'entreprise ;
- l'étendue de la responsabilité de ces personnes.

Dans une entreprise individuelle, une même personne est à la fois propriétaire de l'entreprise et gestionnaire de l'entreprise. Elle est entièrement responsable de l'entreprise et peut, en cas de dettes, être obligée de payer avec ses biens propres.
Dans une société, des personnes mettent en commun de l'argent pour développer une activité. Elles confient le plus souvent la gestion à une personne de confiance. En cas de dettes, la responsabilité de chaque associé est limitée à la somme qu'il a apportée.

mots clés Entreprise publique ◆ Entreprise privée ◆ Entreprise individuelle ◆ Société

Savoir

8

La coordination et la prise de décision

LU ☐
SU ☐
REVU ☐

La structure d'une entreprise se définit en fonction de l'organisation interne choisie. Plusieurs logiques d'organisation sont possibles. Le choix d'une structure interne doit être cohérent par rapport aux objectifs de l'entreprise et faciliter ainsi la prise de décision.

1 Les structures d'entreprise

1.1. La répartition des tâches

Les entreprises peuvent adopter différents types de structure selon la manière dont elles organisent la répartition du travail à l'intérieur de leurs différents services. La structure d'une entreprise donne la répartition des tâches, des responsabilités et du pouvoir au sein de celle-ci.

1.2. L'organigramme

La structure d'une entreprise est habituellement représentée par un schéma appelé « organigramme ». L'observation de l'organigramme d'une entreprise indique le nombre de niveaux de responsabilité de la structure.

EXEMPLE

L'exemple ci-dessous fait apparaître trois niveaux.

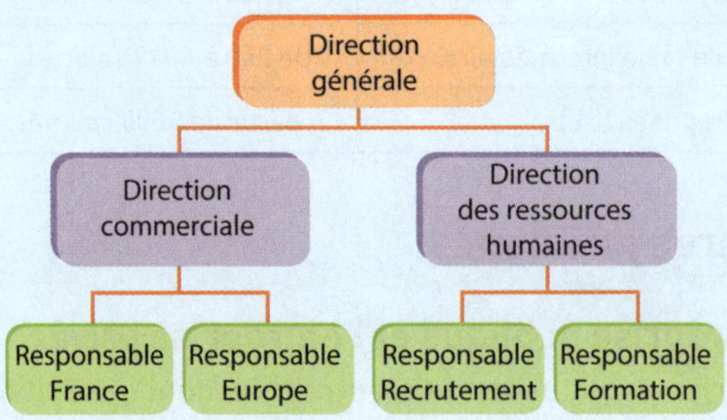

1.3. La structure fonctionnelle

Dans une structure fonctionnelle, l'entreprise est organisée selon de grandes fonctions (commerciale, production, gestion des ressources humaines…). Elle repose sur deux principes :

- la voie hiérarchique : chaque subordonné est placé sous la responsabilité d'une seule personne dont il reçoit des ordres et à qui il doit rendre compte. C'est une « liaison hiérarchique » ;
- la communication entre les personnes, à la fois verticale (selon la voie hiérarchique) et horizontale (coopération au même niveau hiérarchique).

1.4. Les structures divisionnelles

a) La structure par produits

L'entreprise est organisée en fonction des différents biens ou services qu'elle produit. Chacune des divisions « produit » peut ensuite être structurée selon le modèle de la structure fonctionnelle.

ÉCONOMIE-DROIT

Ce type de structure est fréquemment utilisé par les grandes entreprises.

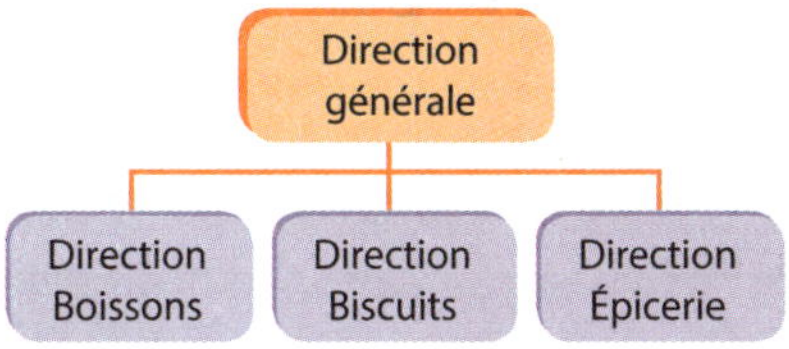

b) La structure géographique

Ce mode d'organisation est valable pour des entreprises présentes sur des marchés dispersés géographiquement. De nombreuses entreprises multinationales l'ont adopté.

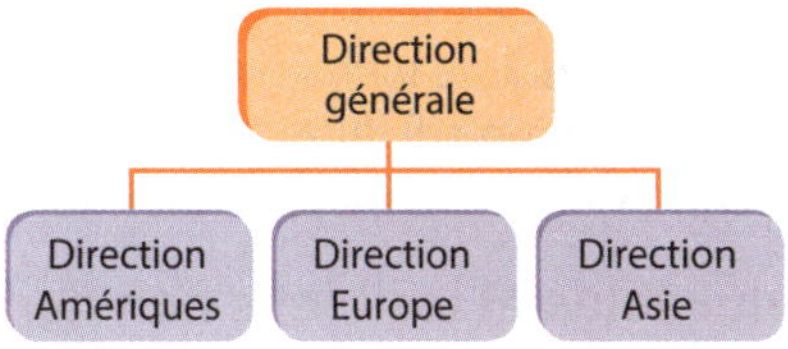

2 La prise de décision

2.1. La notion de décision

De nombreuses décisions sont prises en permanence dans les entreprises. La décision est un choix entre plusieurs solutions possibles, compte tenu d'un ou de plusieurs critères d'évaluation des solutions. La prise de décision apparaît dans la construction de l'organigramme par les liens entre les différents niveaux de responsabilité.

2.2. Les liaisons hiérarchiques

Dans le cas d'une structure ne comportant que des liaisons hiérarchiques, une seule personne prend toutes les décisions. La structure de l'entreprise a la forme d'une pyramide et l'autorité y est exercée à sens unique, du haut vers le bas. Cela comporte des avantages (clarté des responsabilités, pas de conflit d'autorité), mais également des inconvénients (pas d'initiatives personnelles, lourdeur de la prise de décision).

2.3. Les liaisons de conseil

Un conseiller apparaît dans l'organigramme par un lien horizontal. Il est placé sous la responsabilité d'un supérieur hiérarchique mais il n'a pas d'ordre à donner à ceux qui sont placés en dessous de lui dans la structure ; c'est une « liaison de conseil » ou « fonctionnelle ».

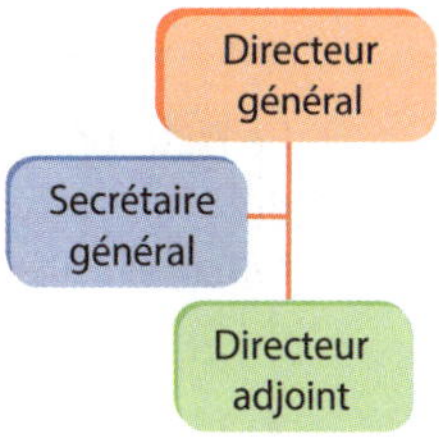

mots clés Organigramme ◆ Structure fonctionnelle ◆ Structure par produits ◆ Structure géographique ◆ Décision ◆ Liaisons hiérarchiques ◆ Liaisons de conseil

ÉCONOMIE-DROIT

Savoir

9

L'entreprise et son marché

LU ☐
SU ☐
REVU ☐

On identifie le marché d'une entreprise en fonction des biens et/ou des services qu'elle commercialise.

1 Les biens et les services

1.1. La distinction entre biens et services

Les biens sont des objets fabriqués par l'homme à l'aide d'outils ou de machines (ex. : un téléviseur). Les services sont immatériels : ils représentent un travail fourni (ex. : une coupe de cheveux). Les biens sont dits matériels et les services immatériels. La commercialisation de certains biens s'accompagne de services liés pour inciter le client à acheter en profitant d'un avantage supplémentaire.

1.2. Les biens durables et les biens non durables

Les biens sont durables s'ils sont utilisables régulièrement sur une durée assez longue (ex. : kite-surf). Ils sont dits « semi-durables » s'ils servent régulièrement sur une durée de vie plus courte (ex. : pile électrique). Ils sont non durables s'ils sont détruits à la première utilisation (ex. : boisson énergisante).

2 Les clients et les fournisseurs

2.1. Les grandes catégories de clients

Un client est une personne qui achète les biens et les services de l'entreprise. Chaque catégorie de clients a des besoins propres auxquels l'entreprise s'adapte.

2.2. Les grandes catégories de fournisseurs

Un fournisseur est une entreprise qui vend des produits à d'autres entreprises.
Il existe trois catégories de fournisseurs :

- les fournisseurs de biens, qui vendent des fournitures ou des marchandises ;
- les fournisseurs de matériels destinés à la production et de mobilier ;
- les fournisseurs de services.

3 Le marché et la concurrence

3.1. Le marché d'une entreprise

Le marché regroupe les consommateurs d'un produit sur un territoire géographique délimité et durant un laps de temps précis. Le marché amont est constitué des fournisseurs. Le marché aval englobe les prescripteurs (qui recommandent l'achat du produit), les clients et les distributeurs.

3.2. La concurrence

Elle représente l'ensemble des entreprises qui proposent des produits ou des services répondant au même besoin. Chaque entreprise tente de se différencier en mettant en avant un avantage sur ses concurrents : prix, qualité, innovation, etc.

mots clés Bien ◆ Service ◆ Bien (non) durable ◆ Client ◆ Fournisseur ◆ Marché ◆ Concurrents

Savoir

10

La politique commerciale

LU ☐
SU ☐
REVU ☐

La politique commerciale désigne l'ensemble des décisions ou des pratiques d'une entreprise relatives à la commercialisation de ses produits ou services.

1 La politique de produit

La politique de produit d'une entreprise regroupe l'ensemble des décisions qui portent sur les performances et les qualités de ses produits ainsi que sur leur design, leur packaging (emballage extérieur) et leur marque.
Le couple marché/produit correspond à la combinaison d'un produit et d'un type de clients auquel ce produit est destiné plus particulièrement.

2 La politique de prix

Pour fixer le prix d'un produit, l'entreprise doit tenir compte :
- des prix affichés par les concurrents ;
- du niveau de prix acceptable par le consommateur (prix psychologique) ou du prix maximal auquel le client est prêt à acheter le produit ;
- des dépenses nécessaires pour acquérir ou fabriquer le produit, afin que sa vente assure un bénéfice.

3 La politique de distribution

Le réseau de distribution est constitué de l'ensemble des détaillants et grossistes qui mettent les produits d'une entreprise à disposition des consommateurs intermédiaires (magasins) ou finaux. L'entreprise doit mettre en place un réseau de distribution qui lui permette d'atteindre ses objectifs de vente.
Un canal de distribution correspond à toutes les étapes que parcourt un produit entre l'usine dans laquelle il a été fabriqué et le magasin dans lequel il est mis en vente. Il peut être plus ou moins direct, en fonction du nombre d'intermédiaires séparant le producteur du consommateur.

4 La politique de communication

La promotion des ventes regroupe l'ensemble des actions commerciales qui visent à inciter le consommateur potentiel à l'achat du produit, en lui accordant un avantage limité dans le temps.
La publicité représente l'« action de rendre public ». Elle utilise différents médias (presse, radio, affichage, télévision, Internet) pour faire connaître au public un produit. Les objectifs de la publicité sont d'informer sur les caractéristiques d'un produit et de provoquer l'achat.
Le marketing direct consiste à établir un contact direct avec un client identifié le plus souvent grâce à un fichier, soit pour le conquérir, soit pour le fidéliser.

mots clés Politique commerciale ◆ Couple marché/produit ◆ Réseau de distribution ◆ Promotion

Les fonctions et caractères du droit

LU ☐
SU ☐
REVU ☐

Le droit est l'ensemble des règles qui doivent être respectées par tous.

1 L'objet du droit

Le droit fixe les limites aux libertés de chacun et régit les rapports entre les personnes. Nul ne peut se faire justice à soi-même : en cas de litige, il faut saisir la justice.

2 Les caractères du droit

La règle de droit a un caractère général, impersonnel et obligatoire.

EXEMPLE
Le Code civil prévoit que la majorité est fixée à 18 ans accomplis. Cette règle ne vise personne en particulier et s'applique à tous ceux qui ont atteint l'âge de 18 ans.

3 Les fonctions de la règle de droit

3.1. Une fonction de régulation

Le droit organise la société au nom des valeurs collectives que ses membres partagent. Les règles de droit évoluent et s'adaptent en fonction des choix politiques et sociaux correspondant à un état de la société à un instant donné.

EXEMPLE
Le droit évolue pour s'adapter à la demande sociale de réparation des dommages individuels (erreur médicale, etc.) et collectifs (catastrophes naturelles, etc.)

3.2. Une fonction de sanction

Les règles de droit s'imposent à tous. Ceux qui ne les respectent pas sont sanctionnés.

4 Les droits

Le droit objectif regroupe les règles qui régissent les relations des personnes vivant dans une société. Elles sont élaborées et sanctionnées par l'autorité publique (ex. : le droit de grève).
Le droit objectif reconnaît aux personnes des droits individuels très concrets, appelés « droits subjectifs », du fait qu'ils ont pour titulaires les sujets de droit.

EXEMPLE
Une personne propriétaire d'un appartement a un droit de propriété sur son bien, en vertu duquel elle peut l'habiter, le louer ou le vendre.

Ainsi, tous les individus, en leur qualité de sujets de droit, détiennent des pouvoirs et peuvent, en cas de conflit, les faire respecter devant la justice.

mots clés
Caractère général, impersonnel et obligatoire de la règle de droit ◆ Droit objectif ◆ Droits subjectifs

Savoir

12

Les droits fondamentaux

LU ☐
SU ☐
REVU ☐

Ils constituent des fondements essentiels des sociétés démocratiques.

1 Les droits de l'homme et les libertés fondamentales

1.1. L'étendue des droits de l'homme et des libertés fondamentales

Ces droits et libertés fondamentales sont reconnus par la Constitution.

EXEMPLES La liberté du commerce et de l'industrie ; la liberté du travail pour tous…

1.2. La protection des droits de l'homme et des libertés fondamentales

Les droits de l'homme, énoncés dans la Déclaration des droits de l'homme et du citoyen de 1789, puis complétés dans le préambule de la Constitution de 1946, ont été repris dans le préambule de la Constitution de la Ve République de 1958.
L'inscription des droits de l'homme dans la Constitution garantit leur respect. En effet, la Constitution est la règle suprême, elle se situe au sommet du système juridique français. Toutes les lois doivent donc lui être conformes.

EXEMPLE La CNIL (Commission nationale de l'informatique et des libertés) protège la vie privée et les libertés des citoyens dans le monde numérique.

2 L'encadrement des libertés par le droit

Le droit fixe ce qu'il est possible ou interdit de faire. Il veille ainsi au respect de l'ordre public, c'est-à-dire de l'ensemble des règles qui s'imposent à tous.
Dans l'intérêt de tous, le droit peut donc limiter l'usage de certaines libertés. La notion d'ordre public permet de poser des limites aux libertés individuelles.

EXEMPLE Le propriétaire d'une radio peut utiliser son bien mais il ne doit pas en faire un usage abusif en perturbant le sommeil de ses voisins.

3 Les devoirs et obligations liés aux libertés

Des devoirs et des obligations sont les contreparties des libertés fondamentales. Les pouvoirs publics peuvent restreindre les droits fondamentaux s'il existe un risque de troubles pour l'ordre public.

EXEMPLE L'interdiction de l'incitation à la haine est une limite à la liberté d'expression.

De leur côté, les individus profitent de leurs droits mais ils ont aussi des devoirs : respecter l'ordre public, payer des impôts, etc.
Il existe aussi des devoirs et des obligations liés aux libertés fondamentales au niveau européen.

EXEMPLE Le droit de circuler et travailler sur le territoire des autres pays membres.

mots clés Droits fondamentaux ◆ Libertés fondamentales ◆ Constitution ◆ Déclaration des droits de l'homme et du citoyen ◆ Ordre public

Savoir 13

Les sources du droit

LU ☐
SU ☐
REVU ☐

On distingue deux types de sources aux règles de droit : les sources directes et les sources indirectes.

1 Les sources directes du droit

1.1. Le bloc constitutionnel

La Constitution est l'ensemble des règles qui précisent l'organisation et le fonctionnement des pouvoirs publics en fixant des principes fondamentaux (ex. : la liberté syndicale).
Les traités sont négociés par plusieurs États qui s'engagent mutuellement. Au niveau européen, les traités communautaires forment le droit originaire s'imposant à tous les États membres. Il est enrichi par les institutions européennes (Parlement, Commission…) : on parle alors de « droit dérivé ». Celui-ci comprend les règlements, qui sont directement applicables dans les 27 États membres de l'Union européenne, et les directives, qui obligent les États membres à modifier leur droit pour atteindre certains objectifs.

1.2. Le bloc législatif

Il comprend les lois, qui sont des dispositions abstraites, générales et permanentes. Elles sont votées par le Parlement (Assemblée nationale et Sénat).

1.3. Le bloc réglementaire

On distingue les décrets (actes pris par le pouvoir exécutif : président de la République et Premier ministre) et les arrêtés (arrêtés ministériels pris par les ministres ; arrêtés préfectoraux pris par les préfets ; arrêtés municipaux pris par les maires).

2 Les sources indirectes du droit

- La jurisprudence est l'ensemble des décisions rendues par les tribunaux.
- Les coutumes ou usages s'imposent par habitude ou par croyance.

3 La hiérarchie des normes

Le droit national ressemble à une pyramide au sommet de laquelle se trouve la Constitution. Au-dessous, on trouve la loi, qui est supérieure aux règlements pris par le pouvoir exécutif. Chaque texte doit être en conformité avec ceux qui lui sont supérieurs dans la hiérarchie. Lorsqu'il y a divergence entre une règle de droit communautaire et une règle de droit national, c'est le droit communautaire qui s'impose.

mots clés Constitution ◆ Traités ◆ Règlements ◆ Directives ◆ Lois ◆ Décrets ◆ Arrêtés ◆ Jurisprudence ◆ Coutume

S'entraîner au Bac
Exercice 1 : p. 259

ÉCONOMIE-DROIT

Savoir 14

Les titulaires de droits subjectifs

LU ☐
SU ☐
REVU ☐

Les titulaires de droits subjectifs sont les personnes physiques et les personnes morales qui possèdent la personnalité juridique.

1 La personnalité juridique

La personnalité juridique, reconnue aux êtres humains, leur confère l'aptitude d'avoir des droits (acheter, voter…) mais aussi des obligations (payer des impôts, respecter les lois). Les enfants ou les personnes dont les facultés mentales et/ou physiques sont altérées disposent aussi de la personnalité juridique.

2 Les personnes physiques

2.1. Les éléments d'identification

- Le nom se compose du nom de famille (nom patronymique) et d'un ou de plusieurs prénoms, permettant de distinguer les membres d'une même famille.
- Le domicile est le lieu où la personne réside habituellement.
- La nationalité est le lien juridique rattachant un individu à un État. La nationalité française peut être obtenue par la filiation, la naissance sur le territoire français (si l'un des deux parents y est lui-même né), le mariage ou la naturalisation.
- Le patrimoine est l'ensemble des droits et obligations d'une personne, évalués en monnaie. Seules les personnes juridiques peuvent avoir un patrimoine et toute personne juridique dispose d'un seul et unique patrimoine.

2.2. La capacité des personnes physiques

Toute personne physique est capable, c'est-à-dire titulaire de droits. La capacité juridique est donc l'aptitude à être titulaire de droits (capacité de jouissance) et à les exercer librement (capacité d'exercice).
Certaines personnes sont titulaires de droits mais ne peuvent les mettre en œuvre, par exemple les mineurs. Elles sont alors privées de la capacité d'exercice. D'autres, en raison de leur état mental ou physique pouvant causer un préjudice à autrui ou à eux-mêmes, sont privés de tout ou partie de leur capacité d'exercice.

3 Les éléments d'identification des personnes morales

Des personnes physiques peuvent souhaiter se regrouper afin d'exercer une activité ensemble et ainsi donner naissance à une « personne morale ».
Bénéficiant de la personnalité juridique, la personne morale dispose d'un nom (dénomination sociale), d'un domicile (siège social) et d'une nationalité.
Il existe des personnes morales de droit privé, avec ou sans but lucratif (une société, une association), et des personnes morales de droit public, collectivités ou établissements publics (l'État, une commune, un lycée).

mots clés Personnalité juridique ◆ Capacité juridique ◆ Capacité de jouissance ◆ Capacité d'exercice ◆ Personne morale

Savoir 15

La preuve des droits subjectifs

LU ☐
SU ☐
REVU ☐

Les personnes qui demandent à la justice de régler leur litige doivent apporter les preuves de ce qu'elles réclament.

1 La charge de la preuve

Prouver un droit, c'est apporter la preuve de ce que l'on prétend. Celui qui réclame l'exécution d'un droit doit prouver qu'il existe, et celui qui prétend avoir exécuté son obligation peut rapporter la preuve qu'il a respecté son obligation.

2 Les modes de preuve

Tous les moyens de preuve n'ont pas la même valeur. On dit que les preuves écrites sont « parfaites » car elles sont difficiles à contester.

2.1. Les preuves écrites

- L'acte authentique est passé devant un officier ministériel (notaire, huissier) et a, de ce fait, une grande force probante. Cette forme authentique est obligatoire pour certains actes (ex. : vente d'un immeuble).
- Les actes sous seing privé sont des écrits rédigés et signés par des particuliers s'engageant les uns envers les autres. Ils respectent des exigences de forme.

2.2. Les autres modes de preuve

Depuis la loi du 13 mars 2000, l'écrit sur support électronique est admis comme preuve avec la même force probante que l'écrit sur support papier.
Il peut s'agir aussi d'un témoignage (déclaration faite par une personne étrangère à une affaire et qui dit ce qu'elle a vu ou entendu) et d'un simple écrit.

3 L'admissibilité de la preuve

3.1. La preuve des actes juridiques : les preuves parfaites

Un acte juridique est un contrat qui a pour but de créer des effets juridiques. Dès lors qu'il porte sur un montant d'au moins 1 500 €, la preuve de l'existence de cet acte se fait en apportant l'écrit qui a été signé par les parties.

EXEMPLE Un créancier pourra produire le contrat qui engageait l'autre partie à lui payer une certaine somme ou à lui livrer un bien.

3.2. La preuve des faits juridiques : la liberté de la preuve

Pour les faits juridiques (événements quelconques qui produisent des conséquences juridiques sans que les intéressés les aient volontairement recherchées), toutes les formes de preuve sont recevables car ils sont imprévisibles. Ces preuves peuvent être contestées.

EXEMPLE Le témoignage apporté par une personne suite à un accident de voiture.

mots clés Charge de la preuve ◆ Preuve écrite ◆ Acte authentique ◆ Acte sous seing privé ◆ Témoignage

Savoir

16

La responsabilité

LU ☐
SU ☐
REVU ☐

Chacun est responsable de ses actes et doit en assumer les conséquences.

1 Les responsabilités pénale et civile

1.1. Sanctionner en cas de responsabilité pénale

Une personne est responsable pénalement lorsqu'elle a commis une faute pénale, c'est-à-dire une infraction (ex. : un vol, un meurtre). Elle doit être sanctionnée par une amende et/ou une peine de prison.

1.2. Réparer en cas de responsabilité civile

Une personne commet une faute civile si elle cause un dommage à autrui. Elle engage alors sa responsabilité civile et doit réparer ce dommage par le versement d'une indemnisation financière : les dommages-intérêts. On distingue :

- la responsabilité civile contractuelle, qui est invoquée dans le cas d'un contrat mal ou non exécuté par le débiteur (*cf.* fiche Savoir 39) ;
- la responsabilité civile extracontractuelle, qui est invoquée dans le cas d'un comportement fautif qui crée des dommages à autrui.

2 La responsabilité civile extracontractuelle

Pour obtenir réparation, la victime d'une infraction doit établir l'existence des trois éléments constitutifs de la responsabilité civile extracontractuelle.

LE FAIT GÉNÉRATEUR	LE DOMMAGE RÉPARABLE	LE LIEN DE CAUSALITÉ
Il s'agit d'une faute personnelle intentionnelle (une intention de nuire…) ou non intentionnelle (une imprudence…).	La victime doit avoir subi un dommage ou un préjudice certain, qui peut être matériel, corporel ou moral.	La faute doit être la cause du dommage. Le lien de causalité doit être prouvé par celui qui s'estime victime.

Il existe différents cas de responsabilité civile extracontractuelle.

LA RESPONSABILITÉ DU FAIT PERSONNEL	LA RESPONSABILITÉ DU FAIT D'AUTRUI
On est responsable de sa propre faute ou de sa négligence. (ex. : une personne bouscule et fait chuter un passant).	On peut être responsable du fait des personnes dont on a la charge. Exemples : – les parents sont responsables des dommages provoqués par leurs enfants ; – les employeurs sont responsables des dommages provoqués par leurs salariés.

Actuellement, la volonté croissante de l'indemnisation des victimes et le désir de prévenir les risques conduisent au développement de l'assurance. On dit que le risque est « socialisé » car il est pris en charge par la collectivité par le biais de l'assurance.

mots clés

Responsabilité pénale ◆ Dommages-intérêts ◆ Responsabilité civile contractuelle ◆ Responsabilité civile extracontractuelle

Savoir

17

L'organisation judiciaire

LU ☐
SU ☐
REVU ☐

Tout titulaire d'un droit doit pouvoir le faire respecter et faire sanctionner par la justice les atteintes qui y sont portées. Il doit respecter les règles organisant la justice.

1 Les deux ordres de juridiction

ORDRE JUDICIAIRE		ORDRE ADMINISTRATIF : LES JURIDICTIONS ADMINISTRATIVES
LES JURIDICTIONS CIVILES	LES JURIDICTIONS PÉNALES	
Pour les procès entre les particuliers : tribunal d'instance, tribunal de grande instance, conseil de prud'hommes, tribunal de commerce…	Pour défendre l'ordre public et sanctionner les infractions à la loi pénale : tribunal de police, tribunal correctionnel, cour d'assises…	Pour juger les litiges entre les particuliers ou les entreprises et les administrations : tribunal administratif, cour administrative d'appel et Conseil d'État.

2 Les tribunaux et leur compétence

LA COMPÉTENCE D'ATTRIBUTION	LA COMPÉTENCE TERRITORIALE
Il faut d'abord déterminer le tribunal compétent en raison de la nature du litige. Ex. : un litige entre un salarié et son employeur est jugé par le conseil de prud'hommes.	Celui qui agit en justice (le demandeur) doit saisir le tribunal de la ville où se trouve le domicile (ou le siège social) de la personne attaquée (le défendeur).

3 Les voies de recours

L'APPEL	LE POURVOI EN CASSATION
Le justiciable mécontent du jugement rendu par un tribunal a la possibilité d'être rejugé par une juridiction supérieure, dite « du second degré » : la cour d'appel confirme ou infirme la décision du tribunal.	Après décision de la cour d'appel, le plaideur peut encore se pourvoir en cassation devant la Cour de cassation. La Cour contrôle que les décisions de justice sont en conformité avec les règles de droit.

4 Les acteurs de la justice et le déroulement d'un procès

La justice est rendue par des juges professionnels et exceptionnellement par des juges non professionnels (conseil de prud'hommes). Les auxiliaires de justice tels que les avocats, les huissiers et les greffiers sont des professionnels du droit indispensables au bon fonctionnement de la justice.
Un procès se déroule en plusieurs étapes : convocation des parties, échange des moyens de preuve, auditions des parties, jugement prononcé après une période de délibéré.

mots clés **Ordre judiciaire ◆ Ordre administratif ◆ Compétence d'attribution ◆ Compétence territoriale ◆ Cour d'appel ◆ Cour de cassation**

Savoir

18

LU ☐
SU ☐
REVU ☐

Le management des ressources humaines

Le management des ressources humaines (RH) désigne l'ensemble des moyens mis en œuvre par l'entreprise pour garantir une adéquation entre ses ressources et ses besoins en personnel.

1 Les objectifs du management des RH

Le management des RH recouvre un ensemble de missions, parmi lesquelles :
- la gestion administrative (gestion de la paie, des congés, des absences…) ;
- la gestion des carrières (formation des salariés, mise en place d'une procédure de promotion leur permettant de progresser dans l'entreprise…) ;
- la gestion des effectifs (plan de recrutement ou de licenciement…).

Le management des RH doit permettre de prévenir certains dysfonctionnements susceptibles d'avoir des conséquences graves pour l'entreprise.

EXEMPLES
Conflits sociaux, grèves, actes d'insubordination, absentéisme.

Il doit assurer la sécurité et la santé au travail des salariés.

EXEMPLES
Lutte contre les accidents du travail, l'exposition au stress.

La motivation des salariés doit être l'une des priorités de l'entreprise car sa réussite en dépend. Si les salariés sont motivés, ils seront plus performants.

2 Les styles de direction

STYLES DE DIRECTION	INTÉRÊTS	LIMITES
Management autoritaire	Les salariés sont guidés de façon ferme.	Il n'y a pas de place pour les initiatives des salariés.
Management paternaliste	Le manager peut être proche de ses collaborateurs mais le pouvoir est totalement centralisé.	Risque de tension avec le personnel qui ne peut participer à la prise de décision.
Management consultatif	La communication fonctionne à double sens au sein de l'équipe.	Risque de perte de temps dans le processus de décision.
Management participatif	Les collaborateurs sont associés à la prise de décision.	Les collaborateurs doivent être créatifs.

3 La communication interne dans les organisations

La communication interne contribue à l'efficacité du travail et à la motivation des salariés. Elle peut être formelle, c'est-à-dire officielle (note de service, affiche, courriel, réunion) ou informelle (impromptue entre les salariés).

mots clés
Management des ressources humaines ◆ Motivation ◆ Styles de direction ◆ Communication interne

Savoir

19

Le recrutement

LU ☐
SU ☐
REVU ☐

Une organisation recrute pour adapter le nombre de ses salariés à ses besoins en emplois. La politique de recrutement peut prendre plusieurs formes.

1 Les enjeux du recrutement

La politique de recrutement doit permettre d'ajuster les ressources en moyens humains aux besoins actuels et futurs de l'organisation. En fonction des circonstances, l'organisation peut donc recruter ou réduire ses effectifs, ou encore flexibiliser le travail en faisant varier le nombre d'heures travaillées selon les périodes voire former le personnel pour qu'il acquière de nouvelles qualifications.
Elle doit donc être en mesure de définir ses besoins en compétences internes.

2 Les types de recrutement

Le recrutement est un acte très difficile car il prend du temps et engage une entreprise et un salarié pour un avenir de durée variable.

LE RECRUTEMENT INTERNE	LE RECRUTEMENT EXTERNE
L'organisation propose à un salarié un nouveau poste, de nouvelles responsabilités et une nouvelle mission. Un recrutement interne permet de réaliser des économies puisque le candidat est déjà dans l'organisation. L'entreprise connaît bien les candidats qui, eux-mêmes, connaissent bien l'entreprise. C'est aussi un bon outil de motivation.	L'organisation cherche un nouveau collaborateur à l'extérieur, c'est-à-dire sur le marché du travail, par différents moyens : petites annonces, recours à un cabinet de recrutement. L'arrivée d'un nouveau collaborateur peut enrichir l'organisation. Mais ce recrutement est coûteux et comporte un risque de mauvaise adaptation du nouveau salarié.

3 Le principe de non-discrimination à l'embauche

L'employeur peut recruter le candidat de son choix, à condition qu'il ne commette pas d'actes de discrimination. Lors d'une phase de recrutement, il est donc interdit de poser au candidat des questions sur sa sexualité et sa situation matrimoniale, ses activités syndicales, ses opinions politiques ou ses convictions religieuses.

EXEMPLE
Les mentions sur la limite d'âge ou l'état de santé sont interdites dans les offres d'emploi car elles constituent une forme de discrimination.

Les informations demandées doivent présenter un lien direct et nécessaire avec l'emploi proposé ou avec l'évaluation de ses aptitudes professionnelles.

EXEMPLE
Une femme candidate à un emploi n'est pas tenue de révéler sa grossesse.

mots clés Recrutement interne/externe ◆ Principe de non-discrimination

S'entraîner au Bac
Exercice 2 : p. 261

Savoir 20

Le contrat de travail

LU ☐
SU ☐
REVU ☐

La loi encadre la relation de travail qui lie les employeurs aux salariés par le contrat de travail.

1 La relation employeur/salariés

Le contrat de travail engage une personne, le salarié, à travailler pour le compte et sous la direction d'une autre, l'employeur, moyennant une rémunération. L'élément principal du contrat de travail est le lien de subordination qui consiste, pour le salarié, à exécuter son travail sous l'autorité de l'employeur.
Les parties au contrat ont des obligations réciproques : le salarié doit exécuter le travail indiqué dans le contrat, l'employeur doit fournir le travail et régler le salaire.

2 Les pouvoirs de l'employeur

POUVOIR DE DIRECTION	POUVOIR RÉGLEMENTAIRE	POUVOIR DISCIPLINAIRE
L'employeur fixe les conditions de travail dans l'entreprise et donne des ordres et des directives aux salariés.	Le règlement intérieur (obligatoire dans les entreprises d'au moins 20 salariés) définit les règles d'hygiène, de sécurité et de discipline.	L'employeur peut prendre des sanctions (blâme, avertissement, licenciement) contre un salarié qui commet une faute en exécutant son travail.

3 Les différents contrats de travail

- Le contrat à durée indéterminée (CDI) est conclu sans limitation de durée et prend fin à l'initiative de l'une des parties.
- Le contrat à durée déterminée (CDD) est conclu par écrit pour un temps fixé à l'avance. Il est prévu pour faire face à des besoins momentanés de main-d'œuvre.
- Le contrat de travail temporaire (CTT), obligatoirement écrit, est conclu entre une entreprise de travail temporaire (l'agence d'intérim) et un salarié (l'intérimaire) pour accomplir une tâche précise et temporaire.

EXEMPLE Le remplacement d'un salarié en cas d'absence.

- Destinés aux jeunes de 16 à 25 ans rémunérés en pourcentage du SMIC, le contrat d'apprentissage et le contrat de professionnalisation permettent d'alterner des périodes d'apprentissage en entreprise et d'enseignement en centre de formation.

4 Les clauses particulières du contrat

Une clause de résultat peut être proposée à un commercial qui percevra des primes, en plus de son salaire fixe, s'il réalise certains objectifs.
Une clause de non-concurrence interdit au salarié, après résiliation de son contrat de travail, l'exercice de certaines activités pouvant nuire à son ancien employeur.

mots clés **Contrat à durée indéterminée ◆ Contrat à durée déterminée ◆ Contrat de travail temporaire ◆ Contrat d'apprentissage**

S'entraîner au Bac
Exercice 2 : p. 261

Savoir

21

La rupture du contrat de travail

LU ☐
SU ☐
REVU ☐

Le droit encadre la rupture du contrat de travail et ses conséquences.

1 La fin du contrat à l'initiative du salarié

LA DÉMISSION	LE DÉPART À LA RETRAITE
La démission doit être librement et clairement exprimée à l'employeur et doit respecter un délai de préavis, qui varie en fonction de son ancienneté et de sa qualification.	Le salarié peut prendre sa retraite dès qu'il a atteint l'âge lui donnant droit à une pension de vieillesse, en respectant un délai de préavis.

2 La fin du contrat à l'initiative de l'employeur

Pour ne pas être qualifié de licenciement abusif, un licenciement doit reposer sur une cause réelle (c'est-à-dire sur des faits existants) et sérieuse (c'est-à-dire nécessitant vraiment le départ du salarié).

2.1. Le licenciement pour motif personnel

Le licenciement pour motif personnel est lié à la personne du salarié et peut être justifié soit par une faute, soit par une inaptitude physique ou une insuffisance personnelle si le salarié n'exécute pas son travail de façon satisfaisante.
La procédure de licenciement se fait en trois temps :
1. Envoi en recommandé d'une lettre de convocation à un entretien préalable
2. Entretien préalable : l'employeur indique les motifs de sa décision
3. Lettre recommandée précisant les motifs du licenciement.
Des indemnités de rupture (indemnité de licenciement, indemnité compensatrice de congés payés) sont versées au salarié licencié sous certaines conditions.

2.2. Le licenciement pour motif économique

Il fait suite à la suppression ou à la transformation de l'emploi. Il peut être lié au refus par le salarié d'une modification d'un élément essentiel de son contrat de travail, consécutive à des difficultés économiques ou à des mutations technologiques.

EXEMPLES
Perte d'un nombre important de clients, informatisation d'un service.

L'employeur doit être dans l'impossibilité de conserver le salarié. Des mesures préventives sont imposées aux employeurs, comme l'obligation de reclassement au sein de l'entreprise.

2.3. Les autres modes de rupture

La mise à la retraite peut être décidée si le salarié a atteint l'âge requis.
La rupture conventionnelle met fin au contrat de travail d'un commun accord entre le salarié et l'employeur, moyennant le versement par l'entreprise d'une somme forfaitaire.

mots clés
Démission ◆ Cause réelle et sérieuse ◆ Licenciement pour motif personnel ◆ Licenciement pour motif économique ◆ Rupture conventionnelle

La durée du travail

LU ☐
SU ☐
REVU ☐

La durée du travail des salariés est très réglementée. Il s'agit du temps pendant lequel le salarié peut légalement travailler.

1 Le temps de travail

1.1. La durée effective du travail

C'est le temps durant lequel le salarié est à la disposition de l'employeur et doit se conformer à ses directives et pour lequel il est rémunéré.

1.2. L'amplitude de la journée de travail

C'est la durée qui s'écoule, au sein d'une même période de 24 heures consécutives, entre le début du travail d'un salarié et la fin de son service.

1.3. La durée légale du travail

La durée légale du travail est limitée à 35 heures de travail effectif par semaine. Il est possible de travailler plus (heures supplémentaires) ou de travailler moins (temps partiel). La durée hebdomadaire de travail ne peut excéder 48 heures et une moyenne de 44 heures par semaine sur une période de 12 semaines consécutives. La durée journalière ne peut excéder 10 heures.
Les salariés bénéficient d'un jour de repos dominical, qui est donc non travaillé.

1.4. Les heures supplémentaires

- Ces heures effectuées au-delà de la durée légale de 35 heures donnent droit à une majoration de salaire de 25 % pour les 8 premières heures (de la 36ᵉ à la 43ᵉ heure) et de 50 % pour les heures suivantes.
- Le repos compensateur est un temps de repos accordé en remplacement du paiement des heures supplémentaires.

1.5. Le travail à temps partiel

La durée de travail d'un salarié à temps partiel est inférieure à la durée légale hebdomadaire. Il peut soit être choisi par le salarié, soit être imposé par l'employeur.

2 Les congés payés

Ils sont de 2 jours et demi par mois de travail effectif. 12 jours ouvrables doivent être pris en continu. Le nombre de jours de congé est calculé en fonction du nombre de jours effectivement travaillés pendant la période de référence, qui va du 1er juin de l'année précédente au 31 mai de l'année suivante.

3 Les autres congés

Les salariés ont droit, sous certaines conditions, à d'autres congés.

> EXEMPLE
> Tout salarié a droit à un congé payé de 4 jours pour son mariage.

mots clés : **Heures supplémentaires ◆ Temps partiel ◆ Repos compensateur ◆ Période de référence**

Savoir
23

La rémunération

LU ☐
SU ☐
REVU ☐

Versée par l'employeur, la rémunération est la contrepartie du travail effectué par les salariés dans l'entreprise.

1 Le cadre juridique de la rémunération

La rémunération regroupe les sommes versées aux salariés (salaire de base, primes, gratifications, commissions…) et les avantages en nature (voiture de fonction…). Le salaire est librement négocié entre l'employeur et son salarié, sauf exceptions encadrées par le législateur.

1.1. Le SMIC

Le salaire minimum interprofessionnel de croissance (SMIC) garantit aux salariés les moins qualifiés un revenu décent. Il correspond à un salaire horaire minimal en dessous duquel aucun salarié (des secteurs privé et public) ne peut être payé. Il est revalorisé chaque année sous certaines conditions.

1.2. La remise d'un bulletin de salaire

L'employeur doit impérativement délivrer au salarié un bulletin de paie à chaque versement de rémunération. Ce bulletin doit comporter un certain nombre de mentions obligatoires : montant brut de la rémunération, cotisations sociales, etc.

2 La politique de rémunération

Elle doit concilier les contraintes de l'entreprise et les aspirations des salariés. Elle peut être liée aux performances du salarié ou aux résultats collectifs.

3 L'épargne salariale

Ce sont des dispositifs permettant aux salariés d'être associés financièrement à la bonne marche de leur entreprise. On distingue :
- la participation (obligatoire dans les entreprises de plus de 50 salariés), qui permet à l'entreprise d'attribuer une partie de ses bénéfices aux salariés ;
- l'intéressement (facultatif), qui est calculé à partir des résultats de l'entreprise.

Ces deux dispositifs sont versés au salarié ou bloqués 5 ans sur un plan épargne entreprise au nom du salarié.

4 La rémunération des dirigeants

Les résultats de l'entreprise sont liés au travail des dirigeants et à leur capacité à mobiliser les équipes. Souvent, les dirigeants perçoivent un bonus indexé sur leurs performances individuelles et les résultats de l'entreprise. Ce bonus représente une part croissante de la rémunération des dirigeants.

mots clés SMIC ◆ Participation ◆ Intéressement

S'entraîner au Bac
Exercice 2 : p. 261

Savoir 24

La formation

LU ☐
SU ☐
REVU ☐

Les salariés peuvent se former tout au long de leur vie, en tout ou partie sur leur temps de travail.

1 La formation, un droit pour les salariés

La formation initiale s'acquiert dans les établissements scolaires pour préparer des diplômes (CAP, baccalauréat, BTS).
La formation continue permet au salarié de développer ses compétences, d'évoluer et de s'adapter aux évolutions de son poste, voire de retrouver un emploi. La formation est effectuée soit dans l'entreprise (formation interne), soit par le biais d'organismes spécialisés (formation externe).

2 La formation, une obligation pour l'entreprise

L'entreprise doit contribuer au financement de la formation, sachant qu'elle lui permet d'améliorer sa productivité.

EXEMPLE
Formation pour préparer l'utilisation de nouvelles technologies dans l'entreprise.

3 Les modalités de la formation professionnelle

Pendant la formation, le contrat de travail est maintenu, le salarié continue de percevoir sa rémunération.

3.1. Le plan de formation

Le plan de formation est élaboré par le chef d'entreprise après consultation des représentants du personnel. Il regroupe les actions de formation pour l'année à venir.

3.2. Le compte personnel de formation (CPF)

Tout salarié ou demandeur d'emploi possède un compte personnel de formation pendant toute sa vie professionnelle. Le salarié conserve son compte en cas de changement d'entreprise ou de perte d'emploi. Il permet de cumuler jusqu'à 150 heures de formation (24 heures par an pour un temps plein les cinq premières années, puis 12 heures les années suivantes).

3.3. Le congé individuel de formation (CIF)

Le CIF offre la possibilité au salarié de suivre, sous certaines conditions, la formation de son choix pour obtenir une qualification supérieure, pour changer de métier ou pour s'orienter vers d'autres activités (culturelles, sociales ou associatives).

3.4. La validation des acquis de l'expérience (VAE)

La VAE permet au salarié de faire valider son expérience professionnelle en recevant un diplôme (CAP, bac pro…) ou un certificat de qualification professionnelle.

mots clés

Formation initiale ◆ Formation continue ◆ Plan de formation ◆ Compte personnel de formation ◆ Congé individuel de formation ◆ Validation des acquis de l'expérience

Savoir

25

La négociation collective

LU ☐
SU ☐
REVU ☐

Les interlocuteurs de cette négociation sont appelés « partenaires sociaux ». Leurs discussions peuvent aboutir à différents types de texte.

1 Le dialogue social

Les parties prenantes au dialogue social sont, d'une part, les salariés, représentés par des délégués syndicaux et, d'autre part, les employeurs, représentés par des membres des organisations syndicales patronales.

1.1. La recherche de l'amélioration des conditions de travail

Employeurs et salariés recherchent des accords sur les conditions de travail et la rémunération. Il s'agit de procurer aux salariés des avantages non prévus par la loi.

EXEMPLES Revalorisation de la grille de salaire, instauration d'une prime annuelle.

1.2. L'élimination des conflits

C'est en négociant régulièrement sur les conditions de travail au sein des organisations que les conflits sur le lieu de travail peuvent être évités.

1.3. Les modalités du dialogue social

La loi oblige les entreprises à organiser chaque année des négociations collectives sur les salaires, l'organisation du temps de travail, l'égalité entre hommes et femmes, le temps partiel choisi, l'évolution des recrutements.

2 Les conventions et accords collectifs

On distingue les accords collectifs, qui ne portent que sur un seul thème de négociation, et les conventions collectives, qui traitent l'ensemble des conditions de travail.

EXEMPLE La convention collective du bâtiment contient des dispositions renégociées concernant les salaires et les conditions de travail (un accord collectif portant sur le stress…).

Les accords collectifs peuvent être négociés :
- soit au niveau d'une entreprise (ex. : accord chez Renault) ;
- soit au niveau d'une profession (ex. : accord dans l'industrie hôtelière) ;
- soit au niveau interprofessionnel, avec des règles applicables à l'ensemble des branches d'activité sur des sujets d'intérêt commun, comme la formation (ex. : accord national interprofessionnel (ANI) sur le stress).

3 Les principes régissant la négociation collective

L'objectif général est d'améliorer la situation des salariés par rapport à ce que prévoit la loi. Cependant, depuis quelques années, des accords dits « dérogatoires » autorisent les partenaires sociaux à s'entendre sur des dispositions moins favorables.

EXEMPLE Dérogation à la règle du repos dominical.

mots clés **Accord collectif ◆ Convention collective**

La représentation des salariés

LU ☐
SU ☐
REVU ☐

On distingue les représentants élus (délégués du personnel et membres du comité d'entreprise) et les représentants désignés (délégués syndicaux).

1 Les représentants élus

1.1. Les délégués du personnel (DP)

Les DP sont élus pour quatre ans parmi les employés des entreprises d'au moins 11 salariés. Leur nombre (de 1 à 9) dépend de l'effectif de l'entreprise.
Ce sont les porte-parole des salariés : ils présentent les réclamations individuelles ou collectives des salariés et veillent au respect du droit du travail.

1.2. Le comité d'entreprise (CE)

Ses membres sont élus pour quatre ans dans les entreprises comptant au moins 50 salariés. Le CE regroupe une fois par mois l'employeur, qui en est le président, et les salariés élus. Ses ressources proviennent de l'employeur, qui lui verse des subventions de fonctionnement et une contribution patronale obligatoire.

a) Ses attributions économiques

Le CE a un rôle consultatif sur la gestion de l'entreprise et sur ce qui touche à l'emploi et aux conditions de travail.

EXEMPLES Durée du travail, introduction de nouvelles technologies.

L'employeur doit, selon une périodicité variée, fournir au CE des informations (rapport d'activité…). Le CE doit être informé et consulté préalablement à tout projet de restructuration ou toute mesure risquant de modifier les conditions de travail.

b) La responsabilité des activités sociales et culturelles

Le CE assure aussi la gestion des activités sociales et culturelles au bénéfice des salariés et de leur famille.

EXEMPLES Centres de vacances, clubs sportifs.

REMARQUE À partir du 1er janvier 2020, tous les représentants élus du personnel seront fusionnés au sein d'une même instance : le comité social et économique (CSE).

2 Les délégués syndicaux

Sous certaines conditions, un syndicat peut créer une section syndicale dans une entreprise ou un établissement de plus de 50 salariés et désigner un délégué syndical. Le délégué syndical représente le syndicat auprès de l'employeur pour formuler des propositions, des revendications ou négocier des accords. Il fait le lien entre les salariés et l'organisation syndicale à laquelle il appartient.

3 Le droit à des moyens matériels

Les représentants du personnel disposent chaque mois d'un crédit d'heures pour se consacrer à leurs activités. Ils bénéficient aussi d'un local aménagé.

mots clés Délégué du personnel ◆ Comité d'entreprise ◆ Délégué syndical

Savoir

27

Les conflits collectifs

LU ☐
SU ☐
REVU ☐

Les conflits opposent un employeur à un ensemble de salariés sur des intérêts collectifs. Ils s'expriment à travers les mouvements de grève.

1 La grève

Une grève est un arrêt collectif et concerté du travail pour obtenir satisfaction sur des réclamations professionnelles. Pour être licite, elle doit remplir trois conditions.

1.1. La cessation du travail

Une grève doit être une cessation franche du travail, même si elle est de courte durée. Les arrêts de travail répétés et de courte durée sont licites, à condition qu'ils n'entraînent pas la désorganisation de l'entreprise.

EXEMPLE Un arrêt de travail d'un quart d'heure toutes les heures pendant une semaine.

1.2. Un mouvement collectif et concerté

Même si elle n'est suivie que par une minorité de salariés, la grève est un mouvement collectif (une seule personne ne peut se mettre en grève).

1.3. Des motifs professionnels

Les revendications doivent être d'ordre professionnel et portées à la connaissance de l'employeur sur lequel le but est de faire pression.

EXEMPLES Revendication salariale, protestation contre des licenciements.

2 Les limites du droit de grève

La grève est abusive lorsque les revendications sont excessives ou irréalistes, ou qu'elles révèlent une volonté manifeste de désorganiser l'entreprise (ex. : grève tournante). Hormis ces cas, les salariés ne peuvent être sanctionnés pour fait de grève, sauf commission d'une faute lourde (ex. : actes de violence).

3 Les conséquences de la grève

La grève suspend le contrat de travail en entraînant une retenue sur le salaire des grévistes proportionnelle à la durée du conflit.

4 Le *lock-out*

Le *lock-out* est la fermeture temporaire de l'entreprise, décidée par l'employeur, pour ne pas assumer la charge du fonctionnement d'une entreprise perturbée par une grève ou une menace de grève. Les salariés ne sont plus rémunérés.
Le *lock-out* est en principe une action irrégulière car il représente une suspension unilatérale des contrats de travail. Il n'est toléré que dans quelques cas.

EXEMPLE Mise en danger de l'entreprise et des salariés qui travaillent.

mots clés

Grève ◆ *Lock-out*

ÉCONOMIE-DROIT

Les facteurs de production

LU ☐
SU ☐
REVU ☐

Pour produire, une entreprise combine deux facteurs : le travail et le capital.

1 Le facteur travail

1.1. La nature du facteur travail

Le facteur travail correspond aux activités qu'un individu accomplit pour produire un bien ou un service. Les activités professionnelles sont classées en trois formes :
- le travail d'exécution, qui consiste à effectuer des tâches manuelles ou intellectuelles, à caractère répétitif ;
- le travail de direction, qui consiste à gérer un service ou une entreprise ;
- le travail de création, qui consiste à mettre au point de nouveaux procédés ou produits ou à améliorer des procédés ou des produits existants.

1.2. La quantité de facteur travail

La quantité de facteur travail dont dispose une entreprise ou un pays dépend :
- du nombre de personnes disponibles pour travailler ;
- du nombre d'heures de travail que chaque individu peut fournir.

Le produit de ces deux éléments indique la quantité de facteur travail disponible.

2 Le facteur capital

Le facteur capital est principalement technique. Il se compose des biens utilisés pour produire, tels que les machines, le mobilier et le matériel. Ces biens, qui servent à l'activité sur une durée relativement longue, sont qualifiés de « capital fixe ». Ils entraînent des investissements, que l'on peut classer en trois catégories :
- les investissements de capacité, pour augmenter la production ;
- les investissements de remplacement, pour remplacer du matériel usagé ;
- les investissements de modernisation, pour acquérir du matériel plus performant.

3 La combinaison des facteurs et le progrès technique

Pour produire, une entreprise combine les facteurs de production, c'est-à-dire qu'elle associe une quantité de facteur travail à une quantité de facteur capital.
La productivité mesure l'efficacité de la combinaison des facteurs utilisés par l'entreprise. Elle permet de comparer ce qui est produit aux moyens utilisés pour produire. L'entreprise cherche en permanence à améliorer sa productivité.
Le progrès technique conduit les entreprises à innover de deux façons :
- l'innovation de produit : création d'un produit nouveau ;
- l'innovation de procédé : mise en place de nouvelles techniques de production ou vente.

mots clés
Facteur travail ◆ Capital technique ◆ Capital fixe ◆ Productivité ◆ Combinaison des facteurs ◆ Progrès technique

S'entraîner au Bac
Exercice 2 : p. 261

Savoir

29 L'organisation de la production

LU ☐
SU ☐
REVU ☐

L'organisation de la production d'une entreprise révèle un double choix, stratégique et technologique : produire soi-même ou sous-traiter, produire sur stock ou en flux tendus.

1 Le choix du mode de production

1.1. La production en interne

Une entreprise produit en interne si elle produit elle-même les biens ou les services qu'elle vend. L'avantage qu'elle en retire est de conserver son savoir-faire et d'être indépendante pour la fabrication.

1.2. Le recours à la sous-traitance

Une entreprise (donneur d'ordre) a recours à la sous-traitance quand elle confie à une autre entreprise la réalisation d'une partie ou de la totalité de sa production.
La sous-traitance est dite « de spécialité » lorsque le donneur d'ordre fait appel à une entreprise qui dispose de moyens et de compétences dont lui-même ne dispose pas et qui sont nécessaires pour réaliser le produit.
La sous-traitance est dite « de capacité » lorsque le donneur d'ordre, qui est pourtant équipé des moyens nécessaires pour produire, manque de capacité de production et fait appel à une autre entreprise pour satisfaire la demande de ses clients.

1.3. Les avantages et les inconvénients de la sous-traitance

Le recours à la sous-traitance procure des avantages au donneur d'ordre :
- elle lui permet de limiter ses investissements ;
- elle lui permet de réaliser des économies dans la gestion de ses stocks ;
- elle lui assure une plus grande flexibilité dans sa production.

La sous-traitance présente également des inconvénients pour le donneur d'ordre :
- elle entraîne une dépendance vis-à-vis du sous-traitant ;
- elle rend plus difficile la protection de ses secrets de fabrication ;
- elle ne lui permet pas de maîtriser la totalité du processus de production.

2 Le choix du mode de gestion de la production

2.1. La production sur stock

Pour produire, une entreprise constitue différents stocks dans lesquels elle prélève ce qui est nécessaire à chaque étape de sa production. La gestion de ces stocks est importante car il faut éviter les ruptures de stock sans avoir des réserves trop importantes. La production sur stock nécessite d'investir dans des entrepôts.

2.2. La production en flux tendu

L'entreprise organise sa production en fonction des demandes des clients. Chaque commande entraîne la fabrication du produit demandé. Ce système de production est appelé « juste-à-temps ». L'objectif de la production en flux tendu est de réduire les stocks, ce qui procure des économies pour la trésorerie de l'entreprise.

mots clés : Sous-traitance ◆ Juste-à-temps ◆ Production en flux tendu

ÉCONOMIE-DROIT

L'organisation du travail

LU ☐
SU ☐
REVU ☐

L'organisation du travail définit les principes et les modalités de la mise en œuvre du capital humain dans la production.

1 Les principes de l'organisation du travail

1.1. Taylor et l'organisation scientifique du travail (OST)

L'ingénieur américain Frederick Winslow Taylor (1856-1915) a cherché à définir, grâce à l'organisation scientifique du travail (OST), la méthode de travail la plus efficace. L'OST s'appuie sur les principes suivants :

- la séparation entre les tâches de conception et d'exécution ;
- la décomposition du travail en tâches spécialisées, simples et rapides à exécuter ;
- la rémunération des salariés en fonction de leur productivité.

Chaque ouvrier exécute une seule tâche, voire un seul geste, en un temps précis.

1.2. Les apports du fordisme

Dès 1903, Henry Ford (1863-1947), industriel américain, s'inspire du taylorisme pour mettre en place une nouvelle forme d'organisation du travail fondée sur :

- le travail à la chaîne chronométré ;
- la standardisation des produits, tous identiques et fabriqués de la même façon.

1.3. Les limites de l'OST

À partir de 1970, ces modèles montrent certaines limites :

- la difficulté d'adapter la production à la chaîne aux attentes des clients ;
- les contraintes physiques imposées par les cadences de production ;
- le faible niveau de qualification du travail demandé, qui se traduit par un manque de motivation des salariés et un absentéisme important.

2 Les nouvelles formes d'organisation du travail

2.1. La polyvalence des salariés

L'organisation du travail a évolué vers de nouvelles formes, plus soucieuses de l'individu. La polyvalence des tâches a remplacé progressivement l'ouvrier spécialisé.

2.2. L'enrichissement des tâches

Il consiste à introduire des activités plus attractives, voire plus qualifiées, de façon à élever le niveau de responsabilité du salarié en même temps que sa motivation.

2.3. La motivation des salariés

Elton Mayo (1880-1949), sociologue américain, a mis en évidence l'importance de la motivation. Elle dépend, d'une part, des conditions matérielles (salaire, avantages, horaires) et, d'autre part, des conditions psychologiques (formation, travail en équipe).

mots clés : Organisation scientifique du travail ◆ Fordisme ◆ Standardisation ◆ Polyvalence ◆ Enrichissement des tâches ◆ Motivation

S'entraîner au Bac
Exercice 2 : p. 261

Savoir

31

La valeur ajoutée

LU ☐
SU ☐
REVU ☐

La valeur ajoutée créée par une entreprise permet de rémunérer les facteurs de production : le travail et le capital.

1 La notion de valeur ajoutée

La valeur ajoutée (VA) correspond à la richesse créée par une entreprise grâce aux facteurs travail et capital. À chaque étape, de la matière première au produit fini, l'entreprise ajoute au produit une valeur supplémentaire. La valeur ajoutée représente la différence entre la valeur du bien ou service obtenu et celle des biens ou services utilisés pour le produire. Les biens et services achetés à d'autres entreprises pour être utilisés dans la production constituent des consommations intermédiaires.

VA = Prix de vente – Consommations intermédiaires

2 Le partage de la valeur ajoutée

La valeur ajoutée est distribuée entre quatre bénéficiaires directs :
- les salariés reçoivent une part de la valeur ajoutée à travers leur rémunération (salaire, primes, commissions et avantages reçus en contrepartie du travail fourni) ;
- les actionnaires, qui ont prêté des capitaux à l'entreprise et ont reçu en échange des actions, perçoivent des dividendes ;
- l'État perçoit des taxes, impôts et cotisations sociales ;
- les entreprises conservent une part du bénéfice pour financer leur développement.

Le partage de la VA est de plus en plus favorable aux propriétaires de capitaux, au détriment des salariés. Cette situation a commencé au début des années 1980. Elle montre l'importance prise par le facteur capital dans le développement des entreprises.

3 Les conséquences du partage de la valeur ajoutée

3.1. Les conséquences économiques et sociales du partage de la VA

Lorsque le partage de la valeur ajoutée est favorable aux salariés, ils peuvent dépenser davantage pour consommer les biens et les services produits par les entreprises. S'il leur est défavorable, ils perdent du pouvoir d'achat.
Dans le même temps, les entreprises cherchent à récompenser les actionnaires propriétaires. Et elles seront tentées de conserver une partie importante de la valeur ajoutée pour financer leurs investissements.

3.2. L'intervention de l'État dans la répartition de la VA

L'État peut intervenir dans le partage de la valeur ajoutée. Il met en place une politique de redistribution destinée à :
- améliorer la situation financière des bénéficiaires par le versement de prestations sociales ;
- soutenir l'activité économique des entreprises en leur accordant des subventions, des exonérations de charges ou des avantages fiscaux.

mots clés Valeur ajoutée ◆ Consommations intermédiaires ◆ Dividendes

ÉCONOMIE-DROIT

Savoir 32

La performance, la rentabilité et la croissance de l'entreprise

LU ☐
SU ☐
REVU ☐

La notion de performance de l'entreprise englobe différents aspects : économiques, sociaux, environnementaux. L'objectif final d'une entreprise est d'être rentable, c'est-à-dire capable de dégager un bénéfice.

1 Les performances de l'entreprise

La performance d'une entreprise dépend de l'efficacité de sa gestion et de sa compétitivité. Mais au-delà de ses performances économiques, l'entreprise doit également intégrer dans ses activités les préoccupations sociales et environnementales qui émanent des salariés, actionnaires, clients, fournisseurs, opinion publique...
Les performances d'une entreprise s'apprécient en utilisant des indicateurs économiques (productivité, valeur ajoutée économique...), sociaux (*turn-over*, absentéisme, satisfaction au travail) et environnementaux (bilan carbone...).
Ces indicateurs sont regroupés dans un tableau de bord utilisé comme un outil d'aide à la décision qui permet de vérifier si les objectifs fixés ont été atteints.

2 La rentabilité de l'entreprise

2.1. Le coût de revient et la marge

Le coût de revient prend en compte la somme des dépenses nécessaires pour mettre en vente le produit.
La rentabilité économique se mesure avant tout par la marge dégagée lors de la vente d'un produit : Marge = Prix de vente – Coût de revient
Le résultat qu'obtient l'entreprise correspond à la somme des marges qu'elle dégage de ses ventes. Il s'agit d'un bénéfice s'il est positif, d'une perte s'il est négatif.

2.2. La capacité d'autofinancement

La capacité d'autofinancement (CAF) permet à l'entreprise de financer par elle-même ses investissements sans être obligée de s'adresser à ses actionnaires ou aux banques. La CAF représente les ressources financières de l'entreprise.

2.3. Le résultat d'exploitation

Il correspond au bénéfice qu'une entreprise retire de son activité et représente la base de sa rentabilité. Plus le résultat d'exploitation est important par rapport aux capitaux investis, plus l'entreprise est rentable.

3 La croissance de l'entreprise

La croissance d'une entreprise correspond à l'augmentation de sa taille dans le temps. Elle permet d'assurer sa pérennité.
L'entreprise a le choix entre deux solutions :
- la croissance interne (nouveaux locaux, lancement de nouveaux produits...) ;
- la croissance externe, par l'acquisition d'une ou plusieurs autres entreprises.

mots clés Performance ◆ Indicateurs ◆ Coût de revient ◆ Rentabilité ◆ Résultat ◆ Capacité d'autofinancement ◆ Croissance interne/externe

Savoir

33

La croissance économique

LU ☐
SU ☐
REVU ☐

Le concept de croissance économique désigne une augmentation de la production de biens et de services dans un pays durant une certaine période, et l'enrichissement des habitants.

1 La mesure de la croissance

1.1. Le produit intérieur brut (PIB)

Le PIB est un indicateur de mesure des richesses créées dans un pays donné et pour une année donnée. Il représente la somme des valeurs ajoutées réalisées par l'ensemble des entreprises du pays.

1.2. Le PIB et la croissance de l'économie

Le PIB est très souvent utilisé pour mesurer la croissance d'une région, d'un pays, d'un groupe de pays. On calcule alors l'évolution du PIB entre deux années :

$$\text{Taux de croissance} = \frac{PIB_N - PIB_{N-1}}{PIB_{N-1}}$$

Le calcul du PIB n'intègre pas toute une partie de l'activité économique : l'économie souterraine (travail au noir), les échanges non monétaires tels que le troc ou les productions domestiques (jardinage, bricolage…) et le bénévolat sont oubliés par la comptabilité nationale, ce qui sous-évalue la production nationale.

2 Les finalités de la croissance

2.1. L'amélioration du niveau de vie

La croissance de l'économie a pour finalité la distribution de revenus supplémentaires à la population d'un pays. Ce supplément de revenus améliore le niveau de vie des ménages, qui pourront soit épargner, soit consommer.

2.2. La comparaison des niveaux de vie

En divisant le PIB d'un pays par le nombre de ses habitants (PIB/habitant), on obtient un indicateur du niveau de vie utile pour établir des comparaisons internationales. Pour mesurer la croissance du niveau de vie, on calcule l'augmentation du PIB par habitant entre deux années.

3 L'évolution de la mesure de la croissance

3.1. L'indice de développement humain (IDH)

L'IDH est un indicateur qui évalue le niveau de développement d'un pays. Il prend en compte des données plus qualitatives : espérance de vie, niveau d'instruction.

3.2. Le PIB vert

Le PIB vert est un PIB corrigé des atteintes à l'environnement. Il s'agit d'ajouter au PIB les valeurs estimées de certains grands facteurs de bien-être, puis de retrancher les coûts liés à la pollution et à la réduction des ressources naturelles.

mots clés **PIB ◆ PIB/habitant ◆ IDH ◆ PIB vert**

Savoir

34

Le développement durable

LU ☐
SU ☐
REVU ☐

L'objectif du développement durable est d'assurer la satisfaction des générations actuelles sans compromettre celle des générations futures.

1 Les origines du développement durable

Le développement économique a des conséquences négatives sur l'environnement. La dégradation de la nature et l'épuisement des ressources naturelles ont conduit à une prise de conscience des dégâts causés à la planète.

Le développement durable est un mode de croissance qui permet de concilier, sur le long terme, progrès économique, social et environnemental. Ce concept a été défini en 1987 dans le rapport Brundtland remis aux Nations unies.

2 La mise en œuvre du développement durable

2.1. Les trois piliers du développement durable

Le développement durable repose sur trois piliers :

- écologique : le développement ne doit pas avoir d'effet négatif sur l'environnement ;
- économique : il doit instaurer des relations économiques équitables ;
- social : il doit promouvoir l'accès de tous à la santé et à l'éducation.

2.2. Les principes du développement durable

Le développement durable met en avant quatre principes :

- la solidarité avec les générations futures. Il s'agit de laisser à nos descendants un monde dans lequel les ressources naturelles seront suffisantes pour assurer une vie de qualité ;
- la participation de tous les acteurs de la société civile. L'État n'est pas le seul responsable du développement durable, ses objectifs ne peuvent être atteints que si l'ensemble des acteurs de la société civile agissent en commun ;
- la solidarité entre les populations de la planète. Les pays pauvres ont besoin de la croissance de leur économie pour répondre aux besoins de leurs populations et pour éviter la surexploitation de certaines ressources ;
- le principe de précaution : il concerne des situations qui présentent un risque important de dommages graves ou irréversibles, en l'absence de connaissance scientifique sur le sujet. Le principe est mis en œuvre par les autorités du pays.

3 Les actions en faveur du développement durable

- Le protocole de Kyoto est un traité international, signé en 1997 dans le cadre des Nations unies, qui vise à lutter contre le changement climatique en réduisant les émissions de gaz carbonique.
- En 2015, la COP21 a réuni 195 pays dans le cadre de l'organisation des Nations unies. Un accord international sur le climat, applicable à tous les pays, a été validé par tous les participants. Il fixe comme objectif une limitation du réchauffement climatique compris entre 1,5 °C et 2 °C d'ici 2100.

mots clés Développement durable ◆ Protocole de Kyoto ◆ COP21

Savoir

35

Le marché et la concurrence

LU ☐
SU ☐
REVU ☐

Le fonctionnement du marché est encadré, au niveau national et européen, par des règles qui veillent au respect d'une concurrence libre et non faussée.

1 L'économie de marché

L'économie de marché suppose que les individus puissent acquérir et échanger librement les biens et les services. Deux principes juridiques en sont le fondement :

- la liberté contractuelle, qui permet à chacun de choisir la personne ou l'entreprise avec laquelle il va échanger ;
- le droit de propriété, qui autorise chaque personne à devenir propriétaire d'un bien. La propriété d'un bien permet de l'utiliser et d'en percevoir des revenus librement.

Afin de garantir le bon fonctionnement du marché, les pouvoirs publics contrôlent le respect de la concurrence au niveau national (Autorité de la concurrence) et européen (Commission européenne).

2 Les composantes du marché

Le marché d'un bien ou d'un service est composé de l'ensemble des vendeurs et des acheteurs qui participent à l'échange de ce bien ou service.
Sur les marchés de produits de consommation, on distingue, à côté des acheteurs qui consomment déjà le produit, des consommateurs potentiels, appelés « non-consommateurs relatifs ». Ils sont une cible pour les entreprises, qui mettent en place une stratégie pour les attirer.

3 Les mécanismes de la concurrence

3.1. La relation entre l'offre de biens (ou services) et le prix

Si le prix d'un bien ou d'un service augmente, les vendeurs peuvent espérer obtenir un bénéfice plus important sur la vente. Cette situation a deux conséquences :

- encourager de nouvelles entreprises à produire pour ce marché ;
- inciter les entreprises qui sont déjà offreurs à produire davantage.

3.2. La relation entre la demande de biens (ou services) et le prix

Si le prix d'un bien diminue, les consommateurs sont encouragés à acheter davantage. La baisse des prix entraîne une augmentation de la demande globale. À l'inverse, l'augmentation des prix se traduit par une diminution de la demande globale.

3.3. L'équilibre entre l'offre et la demande

Sur un marché, l'échange entre offreurs et demandeurs d'un bien se réalise à un prix appelé « prix d'équilibre ». Au-dessus de ce prix, l'offre est trop importante par rapport à la demande et une partie de la production ne trouve pas d'acheteurs. En dessous, il y a trop d'acheteurs et la quantité offerte ne peut satisfaire toute la demande.

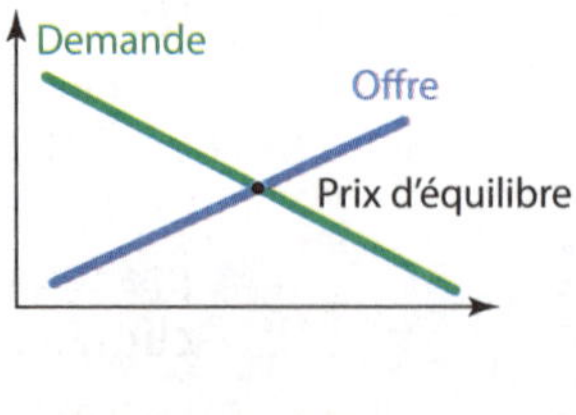

mots clés Économie de marché ◆ Liberté contractuelle ◆ Droit de propriété ◆ Prix d'équilibre

ÉCONOMIE-DROIT

Savoir

36

Le fonctionnement des marchés

LU ☐
SU ☐
REVU ☐

L'intensité de la concurrence sur un marché dépend du nombre d'offreurs. Elle a des conséquences sur la fixation du prix d'échange qui diffère selon que l'on se place sur le marché des biens et services ou sur le marché du travail.

1 La structure des marchés

1.1. La concurrence

L'ouverture d'un marché à la concurrence doit permettre à de nouvelles entreprises d'offrir leurs produits ou leurs services sur ce marché.
Le fait qu'un marché soit concurrentiel améliore la situation des consommateurs en favorisant le maintien de prix bas et un niveau de qualité plus élevé.

1.2. L'oligopole

Un marché oligopolistique correspond à une situation dans laquelle quelques offreurs proposent leurs produits à un grand nombre d'acheteurs (ex. : marché de la téléphonie mobile). Sur un tel marché, les règles de la concurrence doivent normalement s'appliquer. Il arrive cependant que l'existence d'un oligopole lèse les intérêts des consommateurs. C'est le cas lorsque les offreurs s'entendent pour fixer leur prix au-dessus du prix du marché et ainsi augmenter leurs bénéfices.

1.3. Le monopole

Le monopole représente une situation de marché dans laquelle une entreprise domine tout ou partie des échanges (ex. : Google pour les moteurs de recherche en Europe). Aucun concurrent n'est capable de rivaliser avec elle. L'entreprise monopolistique bénéficie d'une grande liberté pour fixer ses prix.

2 Les mécanismes de la fixation des prix

2.1. La fixation des prix sur le marché des biens et services

La fixation des prix sur le marché des biens et services dépend de trois facteurs :
- la demande : une demande importante favorise des prix élevés ;
- les coûts de production : le prix de vente ne peut être inférieur au coût de fabrication ;
- les prix pratiqués par les concurrents.

2.2. La fixation des salaires sur le marché du travail

La fixation des salaires dépend de l'existence d'un accord entre les représentants des salariés et les représentants des employeurs. Dans la plupart des branches d'activité, une convention collective établit une grille des salaires pour chaque catégorie de personnel en fonction de la qualification et de l'ancienneté.

mots clés Oligopole ◆ Monopole ◆ Convention collective

S'entraîner au Bac
Exercice 2 : p. 261

Savoir

37

La consommation

LU ☐
SU ☐
REVU ☐

La consommation est liée au pouvoir d'achat. Le budget des ménages dépend principalement de leurs revenus disponibles et du niveau des prix.

1 Les formes de la consommation

1.1. Les biens durables et les biens non durables

Les ménages consomment pour satisfaire leurs besoins. Leur consommation est dite « finale » car elle entraîne la destruction des biens et des services. Les biens dits « durables » sont progressivement utilisés dans le temps. Les biens dits « non durables » sont détruits immédiatement.

1.2. La consommation marchande et la consommation non marchande

La consommation finale des ménages porte sur des biens et des services marchands et non marchands. Elle inclut l'autoconsommation, c'est-à-dire les biens produits et consommés par les ménages (ex. : les légumes de son potager).

2 Les déterminants de la consommation

Le niveau de consommation des ménages est lié aux revenus et aux prix de vente des biens et des services.
Des facteurs sociologiques influencent le niveau et la structure de la consommation d'un ménage : sa composition, son lieu d'habitation, l'âge de ses membres, la profession et catégorie sociale (PCS) à laquelle il appartient.

3 Le budget des ménages

3.1. Les coefficients budgétaires

Le budget des ménages peut être analysé grâce aux coefficients budgétaires. Ils indiquent la façon dont un consommateur répartit ses dépenses entre les différentes familles de biens (ou services). Cette répartition est très influencée par le revenu : la part du logement est plus élevée chez les ménages pauvres, celle des loisirs est plus importante chez les ménages riches.

3.2. Les taux d'équipement en biens durables

Les biens durables (automobile, tablette tactile, machine à laver, blouson, etc.) occupent une place croissante dans la consommation des ménages. Le taux d'équipement indique la proportion des ménages équipés d'un bien durable.

3.3. L'augmentation de la consommation contrainte

On appelle « dépenses contraintes » les dépenses pré-engagées, c'est-à-dire liées à des contrats difficiles à renégocier (logement, assurances, abonnement téléphonique…). Leur poids pèse de plus en plus sur le budget des ménages.

mots clés

Biens durables/non durables ◆ Consommation marchande/non marchande ◆ Coefficients budgétaires ◆ Consommation contrainte

S'entraîner au Bac
Exercice 3 : p. 263

Savoir **38**

LU ☐
SU ☐
REVU ☐

Les libertés économiques et le droit de propriété

Les libertés économiques regroupent la liberté du commerce et de l'industrie et la libre circulation des biens et des personnes. Elles reposent sur le droit de propriété.

1 Les libertés économiques

La liberté du commerce et de l'industrie confère à tout individu la liberté d'entreprendre l'activité économique de son choix. La libre circulation des biens et des personnes permet aux citoyens européens de travailler dans le pays de l'Union européenne de leur choix.

2 Le droit de propriété

2.1. Les trois éléments constitutifs du droit de propriété

Le droit de propriété comporte trois attributs :
- l'*usus* (droit de se servir de la chose) ;
- le *fructus* (droit d'en percevoir les fruits et les produits) ;
- l'*abusus* (droit de disposer de la chose).

Le droit de propriété est un droit absolu, c'est-à-dire que le propriétaire peut user et disposer de la chose comme bon lui semble.

2.2. Les limites du droit de propriété

Le droit de propriété peut être limité par la protection de l'intérêt général et la protection des intérêts particuliers.

EXEMPLES
Hauteur maximale des constructions, troubles anormaux de voisinage.

2.3. Les propriétés corporelle et incorporelle

Le droit de propriété peut porter sur des biens corporels (choses matérielles) ou incorporels (choses immatérielles, sans existence physique, comme la clientèle).

3 La propriété intellectuelle

3.1. Le droit d'auteur

Il protège les œuvres de l'esprit si elles sont originales. L'œuvre est protégée du seul fait de sa création, sans formalités, pour une durée réglementée.

3.2. La propriété industrielle

Le brevet est un titre délivré par l'Institut national de la propriété industrielle (INPI) à l'auteur d'une invention qui doit être nouvelle, reposer sur une activité inventive et être susceptible d'application industrielle.
La marque est un « signe » servant à distinguer les biens ou services d'une entreprise par rapport à ceux de ses concurrents.

mots clés
Liberté du commerce et de l'industrie ◆ Libre circulation des biens et des personnes ◆ *Usus* ◆ *Abusus* ◆ *Fructus* ◆ Brevet ◆ Marque

Savoir

39

Les obligations et le contrat

LU ☐
SU ☐
REVU ☐

Le contrat crée des droits et des obligations pour chacune des parties signataires, c'est-à-dire le créancier et le débiteur.

1 La notion de contrat

La liberté contractuelle comporte trois aspects :
- la liberté de contracter ou non ;
- la liberté de choisir la personne avec laquelle on veut s'engager ;
- la libre détermination du contenu du contrat.

Les personnes qui concluent un contrat échangent leur consentement.
La signature d'un contrat fait naître des obligations entre les cocontractants :
- l'obligation de faire : accomplir un acte précis, livrer un bien, payer le prix ;
- l'obligation de ne pas faire : s'abstenir de faire un acte particulier.

2 La typologie des contrats

2.1. Classification selon le mode de formation

CONTRAT CONSENSUEL	Il est formé par le seul échange des consentements (ex. : achats de la vie courante).
CONTRAT SOLENNEL	Il doit respecter certaines formalités écrites (ex. : l'achat d'un appartement nécessite un acte notarié).

2.2. Classification selon le contenu des obligations

CONTRAT SYNALLAGMATIQUE	Les parties ont des obligations réciproques (ex. : la vente d'un bien).
CONTRAT UNILATÉRAL	Une seule personne a une obligation envers une autre.

2.3. Classification selon le mode d'exécution

CONTRAT À EXÉCUTION INSTANTANÉE	Les obligations doivent être exécutées en une seule fois (ex. : vente d'un objet).
CONTRAT À EXÉCUTION SUCCESSIVE	Les obligations sont échelonnées dans le temps (ex. : contrat de location).

2.4. Classification selon la liberté de négociation

CONTRAT DE GRÉ À GRÉ	Le contrat est négocié par les parties sur un pied d'égalité (ex. : vente d'un bien entre particuliers).
CONTRAT D'ADHÉSION	Rédigé par le contractant le plus fort, il ne peut être qu'accepté ou refusé par l'autre partie (ex. : contrat de transport avec la RATP).

3 L'inexécution du contrat

3.1. Les conditions de la responsabilité contractuelle

Les parties ont voulu le contrat et celui-ci s'impose à elles : c'est la force obligatoire du contrat.

Le contrat ne peut être remis en cause ou rompu qu'avec l'accord des deux parties. En cas de non-respect des obligations du contrat par l'une des parties, l'autre partie peut engager la responsabilité contractuelle du débiteur.

Pour cela, il faut établir :

- une faute (fait de ne pas avoir exécuté les obligations nées du contrat) ;

EXEMPLE
Le fournisseur qui livre du matériel abîmé

- un dommage certain (corporel, matériel ou moral) ;

EXEMPLE
Si ce fournisseur ne livre pas le matériel en bon état à son client, celui-ci ne peut pas le revendre et perd donc une partie de son chiffre d'affaires.

- un lien de causalité entre les deux.

EXEMPLE
Il y a bien un lien entre la mauvaise livraison du fournisseur et la perte de chiffre d'affaires de l'entreprise cliente.

3.2. La mise en œuvre de la responsabilité civile contractuelle

On distingue deux cas.

- Une obligation de moyens oblige le débiteur à tout mettre en œuvre pour accomplir une tâche. En effet, le débiteur d'une obligation de résultat est tenu de fournir le résultat auquel il s'est engagé. Le client devra alors prouver l'inexécution de cette obligation.

EXEMPLES
Le médecin s'engage à mettre en œuvre tous les moyens afin d'améliorer l'état du patient mais pas de le guérir. La société qui répare une machine défectueuse peut être soumise à une obligation de résultat en ce qui concerne le remplacement de certaines pièces de rechange.

- Une obligation de résultat contraint le débiteur à atteindre un résultat précis. S'il n'y parvient pas, il commet une faute qui n'est pas à prouver.

EXEMPLE
Si un transporteur n'a pas réalisé la livraison attendue, sa responsabilité est encourue de plein droit. Cette opération relativement simple ne présente en effet pas de risque particulier. Le transporteur s'est engagé au résultat précis de livrer la marchandise à une date spécifiée et non pas simplement à essayer de le faire.

3.3. La résolution ou la résiliation

- La résolution fait disparaître le contrat rétroactivement depuis son origine : les parties sont alors remises dans l'état où elles se trouvaient à la date de la conclusion du contrat.
- La résiliation rompt le contrat pour l'avenir. Elle porte essentiellement sur des contrats à exécution successive pour lesquels il est impossible de restituer les obligations remplies par une partie.

mots clés
Contrat ◆ Obligation ◆ Obligation de moyens ◆ Obligation de résultat ◆ Résolution ◆ Résiliation

La régulation de la concurrence

LU ☐
SU ☐
REVU ☐

Sur un marché, les entreprises se disputent une clientèle. Les moyens employés doivent être conformes aux usages commerciaux afin de préserver une concurrence saine.

1 Les comportements anticoncurrentiels interdits

1.1. Les ententes illicites

On parle d'entente illicite lorsque plusieurs entreprises se mettent d'accord pour restreindre ou fausser le jeu de la concurrence sur un marché (ex. : accord sur un prix de vente). Les ententes sont interdites en France comme au niveau européen, sauf si elles sont justifiées en faisant naître un progrès économique.

1.2. Les abus de position dominante

Il s'agit pour une entreprise de profiter de façon excessive de l'état de dépendance économique dans lequel se trouve, à son égard, un client ou un fournisseur.

1.3. Les organes de contrôle de la concurrence

En France, c'est l'Autorité de la concurrence qui veille au libre jeu de la concurrence et réprime les ententes et les abus de position dominante. Elle peut prononcer des sanctions pécuniaires. Au niveau européen, c'est la Commission européenne.

2 Le contrôle des concentrations

Une concentration consiste à augmenter la taille d'une entreprise par regroupement avec une autre entreprise. Les concentrations sont autorisées seulement si elles ne créent pas une position dominante susceptible de déboucher sur des abus.

3 La protection des concurrents

3.1. La notion de concurrence déloyale

Elle regroupe des comportements constituant une faute, intentionnelle ou non, pouvant porter préjudice aux entreprises concurrentes. On distingue :

- le dénigrement de la personne ou des produits d'un concurrent ;
- la désorganisation d'un concurrent en débauchant son personnel ;
- la confusion, en imitant les signes distinctifs d'un concurrent (un produit, sa marque) ou en exploitant sa réputation (parasitisme).

3.2. L'action en concurrence déloyale

Pour obtenir réparation, l'entreprise lésée doit rapporter la preuve de la faute du concurrent, du préjudice matériel (ex. : perte de chiffre d'affaires) ou moral (ex. : atteinte à la réputation) et du lien de causalité entre les deux.

mots clés Entente ◆ Abus de position dominante ◆ Concentration ◆ Concurrence déloyale

S'entraîner au Bac
Exercice 3 : p. 263

Savoir

41

La protection du consommateur

LU ☐
SU ☐
REVU ☐

Les relations entre consommateurs et professionnels sont déséquilibrées. Le législateur intervient donc pour protéger les consommateurs.

1 La protection lors de la formation du contrat

1.1. L'obligation d'information du vendeur professionnel

Les professionnels vendeurs de biens ou prestataires de services ont l'obligation légale d'informer les consommateurs, avant la conclusion du contrat, sur les caractéristiques essentielles du bien ou du service qu'ils achètent.

1.2. Le droit de rétractation

Pour certains contrats, la loi prévoit un délai de rétractation de 14 jours pour les achats effectués par Internet ou par téléphone.

1.3. Le refus de vente

Sauf exceptions, cette pratique est interdite et sanctionnée par la loi.

1.4. L'interdiction des pratiques déloyales et trompeuses

Une pratique est déloyale si elle influence le jugement du consommateur de façon malhonnête. Elle est trompeuse en cas d'informations fausses ou mensongères.

2 La protection lors de l'exécution du contrat

2.1. L'interdiction des clauses abusives

Dans les contrats conclus entre professionnels et non-professionnels, les clauses qui ont pour objet de procurer un avantage excessif au professionnel sont dites « abusives ». Elles sont considérées comme nulles, mais le contrat existe toujours.

2.2. L'obligation de garantie à la charge des professionnels

LA GARANTIE LÉGALE DE CONFORMITÉ	LA GARANTIE LÉGALE DES VICES CACHÉS	LA GARANTIE COMMERCIALE
Le professionnel a l'obligation de fournir un bien correspondant à la description des produits.	Le vendeur doit garantir son produit pour tout défaut empêchant d'en faire un usage normal ou tout défaut ne pouvant être décelé au moment de l'achat.	Cette garantie est facultative et supplémentaire pour se démarquer des concurrents.

2.3. L'obligation de sécurité incombant aux professionnels

Les professionnels sont dans l'obligation de fournir des informations très précises sur les conditions de fabrication et d'utilisation du produit.

mots clés : **Délai de rétractation ◆ Pratique déloyale et trompeuse ◆ Clause abusive ◆ Obligation de garantie ◆ Obligation de sécurité**

S'entraîner au Bac
Exercice 3 : p. 263

Savoir

42

Les politiques économiques

LU ☐
SU ☐
REVU ☐

Le fonctionnement du marché ne permet pas toujours d'aboutir à une situation d'équilibre. Cette limite justifie la mise en œuvre d'une politique économique, qui désigne l'ensemble des mesures prises par les pouvoirs publics pour atteindre les grands équilibres économiques.

1 Les objectifs de la politique économique

1.1. La croissance du PIB et le plein-emploi

La croissance du PIB est l'objectif principal de la politique économique. L'État cherche à promouvoir une croissance économique forte et durable qui contribue au bien-être de la population et au plein-emploi.

1.2. La stabilité des prix

L'État cherche à garantir le pouvoir d'achat des agents économiques en luttant contre l'inflation. Il recherche donc la stabilité des prix.

1.3. L'équilibre des échanges extérieurs

Le solde de la balance commerciale d'un pays mesure la différence entre ses exportations et ses importations. La balance commerciale est dite en équilibre si les exportations permettent de couvrir les importations.

2 La politique conjoncturelle

La conjoncture correspond au bulletin de santé au jour le jour de l'économie. La politique conjoncturelle vise à corriger les déséquilibres qui apparaissent à court terme. Elle a deux volets.

2.1. La politique budgétaire

Elle consiste à utiliser certains instruments budgétaires (dépenses publiques, endettement public, prélèvements fiscaux) pour agir sur la conjoncture. Dans la zone euro, les politiques budgétaires sont soumises au respect du Pacte de stabilité et de croissance, qui impose que le déficit public des États membres ne dépasse pas 3 % de leur PIB.

2.2. La politique monétaire

Elle a pour objectif d'assurer la stabilité de la valeur de la monnaie en contrôlant la quantité de monnaie en circulation dans l'économie. Dans la zone euro, la politique monétaire est placée sous la responsabilité de la Banque centrale européenne.

3 La politique structurelle

C'est une politique sur le long terme visant à modifier durablement la structure de l'économie. La politique structurelle porte sur des domaines tels que l'industrie, l'aménagement du territoire ou le soutien à l'innovation. Elle intègre aussi toutes les actions en faveur du développement durable.

mots clés — **Politique conjoncturelle ◆ Politique budgétaire ◆ Politique monétaire ◆ Politique structurelle**

Savoir

43

La lutte contre les déséquilibres

LU ☐
SU ☐
REVU ☐

Sur le marché des biens et des services marchands, l'inflation témoigne d'un dysfonctionnement de l'évolution du niveau des prix. Sur le marché du travail, le chômage est lié à un déséquilibre global entre l'offre et la demande de travail.

1 L'inflation

1.1. Les signes de l'inflation

L'inflation se caractérise par une hausse généralisée du niveau moyen des prix. Elle est mesurée par un indice des prix à la consommation observé par l'INSEE (Institut national de la statistique et des études économiques). Si l'indice augmente, cela signifie qu'il y a inflation.

1.2. Les causes et les conséquences de l'inflation

L'inflation peut avoir deux causes :
- une demande supérieure à l'offre incitant les producteurs à augmenter leurs prix ;
- une augmentation du coût de revient que les fabricants répercutent sur leurs prix.

Avec l'inflation, la perte de valeur de la monnaie peut conduire à une baisse du pouvoir d'achat des ménages si leurs revenus augmentent moins vite que les prix.

2 Le chômage

2.1. La mesure du chômage

Selon l'INSEE, est chômeur toute personne en âge de travailler, sans emploi, immédiatement disponible et à la recherche d'un travail à temps plein. Le nombre de chômeurs est évalué par l'INSEE et des statistiques sont fournies par Pôle emploi :

Taux de chômage = Nombre de personnes au chômage × 100

2.2. Les caractéristiques des chômeurs

Le chômage touche davantage certaines catégories de la population : les moins de 25 ans, les femmes, les ouvriers et les employés. La persistance de la crise entraîne un allongement de la durée du chômage et une augmentation du chômage de longue durée (plus d'un an).

2.3. Les causes du chômage

Le chômage a trois causes principales :
- la mondialisation, avec les délocalisations d'entreprises ;
- les nouvelles technologies, qui détruisent des emplois dans les activités obsolètes ;
- le recours aux heures supplémentaires plutôt que la création d'emplois.

3 Les dysfonctionnements du marché du travail

Certains secteurs manquent de main-d'œuvre. On identifie trois causes :
- le manque de candidats correspondant aux qualifications exigées ;
- des offres d'emploi dans des régions différentes de celles des demandeurs ;
- des offres d'emploi ne suscitant pas l'intérêt des demandeurs.

mots clés

Inflation ◆ Taux de chômage

Les revenus et la redistribution

LU ☐
SU ☐
REVU ☐

Les revenus des ménages sont issus de deux répartitions : la répartition primaire de la valeur ajoutée et la redistribution de revenus de transfert.

1 Les revenus primaires

1.1. Les revenus d'activité

Les revenus d'activité regroupent les revenus des salariés et les bénéfices encaissés par les entrepreneurs individuels. Les revenus des salariés sont constitués par les salaires bruts, les primes, les avantages divers, desquels sont déduites les cotisations sociales.

1.2. Les revenus du patrimoine

Les propriétaires d'un capital peuvent obtenir trois sortes de revenus : les loyers perçus sur les biens immobiliers loués, les dividendes perçus sur les actions détenues, les intérêts perçus sur les placements financiers.

2 Les inégalités dans la répartition des revenus primaires

Le revenu primaire est le revenu que les ménages tirent de leur contribution à l'activité économique, soit directement (revenu d'activité salariée ou non salariée), soit indirectement (revenu de placement mobilier ou immobilier).
À l'issue de la répartition primaire, les inégalités de revenus sont importantes entre les catégories sociales les plus aisées et les moins aisées.

3 La répartition secondaire des revenus : la redistribution

Pour corriger les inégalités, l'État met en place un mécanisme de redistribution qui :
- opère des prélèvements (impôts, cotisations sociales) sur les revenus primaires ;
- redistribue ces prélèvements en fonction du statut des ménages et de leur situation sociale (ce sont les « revenus de transfert »).

L'État organise la redistribution des richesses dans un objectif de protection sociale de tous contre les risques de la vie.

4 Les modalités de la redistribution

À l'issue du processus de redistribution, les ménages disposent de leur revenu disponible, c'est-à-dire celui qu'ils peuvent consommer ou épargner.

Revenu disponible des ménages = Revenus primaires – Prélèvements fiscaux et sociaux + Revenus de transfert

La redistribution englobe aussi la production de biens publics par l'État et les collectivités locales. C'est un bien ou un service qui se définit par la non-rivalité (la consommation par une personne ne réduit pas la consommation par une autre) et la non-exclusion (personne n'est exclu de la consommation d'un bien public).

EXEMPLES L'éclairage public, les bibliothèques, le système de santé…

mots clés **Revenus d'activité ◆ Revenus du patrimoine ◆ Revenus de transfert ◆ Revenu disponible ◆ Bien public**

Exercice 1 voir Fiches Savoir 3, 4, 6 et 13

Les banques partenaires de l'entreprise

Situation

Vous réalisez votre période de formation en milieu professionnel dans la société Gardaloc, située dans le département du Gard et spécialisée dans la location d'échafaudages. Votre tutrice, Mme Coudeville, gérante de l'agence, vous propose de suivre les relations de l'entreprise avec la Banque Populaire du Sud. Celle-ci vient d'envoyer un courrier informant d'une modification des paiements en espèces. Votre chargé des relations client vous a également adressé des informations sur l'utilisation des lecteurs de carte bancaire. Mme Coudeville vous demande de suivre ce dossier car les clients règlent très souvent la location des échafaudages en espèces. Elle souhaite également moderniser les encaissements en installant un lecteur de carte bancaire. Elle met à votre disposition un dossier documentaire et vous charge de réaliser une étude.

PARTIE 1 : Analyse du dossier documentaire

1. **Après avoir étudié les documents 1 et 2, complétez un tableau d'analyse pour chacun d'eux (titre du document, auteur, date, source, idées principales).**

2. **Définissez le concept de « décret » (document 1) et expliquez le « rôle des banques pour les opérations d'encaissement des commerçants » (document 2).**

3. **Pour réaliser votre étude, vous disposez également des documents 3 et 4. Sélectionnez celui qui vous semble le plus pertinent pour enrichir votre étude et justifier votre choix.**

PARTIE 2 : Rédaction de l'étude

À l'aide de vos connaissances, du travail effectué en première partie et en veillant à illustrer vos propos avec des situations vécues au cours de vos différentes périodes de formation en milieu professionnel, rédigez une étude argumentée et structurée (avec le plan apparent : une introduction, deux parties et une conclusion).

Celle-ci répondra à la problématique de votre responsable et aux consignes ci-dessous :

Quel rôle jouent les banques dans les transactions réalisées par les entreprises commerciales ?

– Vous présenterez dans un premier temps l'évolution de la réglementation juridique.

– Vous expliquerez dans un second temps le conseil et l'assistance que la banque peut apporter en matière de sécurité.

Document 1 : Abaissement du plafond des paiements en espèces

Publication du décret abaissant le plafond de paiement en espèces

Jusqu'à présent, les achats pouvaient être réglés en espèces jusqu'à 3 000 euros. Ce plafond sera porté à 1 000 euros au 1er septembre 2015. L'objectif de cette mesure est de limiter la part des transactions anonymes dans l'économie qui peuvent être liées à des opérations de fraude, de blanchiment, voire de financement du terrorisme.

Source : www.achatlocal-consorhonealpes.com

Document 2 : Rôle des banques pour les opérations d'encaissement des commerçants

Pour pouvoir accepter le paiement par carte bancaire, les commerçants sont tenus de s'équiper d'un lecteur de carte bancaire, appelé aussi terminal de paiement électronique (TPE).

Le terminal de paiement électronique (TPE) peut être :

- loué à la banque du commerçant dans le cadre d'un contrat qui peut prévoir la maintenance et la mise à niveau logicielle. Les contrats de location contiennent une clause déterminant le nombre maximal de transactions : en cas de dépassement, le commerçant est tenu de demander une autorisation à la banque. Le montant de la location dépend du contrat : nombre de transactions, service d'authentification... ;
- acheté par le commerçant, qui doit alors en gérer la maintenance. Le prix moyen d'achat d'un terminal de paiement oscille entre 500 et 700 €. Le contrat de vente oblige le commerçant à prendre un abonnement pour la maintenance du terminal de paiement. Ce contrat de maintenance varie de 120 à 200 € par an.

http://carte-bancaire.ooreka.fr

▶▶▶

Document 3 : Les terminaux de paiement électronique

Gérez vos encaissements grâce aux terminaux de paiement électronique. Entrez dans une nouvelle ère monétique et facilitez les paiements de vos clients.

Offrez à vos clients la possibilité de payer par carte bancaire
Les terminaux de paiement électronique Banque Populaire vous permettent d'accepter les paiements effectués avec toutes les cartes du marché.

Diminuez le risque d'impayés
Les paiements de vos clients vous sont garantis jusqu'à 100 euros. Au-delà, votre appareil appelle automatiquement le Centre d'autorisation pour garantir la transaction. Attention : cette garantie n'est pas valable sur la vente à distance.

Simplifiez vos remises en banque
Votre terminal de paiement Banque Populaire mémorise tous les paiements par carte et les transfère automatiquement sur votre compte bancaire. Vous simplifiez ainsi votre gestion et gagnez du temps en diminuant votre volume d'espèces et de chèques à traiter.

Maintenance et assistance
Fixe ou portable, nous vous louons le matériel électronique que vous choisissez et en assurons la maintenance. Vous bénéficiez également d'un service d'assistance téléphonique.

Acceptez les paiements par cartes American Express
En rejoignant le réseau American Express, vous vous ouvrez de nouvelles opportunités de développement et dynamisez votre activité commerciale.

Nouveaux
Vous faites moins de 12 000 € d'encaissements CB ou vous démarrez votre activité, découvrez à notre agence notre nouvelle offre « PETITS REMETTANTS ». Si vous faites moins de 1 000 € de remises par mois, vous bénéficiez d'un forfait allant de 1,90 € à 3,80 € par mois.

www.bpbfc.banquepopulaire.fr

Document 4 : Assurer les activités de l'entreprise

Assurez vos moyens de paiement professionnels, vos papiers et vos clés, c'est simple avec Sécuripro !

Sécuripro est un contrat de prévoyance destiné aux professionnels qui couvre les risques liés à l'utilisation frauduleuse des moyens de paiement suite à leur perte ou vol, ainsi que le vol ou la perte des papiers et clés, lorsqu'ils sont concomitants au vol ou perte des moyens de paiement.

Protégez-vous 24 heures/24 et 7 jours/7, en France comme à l'étranger

- En cas d'utilisation frauduleuse de vos moyens de paiement (multi-comptes et multi-émetteurs) perdus ou volés.
- En cas de vol par agression des fonds et valeurs transportés sur le trajet entre vos locaux professionnels et votre agence bancaire, et inversement.
- En cas de vol ou perte de vos papiers ou clés simultanément à l'un des deux événements.

Profitez d'une couverture étendue

- À l'ensemble de vos comptes Banque Populaire.
- À tout compte détenu dans un autre établissement bancaire français.

Bénéficiez d'un plafond d'indemnisation qui peut atteindre 5 700 € par année d'assurance et par adhérent.

www.cotedazur.banquepopulaire.fr

FAIT ☐ REVU ☐

Exercice 2 voir Fiches Savoir 1, 19, 20, 23, 28, 30 et 36

Le fonctionnement du marché du travail

Situation

Vous réalisez votre période de formation en milieu professionnel dans une entreprise qui gère une plateforme d'emplois pour le compte d'une importante société d'intérim. Votre tutrice, Martine Sclotour, responsable du site, vous propose de suivre les différentes propositions reçues des entreprises et des personnes à la recherche d'un emploi. Vous devrez en particulier observer l'influence du contexte économique sur les contrats proposés.

PARTIE 1 : Analyse du dossier documentaire

1. Après avoir identifié et étudié les documents 1 et 2, complétez un tableau d'analyse pour chacun d'eux (titre du document, auteur, date, source, idées principales).

2. Définissez le concept de « CDI » (document 1) et l'expression « gestion flexible des personnels » (document 2).

3. Qu'est-ce que la polyvalence dans l'organisation du travail (document 1) ?

4. Pour réaliser votre étude sur le fonctionnement du marché du travail, vous disposez également des documents 3 et 4. Sélectionnez celui qui vous semble le plus pertinent pour illustrer votre étude sur l'influence du contexte économique sur les contrats proposés. Vous expliquerez votre choix.

PARTIE 2 : Rédaction de l'étude

À l'aide de vos connaissances, du travail effectué en première partie et en veillant à illustrer vos propos avec des situations vécues au cours de vos périodes de formation en milieu professionnel, rédigez une étude argumentée et structurée (avec le plan apparent : une introduction, deux parties et une conclusion).

Votre étude répondra aux questions ci-dessous :

– Quelles sont les conséquences du choix d'un contrat de travail pour les entreprises et pour les salariés ?

– Comment l'entreprise adapte-t-elle ses besoins de main-d'œuvre en fonction de la situation de son marché ?

Document 1 : Annonce de contrat en CDI dans la restauration

MAGASINIER(ÈRE)/PLONGEUR(SE) (F/H)
Société RESTOCOLL
France – Région de Nîmes
1 700 € par mois sur 13 mois
CDI

CONTEXTE

Nous recherchons un(e) magasinier(ère)/plongeur(se) polyvalent(e) au sein d'un restaurant assurant une prestation de 450 repas par jour. Vous gérez l'ensemble des stocks du site et participez à la passation des commandes. Vous assurez la réception des marchandises et leur rangement. Vous réalisez également les inventaires et le suivi des stocks et contribuez à leur bonne rotation. Vous accompagnez les équipes de production au quotidien (sorties de marchandises). De plus, vous participez activement à la plonge batterie.

PROFIL

Vous justifiez d'une première expérience dans la gestion d'une unité de production. Vous êtes rigoureux(se), organisé(e) et savez également faire preuve de réactivité. Vous avez le sens du travail en équipe, ce qui vous permettra de collaborer avec les différents intervenants de la restauration du site. Vous êtes apte à porter des charges.

INFORMATIONS COMPLÉMENTAIRES

Poste à pourvoir à partir du 1er janvier 2017
Rythme de travail : du lundi au vendredi

Source : www.achatlocal-consorhonealpes.com

▶▶▶

Document 2 : L'évolution des contrats de travail

Le contexte économique actuel incite les demandeurs d'emploi à rechercher des emplois stables avec un contrat de travail à durée indéterminée (CDI). Dans le même temps, les entreprises ont un rythme de travail irrégulier avec des niveaux de commandes qui peuvent varier d'une période à l'autre.
Ainsi, les responsables des ressources humaines souhaitent avoir une gestion flexible de leur personnel. Ils proposent des contrats de travail précaires avec une durée limitée dans le temps (type contrat à durée déterminée) ou bien ils ont recours à l'intérim avec des contrats de travail temporaires. Seuls les secteurs dans lesquels les difficultés pour trouver une main-d'œuvre qualifiée sont importantes proposent de nombreuses offres d'emploi en CDI.

lagazettedunet.com, mai 2016

Document 3 : Les contrats de travail dans la restauration collective

Dans le secteur de la restauration collective, les contrats de travail sont 90 % en CDI. La part de CDD représente généralement le remplacement des personnes absentes de l'entreprise afin de ne pas impacter le bon fonctionnement du service. Dans le cas où un CDD prouve ses motivations et sa capacité de travail, il sera mis en tant que candidat prioritaire pour un CDI.
Selon l'endroit où la personne travaille, les rythmes ne sont pas les mêmes, tout comme les contrats proposés. Dans la restauration scolaire, nous retrouvons souvent des temps partiels. Dans la restauration d'entreprise, les semaines comptent entre 35 et 39 heures avec des heures supplémentaires qui sont payées. Dans les établissements de santé par exemple, il est possible de travailler le week-end.

http://carriere-restauration.com

Document 4 : Répartition des effectifs en CDD et CDI par tranche d'âge

- de 26 ans
de 26 à 35 ans
de 36 à 44 ans
de 45 à 54 ans
de 55 à 59 ans
60 ans et +

Contrats à durée déterminée

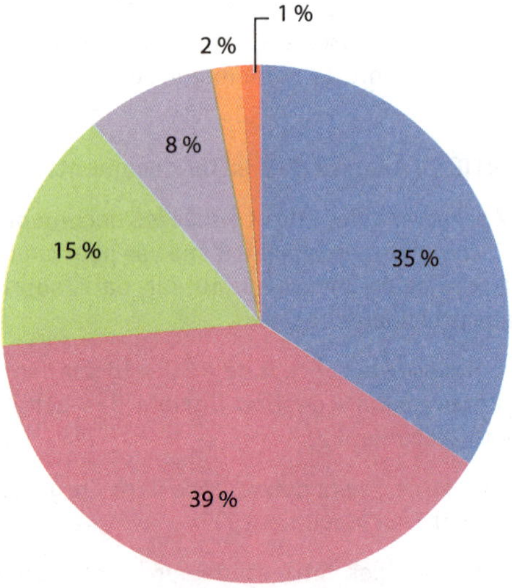

Contrats à durée indéterminée

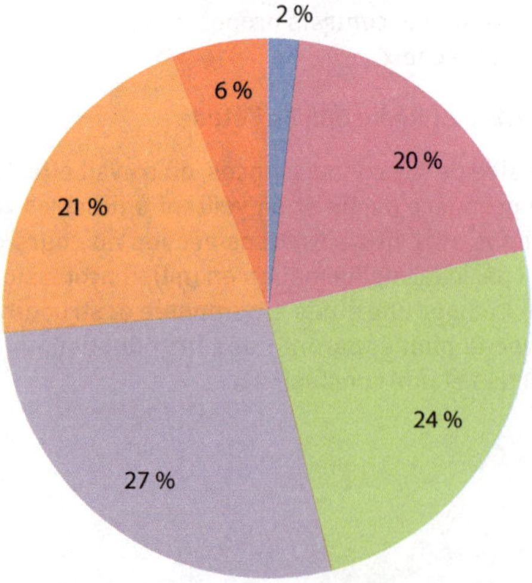

Rapport sur l'emploi 2014, Commission paritaire nationale emploi formation professionnelle.

FAIT ☐ REVU ☐

Exercice 3 voir Fiches Savoir 37, 40 et 41

La loi Hamon : protéger les consommateurs et leur rendre du pouvoir d'achat

Situation

Vous êtes en stage au sein du service juridique d'une enseigne commercialisant des produits culturels à la fois en magasins et par le biais de la vente en ligne. Votre responsable, Mme Calas, prépare une réunion sur les effets de la loi Hamon. Le thème portera sur les mesures qui tendent, d'une part, à renforcer la protection des consommateurs et, d'autre part, à leur redonner du pouvoir d'achat.

Les différents participants doivent disposer d'un dossier complet sur les thèmes abordés afin de préparer leurs interventions. Votre responsable a commencé à constituer un dossier documentaire qu'elle vous remet (documents 1 à 4).

PARTIE 1 : Analyse du dossier documentaire

1. Après avoir identifié et étudié les documents 1 à 4, complétez un tableau d'analyse pour chacun d'eux (titre du document, auteur, date, source, idées principales).

2. Définissez les concepts de « délai de rétractation » (document 2) et « pouvoir d'achat » (document 3).

3. Relevez des exemples de mesures censées protéger davantage les consommateurs et expliquez en quoi celles-ci peuvent aboutir à l'objectif annoncé.

4. Relevez des exemples de mesures censées fournir davantage de pouvoir d'achat aux consommateurs.

5. Expliquez en quoi consistent « les dépenses contraintes » (document 3). Vous en donnerez quelques exemples.

PARTIE 2 : Rédaction de l'étude

À l'aide de vos connaissances et du travail effectué en première partie, rédigez une étude argumentée et structurée (avec le plan apparent : une introduction, deux parties et une conclusion) d'une page au maximum. Celle-ci répondra à la problématique et aux consignes ci-dessous :

Quelles sont les limites de la concurrence sur un marché réglementé ?

Pour répondre à la question, vous expliquerez :
- d'une part, en quoi la protection des consommateurs est renforcée par la loi Hamon ;
- d'autre part, en quoi cette même loi permet de renforcer le pouvoir d'achat des consommateurs.

Document 1 : Des exemples de mesures de la loi Consommation (dite loi Hamon)

MINISTÈRE DE L'ÉCONOMIE, DE L'INDUSTRIE ET DU NUMÉRIQUE
SECRÉTARIAT D'ÉTAT AU COMMERCE, À L'ARTISANAT, À LA CONSOMMATION ET À L'ÉCONOMIE SOCIALE ET SOLIDAIRE

LOI CONSOMMATION DU 17 MARS 2014 * :
dates d'entrée en vigueur des principales mesures

Mise à jour du 18 mars 2016

	Mesure concernant	Je peux	Quand ? *(date d'entrée en vigueur de la mesure)*
EN VIGUEUR	Auto-écoles	Ne plus payer de frais à mon auto-école pour la restitution de mon dossier	19 mars 2014
EN VIGUEUR	Tests de grossesse & produits pour lentilles	Acheter des tests de grossesse et du liquide d'entretien pour lentilles dans n'importe quel commerce	19 mars 2014
EN VIGUEUR	Maisons de retraite	Ne plus avoir à payer des prestations non réalisées lorsqu'un parent quitte sa maison de retraite Bénéficier d'un état des lieux à l'entrée et à la sortie de la maison de retraite	19 mars 2014 Pour tout contrat conclu depuis le 19 mars 2014
EN VIGUEUR	Transposition de la directive droit des consommateurs (information précontractuelle et formulaires de résiliation pour la vente à distance et le démarchage, etc.)	Être mieux informé lors d'un achat, en magasin, en ligne, ou par démarchage - bénéficier de 14 jours de délai de rétractation - être mieux protégé dans le cadre du démarchage - être remboursé sous 14 jours en cas de rétractation ou d'annulation	13 juin 2014, le décret du 17 septembre 2014 en précise les modalités
EN VIGUEUR	Interdiction des cases précochées	Ne plus avoir à payer des prestations précochées auxquelles je n'ai pas fait attention	13 juin 2014
EN VIGUEUR	Remboursement des taxes aériennes en cas de non-utilisation du billet d'avion	Me faire rembourser les taxes et redevances aériennes lorsque mon billet n'a pas été utilisé ; sans frais sur Internet et dans la limite de 20% du montant remboursé dans les autres cas	Contrats conclus après le 13 juin 2014
EN VIGUEUR	Création de la mention « Fait maison » en restauration	Savoir quels sont les plats faits maison réalisés à partir de produits crus transformés sur place sur le menu des restaurants	15 juillet 2014 (décret du 11 juillet 2014, modifié par le décret du 6 mai 2015)

www.economie.gouv.fr

▶▶▶

Document 2 : Mieux protéger les consommateurs

■ **Délai de rétractation porté de 7 à 14 jours**

La loi Consommation permet au consommateur de bénéficier d'un temps de réflexion plus long suite à une commande en ligne. S'il souhaite retourner son achat, le délai de rétractation est désormais de 14 jours, contre 7 aujourd'hui.

■ **Livraison**

La loi Consommation instaure l'obligation pour le professionnel de livrer le bien acheté par Internet à la date indiquée dans son offre commerciale. À défaut d'indication d'une date de livraison, le professionnel est tenu de livrer au plus tard dans les 30 jours à compter de la commande

■ **Remboursement sous 14 jours maximum**

Grâce à la loi Consommation, le consommateur est remboursé dans un délai de 14 jours maximum après avoir exercé son droit de rétractation auprès du professionnel ou constaté un défaut de fabrication du produit.

■ **Protection contre ventes forcées (cases pré-cochées)**

Avec la loi Consommation, le consommateur est mieux protégé des ventes forcées par Internet. Désormais, les professionnels n'ont plus la possibilité de pré-cocher des options supplémentaires payantes lors d'une commande en ligne empêchant la facturation de services non souhaités par le consommateur.

■ **Obligation pour le professionnel de fournir plus d'informations au consommateur avant l'achat sur Internet**

La loi Consommation permet au consommateur d'être mieux informé sur le bien qu'il achète par Internet. Les professionnels de la vente en ligne doivent afficher de façon claire les caractéristiques du produit, les modalités de paiement et les éventuelles restrictions de livraison.

■ **Comparateurs de prix en ligne**

La loi Consommation pose l'exigence pour les comparateurs de prix en ligne de fournir une information loyale, claire et transparente. Pour cela, les sites marchands devront fournir toutes les informations pertinentes à ces comparateurs.

www.economie.gouv.fr

Document 3 : Rendre du pouvoir d'achat

Avec la loi Consommation, la volonté du gouvernement était d'abord de redonner du pouvoir d'achat aux Français, en permettant :

• de changer son contrat d'assurance emprunteur jusqu'à un an après la signature du prêt, ce qui offrira le temps aux nouveaux acquéreurs de comparer les autres assurances offrant les mêmes garanties ;

• d'ouvrir à la concurrence certains produits pour les rendre moins coûteux, comme les lunettes et lentilles, les tests de grossesse ou les produits d'entretien de lentilles ;

• de résilier à tout moment son contrat d'assurance automobile ou habitation, après un an de contrat. Il s'agit d'une mesure déterminante pour aider les consommateurs à rechercher les meilleurs tarifs pour les contrats d'assurance, qui constituent des dépenses contraintes et représentent 5 % de leur budget ;

• que les consommateurs paient des prix plus justes correspondant à la réalité des services rendus, comme des tarifs de parking facturés au quart d'heure et plus à l'heure, la suppression des frais de transfert de dossier lors d'un changement d'auto-école. [...]

PAYER MES LUNETTES MOINS CHER

Sur Internet, les lunettes coûtent aujourd'hui jusqu'à 70 % moins cher qu'en magasin pour des montures et verres identiques.
La concurrence des sites de vente en ligne va avoir un effet à la baisse sur les prix pratiqués dans les réseaux de distribution physiques.
En ouvrant la distribution de lunettes et de lentilles, la loi renforce la concurrence, avec des baisses attendues de l'ordre de 25 %.
Bénéfique pour les consommateurs, cette mesure aura également des effets sur la croissance et l'emploi.

www.gouvernement.fr

Document 4 : Lutter contre le démarchage abusif

UN EXEMPLE : LA LUTTE CONTRE LE DÉMARCHAGE ABUSIF

Avant la loi

Un consommateur, lassé de recevoir chaque jour plusieurs appels téléphoniques de prospection commerciale, décide de s'inscrire sur liste orange. Pourtant, même après cela, il continue de recevoir des appels téléphoniques de la part de professionnels utilisant des fichiers de prospection dont les données ne sont pas recroisées acec celles contenues dans l'annuaire et la liste orange.

Après la loi

Le même consommateur s'inscrit sur la nouvelle liste d'opposition au démarchage téléphonique. De ce fait, il ne reçoit plus d'appels téléphoniques à vocation commerciale non sollicités. Et quand bien même il continuerait d'en recevoir, il pourra le signaler à la DGCCRF (Direction générale de la concurrence, de la consommation et de la répression des fraudes), qui sanctionnera le professionnel.

www.gouvernement.fr

Exercice 1

Les banques partenaires de l'entreprise

PARTIE 1 : Analyse du dossier documentaire

1. Tableaux d'analyse des documents 1 et 2

DOCUMENT 1	
TITRE DU DOCUMENT	Abaissement du plafond des paiements en espèces
AUTEUR	Non précisé
DATE	27 juin 2015
SOURCE	www.achatlocal-consorhonealpes.com
IDÉES PRINCIPALES	La réglementation sur les paiements en espèces auprès des professionnels change. Depuis le 1er septembre 2015, les transactions ne peuvent s'effectuer en espèces que jusqu'à 1 000 euros. Le texte qui annonce cette information est un décret publié au Journal Officiel. Le but du gouvernement avec ce décret est de lutter contre la fraude et le blanchiment.

DOCUMENT 2	
TITRE DU DOCUMENT	Rôle des banques pour les opérations d'encaissement des commerçants
AUTEUR	Non précisé
DATE	Non précisé
SOURCE	http://carte-bancaire.ooreka.fr
IDÉES PRINCIPALES	Les terminaux de paiement sont utiles pour les commerçants. Il existe un système de location par l'intermédiaire des banques ou d'achat par le commerçant. Le texte expose les caractéristiques des 2 systèmes : location ou achat.

2. Un décret est un acte réglementaire qui a la force d'une loi. Il est décidé et pris par le président de la République ou le Premier ministre, ou conjointement par ces deux autorités, en vertu de leur pouvoir réglementaire.
Les banques conseillent et assistent les entreprises commerciales pour leurs opérations d'encaissement. Elles informent sur les dispositions légales en vigueur (paiement en espèces). Elles proposent leurs services pour procéder à l'encaissement des cartes de crédit avec un système sécurisé.

3. Pistes de justifications

Si votre choix s'est porté sur le document 3 : ce document donne des informations précises sur :
– les avantages des terminaux de paiement électronique pour les commerçants ;
– les solutions techniques et d'assistance proposées.

Si votre choix s'est porté sur le document 4 : ce document permet de découvrir :
– un contrat d'assurance qui protège les commerçants contre les risques de fraude des clients ;
– les conditions de mise en œuvre de l'assurance pour les commerçants.

PARTIE 2 : Rédaction de l'étude

Introduction
Les banques sont un partenaire essentiel des entreprises avec des échanges quasi quotidiens. Ainsi, de nombreuses informations juridiques sont transmises par les banques. Elles interviennent également sur le plan économique en apportant une assistance, en particulier sur les problèmes de sécurisation des transactions.

I. L'évolution de la réglementation juridique
Les banques jouent un rôle clé pour informer les entreprises commerciales des évolutions des textes juridiques qui organisent les activités économiques. L'exemple de la nouvelle réglementation pour le paiement en espèces des clients le montre. Les entreprises comme les banques doivent veiller à l'origine des fonds qu'elles encaissent dans le cadre de la lutte, menée par les pouvoirs publics, contre les fraudeurs, mais également contre le crime organisé et le terrorisme.
Le changement réglementaire peut conduire l'entreprise à revoir son système d'encaissement avec l'assistance de son banquier.

II. Le conseil et l'assistance en matière de sécurité
La banque est un partenaire incontournable de l'entreprise car son action englobe aussi bien les offres de gestion des fonds de l'entreprise que la fourniture de prestations en matière d'assurance et de protection.

Conclusion
Les banques sont souvent le premier partenaire de l'entreprise, et sont présentes tout au long de sa vie. Les services proposés vont de l'information à la gestion et à l'accompagnement des projets.

Exercice 2

Le fonctionnement du marché du travail

PARTIE 1 : Analyse du dossier documentaire

1. Tableaux d'analyse des documents 1 et 2

DOCUMENT 1	
TITRE DU DOCUMENT	Annonce de contrat en CDI dans la restauration
AUTEUR	Non précisé
DATE	Non précisé
SOURCE	www.achatlocal-consorhonealpes.com
IDÉES PRINCIPALES	L'annonce comporte trois informations essentielles : – la nature de l'emploi proposé ; – le type de contrat de travail ; – la rémunération. Les autres informations précisent le détail de la mission, les compétences attendues et les conditions de travail.

DOCUMENT 2	
TITRE DU DOCUMENT	L'évolution des contrats de travail
AUTEUR	Non précisé
DATE	Mai 2016
SOURCE	lagazettedunet.com
IDÉES PRINCIPALES	En période de crise, les salariés recherchent des emplois stables. Les entreprises préfèrent adapter leur besoin en main-d'œuvre à l'évolution de leur marché. Elles proposent surtout des emplois à durée limitée ou précaire.

2. Le CDI ou contrat à durée indéterminée est un contrat sans limitation de durée, à temps plein ou à temps partiel, conclu entre un employeur et un salarié. Le CDI est la forme juridique la plus courante de la relation de travail.
La « gestion flexible des personnels » signifie que l'entreprise veut pouvoir embaucher ou supprimer des emplois en fonction de l'évolution de son marché. En matière de contrats de travail, elle privilégiera les contrats à durée déterminée ou les contrats d'intérim.

3. L'organisation du travail privilégie la polyvalence dans laquelle chaque individu est capable de remplir des tâches distinctes. Ce système est considéré comme plus soucieux de l'épanouissement au travail que la spécialisation des tâches qui définit l'organisation scientifique de Taylor.
La polyvalence signifie que le niveau de formation des individus doit être plus élevé que dans le cas de la spécialisation.

4. Pistes de justifications
Si votre choix s'est porté sur le document 3 : ce document est pertinent car il donne des informations sur :
– la place des CDI dans la restauration collective ;
– une situation de recours aux CDD ;
– les conditions de rémunération et de travail selon les types d'entreprise.

Si votre choix s'est porté sur le document 4 : ce document est intéressant car :
– il compare la part des CDD et des CDI selon les tranches d'âge ;
– il permet d'apprécier le degré de stabilité des emplois selon l'âge.

PARTIE 2 : Rédaction de l'étude

Introduction
Il existe différents types de contrats de travail proposés aux salariés à l'embauche. Le choix d'un contrat lors de la rédaction de l'offre d'emploi entraîne des avantages et des inconvénients pour les entreprises comme pour les salariés. De plus en plus, les entreprises adaptent leurs besoins en main-d'œuvre aux évolutions économiques de leurs marchés.

I. Les conséquences du choix d'un contrat de travail
Il existe deux principaux contrats de travail : le CDI et le CDD. Le CDI n'impose pas de limitation de durée, ce qui n'empêche pas, sous certaines conditions, de rompre le contrat. Le CDD prévoit la fin du contrat à une date fixée par avance avec, sous certaines conditions, la possibilité de le renouveler.
Le choix de l'un ou l'autre contrat procure des avantages et des inconvénients pour les entreprises comme pour les salariés. Le recours au CDI renforce la stabilité des personnels, ce qui est favorable à l'implication des salariés et à la maîtrise des tâches à accomplir. Le CDD permet à l'entreprise d'adapter ses effectifs à ses besoins. Il permet également d'apprécier l'implication et les compétences d'un salarié et de proposer, le cas échéant, un CDI à l'issue du CDD.

II. Les entreprises évoluent de plus en plus dans un environnement économique incertain
L'évolution de la demande des clients sur un marché donné est rapide et les technologies ou les nouveaux produits apparaissent à un rythme de

plus en plus rapide. Cette situation contribue à favoriser l'offre de CDD mais aussi de contrats à temps partiel. Ces contrats concernent de plus en plus les jeunes arrivant sur le marché du travail.

Conclusion

Le contexte économique est de plus en plus incertain pour les entreprises, ce qui les conduit à privilégier des contrats à durée déterminée et à temps partiel. Cette situation accroît la précarité des salariés et développe leurs incertitudes quant à leur avenir.

Exercice 3

La loi Hamon : protéger les consommateurs et leur rendre du pouvoir d'achat

PARTIE 1 : Analyse du dossier documentaire

1. Tableaux d'analyse des documents 1 à 4

DOCUMENT 1	
TITRE DU DOCUMENT	Des exemples de mesures de la loi Consommation (dite loi Hamon)
AUTEUR	Non précisé
DATE	22 octobre 2015
SOURCE	www.economie.gouv.fr
IDÉES PRINCIPALES	Ce document expose un certain nombre de mesures entrées en vigueur par application de la loi Hamon. On constate que toutes ces mesures vont dans le même sens, à savoir une meilleure information des consommateurs sur différents sujets de leur vie quotidienne.

DOCUMENT 2	
TITRE DU DOCUMENT	Mieux protéger les consommateurs
AUTEUR	Non précisé
DATE	Non précisé (*a priori* même date que le document 1)
SOURCE	www.economie.gouv.fr
IDÉES PRINCIPALES	Ce document regroupe principalement les nouveaux délais permettant aux consommateurs de faire valoir leurs droits à la suite d'achats sur Internet. On remarque ainsi que le délai de rétractation est allongé à 14 jours pour donner plus de temps de réflexion aux consommateurs.

DOCUMENT 2 (suite)	
IDÉES PRINCIPALES	Il est aussi question du renforcement de l'obligation, pour le professionnel, de fournir plus d'informations aux consommateurs qui achètent sur Internet.

DOCUMENT 3	
TITRE DU DOCUMENT	Rendre du pouvoir d'achat
AUTEUR	Non précisé
DATE	Non précisé (mais même date que le document 1)
SOURCE	www.gouvernement.fr/action/la-loi-consommation
IDÉES PRINCIPALES	Le document donne des exemples de mesures prises par le gouvernement pour donner davantage de pouvoir d'achat aux consommateurs. Ceux-ci peuvent ainsi changer leur contrat d'assurance après avoir comparé les offres d'autres assureurs, résilier leur contrat d'assurance automobile ou habitation après un an de contrat. On y repère aussi la nouvelle mesure concernant l'achat de lunettes sur Internet. La loi permettant à une plus grande concurrence de s'exercer, le prix des lunettes devrait baisser de l'ordre de 25 %. On relève aussi que cette mesure pourra avoir des effets positifs sur la croissance et l'emploi.

DOCUMENT 4	
TITRE DU DOCUMENT	Lutter contre le démarchage abusif
AUTEUR	Non précisé
DATE	Non précisé (mais même date que le document 1)
SOURCE	www.gouvernement.fr/action/la-loi-consommation
IDÉES PRINCIPALES	Pour lutter contre le démarchage abusif des consommateurs par téléphone et le sanctionner, la loi permet dorénavant aux consommateurs de s'inscrire sur une liste d'opposition au démarchage téléphonique.

2. Le délai de rétractation est le droit dont dispose un consommateur pour annuler un achat pendant une durée limitée.

Le pouvoir d'achat est la mesure de la quantité de biens et de services que les revenus permettent d'acquérir.

3. Les exemples de mesures censées protéger davantage les consommateurs sont nombreux :
- l'interdiction des cases précochées empêche le consommateur d'avoir à payer des prestations qu'il n'aurait pas commandées, il est ainsi protégé contre les ventes forcées ;
- la livraison doit être effectuée dans les 30 jours à compter de la commande : cette mesure protège le consommateur contre des délais trop longs ou incertains ;
- le consommateur doit être remboursé sous 14 jours au maximum après avoir exercé son droit de rétractation ou constaté un défaut de fabrication.

4. Le changement possible d'assureur un an après la signature du prêt et l'ouverture à la concurrence de certains produits pour les rendre moins coûteux (lunettes, lentilles et produits d'entretien de lentilles, tests de grossesse) sont autant de mesures susceptibles de fournir davantage de pouvoir d'achat aux consommateurs. En effet, comme les consommateurs dépensent moins sur ces produits, ils disposent de plus d'argent pour dépenser sur d'autres produits.

5. Les dépenses contraintes sont des dépenses obligatoires. Ainsi, l'assurance voiture et l'assurance habitation sont des assurances que chacun doit souscrire obligatoirement. Il s'agit d'obligations légales.

PARTIE 2 : Rédaction de l'étude

Introduction

Dans un contexte économique difficile, il est nécessaire de créer de nouveaux moyens pour rééquilibrer les pouvoirs entre consommateurs et professionnels. Le contrat de consommation est un contrat par nature déséquilibré puisque le professionnel possède beaucoup plus d'informations qui échappent au consommateur. La concurrence est la rivalité entre les entreprises poursuivant le même but sur le marché. Un marché réglementé est un ensemble d'échanges sur lesquels les négociations obéissent à un certain nombre de règles et dont le respect est contrôlé par exemple par l'État, afin de limiter les effets néfastes d'une concurrence qui pourrait être déloyale.

Le pouvoir d'achat est la capacité des consommateurs à pouvoir acheter des biens et des services grâce à leurs revenus disponibles. Il est dès lors possible de s'interroger sur les limites de la concurrence sur un marché réglementé. Pour cela, le renforcement de la protection des consommateurs et celui du pouvoir d'achat par la loi Hamon seront étudiés dans deux parties.

I. Le renforcement de la protection des consommateurs

Par un certain nombre de mesures, la loi a voulu protéger davantage les consommateurs. Ainsi, le consommateur dispose désormais d'un délai de 14 jours pour exercer son droit de rétractation d'un contrat conclu à distance, à la suite d'un démarchage téléphonique, sans avoir à motiver sa décision ni à supporter d'autres coûts que ceux légalement prévus (comme le coût de renvoi des biens). Il en va de même avec l'amélioration de l'information et le renforcement des droits des consommateurs lors du démarchage et de la vente à distance, avec de nouvelles garanties, un aménagement des règles de livraison et de remboursement.

II. L'amélioration du pouvoir d'achat des consommateurs

La loi Hamon doit aussi améliorer le pouvoir d'achat des consommateurs en favorisant la concurrence dans divers secteurs de la vie quotidienne, comme les assurances habitation et automobile plus facilement résiliables sans frais. La loi Consommation allonge aussi le délai pendant lequel les clients pourront invoquer un défaut de conformité d'un article en cas de panne, sans avoir à se justifier.

En outre, afin de mieux informer les consommateurs, les fabricants sont incités à afficher la durée de vie de leurs produits et les vendeurs doivent informer le consommateur sur la date et la période de disponibilité des pièces détachées à l'utilisation du bien avant la conclusion du contrat et par écrit.

Conclusion

La consommation joue un rôle essentiel dans notre économie. Parallèlement, le pouvoir d'achat est l'une des préoccupations majeures des Français. Avec la crise, il est important de leur redonner confiance et de leur donner les armes pour se défendre en cas de litiges. La loi Consommation, dite loi Hamon, a voulu renforcer la protection des consommateurs contre les pratiques déloyales et donc améliorer leur information et leur pouvoir d'achat. Le marché plus réglementé doit permettre de rééquilibrer les pouvoirs entre consommateurs et professionnels.

Savoir 1

Statistique

LU ☐
SU ☐
REVU ☐

1 Statistique à une variable (programme de Première)

1.1. Le mode

Le mode est la valeur de la variable statistique qui a le plus grand effectif. C'est un indicateur de tendance centrale. Dans le cas d'une distribution en classes, le mode est le centre de la classe modale. Il peut exister plusieurs modes.

1.2. L'écart type

L'écart type est un indicateur de dispersion de la série statistique. Il se note σ (« sigma »). Il traduit une moyenne d'écarts autour de la valeur moyenne $\overline{x}$. Pour certaines distributions statistiques, on constate qu'environ 95 % des valeurs de la variable appartiennent à l'intervalle $[\overline{x} - 2\sigma ; \overline{x} + 2\sigma]$.

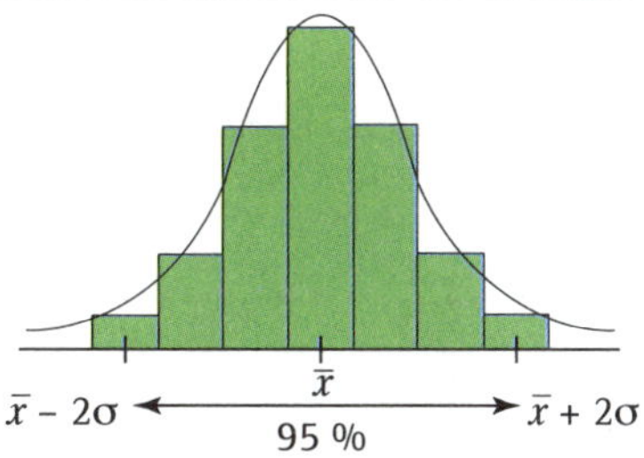

Courbe de Gauss

1.3. L'écart interquartile

L'écart interquartile est la différence entre le troisième et le premier quartile de la série statistique. Écart interquartile = $Q_3 - Q_1$. C'est un indicateur de dispersion.

1.4. Les indicateurs statistiques

Pour comparer des séries statistiques, on utilise les indicateurs de tendance centrale (mode, moyenne, médiane) et les indicateurs de dispersion (étendue, écart type, écart interquartile).
Une série statistique peut se caractériser par les couples d'indicateurs $(\overline{x} ; \sigma)$ ou (Me, écart interquartile).

RAPPELS

La moyenne s'obtient par le calcul suivant :

$$\overline{x} = \frac{n_1x_1 + n_2x_2 + \dots + n_px_p}{N}$$

x_i = valeur du caractère ou centre de la classe
n_i = effectif de x_i
$N = n_1 + n_2 + \dots + n_p$ = effectif total

La médiane est la valeur Me telle que :
– au moins la moitié des valeurs de la série sont inférieures ou égales à Me ;
– au moins la moitié des valeurs de la série sont supérieures ou égales à Me.
L'étendue mesure l'écart entre la plus grande et la plus petite valeur du caractère.

1.5. Diagrammes en boîte à moustaches

Le diagramme en boîte à moustaches permet de visualiser 5 données : le minimum et le maximum, le premier et le troisième quartile, la médiane d'une série statistique.

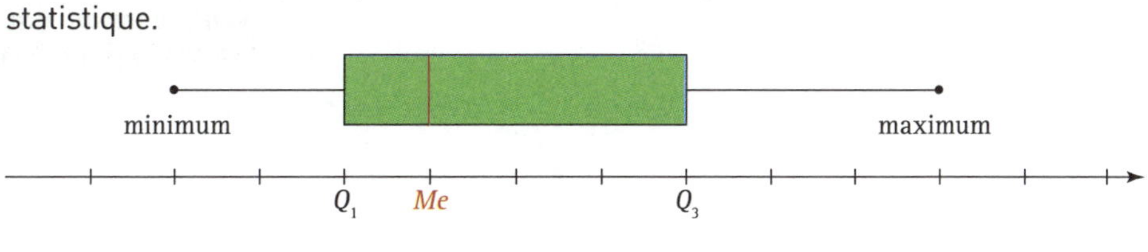

MATHÉMATIQUES

2 Statistique à deux variables

2.1. Série statistique à deux variables

Une série statistique quantitative à deux variables est donnée par des couples de valeurs (x_i, y_i).

2.2. Représentation graphique

On représente graphiquement une série statistique à deux variables par un nuage de points. Les points ont pour coordonnées les couples (x_i, y_i).
L'assistant graphique du tableur ou la calculatrice graphique permettent d'obtenir le nuage de points.

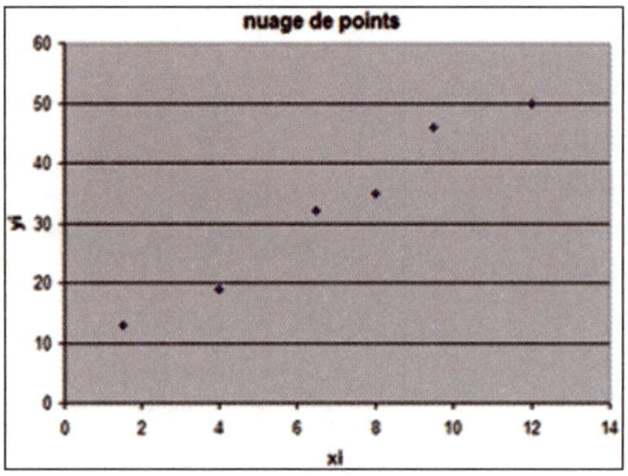

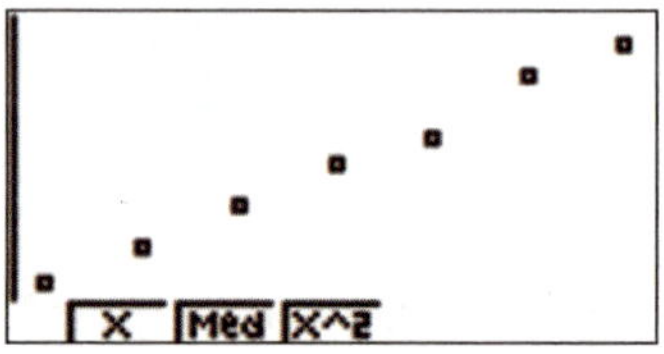

2.3. Point moyen $G(\overline{x}, \overline{y})$

On appelle point moyen d'une série statistique à deux variables le point, noté G, dont les coordonnées sont : $\overline{x}$ = moyenne des valeurs x_i et $\overline{y}$ = moyenne des valeurs y_i.

2.4. Ajustement affine

Lorsque le nuage de points a une forme allongée, on peut l'ajuster par une droite.
Le tableur et la calculatrice permettent de tracer la droite d'ajustement et de donner son équation. Le point moyen appartient à la droite d'ajustement.

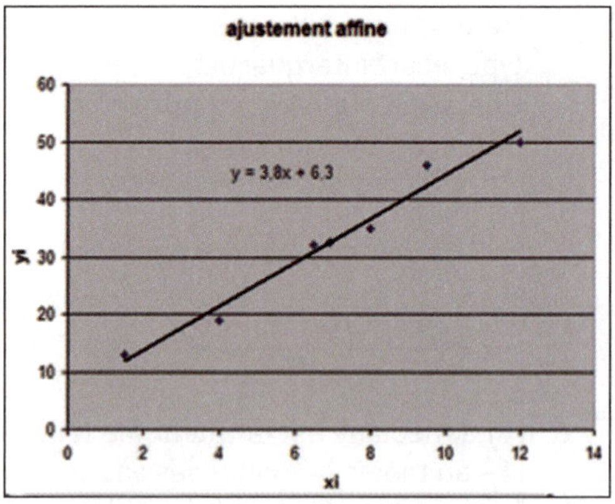

2.5. Prévisions

La droite d'ajustement affine permet d'effectuer des prévisions.
On utilise l'équation de la droite pour calculer la valeur prévisible de y en fonction de celle de x ou inversement.

S'entraîner au Bac
Exercices 1 à 12 : pp. 295 à 297

MATHÉMATIQUES

Probabilités

LU ☐
SU ☐
REVU ☐

1 Fluctuation d'échantillonnage (programme de Première)

1.1. Échantillon

Le tirage au hasard et avec remise de n éléments dans une population permet de constituer un échantillon aléatoire de taille n. Lorsque l'effectif (N) de population est suffisamment grand par rapport à n, le prélèvement d'un échantillon peut être assimilé à un tirage avec remise. La constitution d'échantillons permet de faire des prévisions (cas des sondages).

On note p la fréquence relative à un caractère de la population et f la fréquence relative à ce même caractère pour l'échantillon prélevé.

1.2. Échantillonnage d'une fréquence

La constitution d'une série d'échantillons aléatoires de même taille n permet de calculer la moyenne de la distribution d'échantillonnage de la fréquence f :

Moyenne des fréquences des échantillons $= \dfrac{f_1 + f_2 + \ldots + f_k}{k}$;

k = nombre d'échantillons.

Lorsque la taille n des échantillons augmente, on observe que la moyenne des fréquences f_i se stabilise autour de la valeur p.

EXEMPLE

$p = 0,3$.

6 simulations (moyenne de cinq échantillons de taille $n = 100, 200, \ldots, 2000$).

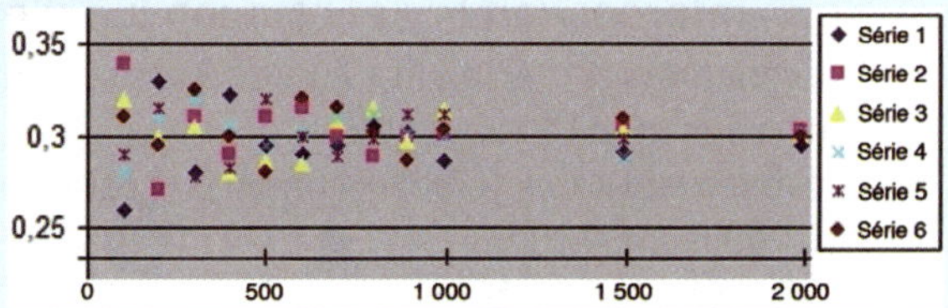

1.3. Intervalle de fluctuation

On appelle intervalle de fluctuation, l'intervalle $\left[p - \dfrac{1}{\sqrt{n}} ; p + \dfrac{1}{\sqrt{n}}\right]$.

n = taille de l'échantillon ; p = fréquence du caractère dans la population.

La probabilité que la fréquence f d'un échantillon aléatoire de taille n appartienne à l'intervalle de fluctuation est supérieure à 0,95.

EXEMPLE

Simulation : 400 échantillons de taille $n = 100$ avec $p = 1/3$.

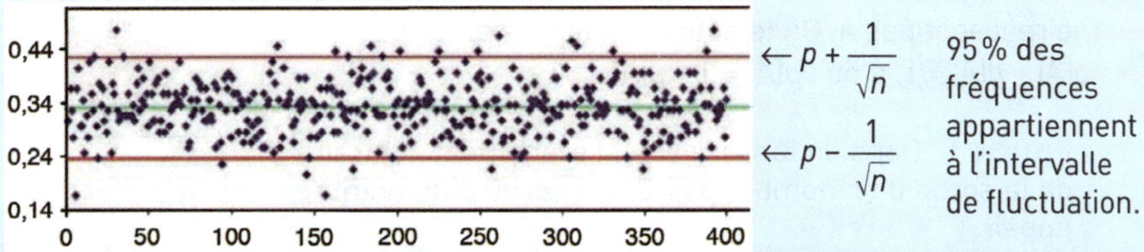

L'appartenance ou non de la fréquence f d'un échantillon à l'intervalle de fluctuation permet d'interpréter certaines données statistiques et de juger de la pertinence des observations. C'est la situation d'un contrôle de qualité.

2 Probabilités

2.1. Probabilité d'un événement

La fréquence de réalisation d'une issue, lorsqu'une expérience aléatoire est reproduite un très grand nombre de fois, se stabilise autour d'un nombre p.
p est la probabilité de l'issue. La probabilité est un nombre compris entre 0 et 1.
La somme des probabilités de toutes les issues de l'univers Ω est égale à 1.
La probabilité d'un événement A, notée $p(A)$, est la somme des probabilités des issues qui le réalisent.

EXEMPLE Lancer d'un dé, événement : sortie d'un nombre pair.
$p(\text{pair}) = p(2) + p(4) + p(6) = \frac{1}{6} + \frac{1}{6} + \frac{1}{6} = \frac{3}{6} = \frac{1}{2}.$

Un événement formé d'une seule issue est appelé événement élémentaire.

2.2. Équiprobabilité

Si les événements élémentaires ont tous la même probabilité, ils sont équiprobables.

$p = \frac{1}{\text{nombre d'issues de } \Omega}$; $p(A) = \frac{\text{nombre d'issues réalisant } A}{\text{nombre d'issues de } \Omega}$

EXEMPLE Tirer un cœur dans un jeu de 32 cartes : $p(\text{cœur}) = \frac{8}{32} = \frac{1}{4} = 0{,}25.$

2.3. Intersection (∩) et réunion (∪) d'événements

L'événement $A \cap B$ (on lit « A inter B ») est formé des issues qui réalisent à la fois A et B.
L'événement $A \cup B$ (on lit « A union B ») est formé des issues qui réalisent A ou B.
$p(A \cup B) = p(A) + p(B) - p(A \cap B)$.

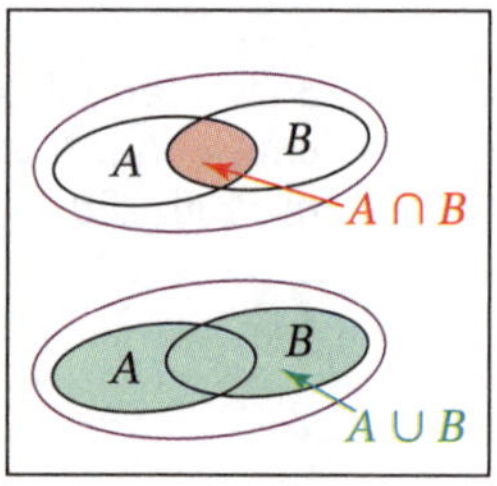

2.4. Événements incompatibles, événement contraire

• A et B sont deux événements incompatibles si $A \cap B = \emptyset$ (aucune issue ne réalise à la fois A et B) et alors $p(A \cap B) = 0$. Dans ce cas, $p(A \cup B) = p(A) + p(B)$.

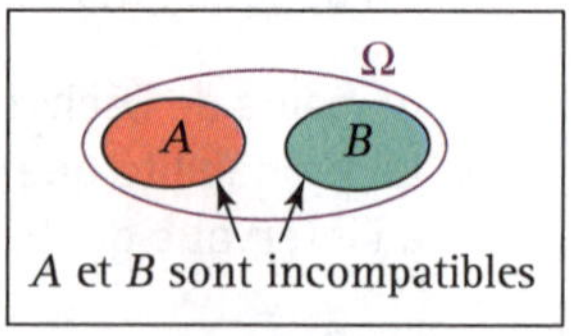

EXEMPLE La sortie d'une carte de carreau et la sortie d'une carte de pique sont des événements incompatibles.

• L'événement contraire de A est formé des issues qui ne réalisent pas A. On le note $\overline{A}$ (on lit « A barre »).
$p(A) + p(\overline{A}) = 1$, d'où : $p(\overline{A}) = 1 - p(A)$.

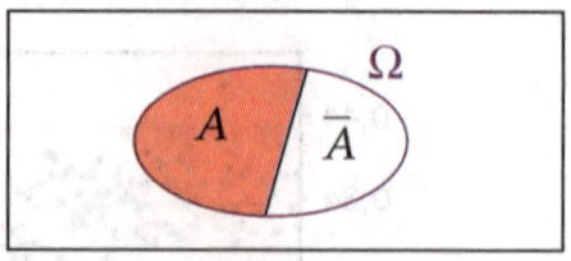

EXEMPLE Dans un lancer de dé, l'événement contraire de la sortie d'un nombre pair est la sortie d'un nombre impair.

S'entraîner au Bac
Exercices 13 à 24 : pp. 297 à 300

LU ☐
SU ☐
REVU ☐

Suites numériques

1 Suites numériques

Une suite numérique est une suite de nombres dont les termes sont notés : u_1, u_2, u_3, ..., u_n.
u_1 est le premier terme de la suite. On lit « u indice 1 », c'est le terme de rang 1.
u_n se lit « u indice n » ; c'est le terme de rang n.

2 Suites arithmétiques

• Une suite arithmétique est une suite de nombres telle que chacun de ses termes, autre que le premier, s'obtient en ajoutant au terme précédent, un même nombre appelé raison. $u_{n+1} = u_n + r$
et r est la raison de la suite.

• Les termes d'une suite arithmétique sont représentés par des points alignés.
Si $r > 0$ la suite est croissante.
Si $r < 0$ la suite est décroissante.

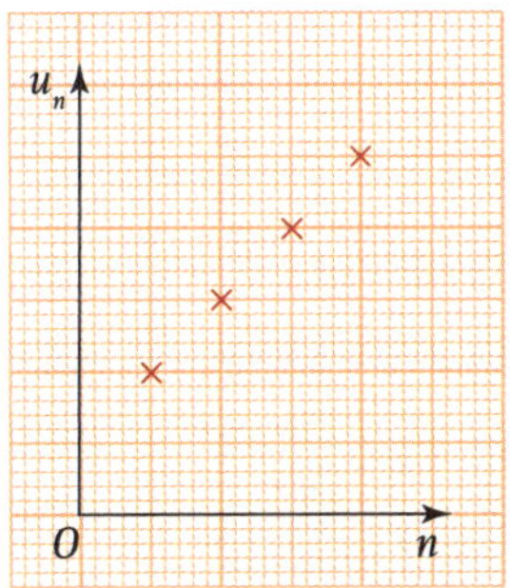

$r > 0$

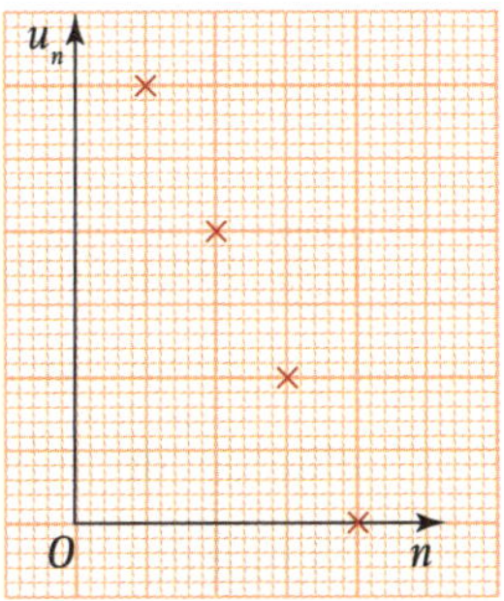

$r < 0$

• Calcul du terme de rang *n*

Pour une suite arithmétique de premier terme u_1 et de raison r, le terme de rang n est : $u_n = u_1 + (n - 1)\,r$.

3 Suites géométriques

• Une suite géométrique est une suite de nombres telle que chacun de ses termes, autre que le premier, s'obtient en multipliant le terme précédent par un même nombre appelé raison. $u_{n+1} = u_n \times q$ et q est la raison de la suite.

• Les termes d'une suite géométrique sont représentés par des points qui appartiennent à une courbe exponentielle.
Si $q > 1$ la suite est croissante.
Si $0 < q < 1$ la suite est décroissante.

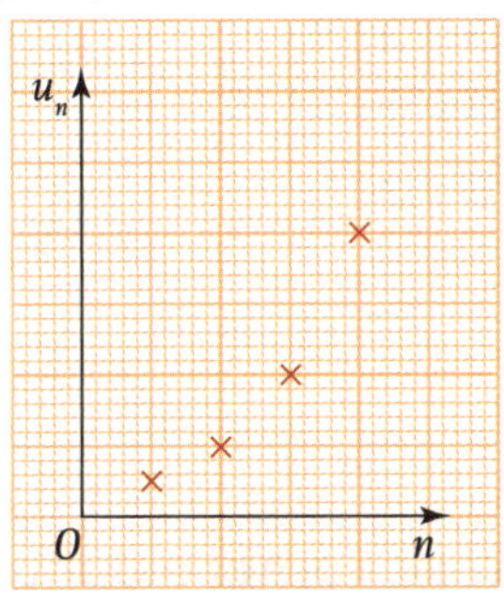

$q > 1$

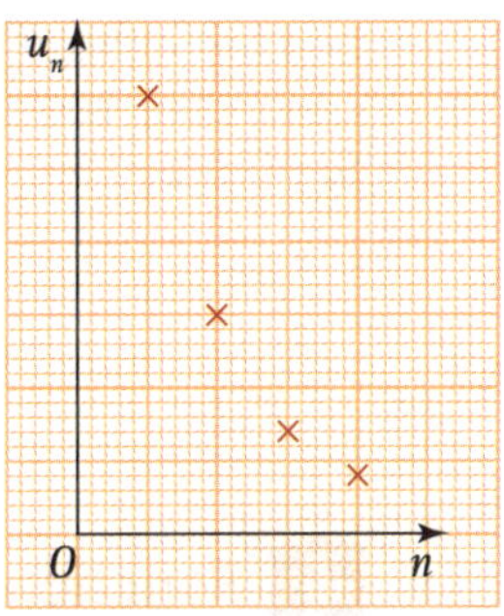

$0 < q < 1$

• Calcul du terme de rang *n*

Pour une suite géométrique de premier terme u_1 et de raison q, le terme de rang n est : $u_n = u_1 \times q^{n-1}$.

S'entraîner au Bac
Exercices 25 à 35 : pp. 300 à 302

Savoir 4

LU ☐
SU ☐
REVU ☐

Fonctions de référence – Fonctions *kf* (programme de Première)

1 Fonction cube : $x \mapsto x^3$

La fonction cube est la fonction f définie pour tout nombre x par $f(x) = x^3$.
La fonction cube est croissante.
Si $a < b$ alors $a^3 < b^3$.
Sa courbe représentative est symétrique par rapport à l'origine du repère.

x	$-\infty$	0	∞
x^3	↗	0	↗

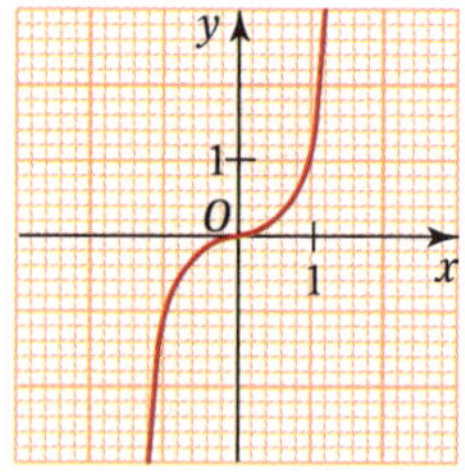

2 Fonction inverse : $x \mapsto \frac{1}{x}$

La fonction inverse est la fonction f définie pour tout nombre x différent de zéro par $f(x) = \frac{1}{x}$.
La fonction inverse est décroissante sur chacun des intervalles $]-\infty\,;0[$ et $]0\,;+\infty[$.
Si $a < b < 0$ alors $\frac{1}{a} > \frac{1}{b}$.
Si $0 < a < b$ alors $\frac{1}{a} > \frac{1}{b}$.
Sa courbe représentative est symétrique par rapport à l'origine du repère.

x	$-\infty$	0	$+\infty$
$\frac{1}{x}$	↘	‖	↘

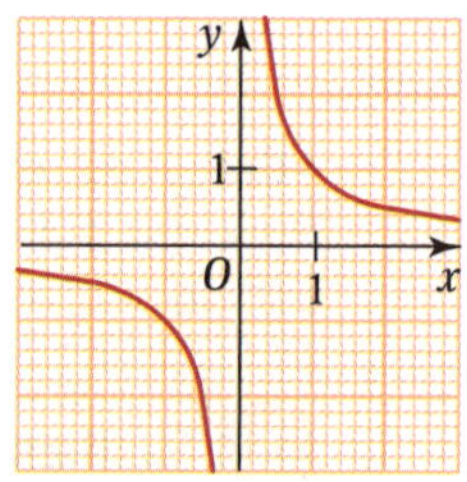

3 Fonction racine carrée : $x \mapsto \sqrt{x}$

La fonction racine carrée est la fonction f définie pour tout nombre x positif par $f(x) = \sqrt{x}$.
La fonction racine carrée est croissante.
Si $0 \leqslant a < b$ alors $0 \leqslant \sqrt{a} < \sqrt{b}$.

x	0	$+\infty$
$\sqrt{x}$	↗	

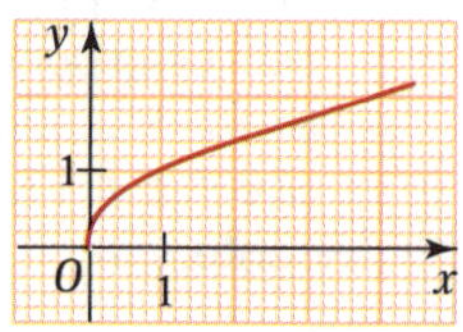

4 Fonction *kf* (*k* nombre donné)

f est une fonction définie sur l'intervalle I.
La fonction kf est la fonction définie sur I par $x \mapsto kf(x)$.
Si $k > 0$, les fonctions f et kf ont même sens de variation.
Si $k < 0$, les fonctions f et kf ont des sens de variation contraires.

S'entraîner au Bac
Exercices 36 à 38 : p. 303

MATHÉMATIQUES

Fonctions $f + g$ – Inéquations (programme de Première)

LU ☐
SU ☐
REVU ☐

1 Somme de deux fonctions

f et g sont deux fonctions définies sur l'intervalle I.

1.1. Définition

La somme $f + g$ des fonctions f et g est la fonction définie sur l'intervalle I par $f + g : x \mapsto f(x) + g(x)$.
Pour construire la courbe représentative de $f + g$, on place les points de coordonnées $(x\,;\, f(x) + g(x))$.

1.2. Sens de variation

– Si f et g sont croissantes sur I, alors $f + g$ est croissante sur I.
– Si f et g sont décroissantes sur I, alors $f + g$ est décroissante sur I.

2 Résolution graphique d'inéquations

2.1. Inéquation de la forme $f(x) > 0$

f est une fonction définie sur l'intervalle I. $\mathscr{C}_f$ est la courbe représentative de f.
Les solutions de l'inéquation : $f(x) > 0$ sont les abscisses des points de $\mathscr{C}$ qui sont situés au-dessus de l'axe des abscisses.

EXEMPLE
Pour l'exemple ci-contre, les solutions de l'inéquation $f(x) > 0$ sont tous les nombres x tels que $a < x < b$.
Remarque : les nombres a et b sont les solutions de l'équation $f(x) = 0$.

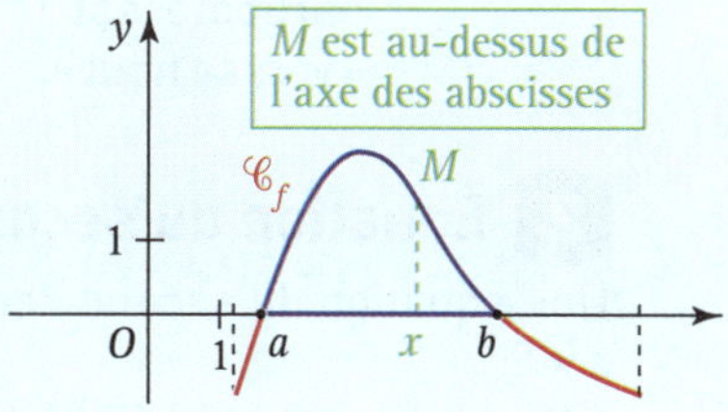

2.2. Inéquation de la forme $f(x) \geqslant g(x)$

f et g sont deux fonctions définies sur l'intervalle I.
$\mathscr{C}_f$ est la courbe représentative de f ; $\mathscr{C}_g$ est la courbe représentative de g.
Les solutions de l'inéquation : $f(x) \geqslant g(x)$ sont les abscisses des points de $\mathscr{C}_f$ qui sont situés au-dessus de $\mathscr{C}_g$ et les abscisses des points communs à $\mathscr{C}_f$ et $\mathscr{C}_g$.

EXEMPLE
Pour l'exemple ci-contre, les solutions de l'inéquation $f(x) > g(x)$ sont tous les nombres x tels que $a < x < b$ c'est-à-dire tous les nombres x de l'intervalle $[a\,;\, b]$.

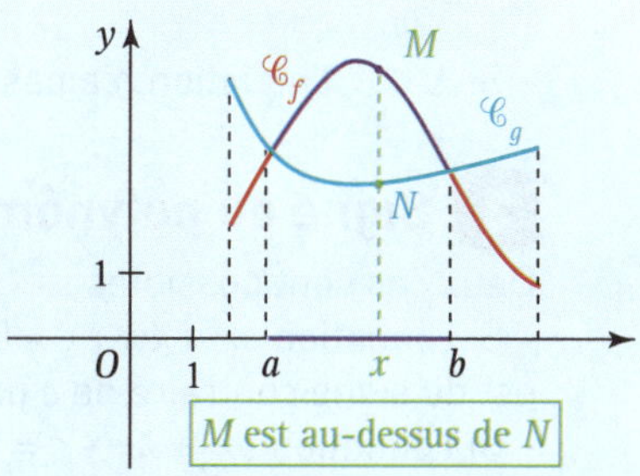

S'entraîner au Bac
Exercices 39 à 41 : pp. 303 et 304

Savoir 6

Second degré (programme de Première)

LU ☐
SU ☐
REVU ☐

1 Fonction du second degré

Une fonction du second degré est une fonction du type $f(x) = ax^2 + bx + c$.
Sa courbe représentative est une parabole.

$a > 0$

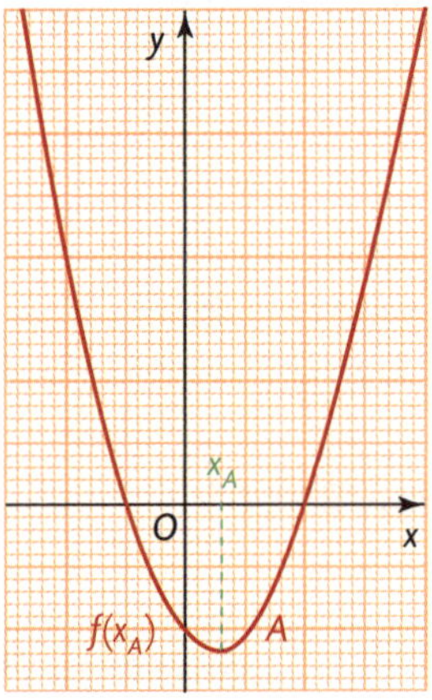

La fonction admet en x_A un minimum $f(x_A)$. La parabole est tournée « vers le haut ».

$a < 0$

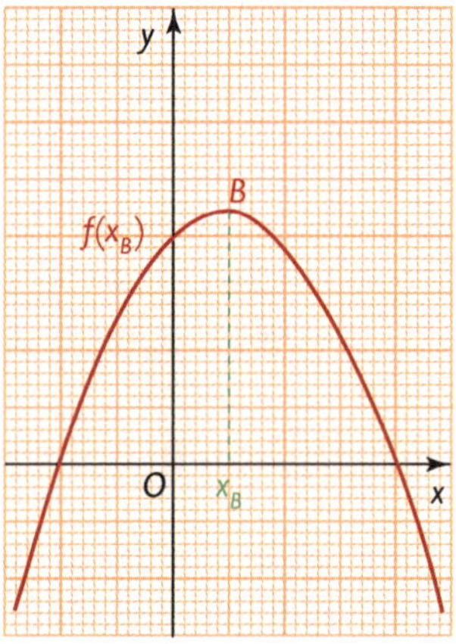

La fonction admet en x_B un maximum $f(x_B)$. La parabole est tournée « vers le bas ».

2 Équation du second degré

Une équation du second degré est une équation de la forme $ax^2 + bx + c = 0$ avec $a \neq 0$.

- Le nombre noté Δ (delta) défini par $\Delta = b^2 - 4ac$ est appelé discriminant de l'équation.
- Le nombre de solutions de l'équation dépend de la valeur de Δ.

– Si $\Delta > 0$, l'équation a deux solutions :

$$x_1 = \frac{-b - \sqrt{\Delta}}{2a} \,;\, x_2 = \frac{-b + \sqrt{\Delta}}{2a}$$

– Si $\Delta = 0$, l'équation a une solution :

$$x = -\frac{b}{2a}$$

– Si $\Delta < 0$, l'équation n'a pas de solution.

3 Signe du polynôme $ax^2 + bx + c$

Deux cas sont possibles :

– Si l'équation $ax^2 + bx + c = 0$ admet deux solutions distinctes x_1 et x_2, le polynôme est du signe contraire de a pour tout x compris entre x_1 et x_2.

– Si l'équation $ax^2 + bx + c = 0$ n'admet pas deux solutions distinctes, le polynôme est du signe de a pour tout réel x.

S'entraîner au Bac
Exercices 42 et 43 : p. 304

MATHÉMATIQUES

Nombre dérivé – Fonction dérivée

LU ☐
SU ☐
REVU ☐

1 Tangente à une courbe en un point

La courbe $\mathscr{C}$ est la courbe représentative d'une fonction f définie sur un intervalle I.
A est le point de la courbe $\mathscr{C}$ d'abscisse x_A.

- Au voisinage du point A, on peut « approcher » la courbe $\mathscr{C}$ par une droite.

Cette droite est la tangente T en A à la courbe $\mathscr{C}$.

- Si l'équation de la tangente T est $y = ax + b$, alors, pour des valeurs de x proches de x_A, le nombre $ax + b$ est une « bonne » approximation du nombre $f(x)$.

La fonction affine : $x \mapsto ax + b$ est la « meilleure » approximation affine de la fonction f.

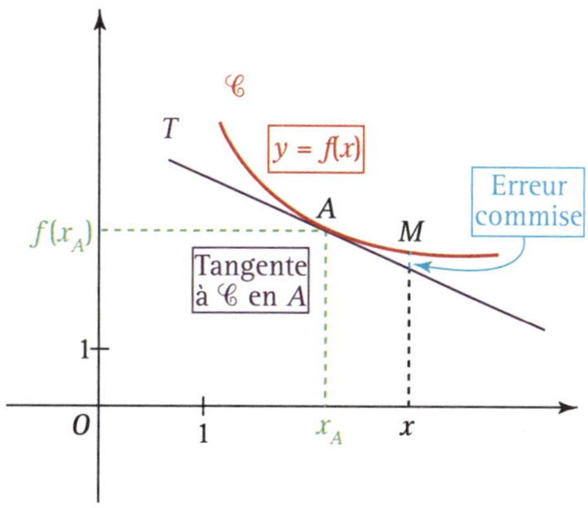

2 Nombre dérivé et fonction dérivée

La courbe $\mathscr{C}$ est la courbe représentative d'une fonction f définie sur un intervalle I.
x_A est un nombre de l'intervalle I et A le point de $\mathscr{C}$ d'abscisse x_A.
La droite T est la tangente en A à la courbe $\mathscr{C}$.

a) Nombre dérivé

On appelle nombre dérivé de la fonction f en x_A le coefficient directeur de la tangente T à $\mathscr{C}$ en son point d'abscisse x_A.
On note ce nombre dérivé $f'(x_A)$.

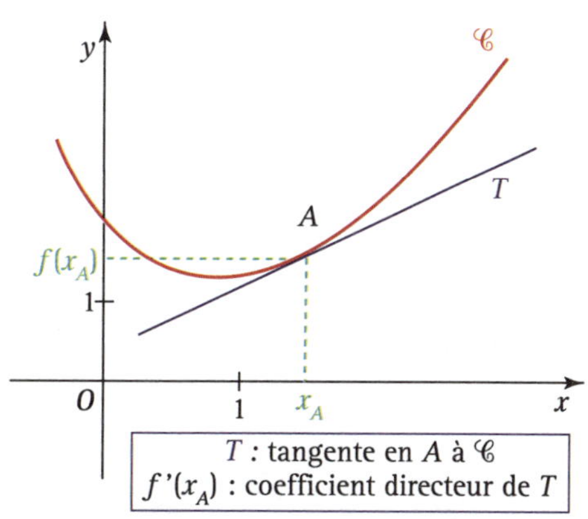

b) Fonction dérivée

La fonction dérivée de f est la fonction qui, à tout nombre x de I, associe le nombre dérivé $f'(x)$. On la note f'.

3 Dérivées des fonctions de référence et règles de dérivation

Si $f(x)$ =	alors $f'(x)$ =
$ax + b$	a
x^2	$2x$
x^3	$3x^2$
$\frac{1}{x}$	$-\frac{1}{x^2}$

Si $f(x)$ =	alors $f'(x)$ =
$\sqrt{x}$	$\frac{1}{2\sqrt{x}}$
$u(x) + v(x)$	$u'(x) + v'(x)$
$ku(x)$ k nombre réel	$ku'(x)$

4 Dérivée et sens de variation d'une fonction

Si, pour tout nombre x de I, on a $f'(x) > 0$, alors f est croissante sur I.
Si, pour tout nombre x de I, on a $f'(x) < 0$, alors f est décroissante sur I.

5 Extremum d'une fonction

Si, pour la valeur x_0 de I, la dérivée f' s'annule en changeant de signe, alors la fonction f admet en x_0 un extremum (un maximum ou un minimum).
Le tableau de variation de f permet de savoir s'il s'agit d'un maximum ou d'un minimum.

Si l'on obtient le tableau ci-dessous :

x		x_0	
$f'(x)$	−	0	+
$f(x)$	↘	$f(x_0)$	↗

La fonction f admet pour $x = x_0$ un minimum égal à $f(x_0)$.

Si l'on obtient le tableau ci-dessous :

x		x_0	
$f'(x)$	+	0	−
$f(x)$	↗	$f(x_0)$	↘

La fonction f admet pour $x = x_0$ un maximum égal à $f(x_0)$.

S'entraîner au Bac
Exercices 44 à 51 : pp. 305 à 307

MATHÉMATIQUES

Savoir 8

Fonctions exponentielles – Fonction logarithme décimal

LU ☐
SU ☐
REVU ☐

1 Fonctions exponentielles : $x \mapsto q^x$

1.1. Définition

q est un nombre strictement positif et différent de 1.
La fonction f définie pour tout nombre réel par $f(x) = q^x$ est appelée fonction exponentielle.
$f(0) = 1$; $f(1) = q$.

EXEMPLE
Les fonctions $x \mapsto 10^x$; $x \mapsto 2^x$; $x \mapsto \left(\frac{1}{2}\right)^x$ sont des fonctions exponentielles.

1.2. Sens de variation – Courbe représentative

Si $q > 1$
La fonction $f : x \mapsto q^x$ est croissante.

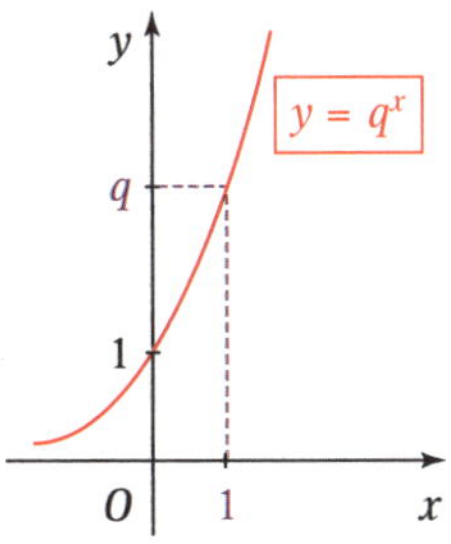

Si $0 < q < 1$
La fonction $x \mapsto q^x$ est décroissante.

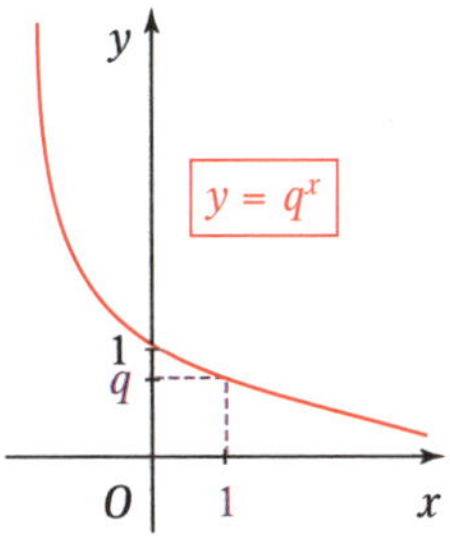

1.3. Propriétés opératoires

Quels que soient les nombres a et b :

$q^a \times q^b = q^{a+b}$;

$\frac{q^a}{q^b} = q^{a-b}$;

$\frac{1}{q^b} = q^{-b}$;

$(q^a)^b = q^{ab}$.

MATHÉMATIQUES

2 Fonction logarithme décimal : $x \mapsto \log x$

2.1. Définition

La fonction logarithme décimal est définie pour tout x strictement positif par $f(x) = \log x$.
$\log 1 = 0$; $\log 10 = 1$.

2.2. Sens de variation

La fonction logarithme décimal est croissante sur $]0\,;+\infty[$.

2.3. Propriétés

• Quels que soient les nombres a et b strictement positifs, ses propriétés opératoires sont :

$\log(ab) = \log(a) + \log(b)$; $\log(a^n) = n\log(a)$;

$\log\left(\frac{a}{b}\right) = \log(a) - \log(b)$; $\log\left(\frac{1}{b}\right) = -\log(b)$.

• Quel que soit le nombre x, $\log(10^x) = x$.

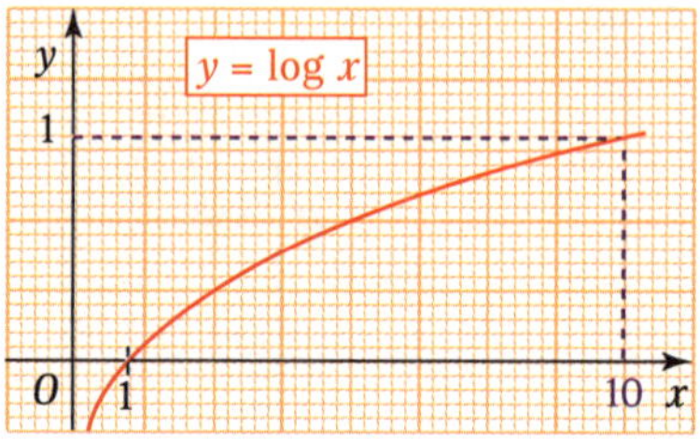

S'entraîner au Bac
Exercices 52 à 57 : pp. 307 et 308

MÉTHODE 1

Comment effectuer la représentation graphique d'une série statistique à deux variables à l'aide d'une calculatrice graphique ?

1. On vérifie que les deux variables sont quantitatives.
2. Si l'une des deux variables (t_i) est le temps, on établit une correspondance entre la variable chronologique t (heures, jours, mois, années) et x variable numérique. On donne à la variable x les valeurs x_i déterminées à partir de l'échelle du temps.
3. On utilise le mode statistique de la calculatrice.

a) Pour les calculatrices de modèle CASIO

Dans le menu, on choisit STAT, puis on tape EXE.
On efface les données précédentes liste par liste : par >, on choisit DELA, puis on tape F1 (YES). On entre les valeurs de x_i dans List 1 et les valeurs de y_i dans List 2. Par >, on tape F1 (GRPH), puis on choisit GPH 1.
On obtient le nuage de points.

b) Pour les calculatrices de modèle TI

On tape stats 1 pour sélectionner 1 : Edit.
On efface les données précédentes en plaçant la surbrillance sur les données à effacer puis suppr. On entre ensuite les valeurs de x_i dans L1 et les valeurs de y_i dans L2. On tape *f*(*x*). Avec la touche annul, on efface si besoin la fonction Y1 déjà enregistrée.
On tape 2nde *f*(*x*) 1 entrer. À l'aide des touches > ∨, on sélectionne la configuration voulue. On tape zoom 9. On obtient le nuage de points.

Exercice 4 : p. 295

MÉTHODE 2

Comment effectuer la représentation graphique d'une série statistique à deux variables à l'aide d'un tableur ?

1. On vérifie que les deux variables sont quantitatives.
2. Si l'une des deux variables (t_i) est le temps, on établit une correspondance entre la variable chronologique t (heures, jours, mois, années) et x variable numérique. On donne à la variable x les valeurs x_i déterminées à partir de l'échelle du temps.
3. On entre les titres et les données dans la feuille de calcul du tableur : dans la colonne A les valeurs de x_i, dans la colonne B les valeurs de y_i.
4. On sélectionne les colonnes A et B et on ouvre l'assistant graphique : on choisit « type de graphique », puis « Nuage de points » et le sous-type de graphique sans les points reliés. On clique sur « Suivant ».
   On remplit les plages « Titre du graphique », « Axe des ordonnées (X) » et « Axe des ordonnées (Y) ». On clique sur suivant.
   On choisit d'intégrer ou non le document dans la feuille de calcul.
5. On peut améliorer la présentation du graphique en pointant la souris sur chacun des axes. On choisit dans « Format de l'axe » des valeurs particulières qui correspondent aux valeurs minimales de x_i et de y_i.

Exercice 5 : p. 296

MÉTHODE 3

Comment calculer les coordonnées du point moyen d'un nuage de points à l'aide d'une calculatrice ou d'un grapheur ?

1. On entre les données statistiques dans la calculatrice (Méthode 1) ou dans la feuille de calcul d'un tableur (Méthode 2).

2. À l'aide de la calculatrice, on obtient directement les valeurs de $\overline{x}$ et $\overline{y}$.

a) Pour les calculatrices de modèle CASIO

On sélectionne CALC en tapant F2.
On tape à nouveau F2 pour sélectionner 2VAR.
L'écran suivant apparaît.

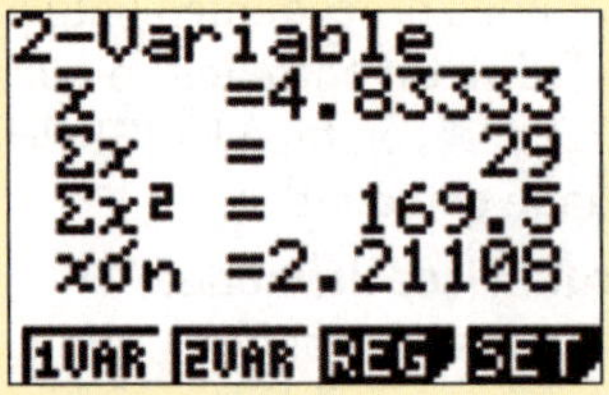

On utilise la flèche ∨ pour faire défiler les différentes valeurs. On note les valeurs de $\overline{x}$ et de $\overline{y}$ qui apparaissent à l'écran. Ce sont les coordonnées de G, point moyen du nuage de points.

b) Pour les calculatrices de modèle TI

On tape stats. À l'aide de la touche > on sélectionne CALC, puis 2 : Stats 2-Var entrer.
L'écran suivant apparaît.

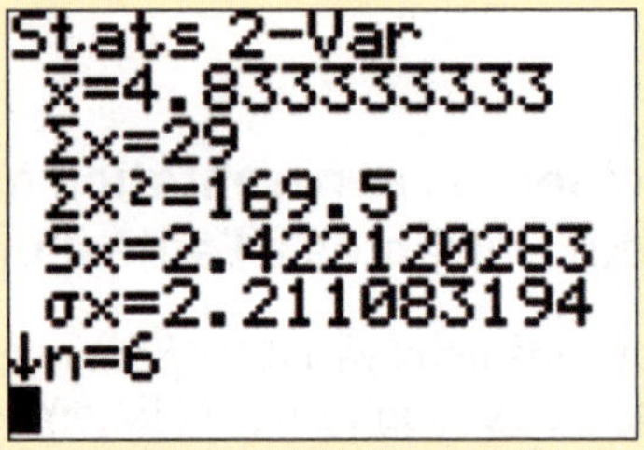

On utilise la flèche ∨ pour faire défiler les différentes valeurs. On note les valeurs de $\overline{x}$ et de $\overline{y}$ qui apparaissent à l'écran. Ce sont les coordonnées de G, point moyen du nuage de points.

3. À l'aide d'un tableur

On entre dans les deux cellules se trouvant sous les dernières valeurs enregistrées de x_i pour la colonne A et de y_i pour la colonne B la formule =MOYENNE(.
On sélectionne les valeurs de la colonne A, on ferme ensuite la parenthèse.
On fait de même pour la colonne B.
On obtient l'affichage des deux valeurs $\overline{x}$ et $\overline{y}$, coordonnées du point moyen G.

Exercice 7 : p. 296

MÉTHODE 4

Comment réaliser un ajustement affine à l'aide d'une calculatrice ?

1. On entre les données $(x_i ; y_i)$ dans un tableur ou dans les listes d'une calculatrice (Méthode 1).

2. On effectue la représentation graphique de la série par un nuage de points.

3. On vérifie que la forme du nuage est suffisamment allongée pour effectuer un ajustement affine.

4. On sélectionne les modes opératoires de la calculatrice ou du tableur pour obtenir l'équation de la droite d'ajustement affine du type $y = ax + b$.

a) Pour les calculatrices de modèle CASIO

Après avoir obtenu le nuage de points, on tape F1 pour sélectionner X.
On obtient cet écran, qui permet de trouver l'équation de la droite d'ajustement.

```
LinearReg
   a =0.58352
   b = 1.6963
   r =0.98054
y=ax+b
```

Remarque : si la valeur du coefficient de *r* est proche de 1, cela justifie l'ajustement affine.
L'équation de la droite d'ajustement est : $y \approx 0{,}584x + 1{,}696$.
On sélectionne DRAW (F4).

b) Pour les calculatrices de modèle TI

Après avoir obtenu le nuage de points, on tape stats, avec la touche > on sélectionne CALC, puis on tape 4, puis 2nde 1 (L1), 2nde 2 (L2), var > 1 entrer entrer.
On obtient l'écran qui permet de trouver l'équation de la droite d'ajustement.

```
RégLin
 y=ax+b
 a=.5835227273
 b=1.696306818
```

L'équation de la droite d'ajustement est : $y \approx 0{,}584x + 1{,}696$.
On sélectionne graphe pour obtenir le tracé de la droite.

Exercice 9 : p. 296

MÉTHODE 5

Comment réaliser un ajustement affine à l'aide d'un tableur ?

1. On entre les données $(x_i ; y_i)$ dans deux colonnes du tableur (étapes 1, 2 et 3 Méthode 2).
2. On effectue la représentation graphique de la série par un nuage de points (étapes 4 et 5 Méthode 2).
3. On vérifie que la forme du nuage est suffisamment allongée pour effectuer un ajustement affine.
4. On clique dans la barre d'outil Graphique, puis sur « Ajouter une courbe de tendance… ».
5. On choisit parmi les différents ajustements proposés, « Linéaire », puis on clique sur OK.
6. On pointe la souris sur la droite de tendance, puis clic droit et on sélectionne « Format de la courbe de tendance… ».
7. On clique Option, on coche « Afficher l'équation sur le graphique », puis OK.
8. On pointe la souris sur l'affichage de l'équation de la droite et on sélectionne « Format des étiquettes de données… ».
9. On clique sur Nombre, on choisit l'écriture du nombre avec les décimales nécessaires, puis OK.

Exercice 10 : p. 296

MÉTHODE 6

Comment utiliser l'équation de la droite d'ajustement ?

Le nuage de points, représentant une série statistique à deux variables, a été ajusté par une droite.

1. On peut écrire l'équation de la droite d'ajustement du nuage de points sous la forme $y = ax + b$.
2. On trouve la valeur y_1 qui correspond à la valeur x_1, en calculant l'expression $ax_1 + b$.
3. On trouve la valeur x_2 qui correspond à la valeur y_2, en effectuant la résolution de l'équation $y_2 = ax + b$.
4. On peut trouver également ces valeurs en recherchant graphiquement l'ordonnée ou l'abscisse d'un point de la droite d'ajustement.

Exercice 12 : p. 297

MÉTHODE 7

Comment déterminer à l'aide d'un tableau ou d'un arbre les différentes issues réalisant un événement lors d'une expérience aléatoire ?

1. Si l'univers est constitué des issues d'une seule expérience, on énumère les différentes issues.

2. Si l'univers est constitué des résultats d'une expérience en deux étapes, on peut établir un tableau à double entrée :

a) la première ligne contient toutes les issues de la première étape de l'expérience ;

b) la première colonne contient toutes les issues de la deuxième étape de l'expérience.

3. Chaque case du tableau correspond à une issue de l'expérience.

4. Si l'univers est constitué des résultats d'une expérience comportant deux ou trois (voire plus) étapes, on peut établir un arbre dont chaque branche correspond à l'enchaînement possible des différentes étapes de l'expérience aléatoire.

5. Parmi toutes les issues déterminées, dans les différentes cases du tableau ou les différentes branches de l'arbre, on retient celles qui permettent la réalisation de l'événement considéré.

Exercice 17 : p. 298

MÉTHODE 8

Comment calculer la probabilité d'un événement dans le cas d'équiprobabilité ?

1. On détermine toutes les issues possibles de l'expérience aléatoire.

2. On dénombre les issues qui réalisent l'événement considéré.

3. Si toutes les issues ont la même probabilité, on calcule le quotient du nombre d'issues réalisant l'événement par le nombre d'issues possibles. La probabilité de l'événement est égale à la valeur du quotient obtenu.

Exercice 19 : p. 299

MÉTHODE 9

Comment déterminer et calculer la probabilité de l'événement réunion de deux événements donnés ou de l'événement intersection de ces deux événements ?

1. Soit deux événements A et B, on peut définir l'événement « réunion de A et B », noté $A \cup B$ et l'événement « intersection de A et B », noté $A \cap B$.
2. Une issue réalise l'événement $A \cup B$ si elle réalise l'événement A ou si elle réalise l'événement B. Elle peut aussi réaliser les deux événements.
3. Une issue réalise l'événement $A \cap B$ si elle réalise simultanément l'événement A et l'événement B.
4. La probabilité de l'événement $A \cup B$ est $p(A \cup B) = p(A) + p(B) - p(A \cap B)$.

Exercice 21 : p. 299

MÉTHODE 10

Comment déterminer si deux événements sont incompatibles et dans ce cas calculer la probabilité de leur réunion ?

On considère deux événements A et B.

1. On cherche une issue qui réalise simultanément les deux événements A et B ; si on en trouve une, les deux événements ne sont pas incompatibles ; si aucune issue ne réalise simultanément les deux événements A et B, les deux événements sont incompatibles.
2. On regarde la valeur de $p(A \cap B)$:
   – si $p(A \cap B) = 0$, les deux événements A et B sont incompatibles ;
   – si $p(A \cap B) \neq 0$, les deux événements A et B ne sont pas incompatibles.
3. Si des événements A et B sont incompatibles, la probabilité de leur réunion est donnée par $p(A \cup B) = p(A) + p(B)$.

Exercice 23 : p. 300

MÉTHODE 11

Comment déterminer et calculer la probabilité de l'événement contraire d'un événement donné ?

On considère un événement A. L'événement contraire de A est noté $\overline{A}$.
$\overline{A}$ est un événement tel que :

1. $p(A \cap \overline{A}) = 0$. Aucune issue ne réalise simultanément A et $\overline{A}$. A et $\overline{A}$ sont incompatibles.
2. $p(A \cup \overline{A}) = 1$. Chaque issue réalise $A \cup \overline{A}$.
3. $p(A \cup \overline{A}) = p(A) + p(\overline{A}) = 1$, d'où : $p(\overline{A}) = 1 - p(A)$.

Exercice 24 : p. 300

MÉTHODE 12

Comment calculer un terme d'une suite arithmétique ?

Pour calculer un terme d'une suite arithmétique de premier terme u_1 et de raison r, on utilise la relation : $u_{n+1} = u_n + r$.

Exercice 26-1 : p. 301

MÉTHODE 13

Comment calculer le terme de rang *n* d'une suite arithmétique ?

Pour calculer u_n, terme de rang n d'une suite arithmétique, connaissant le premier terme u_1 et la raison r, on utilise la relation :
$u_n = u_1 + (n - 1)r$.

Exercice 26-2 : p. 301

MÉTHODE 14

Comment calculer un terme d'une suite géométrique ?

Pour calculer les termes d'une suite géométrique de premier terme u_1 et de raison q, on utilise la relation : $u_{n+1} = u_n \times q$.

Exercice 28-1 : p. 301

MÉTHODE 15

Comment calculer le terme de rang *n* d'une suite géométrique ?

Pour calculer u_n, terme de rang n d'une suite géométrique, connaissant le premier terme u_1 et la raison q, on utilise la relation :
$u_n = u_1 \times q^{n-1}$.

Exercice 28-2 : p. 301

MÉTHODE 16

Comment calculer les valeurs d'un placement à intérêts simples ?

1. Pour calculer les intérêts I produits par un capital C placé au taux périodique t pendant n périodes, dans un placement à intérêts simples, on utilise la formule suivante : $I = C \times t \times n$.
2. Pour calculer la valeur acquise A par un capital C placé à intérêts simples, on utilise la formule : $A = C + I$, où I représente les intérêts produits.

Exercice 30 : p. 301

MÉTHODE 17

Comment calculer les valeurs d'un placement à intérêts composés ?

1. Pour calculer la valeur acquise C_n par un capital C_0, placé au taux périodique t pendant n périodes, dans un placement à intérêts composés, on utilise la formule suivante : $C_n = C_0(1 + t)^n$.

2. Pour calculer les intérêts produits dans un placement à intérêts composés, on utilise la formule suivante : $i = C_n - C_0$, où C_0 est le capital placé et C_n la valeur acquise à l'issue du placement.

Exercice 31 : p. 302

MÉTHODE 18

Comment se constituer un capital ?

1. Pour se constituer un capital, on peut verser, à intervalles de temps réguliers appelés périodes, des annuités. Ce sont des annuités de capitalisation.
Si la période est le mois, le versement est une mensualité ; si la période est le trimestre, le versement est une trimestrialité.

2. Pour calculer le capital constitué V_n ou la valeur acquise V_n par une suite d'annuités constantes, on utilise la formule :
$V_n = a\dfrac{(1 + t)^n - 1}{t}$, où V_n est le capital constitué (ou la valeur acquise au moment du dernier versement), a le montant de l'annuité constante, t le taux périodique, n le nombre d'annuités.

Exercice 32 : p. 302

MÉTHODE 19

Comment rembourser un capital ?

1. Pour rembourser un capital, on peut verser, à intervalles de temps réguliers appelés périodes, des annuités. Ce sont des annuités d'amortissement.
Si la période est le mois, le versement est une mensualité ; si la période est le trimestre, le versement est une trimestrialité.

2. Pour calculer le capital emprunté V_0 ou la valeur actuelle V_0 d'une suite d'annuités constantes, on utilise la formule suivante :
$V_0 = a\dfrac{1 - (1 + t)^{-n}}{t}$, où V_0 est le capital emprunté (ou la valeur actuelle une période avant le premier versement), a le montant de l'annuité constante, t le taux périodique, n le nombre d'annuités.

Exercice 33 : p. 302

MÉTHODE 20

Comment compléter un tableau d'amortissement par annuités constantes ?

1. Pour calculer le remboursement d'un emprunt, on établit un tableau d'amortissement qui indique tous les éléments du prêt pour chaque période de remboursement.
Voici un tableau d'amortissement d'un emprunt V_0, au taux périodique t, remboursable par annuité constante a, sur une durée de n périodes.

PÉRIODE	CAPITAL RESTANT DÛ	AMORTISSEMENT	INTÉRÊT	ANNUITÉ
1	D_1	A_1	i_1	a
2	D_2	A_2	i_2	a
3	D_3	A_3	i_3	a
⋮	⋮	⋮	⋮	⋮
n	D_n	A_n	i_n	a

Le capital restant dû D en début de période est égal au capital restant dû précédent diminué de l'amortissement précédent avec $D_1 = V_0$ = capital emprunté.
L'intérêt i de chaque période est calculé à intérêts simples en appliquant le taux d'intérêt au capital restant dû en début de période D : $i_1 = V_0 \times t$; $i_2 = D_2 \times t$.
L'amortissement A de chaque période est égal à l'annuité diminuée de l'intérêt de la période : $A_1 = a - i_1$; $A_2 = a - i_2$.
Le capital emprunté V_0 est égal à la somme des amortissements.

2. La suite des amortissements (A_n) est une suite géométrique de raison $(1 + t)$.
La somme des amortissements $A_1 + A_2 + ... + A_k$ est égale au capital remboursé au bout de k périodes.

Exercice 34 : p. 302

MÉTHODE 21

Comment compléter un tableau d'amortissement par amortissements constants ?

1. Le remboursement d'un emprunt peut se faire par amortissement constant.
Pour calculer la valeur de l'amortissement, on utilise la formule : $A = \frac{V_0}{n}$, où le montant de l'emprunt est V_0, la durée est de n périodes.

2. Le tableau d'amortissement est alors :

PÉRIODE	CAPITAL RESTANT DÛ	AMORTISSEMENT	INTÉRÊT	ANNUITÉ
1	D_1	A	i_1	a_1
2	D_2	A	i_2	a_2
3	D_3	A	i_3	a_3
⋮	⋮	⋮	⋮	⋮
n	D_n	A	i_n	a_n

Le capital restant dû D en début de période est égal au capital restant dû précédent diminué de l'amortissement A avec $D_1 = V_0$ = capital emprunté.

L'intérêt i de chaque période est calculé à intérêts simples en appliquant le taux d'intérêt au capital restant dû en début de période D : $i_1 = V_0 \times t$; $i_2 = D_2 \times t$.

L'annuité a d'une période est la somme de l'amortissement et de l'intérêt de la période.

Le capital emprunté V_0 est égal à la somme des amortissements.

Exercice 35 : p. 302

MÉTHODE 22

Comment calculer une dérivée ?

Pour calculer la dérivée f' d'une fonction f :

1. Si la fonction f est une fonction de référence, on lit directement la dérivée f' de f dans le tableau donné dans la Fiche Savoir 7 *Nombre dérivé – Fonction dérivée*.

2. Si la fonction f n'est pas une fonction de référence, on écrit $f(x)$ sous l'une des formes $f(x) = u(x) + v(x)$ ou $f(x) = ku(x)$.

- Si $f(x) = u(x) + v(x)$:

a) on calcule $u'(x)$ et $v'(x)$;
b) on écrit alors $f'(x) = u'(x) + v'(x)$.

- Si $f(x) = ku(x)$:

a) on calcule $u'(x)$;
b) on écrit alors $f'(x) = ku'(x)$.

Exercice 49 : p. 306

MÉTHODE 23

Comment étudier les variations d'une fonction en utilisant sa dérivée ?

f est une fonction définie sur l'intervalle I.
Pour étudier sur l'intervalle I les variations de f :

1. On calcule la dérivée $f'(x)$ de f.

2. On étudie sur l'intervalle I le signe de $f'(x)$ par le calcul ou à l'aide d'une calculatrice graphique ou d'un grapheur. On en déduit les variations de f.

3. On dresse le tableau de variation de f.

Exercice 51 : p. 307

MÉTHODE 24

Comment calculer q^x, log (x) ?

On utilise une calculatrice :

1. Pour calculer q^x, on utilise la touche « puissance » ∧.
Dans le cas où $q = 10$, on peut aussi utiliser pour 10^x les touches 2nde log ou SHIFT log.

2. Pour calculer log (x), on utilise la touche log.

Exercice 54 : p. 307

MÉTHODE 25

Comment résoudre une équation du type log $(x) = a$ ou une inéquation du type log $(x) \geqslant b$ ou log $(x) \leqslant b$?

1. Pour résoudre une équation du type log $(x) = a$:
• puisque $a = \log(10^a)$, on écrit : $\log(x) = \log(10^a)$;
• on conclut : l'équation a pour solution : $x = 10^a$.

2. Pour résoudre une inéquation du type log $(x) \geqslant b$:
• puisque $b = \log(10^b)$, on écrit : $\log(x) \geqslant \log(10^b)$, d'où, puisque la fonction log est croissante, $x \geqslant 10^b$;
• on conclut : l'ensemble des solutions est l'ensemble des nombres x tels que $x \geqslant 10^b$, c'est-à-dire l'intervalle $[10^b ; +\infty[$.

3. Pour résoudre une inéquation du type log $(x) \leqslant b$:
• puisque $b = \log(10^b)$, on écrit : $\log(x) \leqslant \log(10^b)$;
• on conclut : l'ensemble des solutions est l'ensemble des nombres x tels que $0 < x \leqslant 10^b$, c'est-à-dire l'intervalle $]0 ; 10^b]$.

Exercice 56 : p. 308

MÉTHODE 26

Comment résoudre une équation du type $q^x = a$ ou une inéquation du type $q^x \geqslant b$ ou $q^x \leqslant b$?

1. Pour résoudre une équation du type $q^x = a$ $(a > 0)$:

• On prend le logarithme décimal de chaque membre ; ainsi on écrit :
$\log(q^x) = \log(a)$,
soit, puisque $\log(q^x) = x \log(q)$, $x \log(q) = \log(a)$.

• On conclut que l'équation a pour solution : $x = \dfrac{\log(a)}{\log(q)}$.

2. Pour résoudre une inéquation du type $q^x \geqslant b$ $(b > 0)$:

• On prend le logarithme décimal de chaque membre ; ainsi, on écrit, puisque la fonction log est croissante :
$\log(q^x) \geqslant \log(b)$,
soit, puisque $\log(q^x) = x \log(q)$, $x \log(q) \geqslant \log(b)$.

• On distingue alors deux cas :

– **si $q > 1$**, puisque $\log(q) > 0$, $x \log(q) \geqslant \log(b)$ équivaut à $x \geqslant \dfrac{\log(b)}{\log(q)}$.
On conclut :
les solutions sont les nombres x tels que $x \geqslant \dfrac{\log(b)}{\log(q)}$;
l'ensemble des solutions est l'intervalle $\left[\dfrac{\log(b)}{\log(q)}\,;+\infty\right[$.

– **si $0 < q < 1$**, puisque $\log(q) < 0$, $x \log(q) \geqslant \log(b)$ équivaut à $x \leqslant \dfrac{\log(b)}{\log(q)}$.
On conclut :
les solutions sont les nombres x tels que $x \leqslant \dfrac{\log(b)}{\log(q)}$;
l'ensemble des solutions est l'intervalle $\left]-\infty\,;\dfrac{\log(b)}{\log(q)}\right]$.

On résout de manière analogue une inéquation de type $q^x \leqslant b$ $(b > 0)$.

Exercice 57 : p. 308

Exercice 1 voir Fiche Savoir 1

Le mode

Pour chaque question, une seule réponse est exacte. Indiquer laquelle.

1. Donner le mode de la série de notes suivante : 8 ; 11 ; 10 ; 12 ; 10 ; 16 ; 14 ; 12 ; 9 ; 10 ; 16 ; 15.

☐ a) 16
☐ b) 8
☐ c) 10

2. La classe modale d'une distribution statistique est la classe [80 ; 85[.
Le mode est donc :

☐ a) 85
☐ b) 80
☐ c) 82,5

3. L'effectif de la classe modale [20; 40[est de 105.
Le mode est donc :

☐ a) 40
☐ b) 105
☐ c) 30

FAIT ☐ REVU ☐

Exercice 2 voir Fiche Savoir 1

Indicateurs de dispersion

Pour chaque question, une seule réponse est exacte. Indiquer laquelle.

1. Donner l'écart type de la série statistique suivante :

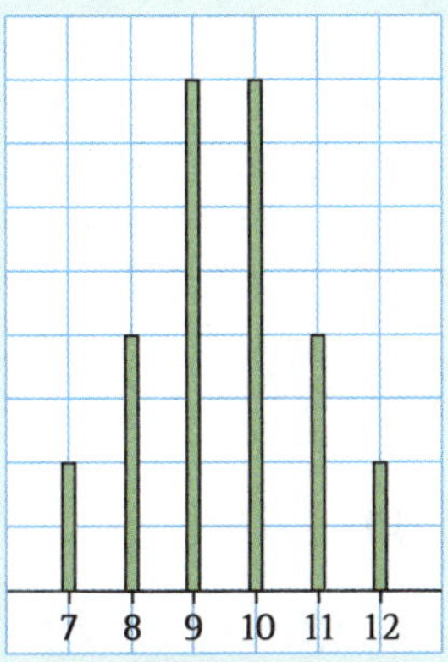

☐ a) 0,5
☐ b) 2,5
☐ c) environ 1,3

2. Donner l'écart interquartile de la série suivante :
9 ; 10 ; 11 ; 11 ; 13 ; 14 ; 14 ; 15 ; 16 ; 16 ; 17 ; 18.

☐ a) 9
☐ b) 14
☐ c) 5

FAIT ☐ REVU ☐

Exercice 3 voir Fiche Savoir 1

Representation d'une série statistique à deux variables

Pour chacune des questions suivantes, une seule réponse est exacte. Indiquer laquelle.

1. On peut représenter une série statistique à deux variables qualitatives par un nuage de points.

☐ a) Vrai
☐ b) Faux

2. Le couple de la série statistique dont les valeurs sont (3,8 ; 15,7) est représenté par le point de coordonnées (3,8 ; 15,7).

☐ a) Vrai
☐ b) Faux

3. Pour le point A, de coordonnées (4 ; 9), l'abscisse du point est 9.

☐ a) Vrai
☐ b) Faux

FAIT ☐ REVU ☐

Exercice 4 voir Fiche Savoir 1

Représentation d'une série statistique à deux variables

Une série statistique à deux variables est donnée dans le tableau suivant.

VALEURS DE x_i	VALEURS DE y_i
1,5	2,4
3	3,7
4	4,2
6	4,7
6,5	5,6
8	6,5

Représenter graphiquement cette série à l'aide de la calculatrice graphique.

FAIT ☐ REVU ☐

Exercice 5 voir Fiche Savoir 1

Représentation d'une série statistique à deux variables

Un village connaît depuis 9 ans un accroissement de sa population.
Le nombre d'habitants qui a été recensé est donné dans le tableau ci-dessous.

ANNÉE DE RECENSEMENT	NOMBRE D'HABITANTS
Année 1	986
Année 2	1 029
Année 3	1 040
Année 4	1 086
Année 5	1 094
Année 6	1 154
Année 7	1 187
Année 8	1 211
Année 9	1 219

Représenter graphiquement cette série statistique par un nuage de points à l'aide d'un tableur.

FAIT ☐ REVU ☐

Exercice 6 voir Fiche Savoir 1

Coordonnées du point moyen

Pour chacune des questions suivantes, une seule réponse est exacte.
Indiquer laquelle.

1. Le point moyen d'une série statistique à deux variables appartient au nuage de points.

☐ a) Vrai

☐ b) Faux

2. Le point moyen d'une série statistique $(x_i ; y_i)$ a comme coordonnées $G(53,9 ; 104)$.
La moyenne des valeurs x_i est égale à 104.

☐ a) Vrai

☐ b) Faux

3. L'abscisse du point moyen G est égale à la moyenne des abscisses des points du nuage de points.

☐ a) Vrai

☐ b) Faux

FAIT ☐ REVU ☐

Exercice 7 voir Fiche Savoir 1

Coordonnées du point moyen

Calculer les coordonnées du point moyen de la série statistique donnée dans l'exemple de l'exercice 4, à l'aide d'un tableur.

FAIT ☐ REVU ☐

Exercice 8 voir Fiche Savoir 1

Ajustement affine

Pour chacune des questions suivantes, une seule réponse est exacte.
Indiquer laquelle.

1. L'ajustement affine d'une série statistique à deux variables n'est pas toujours justifié.

☐ a) Vrai

☐ b) Faux

2. Le point moyen G d'une série statistique appartient à la droite d'ajustement du nuage de points.

☐ a) Vrai

☐ b) Faux

3. Les coordonnées du point moyen G vérifient l'équation de la droite d'ajustement affine.

☐ a) Vrai

☐ b) Faux

FAIT ☐ REVU ☐

Exercice 9 voir Fiche Savoir 1

Ajustement affine

À partir de l'exemple de l'exercice 4, représenter graphiquement l'ajustement affine de la série statistique à deux variables.

FAIT ☐ REVU ☐

Exercice 10 voir Fiche Savoir 1

Ajustement affine

Un village connaît depuis 9 ans un accroissement de sa population. Le nombre d'habitants qui a été recensé est donné dans le tableau de l'exercice 5.

1. Représenter graphiquement cette série statistique sous la forme d'un nuage de points.

2. Tracer la droite d'ajustement affine.

3. Donner l'équation de la droite d'ajustement $y = ax + b$, en prenant des valeurs de a et b à l'unité près.

FAIT ☐ REVU ☐

Exercice 11 voir Fiche Savoir 1

Utilisation de la droite d'ajustement

Pour chacune des questions suivantes, une seule réponse est exacte.
Indiquer laquelle.

1. L'ajustement affine d'une série statistique à deux variables est réalisé par une droite.
☐ a) Vrai
☐ b) Faux

2. L'équation de la droite d'ajustement affine est du type $y = ax^2 + bx + c$.
☐ a) Vrai
☐ b) Faux

3. Si M, d'abscisse 2, appartient à la droite d'équation $y = 0{,}5x + 4$, l'ordonnée de M est :
☐ a) 2
☐ b) 0,5
☐ c) 5

4. Si N, d'ordonnée 16, appartient à la droite d'équation $y = -2x + 36$, l'abscisse de N est :
☐ a) 10
☐ b) – 10
☐ c) 0

FAIT ☐ REVU ☐

Exercice 12 voir Fiche Savoir 1

Utilisation de la droite d'ajustement

Un village connaît depuis 9 ans un accroissement de sa population. Le nombre d'habitants recensé est donné dans le tableau de l'exercice 5.
On réfléchit à l'agrandissement de la salle des fêtes et le maire veut estimer la population de la commune dans 5 ans.

1. Trouver l'équation de la droite d'ajustement de cette série statistique.

2. Quelle sera la population de ce village en année 14 ?

3. En quelle année le village aura plus de 1 500 habitants ?

FAIT ☐ REVU ☐

Exercice 13 voir Fiche Savoir 2

Les fréquences d'échantillonnage

Pour chaque question, une seule réponse est exacte. Indiquer laquelle.

1. Sur 50 lancers d'une pièce, on a obtenu 21 fois Pile. La fréquence de sortie de Pile est :
☐ a) 0,50
☐ b) 0,21
☐ c) 0,42

2. On lance 10 fois un dé. L'affirmation « On doit toujours obtenir une fréquence de sortie du 1 égale à la fréquence de sortie du 6 » est :
☐ a) vraie
☐ b) fausse

3. On lance une pièce équilibrée 300 fois. Le constat « la fréquence de sortie de Face est 0,5 » est :
☐ a) possible
☐ b) certain
☐ c) impossible

FAIT ☐ REVU ☐

Exercice 14 voir Fiche Savoir 2

L'intervalle de fluctuation

Pour chaque question, une seule réponse est exacte. Indiquer laquelle.

1. Dire si la phrase « L'intervalle de fluctuation se "réduit" lorsque la taille des échantillons augmente » est :
☐ a) vraie
☐ b) fausse
☐ c) pas toujours vraie

2. Si l'intervalle de fluctuation est [0,35 ; 0,45], la valeur de p est :
☐ a) 0,35
☐ b) 0,40
☐ c) 0,10

FAIT ☐ REVU ☐

Exercice 15 voir Fiche Savoir 2

Les simulations

Pour chaque question, une seule réponse est exacte. Indiquer laquelle.

1. La fonction « random » (hasard en anglais) d'une calculatrice, notée (ran #) pour Casio et Nbr Aleat pour Texas Instrument, permet d'obtenir :

☐ **a)** un nombre compris entre – 1 et + 1

☐ **b)** un nombre entier compris entre 0 et 10

☐ **c)** un nombre compris entre 0 et 1

2. Parmi ces instructions, laquelle n'est pas utile à la donnée aléatoire d'un nombre lorsque l'on utilise un tableur (Excel, Calc) :

☐ **a)** =SOMME(A1;A9)

☐ **b)** =ALEA.ENTRE.BORNES(0;9)

☐ **c)** =ALEA()

3. L'instruction =ENT(6*ALEA()+1) permet d'obtenir :

☐ **a)** un nombre décimal entre 0 et 6 inclus

☐ **b)** un nombre entier entre 1 et 6 inclus

☐ **c)** un nombre décimal entre 0 et 1

FAIT ☐ REVU ☐

Exercice 16 voir Fiche Savoir 2

Les événements

Pour chaque question, une seule réponse est exacte. Indiquer laquelle.

1. On effectue le tirage d'une carte au hasard. Parmi ces 3 événements, indiquer celui qui n'est pas un événement élémentaire.

☐ **a)** « Tirage d'une carte de carreau »

☐ **b)** « Tirage du 7 de pique »

☐ **c)** « Tirage de l'as de cœur »

2. Une expérience aléatoire consiste à lancer 2 fois de suite une pièce. Le nombre d'issues possibles est :

☐ **a)** 2

☐ **b)** 3

☐ **c)** 4

3. On lance 2 fois de suite un dé numéroté de 1 à 6. Parmi ces 3 événements, indiquer celui qui est un événement élémentaire.

☐ **a)** « La somme des dés est un nombre pair »

☐ **b)** « La somme des dés est égale à 12 »

☐ **c)** « La somme des dés est strictement supérieure à 6 »

4. Une urne contient des boules de 3 couleurs différentes.
On effectue le tirage avec remise de deux boules. L'affirmation, « l'événement "*les deux boules sont de la même couleur*" est un événement élémentaire », est une affirmation :

☐ **a)** vraie

☐ **b)** fausse

FAIT ☐ REVU ☐

Exercice 17 voir Fiche Savoir 2

Différentes issues réalisant un événement

Une urne contient quatre boules de couleurs différentes (noire, blanche, rouge, verte). On tire au hasard une première boule, on la remet dans l'urne, puis on en tire une seconde. On note leurs couleurs.

Déterminer toutes les issues de cette expérience et celles qui réalisent l'événement « les deux boules tirées sont de même couleur ».

FAIT ☐ REVU ☐

Exercice 18 voir Fiche Savoir 2

Équiprobabilité

Pour chaque question, une seule réponse est exacte. Indiquer laquelle.

1. Le tirage au hasard d'une carte dans un jeu de 32 cartes est une expérience aléatoire dont les issues sont équiprobables.

☐ **a)** Vrai

☐ **b)** Faux

2. Si on utilise un dé truqué, les probabilités de toutes les issues sont identiques.

☐ **a)** Vrai

☐ **b)** Faux

3. Dans une loterie, un billet sur deux est gagnant. On est sûr de gagner en achetant deux billets.

☐ **a)** Vrai

☐ **b)** Faux

4. On lance 2 dés non truqués. Chaque dé a 6 faces numérotées de 1 à 6. De ces 3 événements lequel a la plus grande probabilité ?

☐ a) « La somme des dés est égale à 2 »
☐ b) « La somme des dés est égale à 11 »
☐ c) « La somme des dés est égale à 12 »

FAIT ☐ REVU ☐

5. A et B sont deux événements tels que $p(A) = 0{,}3$ et $p(B) = 0{,}5$. On peut affirmer que $p(A \cap B) = 0{,}8$:

☐ a) est toujours vrai
☐ b) est toujours faux
☐ c) n'est pas toujours vrai

FAIT ☐ REVU ☐

Exercice 19 voir Fiche Savoir 2

Probabilité d'un événement

Dans un casino, un joueur décide de jouer à la roulette. Celle-ci comporte 37 cases numérotées de 0 à 36. Le joueur veut connaître la probabilité de l'événement « la boule s'arrête sur un nombre multiple de 7 ».

Calculer cette probabilité.

FAIT ☐ REVU ☐

Exercice 20 voir Fiche Savoir 2

Réunion et intersection d'événements

Pour chaque question, une seule réponse est exacte. Indiquer laquelle.

1. Si une issue réalise l'événement A, elle réalise aussi l'événement $A \cup B$.

☐ a) Parfois
☐ b) Toujours
☐ c) Jamais

2. Si une issue réalise l'événement B, elle réalise toujours l'événement $A \cap B$.

☐ a) Vrai
☐ b) Faux

3. Si une issue réalise l'événement $A \cap B$ alors elle réalise l'événement $A \cup B$.

☐ a) Parfois
☐ b) Toujours
☐ c) Jamais

4. Lors d'un tirage d'une carte, on considère l'événement A « la carte tirée est un pique » et l'événement B « la carte tirée est une figure ». L'événement $A \cap B$ est réalisé si on tire :

☐ a) un 7 de trèfle
☐ b) un 10 de pique
☐ c) une dame de pique

Exercice 21 voir Fiche Savoir 2

Réunion et intersection d'événements

Lors d'un contrôle de sécurité routière, des policiers vérifient la validité du dernier contrôle technique (il doit être inférieur ou égal à 2 ans pour les véhicules de plus de 4 ans) et l'état des pneumatiques du véhicule.

Le contrôle se fait de façon aléatoire en arrêtant les automobilistes au hasard.

On note T l'événement « le véhicule arrêté a un contrôle technique du véhicule valide ».

On note P l'événement « les pneumatiques du véhicule arrêté sont dans un état satisfaisant ».

1. Le véhicule de Mme Prudente est contrôlé et son véhicule a des pneumatiques en bon état.

a) L'événement $P \cup T$ est-il réalisé ?

b) Peut-on affirmer que l'événement $P \cap T$ est réalisé ?

2. Les gendarmes vérifient maintenant, pour le véhicule de Mme Prudente, la date du dernier contrôle technique. Celui-ci a été effectué il y a 18 mois. Que peut-on dire de l'événement $P \cap T$?

3. Les policiers arrêtent un autre véhicule au hasard. Il s'agit du véhicule de M. Négligent. Le véhicule a des pneumatiques en bon état mais le dernier contrôle technique date de 26 mois.

a) Pour ce véhicule l'événement $P \cup T$ est-il réalisé ?

b) Pour ce véhicule l'événement $P \cap T$ est-il réalisé ?

4. Lors du contrôle du véhicule de M. Dangereux, les policiers constatent que les pneumatiques sont beaucoup trop usagés et qu'il n'y a pas eu de contrôle technique depuis 5 ans. Un des deux événements $P \cap T$ ou $P \cup T$ est-il réalisé ?

5. Les policiers ont constaté que $p(T) = 0{,}97$, $p(P) = 0{,}92$ et $p(P \cup T) = 0{,}99$. Calculer la probabilité qu'un véhicule contrôlé soit en règle.

FAIT ☐ REVU ☐

Exercice 22 voir Fiche Savoir 2

Événements incompatibles événement contraire

Pour chaque question, une seule réponse est exacte. Indiquer laquelle.

1. Si A et B sont deux événements et si $p(A \cap B) = 0$, on peut affirmer que :

☐ **a)** A et B sont des événements contraires

☐ **b)** A et B sont des événements incompatibles

☐ **c)** A et B sont des événements impossibles

2. Si A et B sont deux événements incompatibles, avec $p(A) = 0,4$, on peut affirmer que :

☐ **a)** $p(B) = 0,6$

☐ **b)** $p(B) \geqslant 0,6$

☐ **c)** $p(B) \leqslant 0,6$

3. Toute issue d'une expérience aléatoire réalise l'événement A ou l'événement contraire $\overline{A}$.

☐ **a)** Vrai

☐ **b)** Faux

4. Si l'événement B est incompatible avec l'événement A, on peut affirmer que :

☐ **a)** $p(B) = 1 - p(A)$

☐ **b)** $p(A \cap B) = 1$

☐ **c)** $p(B) \leqslant p(\overline{A})$

5. Dans une urne contenant 3 boules de couleurs différentes (rouge, verte, bleue), on effectue 2 tirages avec remise. L'événement contraire de « les deux boules tirées sont vertes » est :

☐ **a)** « les deux boules tirées ne sont pas de la même couleur »

☐ **b)** « les deux boules tirées sont bleue et rouge »

☐ **c)** « au moins une des deux boules tirées n'est pas verte »

FAIT ☐ REVU ☐

Exercice 23 voir Fiche Savoir 2

Événements incompatibles

Dans un jeu de 32 cartes on tire une carte au hasard.

On considère les événements suivants :

- événement A « la carte tirée est un trèfle »
- événement B « la carte tirée est un roi »
- événement C « la carte tirée est une figure »
- événement D « la carte tirée est un dix »

1. A et B sont-ils des événements incompatibles ?

2. B et C sont-ils des événements incompatibles ?

3. a) Parmi les 4 événements, indiquer ceux qui sont incompatibles entre eux.

b) Calculer la probabilité $p(A \cup B)$.

c) Calculer la probabilité $p(C \cup D)$.

FAIT ☐ REVU ☐

Exercice 24 voir Fiche Savoir 2

Événements contraire

Parmi les familles d'une commune, on s'intéresse à celles qui ont 4 enfants. On choisit au hasard une de ces familles et on calcule la probabilité de l'événement A « les enfants des deux sexes sont présents dans la famille ».

1. Vérifier qu'il y a 2^4 possibilités différentes pour la composition des 4 enfants.

2. Décrire $\overline{A}$, l'événement contraire de A.

3. a) Calculer $p(\overline{A})$.

b) En déduire la valeur de $p(A)$.

FAIT ☐ REVU ☐

Exercice 25 voir Fiche Savoir 3

Suites arithmétiques

Pour chaque question, une seule réponse est exacte. Indiquer laquelle.

Les nombres : 2,3 ; 4 ; 5,7 ; 7,4 sont dans cet ordre les quatre premiers termes d'une suite arithmétique.

1. La suite est telle que :

☐ **a)** $u_2 = 2,3$

☐ **b)** $u_4 = 5,7$

☐ **c)** $u_4 = 7,4$

2. La raison est :

☐ **a)** $r = 1,3$

☐ **b)** $r = 1,7$

☐ **c)** $r = 2,3$

3. Le terme de rang 5 est :

☐ **a)** 4,7

☐ **b)** 9,1

☐ **c)** 10,2

FAIT ☐ REVU ☐

Exercice 26 voir Fiche Savoir 3

Suites arithmétiques

1. Donner les quatre premiers termes d'une suite arithmétique de premier terme 2 et de raison 3,5.

2. Calculer le 12e terme d'une suite arithmétique de premier terme 5 et de raison 3,5.

FAIT ☐ REVU ☐

Exercice 27 voir Fiche Savoir 3

Suites géométriques

Pour chaque question, une seule réponse est exacte. Indiquer laquelle.

Les nombres : 1,5 ; 4,5 ; 13,5 sont dans cet ordre les trois premiers termes d'une suite géométrique.

1. La raison est :
☐ a) $q = 1,5$
☐ b) $q = 3$
☐ c) $q = 9$

2. Le terme de rang 4 est :
☐ a) 22,5
☐ b) 15
☐ c) 40,5

3. La suite est telle que :
☐ a) $u_2 = 1,5$
☐ b) $u_3 = 4,5$
☐ c) $u_3 = 13,5$

FAIT ☐ REVU ☐

Exercice 28 voir Fiche Savoir 3

Suites géométriques

1. Donner les quatre premiers termes d'une suite géométrique de premier terme 2 et de raison 3.

2. Calculer le 10e terme d'une suite géométrique de premier terme 2 et de raison 3.

FAIT ☐ REVU ☐

Exercice 29 voir Fiche Savoir 3

Représentation graphique d'une suite géométrique

Pour chaque question, une seule réponse est exacte. Indiquer laquelle.

1. Parmi les représentations graphiques suivantes, quelle est celle d'une suite géométrique ?

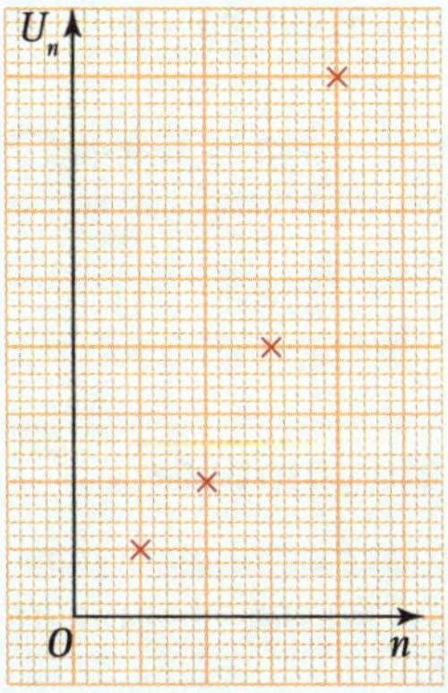

☐ a)

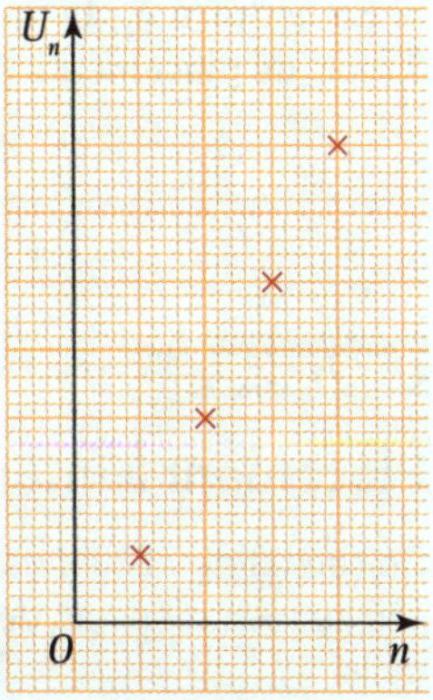

☐ b)

2. Parmi les diagrammes en bâtons suivants, quel est celui d'une suite géométrique ?

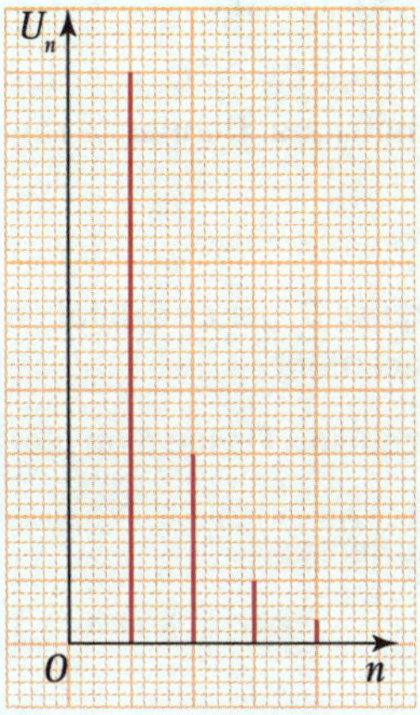

☐ a)

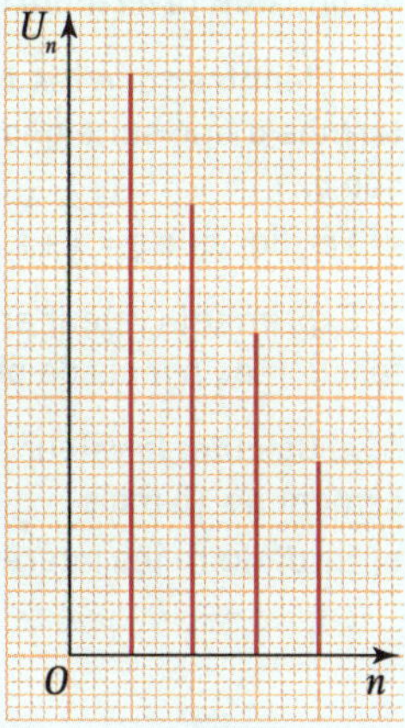

☐ b)

FAIT ☐ REVU ☐

Exercice 30 voir Fiche Savoir 3

Placement à intérêts simples

Un capital de 2000 € est placé à 3,6 % l'an pendant quelques mois.

1. Sachant que taux mensuel $= \frac{\text{taux annuel}}{12}$, calculer le taux mensuel proportionnel.

2. Calculer les intérêts I_1, I_2, I_3 rapportés par ce capital au bout d'un mois, de 2 mois, de 3 mois.

3. Calculer les valeurs acquises A_1, A_2, A_3 par ce capital au bout d'un mois, de 2 mois, de 3 mois.

4. a) Vérifier que A_1, A_2, A_3 sont les termes d'une suite arithmétique dont on précisera la raison r.
b) Vérifier que $r = C \times t$, avec t mensuel.

5. a) Exprimer A_n en fonction de n.
b) En déduire A_9, la valeur acquise au bout de 9 mois de placement.

FAIT ☐ REVU ☐

Exercice 31 voir Fiche Savoir 3

Placement à intérêts composés

Un capital de 7 200 € est placé à intérêts composés au taux mensuel de 0,2 % pendant plusieurs mois.
La capitalisation des intérêts est mensuelle.

1. Calculer les valeurs acquises C_1, C_2, C_3 par ce capital au bout d'un mois, de 2 mois, de 3 mois en utilisant la formule $C_n = C_0(1 + t)^n$.

2. a) Montrer que les termes C_1, C_2, C_3 sont les termes d'une suite géométrique. Donner la raison q.
b) Vérifier que $q = 1 + t$.

3. Exprimer la valeur acquise C_n par ce capital en fonction de n mois de placement.

4. a) Calculer la valeur acquise à l'issue d'un placement de 15 mois.
b) En déduire les intérêts versés.

FAIT ☐ REVU ☐

Exercice 32 voir Fiche Savoir 3

Constitution d'un capital

Tony verse 50 € par mois pendant 2 ans pour se constituer un capital. (Capitalisation mensuelle ; taux mensuel : 0,35 %.)
Calculer la valeur acquise au moment du dernier versement en utilisant la formule

$$V_n = a\,\frac{(1+t)^n - 1}{t}.$$

FAIT ☐ REVU ☐

Exercice 33 voir Fiche Savoir 3

Remboursement d'un capital

On rembourse un emprunt en versant 10 annuités d'un montant de 3 847,49 €. Le premier versement intervient 1 an après l'emprunt. (Capitalisation annuelle ; taux annuel : 4,8 %.)
Calculer le montant de l'emprunt arrondi à l'euro en utilisant la formule :

$$V_0 = a\,\frac{1-(1+t)^{-n}}{t}.$$

FAIT ☐ REVU ☐

Exercice 34 voir Fiche Savoir 3

Tableau d'amortissement

Pour acheter une voiture, Claire emprunte 8 000 € à sa banque. Elle rembourse son prêt par mensualités constantes sur 3 ans. Le taux mensuel proposé par la banque est de 0,3 %.

1. Calculer le nombre de mensualités.

2. Calculer le montant d'une mensualité en utilisant la formule : $a = \dfrac{V_0 \times t}{1-(1+t)^{-n}}$.

3. Compléter le début du tableau d'amortissement d'emprunt suivant :

MOIS	CAPITAL RESTANT DÛ	AMORTISSEMENT	INTÉRÊT	MENSUALITÉ
1	8 000	210,77	24	
2	7 789,23	211,4		234,77
3	7 577,83		22,73	234,77

FAIT ☐ REVU ☐

Exercice 35 voir Fiche Savoir 3

Tableau d'amortissement

Une entreprise emprunte 600 000 € qu'elle rembourse en 10 ans. Elle verse 10 annuités. L'amortissement est constant, le taux annuel est de 5 %.

1. Calculer la valeur de l'amortissement constant.

2. Le début du tableau d'amortissement d'emprunt est alors :

ANNÉE	CAPITAL RESTANT DÛ	AMORTISSEMENT	INTÉRÊT	MENSUALITÉ
1	600 000		30 000	
2	540 000			87 000
3			24 000	84 000

Compléter les 3 premières lignes du tableau d'amortissement.

3. Écrire la dernière ligne du tableau d'amortissement.

FAIT ☐ REVU ☐

Exercice 36 voir Fiche Savoir 4

Fonction cube $x \mapsto x^3$; fonction $x \mapsto kx^3$

Pour chaque question, une seule réponse est exacte. Indiquer laquelle.

1. f est la fonction $x \mapsto x^3$. On a donc :
☐ a) $f(-1) = 1$
☐ b) $f(-1) = -1$
☐ c) $f(2) = 7$

2. f est la fonction $x \mapsto x^3$. Si x est négatif, alors :
☐ a) $f(x)$ est négatif
☐ b) $f(x)$ est nul
☐ c) $f(x)$ est positif

3. f est la fonction $x \mapsto x^3$. La courbe représentative de f est symétrique :
☐ a) par rapport à l'axe des abscisses
☐ b) par rapport à l'axe des ordonnées
☐ c) par rapport à l'origine du repère

FAIT ☐ REVU ☐

Exercice 37 voir Fiche Savoir 4

Fonction inverse $x \mapsto \frac{1}{x}$; fonction $x \mapsto \frac{k}{x}$

Pour chaque question, une seule réponse est exacte. Indiquer laquelle.

1. f est la fonction $x \mapsto \frac{1}{x}$. $f(4)$ est égale à :
☐ a) 0,125
☐ b) 0,25
☐ c) –0,25

2. La fonction $f : x \mapsto \frac{1}{x}$ est :
☐ a) croissante sur $]-\infty\,;0[$ et sur $]0\,;+\infty[$
☐ b) décroissante sur $]-\infty\,;0[$ et sur $]0\,;+\infty[$

3. f est la fonction $x \mapsto \frac{1}{x}$.
La courbe représentative de f est :
☐ a) symétrique par rapport à l'axe des abscisses
☐ b) symétrique par rapport à l'axe des ordonnées
☐ c) symétrique par rapport à l'origine du repère

4. f est la fonction $x \mapsto \frac{1}{x}$.
Sur la courbe représentative de f, on peut placer :
☐ a) le point $A(-5\,;0{,}2)$
☐ b) le point $A(-5\,;-0{,}2)$
☐ c) le point $A(2\,;-0{,}5)$

FAIT ☐ REVU ☐

Exercice 38 voir Fiche Savoir 4

Fonction racine carrée : $x \mapsto \sqrt{x}$; fonction $x \mapsto k\sqrt{x}$

Pour chaque question, une seule réponse est exacte. Indiquer laquelle.

La question 1 est à traiter sans calculatrice.

1. ☐ a) $\sqrt{0{,}81} = -0{,}9$
☐ b) $\sqrt{64} = 8$
☐ c) $\sqrt{5{,}76} = 2{,}6$

Les questions 2 et 3 sont à traiter avec la calculatrice.

2. La valeur arrondie à 0,001 de $1 + \sqrt{3}$ est :
☐ a) 2,731
☐ b) 2,732
☐ c) 2,73

3. La valeur arrondie à 0,01 de $\frac{\sqrt{2}}{\sqrt{3}}$ est :
☐ a) 0,47
☐ b) 1,22
☐ c) 0,82

FAIT ☐ REVU ☐

Exercice 39 voir Fiche Savoir 5

Somme de deux fonctions

Pour les questions 1 et 2, une seule réponse est exacte. Indiquer laquelle.

1. Si $f(x) = 2x^3$ et $g(x) = -4x$, alors la fonction $f + g$ est la fonction :
☐ a) $x \mapsto 2x^3 + 4x$
☐ b) $x \mapsto 2x^3 - 4x$
☐ c) $x \mapsto 4x - 2x^3$

2. La fonction $x \mapsto 2x^2 - x$ est la somme des fonctions :

☐ a) $x \mapsto 2x^2$ et $x \mapsto x$

☐ b) $x \mapsto 2x^2$ et $x \mapsto -x$

3. Dans deux des quatre cas suivants, on peut donner directement le sens de variation de $f + g$. Indiquer lesquels.

☐ a) f et g décroissantes

☐ b) f croissante et g décroissante

☐ c) f décroissante et g décroissante

☐ d) f et g croissantes

FAIT ☐ REVU ☐

Exercice 40 voir Fiche Savoir 5

Inéquations de la forme $f(x) > 0$

Pour chaque question, une seule réponse est exacte. Indiquer laquelle.

$\mathscr{C}$ est la courbe représentative d'une fonction f.

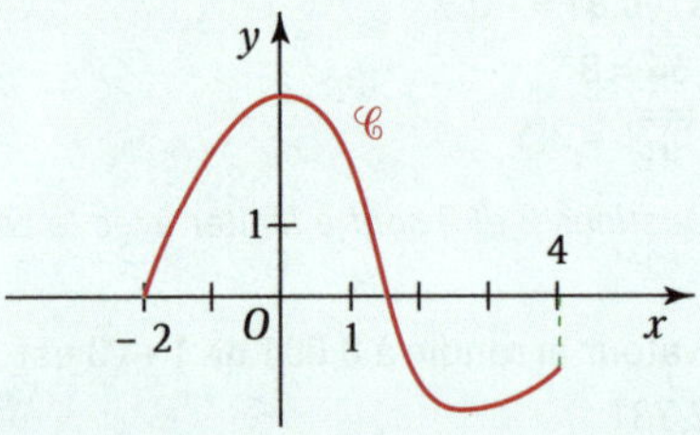

1. À partir de l'observation du graphique, on peut dire que :

☐ a) $f(1) < 0$

☐ b) $f(2) > 0$

☐ c) $f(0) > 0$

2. À partir de l'observation du graphique, on peut dire que :

☐ a) $f(-2) > 0$

☐ b) $f(3) < 0$

☐ c) $f(4) = 0$

FAIT ☐ REVU ☐

Exercice 41 voir Fiche Savoir 5

Inéquation de la forme $f(x) \geqslant g(x)$

Pour chaque question, une seule réponse est exacte. Indiquer laquelle.

$\mathscr{C}_f$ est la courbe représentative d'une fonction f ; $\mathscr{C}_g$ est la courbe représentative d'une fonction g.

À partir de l'observation de la figure, répondre aux questions suivantes.

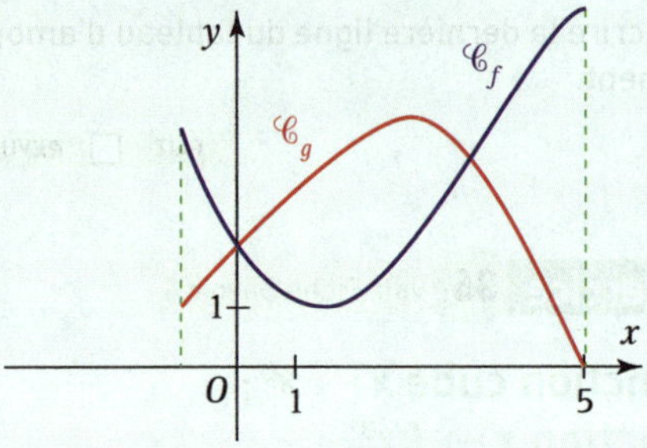

1. On a :

☐ a) $f(0) > g(0)$

☐ b) $f(0) < g(0)$

☐ c) $f(0) = g(0)$

2. On a :

☐ a) $f(1) > g(1)$

☐ b) $f(1) < g(1)$

☐ c) $f(1) = g(1)$

3. On a :

☐ a) $f(5) < g(5)$

☐ b) $f(5) = g(5)$

☐ c) $f(5) > g(5)$

FAIT ☐ REVU ☐

Exercice 42 voir Fiche Savoir 6

Fonctions du second degré

Pour cette question, plusieurs réponses sont possibles. Indiquer lesquelles.

Soit la fonction f définie dans $\mathbb{R}$ par :
$f(x) = 2x^2 + 3x + 3$.

☐ a) 3 est l'image de 0

☐ b) 1 est un antécédent de 8

☐ c) −2 est l'image de −1

FAIT ☐ REVU ☐

Exercice 43 voir Fiche Savoir 6

Équations du second degré

Pour ces questions, plusieurs réponses sont possibles. Indiquer la ou lesquelles.

1. Dans l'équation $x^2 - 4x + 3 = 0$, les solutions sont :

☐ a) $x = 0$

☐ b) $x = 1$

☐ c) $x = 3$

2. Dans l'équation $2x^2 + x - 3 = 0$, les solutions sont :

☐ a) $x = 0$

☐ b) $x = 1$

☐ c) $x = -1$

FAIT ☐ REVU ☐

Exercice 44 voir Fiche Savoir 7

Détermination graphique d'un nombre dérivé

Pour chaque question, une seule réponse est exacte. Indiquer laquelle.

On rappelle que le coefficient directeur de la droite (MN) est donné par $m = \frac{y_N - y_M}{x_N - x_M}$.

1. Le coefficient directeur de la droite (AB) est :

☐ a) 1,5

☐ b) 0,5

☐ c) 0,4

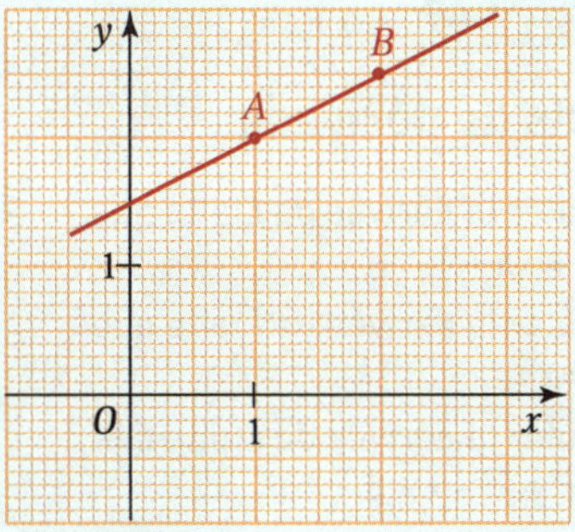

2. Le coefficient directeur de la droite (CD) est :

☐ a) −0,5

☐ b) −2

☐ c) 0,5

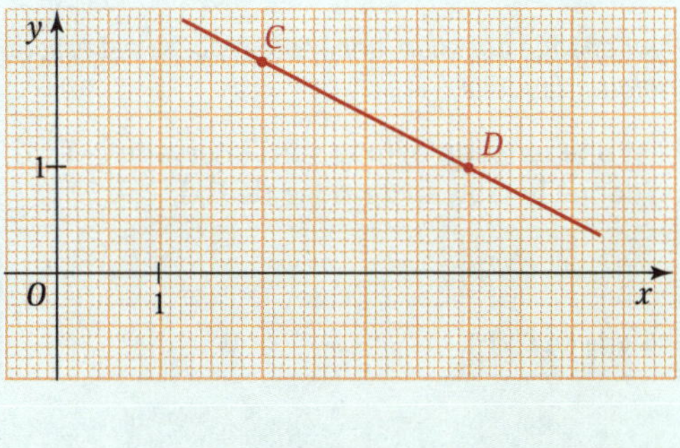

3. Le coefficient directeur de la droite (EF) est :

☐ a) $\frac{3}{2}$

☐ b) $\frac{1}{2}$

☐ c) $\frac{2}{3}$

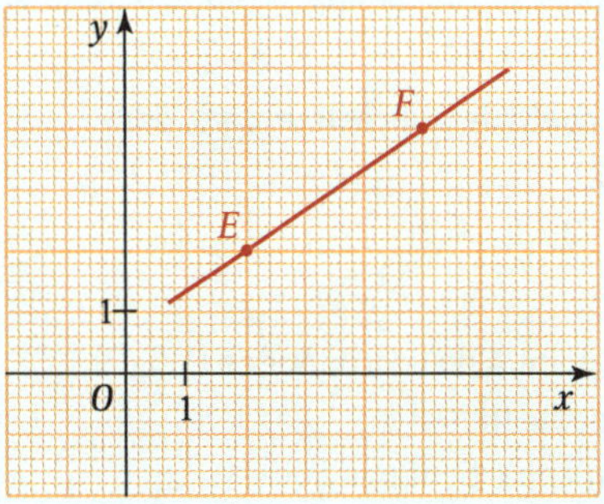

FAIT ☐ REVU ☐

Exercice 45 voir Fiche Savoir 7

Construction de tangente

Pour chaque question, une seule réponse est exacte. Indiquer laquelle.

La courbe $\mathscr{C}$ est la courbe représentative d'une fonction f.
La droite T_1 est tangente à $\mathscr{C}$ en A ; la droite T_2 est tangente à $\mathscr{C}$ en B.

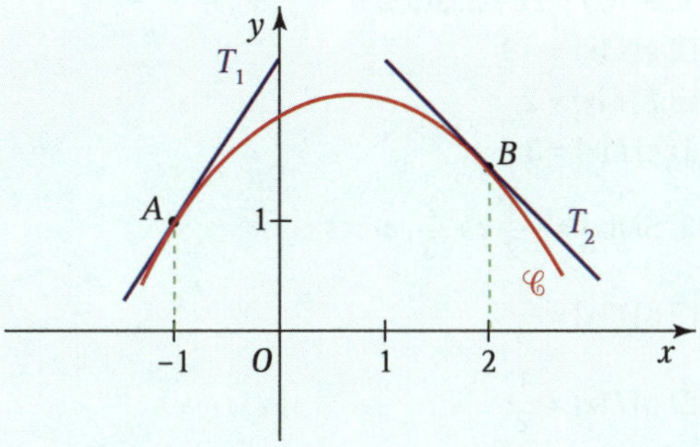

1. Le nombre dérivé $f'(-1)$ est :

☐ a) négatif

☐ b) nul

☐ c) positif

2. Le nombre dérivé $f'(2)$ est :

☐ a) négatif

☐ b) nul

☐ c) positif

FAIT ☐ REVU ☐

Exercice 46 voir Fiche Savoir 7

Tangente en un point à une courbe

Pour chaque question, une seule réponse est exacte. Indiquer laquelle.

Pour les trois questions, on considère la droite $\mathcal{D}$ d'équation $y = -2x + 5$.

1. Le coefficient directeur de $\mathcal{D}$ est :

☐ a) 2

☐ b) – 2

☐ c) 5

2. Le point A de coordonnées (1,5 ; 2) :

☐ a) appartient à $\mathcal{D}$

☐ b) n'appartient pas à $\mathcal{D}$

3. Le point B de coordonnées (– 0,5 ; 4) :

☐ a) appartient à $\mathcal{D}$

☐ b) n'appartient pas à $\mathcal{D}$

FAIT ☐ REVU ☐

Exercice 47 voir Fiche Savoir 7

Dérivées des fonctions de référence

Pour chaque question, une seule réponse est exacte. Indiquer laquelle.

1. Si $f(x) = 2x - 3$, alors :

☐ a) $f'(x) = -3$

☐ b) $f'(x) = 2$

☐ c) $f'(x) = 3$

2. Si $f(x) = -\frac{1}{2}x + \frac{2}{3}$, alors :

☐ a) $f'(x) = \frac{2}{3}$

☐ b) $f'(x) = \frac{1}{2}$

☐ c) $f'(x) = -\frac{1}{2}$

3. Si $f(x) = x^3$, alors :

☐ a) $f'(x) = x^2$

☐ b) $f'(x) = 3x^2$

☐ c) $f'(x) = 3x$

4. Si $f(x) = \frac{1}{x}$, alors :

☐ a) $f'(x) = \frac{1}{x^2}$

☐ b) $f'(x) = \frac{1}{x}$

☐ c) $f'(x) = -\frac{1}{x^2}$

FAIT ☐ REVU ☐

Exercice 48 voir Fiche Savoir 7

Calcul de dérivées

Pour chaque question, une seule réponse est exacte. Indiquer laquelle.

On rappelle que :
si $u(x) = x^3$ alors $u'(x) = 3x^2$;
si $v(x) = 5x - 2$ alors $v'(x) = 5$.

1. Si $f(x) = x^3 + 5x - 2$, alors :

☐ a) $f'(x) = 3x^2 - 2$

☐ b) $f'(x) = 3x^2 + 5$

☐ c) $f'(x) = 3x^2 - 5$

2. Si $f(x) = 5x^3$, alors :

☐ a) $f'(x) = 8x$

☐ b) $f'(x) = 5x^2$

☐ c) $f'(x) = 15x^2$

FAIT ☐ REVU ☐

Exercice 49 voir Fiche Savoir 7

Calculs de dérivées

1. Calculer la dérivée de f telle que $f(x) = x^2 + 4x + 1$.

2. Calculer la dérivée de f telle que $f(x) = -4x^3$.

3. Calculer la dérivée de f telle que $f(x) = 2x^3 + x^2 - x + 5$.

FAIT ☐ REVU ☐

Exercice 50 voir Fiche Savoir 7

Variations de fonctions

Pour chaque question, une seule réponse est exacte. Indiquer laquelle.

f est une fonction définie sur l'intervalle [– 1 ; 4] ; on donne le tableau de signe de $f'(x)$.

x	– 1		1		4
Signe de $f'(x)$		+	0	–	

1. Quel est le tableau de variation de f ?

☐ **a)**

x	-1		1		4
Variation de f		↘	$f(1)$	↗	

☐ **b)**

x	-1		1		4
Variation de f		↘	$f(1)$	↘	

☐ **c)**

x	-1		1		4
Variation de f		↗	$f(1)$	↘	

2. Sur l'intervalle $[-1\,;4]$, f admet-elle un maximum ou un minimum égal à $f(1)$?

☐ **a)** un maximum

☐ **b)** un minimum

FAIT ☐ REVU ☐

Exercice 51 voir Fiche Savoir 7

Étude des variations d'une fonction

1. Étudier les variations de f définie sur $[-3\,;2]$ par $f(x) = x^2 + 3x - 1$.

2. Étudier les variations de f définie sur $[-2\,;4]$ par $f(x) = x^3 - 3x^2 - 9x + 3$.

FAIT ☐ REVU ☐

Exercice 52 voir Fiche Savoir 8

Fonction exponentielle

Pour chaque question, une seule réponse est exacte. Indiquer laquelle, sans utiliser la calculatrice.

1. $10^4 \times 10^2$ est égal à :

☐ **a)** 10^8

☐ **b)** 10^6

☐ **c)** 10^2

2. $\frac{3^2}{3^6}$ est égal à :

☐ **a)** 3^3

☐ **b)** 3^8

☐ **c)** 3^{-4}

3. $(2^2)^3$ est égal à :

☐ **a)** 2^6

☐ **b)** 2^5

☐ **c)** 2^1

FAIT ☐ REVU ☐

Exercice 53 voir Fiche Savoir 8

Fonction logarithme décimal

Pour chaque question, une seule réponse est exacte. Indiquer laquelle, sans utiliser la calculatrice.

1. $\log\left(\frac{5}{3}\right)$ est égal à :

☐ **a)** $\log(3) - \log(5)$

☐ **b)** $\log(5) + \log(3)$

☐ **c)** $\log(5) - \log(3)$

2. $2\log(3) - 3\log(2)$ est égal à :

☐ **a)** $\log\left(\frac{3}{2}\right)$

☐ **b)** $\log\left(\frac{9}{8}\right)$

☐ **c)** $\log\left(\frac{8}{9}\right)$

FAIT ☐ REVU ☐

Exercice 54 voir Fiche Savoir 8

Calculs de q^x et $\log(x)$

1. Calculer $2^{1,5}$.

2. Calculer $(0,5)^{-1,3}$.

3. Calculer $10^{2,6}$.

4. Calculer $\log(15)$.

FAIT ☐ REVU ☐

Exercice 55 voir Fiche Savoir 8

Équations. Inéquations

Pour chaque question, une seule réponse est exacte. Indiquer laquelle.

1. On considère l'équation $2^x = 0{,}0625$. Lequel de ces trois nombres est solution ?

☐ a) -3

☐ b) -4

☐ c) -2

2. On considère l'équation $10^x = 0{,}0001$. Lequel de ces trois nombres est solution ?

☐ a) -3

☐ b) -4

☐ c) -5

3. On considère l'équation $\log(x) = -3$. Lequel de ces trois nombres est solution ?

☐ a) 10^{-2}

☐ b) 10^{3}

☐ c) 10^{-3}

FAIT ☐ REVU ☐

Exercice 56 voir Fiche Savoir 8

Résolution de $\log(x) = a$ ou $\log(x) \geqslant b$ ou $\log(x) \leqslant b$

1. Résoudre l'équation $\log(x) = 2{,}4$.

2. Résoudre l'inéquation $\log(x) \geqslant -1{,}6$.

3. Résoudre l'inéquation $\log(x) \leqslant 0{,}8$.

FAIT ☐ REVU ☐

Exercice 57 voir Fiche Savoir 8

Résolution de $q^x = a$ ou $q^x \geqslant b$ ou $q^x \leqslant b$

1. Résoudre l'équation $(1{,}2)^x = 3$.

2. Résoudre l'inéquation $(1{,}15)^x \geqslant 2$.

3. Résoudre l'inéquation $(0{,}8)^x \leqslant 0{,}5$.

FAIT ☐ REVU ☐

Exercice 1

1. c). 2. c). 3. c).

Exercice 2

1. c). 2. c).

Exercice 3

1. b). 2. a). 3. b).

Exercice 4

Représentation graphique de cette série à l'aide de la calculatrice graphique :

Écran Casio

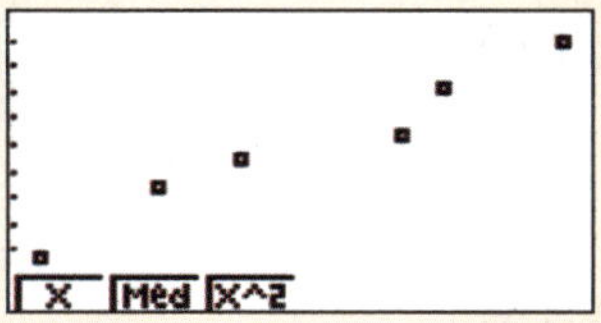

Écran TI

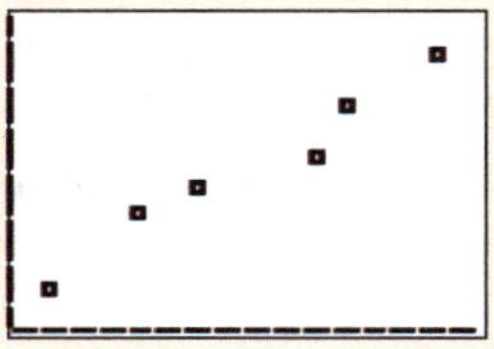

Exercice 5

On attribue à chaque année une valeur x_i. Pour l'année 1, $x = 1$, pour l'année 2, $x = 2$, ...

On remplit la feuille de calcul et on procède comme indiqué *Méthode 2* dans les points 3, 4 et 5. On obtient le graphique ci-dessous en prenant 900 comme valeur minimale de *y*.

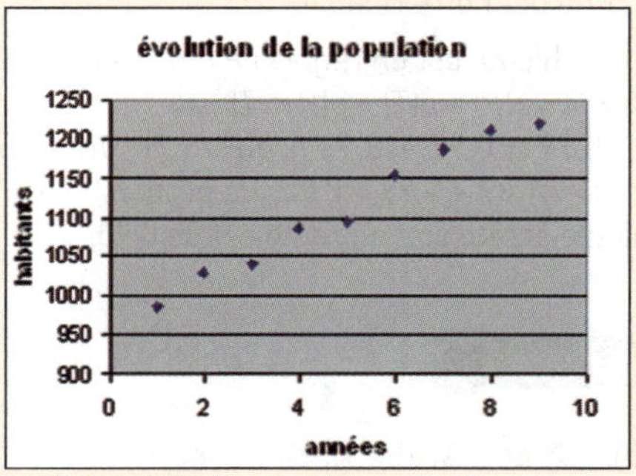

Exercice 6

1. b). 2. b). 3. a).

Exercice 7

B8 ▾ fx =MOYENNE(B2:B7)

	A	B	C
1	valeurs de xi	valeurs de yi	
2	1,5	2,4	
3	3	3,7	
4	4	4,2	
5	6	4,7	
6	6,5	5,6	
7	8	6,5	
8	4,83333333	4,51666667	

Le point moyen *G* a pour coordonnées (4,8833 ; 4,517).

Exercice 8

1. a). 2. a). 3. a).

Exercice 9

Représentation graphique de l'ajustement affine de la série statistique à deux variables :

Écran Casio

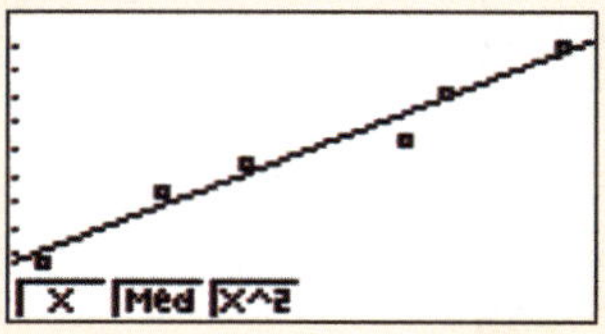

Écran TI

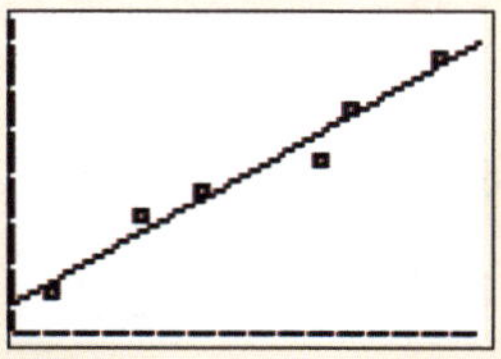

Exercice 10

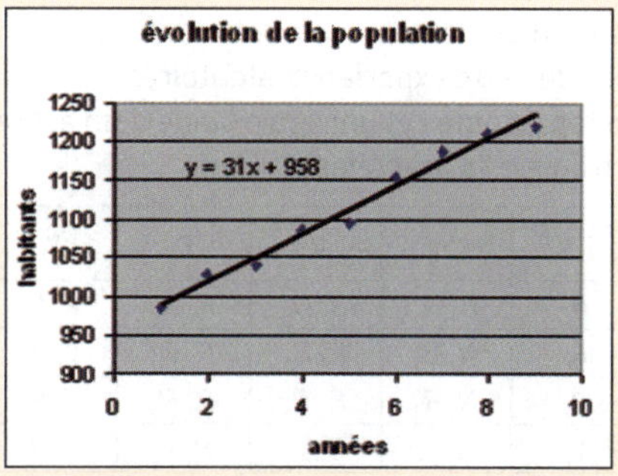

L'équation de la droite d'ajustement est : $y = 31x + 958$.

Exercice 11

1. a). **2. b).** **3. c).** **4. a).**

Exercice 12

1. L'équation de la droite d'ajustement obtenue à l'aide d'une calculatrice ou d'un tableur est : $y = 31x + 958$.

2. En année 14, $x = 14$ donc $y = 31 \times 14 + 958 = 1\,392$. La population prévisible en année 14 est de 1 392 habitants.

3. $y = 31x + 958$, donc on doit avoir
$31x + 958 > 1\,500$, soit $31x > 1\,500 - 958$.
Finalement $x > \frac{542}{31}$, soit $x > 17{,}48$.
La population aura dépassé les 1 500 habitants la 18e année en année 18.

Exercice 13

1. c). **2. b).** **3. a).**

Exercice 14

1. a). **2. b).**

Exercice 15

1. c). **2. a).** **3. b).**

Exercice 16

1. a). **2. c).** **3. b).** **4. b).**

Exercice 17

L'expérience comporte deux étapes.
À l'aide d'un tableau, on détermine toutes les issues de cette expérience aléatoire.
Si on représente cet univers à l'aide d'un arbre on doit trouver 16 branches.

2er \ 1er	N_1	B_1	R_1	V_1
N_2	$N_1 N_2$	$B_1 N_2$	$R_1 N_2$	$V_1 N_2$
B_2	$N_1 B_2$	$B_1 B_2$	$R_1 B_2$	$V_1 B_2$
R_2	$N_1 R_2$	$B_1 R_2$	$R_1 R_2$	$V_1 R_2$
V_2	$N_1 V_2$	$B_1 V_2$	$R_1 V_2$	$V_1 V_2$

Les 4 issues qui réalisent l'événement sont : $N_1 N_2$, $B_1 B_2$, $R_1 R_2$, $V_1 V_2$.

Exercice 18

1. a). **2. b).** **3. b).** **4. b).**

Exercice 19

Il y a autant d'issues possibles que de cases dans la roulette. Il y a donc 37 issues à cette expérience aléatoire.
On note A l'événement « sortie d'un multiple de 7 ».
Les issues qui réalisent l'événement A sont : « sortie du 0 », « sortie du 7 », « sortie du 14 », « sortie du 21 », « sortie du 28 », « sortie du 35 ». Il y a 6 issues réalisant A.
La roulette est bien équilibrée, toutes les issues ont la même probabilité. $p(A) = \frac{6}{37}$. La probabilité d'obtenir un multiple de 7 est d'environ 0,162.

Exercice 20

1. b). **2. b).** **3. b).** **4. c).** **5. b).**

Exercice 21

1. a) Le véhicule de Mme Prudente réalise l'événement P. L'événement $P \cup T$ est donc réalisé.

b) On ne sait pas si le véhicule réalise l'événement T. On ne peut rien affirmer pour l'événement $P \cap T$.

2. Le véhicule de Mme Prudente vérifie simultanément P et T, on peut affirmer que l'événement $P \cap T$ est réalisé.

3. a) Un des deux événements, ici l'événement P, est réalisé donc l'événement $P \cup T$ est réalisé.

b) Comme l'événement T n'est pas réalisé, l'événement $P \cap T$ n'est pas réalisé non plus.

4. L'événement T et l'événement P ne sont pas réalisés, aucun des deux événements $P \cup T$ ou $P \cap T$ ne peut être réalisé.

5. Un véhicule est en règle si $P \cap T$ est réalisé.
$p(P \cup T) = p(P) + p(T) - p(P \cap T)$
d'où $0{,}99 = 0{,}97 + 0{,}92 - p(P \cap T)$. On a donc $(P \cap T) = 1{,}89 - 0{,}99 = 0{,}90$. La probabilité qu'un véhicule arrêté soit en règle est de 0,90.

Exercice 22

1. b). **2. c).** **3. a).** **4. c).** **5. c).**

Exercice 23

1. A et B ne sont pas incompatibles, car l'événement $A \cap B$ est réalisé par « la carte tirée est un roi de trèfle ». $p(A \cap B) = \frac{1}{32} = 0{,}031\,25$.

2. B et C ne sont pas des événements incompatibles, car $B \cap C$ est réalisé par « la carte tirée est un roi ».
On a ici $p(B \cap C) = p(B) = \frac{4}{32} = 0{,}125$.

3. a) Les deux événements B et D sont incompatibles, car une carte de dix n'est pas un roi. $p(B \cap D) = 0$.
Il en est de même pour C et D, car $p(C \cap D) = 0$. C et D sont aussi incompatibles.

b) $p(A \cup B) = p(A) + p(B) - p(A \cap B)$
$= \frac{8}{32} + \frac{4}{32} - \frac{1}{32} = \frac{11}{32} = 0{,}343\,75$.

c) $p(C \cup D) = p(C) + p(D)$ car C et D sont incompatibles. $p(C \cup D) = \frac{12}{32} + \frac{4}{32} = \frac{16}{32} = 0{,}5$.

Exercice 24

1. $2^4 = 16$. Il y a bien 16 issues possibles.

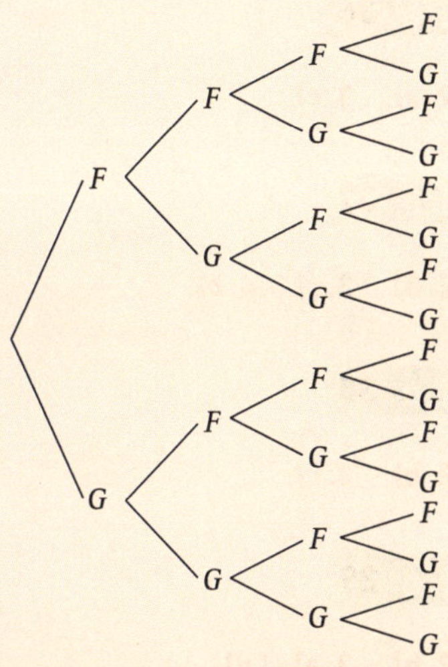

2. L'événement contraire de A, noté $\overline{A}$, est « les enfants de la famille sont de même sexe ».

3. a) Deux issues réalisent $\overline{A}$: FFFF et GGGG. Toutes les issues sont équiprobables donc $p(\overline{A}) = \frac{2}{16} = \frac{1}{8} = 0{,}125$.

b) $p(A) = 1 - p(\overline{A}) = 1 - 0{,}125 = 0{,}875$. La probabilité que les 4 enfants ne soient pas de même sexe dans cette famille est de 0,875.

Exercice 25

1. c). **2. b)**. **3. b)**.

Exercice 26

1. Le premier terme est $u_1 = 2$ et la raison est $r = 3{,}5$.
Le deuxième terme est $u_2 = 2 + 3{,}5 = 5{,}5$.
Le troisième terme est $u_3 = 5{,}5 + 3{,}5 = 9$.
Le quatrième terme est $u_4 = 9 + 3{,}5 = 12{,}5$.

2. Le douzième terme est u_{12}, donc : $n = 12$; $n - 1 = 11$ avec $u_1 = 2$ et $r = 3{,}5$.
On utilise la relation $u_n = u_1 + (n - 1)r$. Par conséquent $u_{12} = 2 + 11 \times 3{,}5 = 40{,}5$.

Exercice 27

1. b). **2. c)**. **3. c)**.

Exercice 28

1. Le premier terme est $u_1 = 2$ et la raison est $q = 3$.
Le deuxième terme est $u_2 = 2 \times 3 = 6$.
Le troisième terme est $u_3 = 6 \times 3 = 18$.
Le quatrième terme est $u_4 = 18 \times 3 = 54$.

2. Le dixième terme est u_{10} et : $n = 10$; $n - 1 = 9$ avec $u_1 = 2$ et $q = 3$.
On utilise la relation $u_n = u_1 \times q^{n-1}$ donc $u_{10} = 2 \times 3^9 = 39\,366$.

Exercice 29

1. a). **2. a)**.

Exercice 30

1. t mensuel $= \frac{\text{taux annuel}}{12} = \frac{0{,}036}{12} = 0{,}003$.

2. On utilise la relation $I = C \times t \times n$ où $C = 2000$; t = taux mensuel ;
$I_1 = 2000 \times 0{,}003 \times 1 = 6$ € ;
$I_2 = 2000 \times 0{,}003 \times 2 = 12$ € ;
$I_3 = 2000 \times 0{,}003 \times 3 = 18$ €.

3. $A_1 = 2000 + 6 = 2006$; $A_2 = 2000 + 12 = 2012$; $A_3 = 2000 + 18 = 2018$.

4. a) $A_3 - A_2 = A_2 - A_1 = 6$ donc les termes A_1, A_2 et A_3 forment une suite arithmétique de raison 6.

b) $C \times t = 2000 \times 0{,}003 = 6 = r$.

5. a) $A_n = 2000 + n \times 6$.

b) $A_9 = 2000 + 9 \times 6 = 2054$ €.

Exercice 31

1. $C_1 = 7200 \times (1 + 0{,}002) = 7214{,}4$ € ;
$C_2 = 7200 \times (1 + 0{,}002)^2 \approx 7228{,}83$ € ;
$C_3 = 7200 \times (1 + 0{,}002)^3 \approx 7243{,}29$ €.

2. a) $\frac{C_3}{C_2} = \frac{C_1}{C_1} = 1{,}002$ donc la suite C_1, C_2, C_3 est une suite géométrique de raison 1,002.

b) $1 + t = 1 + 0{,}002 = 1{,}002$ donc $q = 1 + t$.

3. $C_n = 7200 \times 1{,}002^n$.

4. a) Après 15 mois de placement,
$C_{15} = 7200 \times 1{,}002^{15} \approx 7419{,}05$ €.

b) Les intérêts versés sont
$i = C_{15} - C_0 = 7419{,}05 - 7200 = 219{,}05$ €.

Exercice 32

On identifie les éléments : $t_{\text{mensuel}} = 0{,}0035$; $a = 50$; $n = 24$ (mois).

On utilise la formule : $V_n = 50 \times \frac{(1{,}0035^{24} - 1)}{0{,}0035}$.

On effectue le calcul à la calculatrice :
$V_n \approx 1\,249{,}56$ €.

Exercice 33

On identifie les éléments : $a = 3847{,}49$ € ; $t_{\text{mensuel}} = 0{,}048$; $n = 10$ (ans).

On utilise la formule : $V_0 = 3847{,}49 \times \frac{(1 - 1{,}048^{-10})}{0{,}048}$.

On effectue le calcul à la calculatrice : $V_0 \approx 30\,000$ €.

Exercice 34

1. Le nombre de mensualités est $n = 3 \times 12 = 36$.

2. Le montant d'une mensualité constante est :
$a = \frac{8000 \times 0{,}003}{(1 - 1{,}003^{-36})} = 234{,}77$ €.

3. On obtient :

MOIS	CAPITAL RESTANT DÛ	AMORTISSEMENT	INTÉRÊT	MENSUALITÉ
1	8000	210,77	24	234,77
2	7789,23	211,4	23,37	234,77
3	7577,83	212,04	22,73	234,77

Calculs :
Ligne 1 : comme a est constante, $a = 234{,}77$.
Ligne 2 : $i_2 = D_2 \times t = 7789{,}23 \times 0{,}003 = 23{,}37$.
Ligne 3 : $A_3 = a - i_3 = 234{,}77 - 22{,}73 = 212{,}04$.

Exercice 35

1. L'amortissement constant est
$A = \frac{V_0}{n} = \frac{600\,000}{10} = 60\,000$ €.

2. Calculs :
ligne 1 : $A_1 = 60\,000$;
$a_1 = A + i_1 = 60\,000 + 30\,000 = 90\,000$;
ligne 2 : $A_2 = 60\,000$;
$i_2 = D_2 \times t = 540\,000 \times 0{,}05 = 27\,000$;
ligne 3 : $D_3 = C_2 - A_2 = 540\,000 - 60\,000 = 480\,000$;
$A_3 = 60\,000$.

ANNÉE	CAPITAL RESTANT DÛ	AMORTISSEMENT	INTÉRÊT	MENSUALITÉ
1	600 000	60 000	30 000	90 000
2	540 000	60 000	27 000	87 000
3	480 000	60 000	24 000	84 000

3. La dernière ligne est celle de la 10e année.
$A = 60\,000$ € ; $D_{10} = A = 60\,000$ € ;
$i_{10} = 60\,000 \times 0{,}05 = 3\,000$ € ;
$a_{10} = A + i_{10} = 60\,000 + 3\,000 = 63\,000$ €.

ANNÉE	CAPITAL RESTANT DÛ	AMORTISSEMENT	INTÉRÊT	MENSUALITÉ
10	60 000	60 000	3 000	63 000

Exercice 36

1. b). **2. a).** **3. c).**

Exercice 37

1. b). **2. b).** **3. c).** **4. b).**

Exercice 38

1. b). **2. b).** **3. c).**

Exercice 39

1. b). **2. b).** **3. a)** et **d).**

Exercice 40

1. c). **2. b).**

Exercice 41

1. c). **2. b).** **3. c).**

MATHÉMATIQUES

Exercice 42

a) et b).

Exercice 43

1. b) et c). 2. b).

Exercice 44

1. b). 2. a). 3. c).

Exercice 45

1. c). 2. a).

Exercice 46

1. b). 2. a). 3. b).

Exercice 47

1. b). 2. c). 3. b). 4. c).

Exercice 48

1. b). 2. c).

Exercice 49

1. On écrit $f(x) = u(x) + v(x)$ avec $u(x) = x^2$ et $v(x) = 4x + 1$.
D'après le tableau des dérivées des fonctions de référence : $u'(x) = 2x$ et $v'(x) = 4$.
On écrit alors : $f'(x) = u'(x) + v'(x)$, d'où $f'(x) = 2x + 4$.

2. On écrit $f(x) = ku(x)$ avec $k = -4$ et $u(x) = x^3$.
D'après le tableau des dérivées des fonctions de référence : $u'(x) = 3x^2$.
On écrit alors : $f'(x) = ku'(x)$, d'où $f'(x) = -4 \times (3x^2)$; $f'(x) = -12x^2$.

3. On peut écrire $f(x) = u(x) + v(x) + w(x)$ avec $u(x) = 2x^3$; $v(x) = x^2$; $w(x) = -x + 5$.
$u'(x) = 2 \times (3x^2)$ soit $u'(x) = 6x^2$.
$v'(x) = 2x$ et $w'(x) = -1$.
On écrit alors : $f'(x) = u'(x) + v'(x) + w'(x)$, d'où $f'(x) = 6x^2 + 2x - 1$.

Exercice 50

1. c). 2. a).

Exercice 51

1. $f(x) = x^2 + 3x - 1$, d'où $f'(x) = 2x + 3$.
On a :
$2x + 3 > 0$ pour $2x > -3$ soit, puisque $2 > 0$, pour $x > -\frac{3}{2}$.

Sur $\left]-\frac{3}{2} ; 2\right]$, on a $f'(x) > 0$, donc f est croissante.

$2x + 3 < 0$ pour $2x < -3$ soit, puisque $2 > 0$, pour $x < -\frac{3}{2}$.

Sur $\left]-3 ; -\frac{3}{2}\right[$, on a $f'(x) < 0$, donc f est décroissante.

Pour $x = -\frac{3}{2}$, $f'(x) = 0$.

Tableau de variation :

x	-3		$-\frac{3}{2}$		2
$f'(x)$		$-$	0	$+$	
$f(x)$	-1	↘	$-3{,}25$	↗	9

Pour $x = -\frac{3}{2}$, la fonction f admet un minimum égal à $-3{,}25$.

2. $f(x) = x^3 - 3x^2 - 9x + 3$, d'où $f'(x) = 3x^2 - 3 \times (2x) - 9$;
$f'(x) = 3x^2 - 6x - 9$.
$f'(x) = 3(x^2 - 2x - 3)$; $f'(x)$ a le signe de $x^2 - 2x - 3$.
On peut déterminer graphiquement le signe de $x^2 - 2x - 3$.
À la calculatrice graphique, on trace la parabole d'équation $y = x^2 - 2x - 3$.
Fenêtre : $X_{min} = -2$; $X_{max} = 4$; pas = 1 ;
$Y_{min} = -5$; $Y_{max} = 10$; pas = 1.

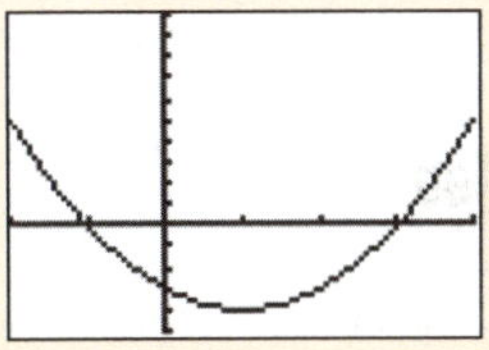

On obtient le tableau suivant :

x	-2		-1		3		4
Signe de $x^2 - 2x - 3$		$+$	0	$-$	0	$+$	

Tableau de variation de f :

x	-2		-1		3		4
$f'(x)$		$+$	0	$-$	0	$+$	
$f(x)$	1	↗	8	↘	-24	↗	-17

Pour $x = -1$, f admet un maximum égal à 8.
Pour $x = 3$, f admet un minimum égal à -24.

Exercice 52

1. b). **2. c).** **3. a).**

Exercice 53

1. c). **2. b).**

Exercice 54

1. Calcul de $2^{1,5}$.
2 ^ 1.5 entrer ou, en mode RUN, 2 ^ 1.5 EXE.
On lit : 2.8284... ; $2^{1,5} \approx 2,83$ (valeur arrondie au centième).

2. Calcul de $(0,5)^{-1,3}$.
0,5 ^ (–) 1.3 entrer ou, en mode RUN, 0.5 ^ (–) 1.3 EXE.
On lit : 2.4622... ; $0,5^{-1,3} \approx 2,46$ (valeur arrondie au centième).

3. Calcul de $10^{2,6}$.
10 ^ 2.6 entrer ou, en mode RUN, 10 ^ 2.6 EXE.
On lit : 398.1071... ; $10^{2,6} \approx 398,11$ (valeur arrondie au centième).
Une autre possibilité :
2nde log (10^x) 2.6) entrer ou, en mode RUN, SHIFT log (10^x) (2.6) EXE.

4. Calcul de log (15).
log 15) entrer ou, en mode RUN, log (15) EXE.
On lit : 1.1760... ; $\log(15) \approx 1,18$ (valeur arrondie au centième).

Exercice 55

1. b). **2. b).** **3. c).**

Exercice 56

1. Équation $\log(x) = 2,4$.
Puisque $2,4 = \log(10^{2,4})$, on écrit :
$\log(x) = \log(10^{2,4})$, d'où $x = 10^{2,4}$.
L'équation a pour solution $x = 10^{2,4}$; $10^{2,4} \approx 251,19$ (valeur arrondie à 0,01).

2. Inéquation $\log(x) \geqslant -1,6$.
Puisque $-1,6 = \log(10^{-1,6})$, on écrit :
$\log(x) \geqslant \log(10^{-1,6})$, d'où $x \geqslant 10^{-1,6}$.
L'inéquation a pour solutions tous les nombres x tels que $x \geqslant 10^{-1,6}$; l'ensemble des solutions est l'intervalle $[10^{-1,6} ; +\infty[$; $10^{-1,6} \approx 0,025$ (valeur arrondie à 0,001).

3. Inéquation $\log(x) \leqslant 0,8$.
Puisque $0,8 = \log(10^{0,8})$,
on écrit $\log(x) \leqslant \log(10^{0,8})$, d'où $0 < x \leqslant 10^{0,8}$.
L'inéquation a pour solutions tous les nombres x tels que $0 < x \leqslant 10^{0,8}$; l'ensemble des solutions est l'intervalle $]0 ; 10^{0,8}]$; $10^{0,8} = 6,31$ (valeur arrondie à 0,01).

Exercice 57

1. Équation $(1,2)^x = 3$.
On écrit : $\log(1,2)^x = \log(3)$ d'où $x\log(1,2) = \log(3)$;
l'équation a pour solution : $x = \dfrac{\log(3)}{\log(1,2)}$; $x \approx 6,03$ (valeur arrondie au centième).

2. Inéquation $(1,15)^x \geqslant 2$.
On écrit : $\log(1,15)^x \geqslant \log(2)$
d'où $x\log(1,15) \geqslant \log(2)$;
puisque $\log(1,15) > 0$,
$x\log(1,15) \geqslant \log(2)$ équivaut à $x \geqslant \dfrac{\log(2)}{\log(1,15)}$.
Les solutions sont les nombres x tels que
$x \geqslant \dfrac{\log(2)}{\log(1,15)}$.
L'ensemble des solutions est l'intervalle
$\left[\dfrac{\log(2)}{\log(1,15)} ; +\infty\right[$.
À la calculatrice on obtient : $\dfrac{\log(2)}{\log(1,15)} \approx 4,96$.

3. Inéquation $(0,8)^x \leqslant 0,5$.
On écrit : $\log(0,8)^x \leqslant \log(0,5)$
d'où $x\log(0,8) \leqslant \log(0,5)$;
puisque $\log(0,8) < 0$,
$x\log(0,8) \leqslant \log(0,5)$ équivaut à $x \geqslant \dfrac{\log(0,5)}{\log(0,8)}$.
Les solutions sont les nombres x tels que
$x \geqslant \dfrac{\log(0,5)}{\log(0,8)}$.
L'ensemble des solutions est l'intervalle
$\left[\dfrac{\log(0,5)}{\log(0,8)} ; +\infty\right[$.
À la calculatrice on obtient : $\dfrac{\log(0,5)}{\log(0,8)} \approx 3,11$.

Savoir 1

La maîtrise de la consommation en eau

LU ☐
SU ☐
REVU ☐

L'eau douce, indispensable à la vie, est présente en quantité limitée sur la Terre et sa qualité est menacée. Il est donc important de la préserver.

1 Les ressources disponibles en eau

1.1. Les ressources disponibles à l'échelle planétaire

• L'eau douce est inégalement répartie sur la planète. Elle n'est pas assez abondante dans certains pays d'Afrique (au Nord et à l'Est surtout) et au Sud de l'Asie.

• Au manque d'eau s'ajoute le problème de sa qualité médiocre, responsable d'infections mortelles chez ceux qui en consomment, et particulièrement chez les enfants.

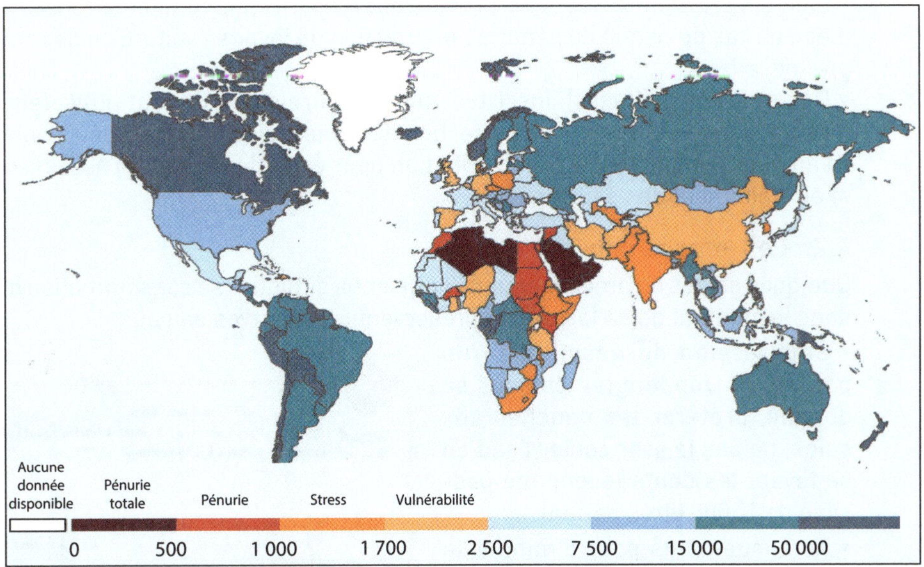

Total des ressources en eau renouvelables (en m³ par habitant et par an en 2013).

1.2. Les ressources disponibles en France

• La qualité des eaux de surface s'est améliorée ces dernières années (excepté pour les nitrates), mais celle des nappes phréatiques (eaux souterraines) est menacée par la pollution aux pesticides et nitrates, en raison des activités d'élevage et d'agriculture intensives.

2 Les critères de potabilité

• L'eau puisée dans les rivières ou les nappes phréatiques est contrôlée, et souvent traitée avant distribution dans le réseau pour être acheminée vers les habitations. Pour être potable, elle doit répondre à une série de critères de confort et ne doit présenter aucun risque pour la santé :

– critères **organoleptiques** : limpidité, clarté, absence d'odeur et de saveur désagréable ;

– critères **chimiques** (substances indésirables) : présence tolérée à condition de ne pas dépasser un certain seuil ;

– critères **microbiologiques** : aucun parasite, virus ou bactérie dangereux n'est accepté.

3 L'évolution de la consommation de l'eau

• La consommation domestique d'eau potable a baissé depuis 2004, en raison de l'augmentation du prix de l'eau et de la prise de conscience plus importante de sa valeur, et de la conception d'appareils ménagers de plus en plus économes en eau.

4 Les mesures de préservation de l'eau

4.1. Les mesures collectives

• Les objectifs du développement durable fixés au niveau mondial sont, notamment, de garantir l'accès à l'eau potable et à l'assainissement pour tous d'ici 2030, et d'améliorer la qualité de l'eau en réduisant les pollutions.

• En France, les préfets peuvent prendre des mesures pour limiter la consommation d'eau en cas de risque de pénurie : interdiction de laver sa voiture ou de remplir sa piscine, etc.

• Des redevances (taxes), inscrites sur la facture d'eau de tout utilisateur d'eau potable, servent à financer la protection des lieux de captage de l'eau, contribuent à l'amélioration du réseau de distribution pour éviter les fuites, à l'assainissement et au traitement des eaux usées.

4.2. Les actions éco-citoyennes

Quelques gestes ou aménagements suffisent à diminuer sa consommation d'eau et donc le montant de sa facture, et préservent les réserves en eau.

• Suppression du gaspillage : ne pas rester trop longtemps sous sa douche, préférer les douches aux bains, ne pas laisser couler l'eau en se lavant les dents (économie possible de 10 000 litres par an).

• Aménagements pour diminuer la consommation d'eau : réducteur de débit sur les robinets, choix d'appareils économes en eau, robinet thermostatique, chasse d'eau à double débit (économie possible de 10 000 litres par an).

• La moitié de la quantité d'eau potable peut être économisée en utilisant de l'eau de pluie stockée dans une cuvette, enterrée ou non.

Repères

Toilette au lavabo : environ 5 litres
Douche de 5 min : de 30 à 100 litres, selon le débit et l'utilisation ou non de matériel hydro-économe
Bain : de 150 à 200 litres

Chasse d'eau avec simple commande : de 6 à 12 litres à chaque utilisation
Chasse d'eau avec doucle commande : de 3 à 6 litres à chaque utilisation

Lave-linge : en moyenne 45 litres pour un modèle récent et 100 litres pour un modèle ancien

Lave-vaisselle : en moyenne 10 litres pour un modèle récent et 40 litres pour un modèle ancien
Vaisselle à la main : de 15 litres (remplissage des bacs) à 50 litres (eau courante)

Arrosage du jardin : de 15 à 20 litres par m²
Evaporaton d'un gazon : de 3 à 6 litres d'eau par m² de surface par temps chaud

Remplissage d'une piscine : de 50 000 à 80 000 litres

Source : SMEGREG, www.jeconomiseleau.org

• D'autres précautions évitent de polluer les cours d'eau par l'intermédiaire des eaux usées : utilisation de produits non toxiques pour l'environnement, modification du comportement. Par exemple : éviter de jeter des restes de produits dans l'évier.

Savoir 2

La maîtrise de la consommation en énergie

LU ☐
SU ☐
REVU ☐

Alors que nous consommons de l'énergie, pour la plupart de nos activités, sans en avoir conscience, 20 % de la population mondiale n'a même pas accès à l'électricité.

1 Les ressources disponibles en énergie

1.1. Les ressources disponibles à l'échelle planétaire

• Les ressources en énergies non renouvelables fossiles (pétrole, gaz, charbon), et en uranium, diminuent en raison de la consommation importante des régions les plus riches, et de la croissance rapide des pays émergents. Elles sont inégalement réparties sur la planète.

• Contrairement aux énergies non renouvelables, les énergies renouvelables (énergie solaire et éolienne, énergie hydraulique, géothermie et biomasse : combustion des déchets) ne posent pas de problème de disponibilité, ni de problème de pollution et n'émettent pas de gaz à effet de serre.

1.2. Les ressources disponibles en France

• La France ne produit pas de charbon ni d'uranium, et très peu de pétrole ou de gaz naturel.

• Elle dispose d'importantes possibilités de production d'énergie renouvelable : forêts pour le bois de chauffage, relief accidenté pour l'énergie hydraulique.

• La production d'électricité est pour 77 % d'origine nucléaire en France, ce qui limite sa dépendance par rapport aux pays producteurs de pétrole.

2 Les limites de rendement des énergies renouvelables

Le rendement des énergies renouvelables dépend des conditions climatiques (ensoleillement, vent), et géographiques (relief pour l'énergie hydraulique). Il est beaucoup moins élevé que pour l'énergie nucléaire, mais les centrales nucléaires présentent un risque difficilement mesurable en cas de fuite ou d'accident.

3 L'évolution de la consommation en énergie et les conséquences sur l'environnement

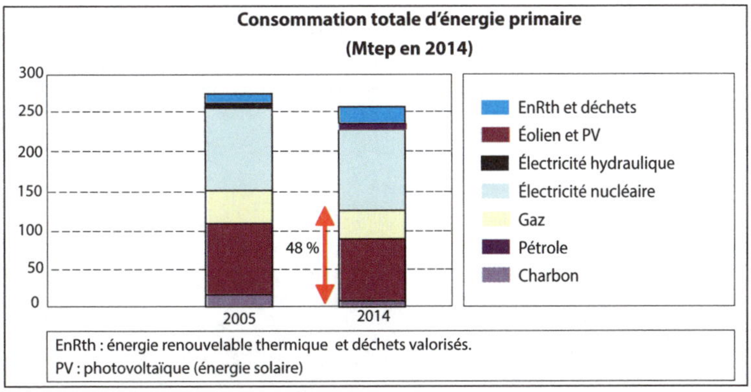

En France, la part d'énergie fossile utilisée a diminué légèrement depuis 2005, mais elle représente encore 48 % de l'énergie consommée. Malgré une légère hausse, principalement au niveau des biocarburants, de la biomasse et du bois, la part des énergies renouvelables ne représente encore que 10 % de la consommation totale.

4 Les mesures d'économie d'énergie

4.1. Les mesures collectives

• Au niveau international, un accord a été signé à Paris en 2015 lors de la COP 21 (conférence sur les changements climatiques), pour que chaque pays s'engage à réduire ses émissions de gaz à effet de serre.
• En France, la loi de transition énergétique pour la croissance verte a pour but de lutter contre le dérèglement climatique, et d'accentuer l'indépendance énergétique en fixant les objectifs suivants :
– réduire de 30 % la consommation d'énergies fossiles en 2030 par rapport à 2012 ;
– porter la part d'énergie renouvelable à 32 % de la consommation totale en 2030 ;
– réduire de 40 % l'émission de gaz à effet de serre entre 1990 et 2030.
Pour atteindre ces objectifs, les mesures suivantes ont été adoptées.
Dans le domaine du bâtiment :
– conditions exigeantes de performances énergétiques imposées lors des constructions de bâtiments publics et de logements sociaux ;
– aides financières (éco-prêt à taux zéro, crédits d'impôts, etc.) qui incitent les propriétaires à effectuer des travaux d'économie d'énergie dans leur logement.
Dans le domaine du transport :
– réduction de la vitesse de circulation qui peut être imposée par les maires ;
– incitations financières accordées lors de l'achat de véhicules propres et pour favoriser les modes de déplacement économes en énergie (auto-partage, transports en commun, etc).

4.2. Les mesures individuelles

• Des gestes simples diminuent la facture d'énergie et préservent les ressources, limitent l'impact sur l'environnement en diminuant la production de gaz à effet de serre.
– Choisir des lampes économes en énergie, éteindre la lumière en quittant une pièce.
– Privilégier les appareils peu gourmands en énergie, en consultant l'étiquette-énergie et ne pas laisser d'appareil en veille.
– Isoler le logement par des fenêtres à double ou triple vitrage, en isolant la toiture et les parois.
– Baisser le chauffage la nuit ou lors des absences, privilégier un système de chauffage économe ou utilisant les énergies renouvelables.
– Limiter la vitesse et l'usage de la voiture (transports en commun, covoiturage, vélo, etc.) et choisir des véhicules peu gourmands en énergie.

Les situations à risques

LU ☐
SU ☐
REVU ☐

Chaque personne est confrontée quotidiennement à des risques à son domicile, à l'extérieur ou au travail.

1 Les différents types de risques

1.1. Les risques d'accidents domestiques

• Ce sont les risques rencontrés dans la vie quotidienne à la maison ou dans son jardin. Ils provoquent des séquelles ou la mort par électrisation, étouffement, intoxication, noyade, asphyxie, chute ou blessure.

1.2. Les risques professionnels

• Ils concernent les risques de maladies professionnelles ou d'accidents du travail (voir Fiche 15).

1.3. Les risques majeurs

La probabilité d'accident est faible dans le cas de risque majeur, mais lorsque l'événement se réalise, il concerne un nombre important de victimes et provoque rapidement des dégâts matériels et/ou écologiques de grande ampleur.

• On distingue les risques majeurs naturels (avalanches, inondations, tempêtes, etc.) des risques majeurs technologiques (rupture de barrage, risque nucléaire, minier, transport de marchandises dangereuses, etc).

• Les menaces terroristes sont les risques d'attentats qui visent à tuer ou blesser des personnes civiles, dans le but d'intimider la population ou de faire pression sur le gouvernement, ou sur une organisation internationale.

2 Les actions pour limiter les risques majeurs

2.1. Les mesures collectives

• Les citoyens doivent être avertis sur les risques majeurs auxquels ils sont exposés. Ils peuvent ainsi consulter le Dossier Départemental des Risques Majeurs (DDRM) à la préfecture ou en mairie (ou sur le site internet) pour connaître les dangers et les mesures de protection.

• Le plan Vigipirate, plan gouvernemental contre les attentats, comprend des mesures de vigilance (ex : surveillance dans les transports), de prévention et de protection qui concernent tout le monde et tous les secteurs d'activités.

2.2. La conduite d'urgence à adopter en cas d'alerte

• En cas d'alerte, les populations sont averties du danger par la diffusion d'un signal sonore provenant d'une sirène, de haut-parleurs mobiles ou fixes. En entendant ce signal, les personnes doivent se mettre à l'abri et écouter les informations données sur les radios nationales.

Savoir 4

La protection contre le bruit

LU ☐
SU ☐
REVU ☐

Le bruit est considéré comme la principale source de nuisance ressentie par les Français, et ses conséquences sur la qualité de vie et la santé sont importantes.

1 Les sources de bruit

1.1. Les bruits aériens

• Ce sont les bruits transmis dans l'air et provenant de l'extérieur (transport routier, travaux, tondeuse, etc.) ou de l'intérieur d'un bâtiment (voix, cris, télévision, musique, etc).

1.2. Les bruits d'équipement

• Ce sont les bruits provenant de la chaudière, de la ventilation, des sanitaires (chasse d'eau, robinetterie, tuyauterie, etc.), de l'ascenseur, etc.

1.3. Les bruits d'impact

• Ce sont les bruits de pas, de choc contre le mur ou le plancher, de chutes d'objets, etc.

2 Le mécanisme de perception du son

• Les sons sont captés par le pavillon de l'oreille externe, puis acheminés par le conduit auditif pour faire vibrer le tympan. Les vibrations sont amplifiées par les osselets de l'oreille moyenne, et transmises aux liquides contenus dans la cochlée de l'oreille interne. Les mouvements de ces liquides provoquent le fléchissement des cils des cellules ciliées, entraînant la naissance d'un message nerveux.
• Le message nerveux chemine par l'intermédiaire du nerf auditif jusqu'au cerveau, qui décode et interprète les sons.

3 Les conséquences du bruit sur la santé

• L'exposition, même de courte durée, à de forts volumes sonores, ou bien l'exposition fréquente et prolongée à des bruits d'intensité moyenne peut provoquer des troubles temporaires de l'audition (gène ou fatigue auditive) ou des atteintes définitives : acouphènes (sifflements, bourdonnements), hyperacousie (bruits perçus de façon trop intense), ou encore une surdité.
• Le bruit a des effets négatifs sur les autres organes (appareil respiratoire, etc.), sur la qualité du sommeil et augmente le stress.

4 Les mesures de prévention du bruit

• **À la source :** limitations de vitesse sur les routes, de niveau sonore pour les discothèques, les concerts et les baladeurs.
• **Au niveau de la transmission :** isolation des parois, double ou triple vitrage, murs antibruit, etc.
• **Au niveau de la réception :** casque antibruit ou bouchons d'oreilles.

Savoir
5

Les risques professionnels : l'approche par le risque

LU ☐
SU ☐
REVU ☐

L'analyse des risques professionnels est du ressort du chef d'entreprise assisté du référent sécurité, du CHSCT ou des représentants du personnel et des salariés compétents (voir Fiche 13). Elle a pour but de mettre en place des mesures de prévention pour éviter un accident du travail ou une maladie professionnelle (analyse a priori des risques). La démarche la plus utilisée est l'approche par les risques.

1 Première étape : l'analyse des risques

1.1. Le schéma d'apparition d'un dommage

Après observation du salarié au poste de travail, les différentes composantes pouvant conduire à un accident du travail ou à une maladie professionnelle, sont inscrites dans le schéma d'apparition d'un dommage.

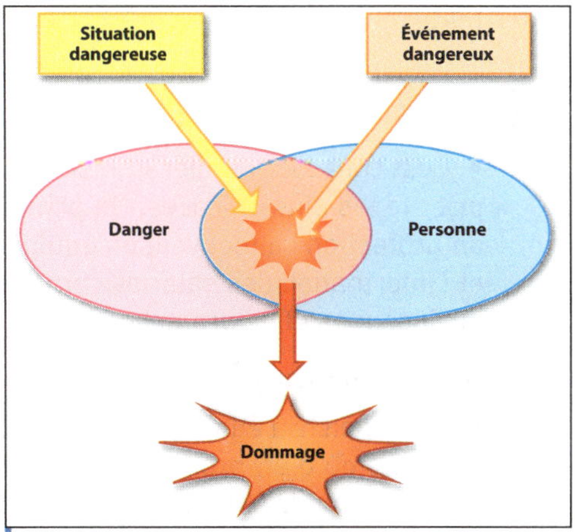

Le schéma d'apparition d'un dommage.

• La **situation dangereuse** est une situation dans laquelle une **personne** est exposée à un ou plusieurs danger(s).
• Un **danger** est une cause capable de provoquer un dommage.
• L'**événement dangereux** est l'événement capable de provoquer un dommage. Il se caractérise par sa probabilité d'apparition.
• Le **dommage** est une blessure physique ou une atteinte à la santé. Il se caractérise par sa gravité.

1.2. L'estimation des risques

• Appréciation de la gravité : évaluée en fonction de la gravité des dommages en cas d'accident du travail ou de maladie professionnelle.
• Appréciation de la probabilité d'occurrence : éventualité plus ou moins importante qu'un accident se produise ou qu'une maladie professionnelle se déclenche.
Le niveau de gravité et de probabilité sont inscrits sur un graphe (voir la deuxième étape, en page suivante).

COTATION		GRAVITÉ	PROBABILITÉ D'OCCURRENCE
COTATION	4	**Très grave :** décès.	Expositions fréquentes et/ou de longue durée au danger, accident ou maladie très **probable**.
COTATION	3	**Grave :** incapacité permanente.	Expositions fréquentes et/ou de longue durée au danger, accident ou maladie **probable**.
COTATION	2	**Moyenne :** arrêt de travail et/ou hospitalisation.	Expositions rares et/ou de courte durée au danger, accident ou maladie **improbable**.
COTATION	1	**Faible :** absence d'arrêt de travail.	Expositions rares et/ou de courte durée au danger, accident ou maladie **très improbable**.

Exemples d'échelles de gravité et de probabilité d'occurrence.

2 Deuxième étape : l'évaluation des risques

• Délimitation de deux zones : une où la réduction des risques est jugée non prioritaire, l'autre où la réduction des risques est jugée nécessaire.

• Si le point de rencontre entre la gravité et la probabilité d'occurrence se trouve dans la zone où la réduction des risques est nécessaire, la recherche de mesures pour supprimer ou réduire les risques est obligatoire.

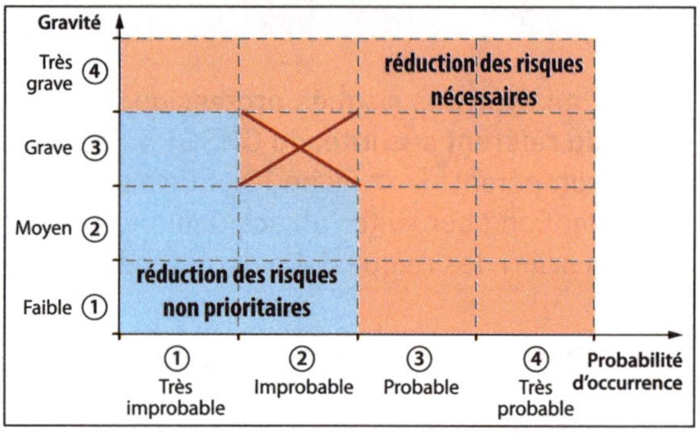

3 Troisième étape : la suppression ou la réduction des risques

• Il est conseillé de hiérarchiser ces mesures en essayant de mettre en place en priorité les plus efficaces. On privilégie les mesures de prévention intrinsèques et de protection collective. Les équipements de protection individuelle, la formation et l'information des salariés complètent, si nécessaire, les mesures de prévention intrinsèques et de protection collective.

3.1. La prévention intrinsèque

• Elle consiste à éliminer le danger ou à le réduire, en s'équipant par exemple d'un matériel ou d'un produit moins dangereux. Elle comprend l'automatisation des tâches, la modification de l'organisation du travail, la rotation du personnel, l'amélioration des conditions et des ambiances de travail.

3.2. La protection collective

• Elle protège du danger l'ensemble des personnes qui pourraient y être exposées (ex : séparation par des cloisons, ventilation générale, etc).

3.3. La protection individuelle

• Elle protège uniquement la personne pour éviter, ou le plus souvent réduire, le dommage.

• Elle consiste à porter des EPI (Équipements de Protection Individuelle) : casque, gants, bouchons d'oreilles, etc.

3.4. La formation/l'information

• La formation consiste à préparer le salarié à une certification (ex : la formation PRAP, Prévention des Risques liés à l'Activité Physique) ou à une habilitation (ex : une habilitation électrique), à lui apprendre à identifier les dangers et à s'en protéger.

• L'information s'effectue en affichant les consignes de sécurité et les pictogrammes de danger, en transmettant des messages, etc.

Savoir 6

L'approche par les risques, appliquée aux risques liés à l'électricité

LU ☐
SU ☐
REVU ☐

Les accidents provoqués par le courant électrique sont rares, mais souvent graves pour la victime. Ils provoquent une électrisation pouvant aller jusqu'à l'électrocution. Le courant électrique est également à l'origine d'incendies ou d'explosions.

1 Les situations de travail à risque

• Une électrisation a pour origine un contact direct avec le courant électrique, indirect (ex : en touchant une machine) ou un travail à proximité d'une ligne à haute tension (formation d'arc électrique, etc).
• La gravité des dommages varie en fonction de la tension d'alimentation, de la durée du contact avec le courant électrique, du trajet et de la résistance du corps (résistance moins élevée en cas d'humidité).

2 Les dommages occasionnés par le courant électrique dans l'organisme

• **Effets thermiques :** brûlures sur le trajet du courant, brûlure des yeux lors de la formation d'arc électrique.
• **Effets excito-moteurs :** contraction des muscles à partir d'une certaine intensité et durée du passage du courant, qui empêche la victime de lâcher le contact avec le circuit électrique. Elle peut provoquer l'asphyxie par paralysie des muscles respiratoires.
• **Fibrillation cardiaque :** contractions désordonnées du muscle cardiaque qui peut entraîner la mort par électrocution.

3 L'analyse des risques liés à l'électricité

3.1. Le schéma d'apparition d'un dommage

Situation dangereuse : utilisation d'un matériel électrique, travail sur le circuit électrique sous tension ou à proximité du courant ou d'une ligne à haute tension.
• **Danger :** courant électrique, pièce nue sous tension, appareil défectueux branché, etc.
• **Personne :** électricien, personnel d'entretien ou de maintenance (travail au voisinage du circuit électrique) ou toute personne utilisant du matériel électrique. Comme le courant électrique est invisible, les personnes exposées n'ont pas toujours conscience du danger.
• **Événement dangereux :** contact direct ou indirect avec le circuit électrique, approche d'un conducteur sous haute tension, etc.

SITUATION DE TRAVAIL

Monsieur M., électricien intérimaire âgé de 28 ans, effectue des travaux à l'intérieur d'une armoire électrique maintenue sous tension.

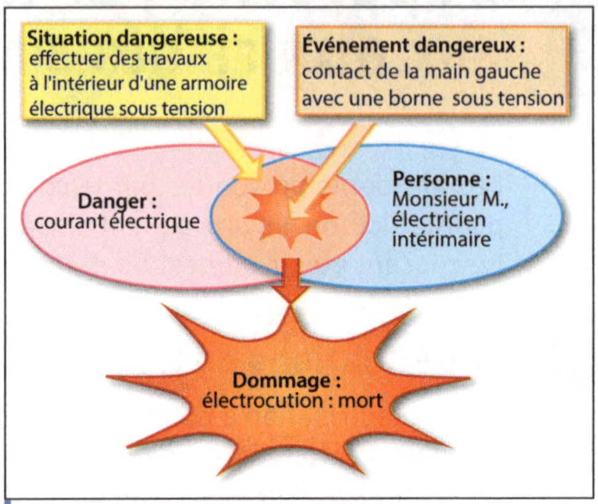

Schématisation du processus d'apparition d'un dommage.

3.2. L'estimation des risques

• Les risques liés à l'électricité sont de mieux en mieux maîtrisés en raison des normes de plus en plus strictes. La **probabilité d'occurrence** diminue, mais lorsque l'accident se produit, il est souvent d'une extrême **gravité**.

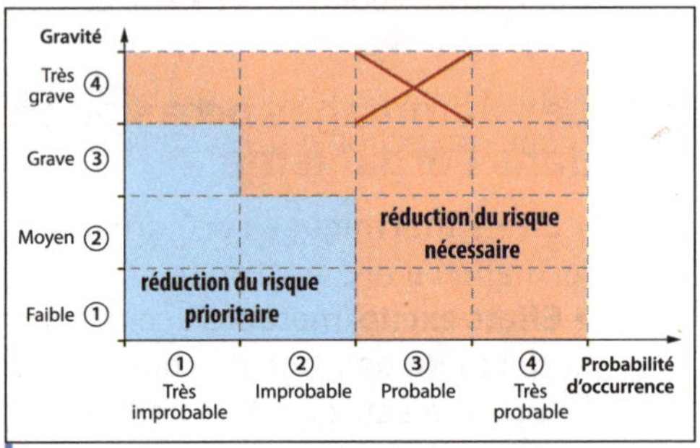

Estimation et évaluation du risque.

4 L'évaluation des risques

La réduction des risques est nécessaire en raison des dommages souvent très graves sur le trajet du courant.

5 La suppression ou la réduction des risques liés à l'électricité

5.1. La prévention intrinsèque

• La prévention la plus efficace consiste à intervenir sur des installations mises hors tension en respectant la procédure de consignation.

• Des dispositifs de sécurité d'une installation aux normes en vigueur : disjoncteurs différentiels et prises de terre protègent les personnes des contacts indirects.

5.2. La protection collective

• Des obstacles isolants devant les pièces sous tension, et le respect de la distance de sécurité entre les personnes et les pièces nues sous tension protègent les salariés contre les contacts directs.

5.3. La protection individuelle

• Elle est assurée par le port d'EPI (écran facial, gants et chaussures isolants), l'utilisation de matériel isolant : outil, tapis, tabouret ou perche.

5.5. La formation/l'information

• La formation des salariés à l'habilitation électrique apporte des connaissances et des savoir-faire pour accomplir le travail en toute sécurité.

• Les locaux à accès réservé aux électriciens sont signalés par un triangle sur fond jaune d'avertissement du danger.

Savoir 7

L'approche par les risques, appliquée aux risques liés aux équipements de travail

LU ☐
SU ☐
REVU ☐

Les risques liés aux équipements de travail (ou « risques mécaniques ») sont présents pour les salariés utilisant un outil portatif ou manuel, un engin de levage, ou travaillant sur une machine. Il concerne également les personnes qui travaillent à proximité de ces équipements.

1 Les risques liés aux équipements de travail

• Un accident lié aux équipements de travail peut avoir pour origine un problème technique ou une erreur humaine provoquant :
- un coincement ou un écrasement d'une partie du corps sous une pièce lourde ;
- un pincement ;
- un entraînement d'un vêtement ou d'un partie du corps (ex : cheveux) dans une pièce en mouvement ;
- une coupure, piqûre, perforation (ex : au niveau d'un doigt par une aiguille) ;
- une projection d'un solide, d'un fluide ou de vapeur.

2 Les dommages provoqués par les équipements de travail

• Le contact direct avec une pièce en mouvement ou un outil tranchant peut provoquer :
- l'amputation d'un doigt ou d'un membre sectionné ;
- l'atteinte d'organes, qui peut être mortelle dans le cas d'organes vitaux, suite à l'écrasement d'une partie du corps sous une machine ;
- des hématomes (« bleus »), une entorse ou une fracture d'un os ;
- une infection par pénétration et multiplication des micro-organismes dans la plaie, consécutive aux écorchures, coupures ou perforations de la peau.

• À la longue, l'utilisation de machines ou outils peut favoriser les TMS : Troubles musculo-squelettiques en raison d'efforts physiques répétés, de vibrations (ex : marteau-piqueur), de chocs et mauvaises postures (voir Fiche 17).

3 L'analyse des risques liés aux équipements de travail

3.1. Le schéma d'apparition d'un dommage

• **Situation dangereuse :** utilisation d'un équipement de travail, maintenance, réparation d'une machine ou travail à proximité.

• **Danger :** parties en mouvement d'une machine, outil tranchant, fluide sous pression ou matière pouvant être projetée (ex : poussières, pièce, copeaux, etc).

• **Personne :** mécanicien, artisan, employé des travaux publics, agent d'entretien ou de maintenance, etc.

• **Événement dangereux :** contact d'une partie du corps avec une pièce coupante ou en mouvement, avec un fluide sous pression (pour les risques d'accidents du travail) et la fréquence et/ou la durée d'utilisation d'une machine ou d'un outil (pour les risques de TMS), etc.

SITUATION DE TRAVAIL

En fin de journée, Maxime F., apprenti boucher âgé de 16 ans, nettoie le hachoir à viande en engageant sa main gauche dans la trémie d'alimentation.

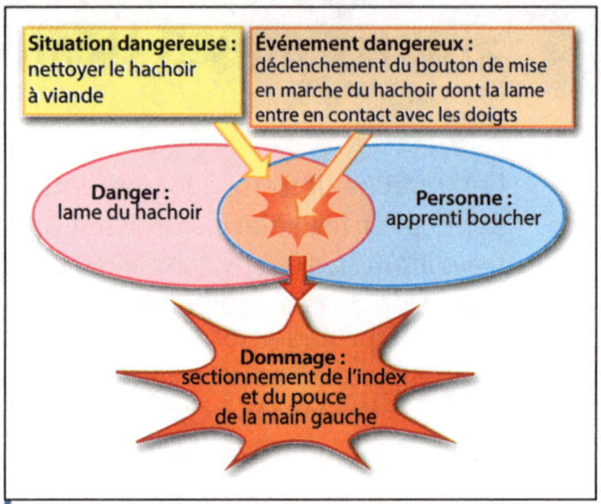

Schématisation du processus d'apparition d'un dommage.

3.2. L'estimation des risques

• **La probabilité d'occurrence :** est liée au temps passé dans la zone dangereuse, à l'importance des interventions manuelles, à la connaissance de la machine par l'opérateur et son entourage.

• **La gravité :** est plus ou moins importante. Un accident n'entraîne pas d'arrêt de travail si les dommages sont des hématomes ou une plaie simple non infectée. Il peut être très grave en cas d'amputation de membre et entraîner une incapacité permanente. Il peut être mortel dans le cas de choc violent ou d'écrasement.

4 La suppression ou la réduction des risques liés aux équipements de travail

4.1. Prévention intrinsèque

• Automatisation de la tâche.

• Consignation des équipements de travail avant toute intervention pour éviter la mise en route de la machine.

• Achat de machines conformes à la réglementation (marquage CE), maintenances et contrôles réguliers.

• Inaccessibilité des parties coupantes des machines par des carters de protection ou capots.

• Rotation du personnel dans le cas de risques de TMS.

4.2. Protection collective

• Barrières, cloisons.

• Détecteurs de présence qui stoppent la machine lorsqu'une personne s'en approche.

• Commandes bi-manuelles obligeant le salarié à maintenir ses deux mains sur la machine.

• Boutons d'arrêt d'urgence.

4.3. Protection individuelle

• Port d'EPI adaptés selon les recommandations du fabricant de la machine : gants qui protègent des risques mécaniques, chaussures de sécurité coquées, lunettes, casques, etc.

• Tenue près du corps en évitant les vêtements amples, cheveux attachés.

L'approche par les risques, appliquée aux risques liés aux agents biologiques

LU ☐
SU ☐
REVU ☐

- Le salarié est davantage conscient des risques lorsque l'agent biologique est introduit de façon volontaire dans un procédé de fabrication (ex : médicaments), lors d'un travail en laboratoire ou encore dans le secteur agro-alimentaire.
- Par contre, et comme les agents biologiques ne sont pas visibles, il a tendance à moins se protéger lorsque les agents biologiques sont présents de manière occasionnelle dans l'environnement de travail (métiers de la santé, de la petite enfance, de l'entretien des locaux du traitement de l'eau et des déchets, etc).

1 Les dommages occasionnés par les agents biologiques

- **Infections ou toxi-infections :** provoquées par l'introduction d'agents biologiques par voie respiratoire, par contact avec la peau et les muqueuses ou par la voie digestive.
- **Allergies** (asthme, rhinite, eczéma) : réactions d'hypersensibilité à un agent biologique.
- **Cancers :** favorisés par les infections (ex : cancer du foie si la personne a eu une hépatite B ou C).

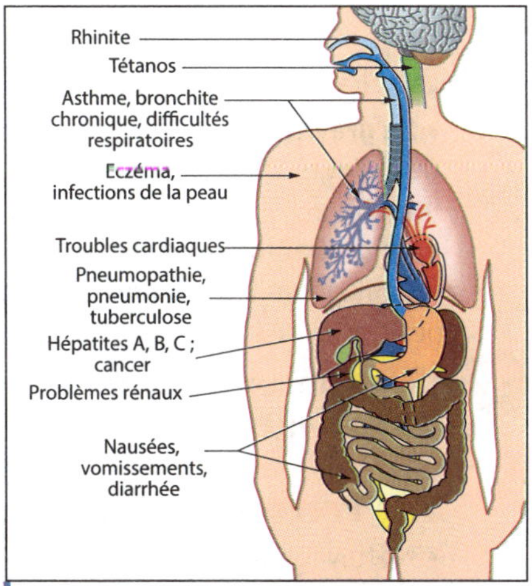

Les effets des agents biologiques.

2 L'analyse des risques liés aux agents biologiques

2.1. Le schéma d'apparition d'un dommage

- **Situation dangereuse :** exposition d'un salarié à un agent biologique présent dans son environnement de travail.
- **Danger :** micro-organisme pathogène (bactérie, moisissure, levure, protozoaire pouvant entraîner une infection), virus, parasite (vers) ou prion (ex : responsable de maladie de la vache folle). Ils peuvent être transmis au salarié par un homme, un animal ou par les liquides biologiques qu'ils produisent (ex : urine, sang, excréments).
- **Personne :** personnel de laboratoire, personnel médical ou de la petite enfance, agent d'entretien, d'assainissement ou tout travailleur en contact avec des animaux (éleveurs, personnel d'abattoir).
- **Événement dangereux :** contact entre une partie de corps et l'agent biologique.

SITUATION DE TRAVAIL

Mme R., agent de service hospitalier, collecte les déchets dans les chambres du service des maladies infectieuses et tropicales.

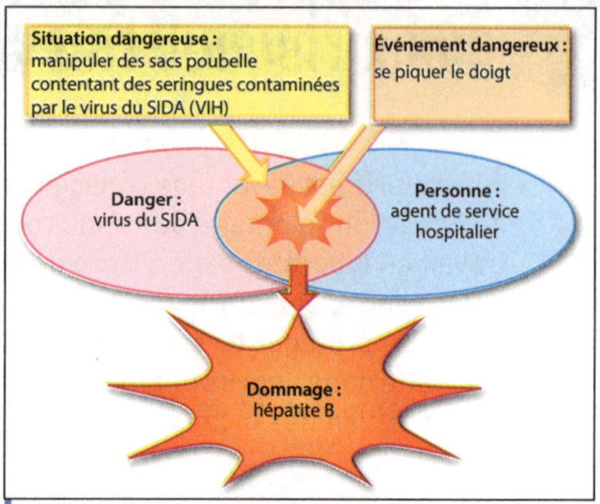

Schématisation du processus d'apparition d'un dommage.

2.2. L'estimation des risques

• **La gravité :** estimée des dommages varie en fonction de la classe à laquelle appartient l'agent biologique : de 1 à 4 par ordre croissant de risque de provoquer une infection.

• **La probabilité d'occurrence :** dépend de la durée et de la fréquence d'exposition à des agents biologiques pathogènes.

3 La suppression ou la réduction des risques liés aux agents biologiques

3.1. Prévention intrinsèque

• Nettoyage et désinfection des surfaces et matériels.
• Dératisation et désinsectisation des locaux.
• Automatisation de la tâche à risques infectieux.
• Mise à disposition de containers rigides pour les seringues usagées.
• Rotations du personnel.

3.2. Protection collective

• Séparation entre une partie des salariés et les agents biologiques, par des mesures de confinement adaptées au niveau de risques (ex : niveau 1, accès réglementé).

3.3. Protection individuelle

• Port d'EPI adapté (ex : gants spécifiques pour les infirmiers et aides-soignants).
• Vêtements et EPI adaptés au niveau de confinement pour les salariés devant travailler dans les locaux à risque infectieux.
• Surveillance médicale renforcée tous les 24 mois.
• Vaccination selon le type d'agent biologique (ex : contre l'hépatite B).

3.4. Formation/information

• Formation et information obligatoires avant tout travail en contact avec des agents biologiques, pour connaître les précautions à prendre pour limiter les expositions. Elle doit être renouvelée régulièrement.

• Panneau de signalisation spécifique à l'entrée des locaux à partir du niveau 2 de confinement.

Panneau de signalisation : risques biologiques.

Savoir 9

L'approche par les risques, appliquée aux risques liés aux ambiances thermiques

LU ☐
SU ☐
REVU ☐

Les ambiances thermiques inadaptées, trop froides ou trop chaudes, ont une incidence sur le confort du salarié. Elles peuvent favoriser un accident du travail ou, à long terme, une maladie professionnelle.

1 Les risques liés aux ambiances thermiques inadaptées

• Si la température de l'environnement de travail du salarié est trop basse ou trop élevée, ses mécanismes de thermorégulation (maintien de la température corporelle à 37 °C) ne sont plus efficaces. La personne ressent de l'inconfort thermique qui peut entraîner des troubles sur la santé.

2 Les dommages occasionnés par les ambiances thermiques inadaptées

• **L'exposition à une ambiance thermique froide** peut conduire à :
– une hypothermie : baisse de la température corporelle en dessous de 35 °C.
Les premiers signes d'alerte sont :
– pâleur, refroidissement de la peau, frissons, fatigue ;
– des gelures : lésions au niveau de la peau des orteils, de la main et de la face ;
– une confusion puis perte de conscience et mort par atteinte des organes vitaux ;
– des rhumatismes et problèmes respiratoires dans le cas d'expositions régulières ;
– un accident puisque le froid diminue la vigilance et augmente la fatigue.
• **L'exposition à une ambiance thermique chaude** peut conduire à :
– une hyperthermie : élévation de la température corporelle au-delà de 38 °C, coup de chaleur qui peut entraîner une inconscience ;
– des problèmes circulatoires ou rénaux dans le cas d'expositions chroniques ;
– des coups de soleil et un cancer de la peau en cas d'expositions répétées au soleil.

3 L'analyse des risques liés aux ambiances thermiques inadaptées

3.1. Le schéma d'apparition d'un dommage

• **Situation dangereuse :** travail dans une ambiance chaude ou froide.
• **Danger :**
– ambiance chaude, rayons du soleil, source de chaleur (ex : four) ;
– ambiance froide, vêtements épais qui peuvent favoriser un accident en diminuant la dextérité lors du travail au froid.
• **Personne :** salarié qui travaille dehors (ouvrier du BTP, agriculteur), tout salarié qui travaille dans un local surchauffé ou près d'une source de chaleur, employé dans un entrepôt frigorifique ou dans une chambre froide.
• **Événement dangereux :** fréquence et/ou durée d'exposition, conditions climatiques extrêmes (canicule ou grand froid), incident technique de chauffage ou de climatisation.

SITUATION DE TRAVAIL

M. Rabière, maçon, coule du béton à l'aide d'une trémie métallique sur un chantier de construction d'un immeuble un jour de grand soleil de juillet, sans vent. Le thermomètre affiche 28 °C à l'ombre, l'humidité relative dépasse 70 %. Le chantier ayant du retard, M. Rabière travaille quatre heures sans prendre de pause.

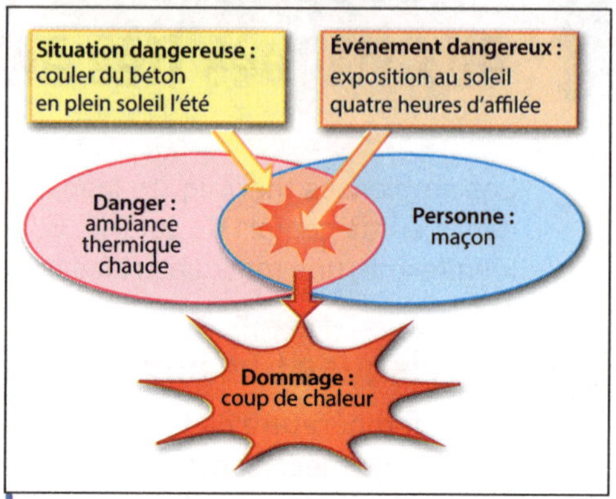

Schématisation du processus d'apparition d'un dommage.

3.2. L'estimation des risques

• **La probabilité d'occurrence** dépend de la fréquence et de la durée d'exposition.

• **La gravité** dépend des caractéristiques personnelles (âge, corpulence, condition physique, etc.), de la possibilité ou non de s'acclimater (de s'habituer), de la température ambiante, des mouvements d'air, de l'humidité et de la charge de travail physique.

4 La suppression ou la réduction des risques liés aux ambiances thermiques inadaptées

4.1. Prévention intrinsèque

• Automatisation des tâches en ambiance thermique extrême.

• Chariot chauffé : entrepôts frigorifiques.

• Exposition adaptée des locaux de travail (ex : atelier au nord pour éviter la surchauffe l'été).

• Rotations du personnel.

• Changement d'horaires de travail l'été (ex : commencer plus tôt).

• Climatisation et système de chauffage bien réglés.

4.2. Protection collective

• Isolation des sources chaudes ou froides.

• Isolation thermique des parois, de la toiture, des fenêtres (triple vitrage).

• Pose de stores ou de volets filtrants pour diminuer la chaleur à l'intérieur des locaux.

4.3. Protection individuelle

• Tenue professionnelle adaptée à la saison et à la température : protection de l'ensemble du corps, y compris la tête, l'été, et superposition de plusieurs vêtements chauds, gants, chaussures fourrées, cagoule, etc ; l'hiver ou en ambiance froide.

• Alimentation adaptée :

– ambiances chaudes : fruits, légumes et boissons non alcoolisées ;

– ambiances froides : boissons chaudes, aliments énergétiques.

4.4. Formation/Information

Formation pour les personnes travaillant dans les locaux réfrigérés pour adopter un comportement adapté.

L'approche par les risques, appliquée aux risques liés aux ambiances lumineuses

LU ☐
SU ☐
REVU ☐

La vision est le sens le plus sollicité dans toutes les activités professionnelles. Une ambiance lumineuse non adaptée entraîne un inconfort visuel qui a des répercussions sur la qualité du travail et sur la santé. Elle peut favoriser indirectement un accident du travail.

1 Les risques liés aux ambiances lumineuses

• La plupart des salariés travaillent dans des lieux soumis à des changements de luminosité naturelle en fonction de la saison, de l'ensoleillement et des moments de la journée.
• L'éclairage artificiel complète ou remplace l'éclairage naturel mais il est parfois inadapté et source d'inconfort et de troubles sur la santé.

2 Les dommages occasionnés par une ambiance lumineuse inadaptée

• **Perturbation du rythme circadien** (alternance jour/nuit) : diminution de la notion du temps, et fatigue voire dépression en cas d'éclairage uniquement artificiel.
• **Fatigue visuelle :** en cas d'éclairage insuffisant, éblouissant, stroboscopique (changements rapides de niveau d'éclairage) ou en cas de travail prolongé sur écran. Les signes sont : maux de tête, sensation de brûlures aux yeux et vision qui se trouble.
• **Inflammation de la conjonctive et de la cornée :** en cas d'exposition même de courte durée à une lumière vive (ex : soudage à l'arc). Les signes sont : larmoiements, paupières rouges qui peuvent évoluer vers des lésions irréversibles de la rétine, de la conjonctive ou de la cornée.
• **Diminution de l'acuité visuelle** (capacité à discerner les détails) : du champ de vision, de la perception des couleurs.
• **TMS :** favorisés par une mauvaise posture adoptée lorsque l'éclairage est inadapté.
• Un éclairement insuffisant peut également favoriser les accidents du travail (ex : chute).

3 Analyse des risques liés aux ambiances lumineuses

3.1. Le schéma d'apparition d'un dommage

• **Situation dangereuse :** travailler dans un environnement insuffisamment éclairé ou éblouissant, travailler sur un écran ou assembler des pièces en soudant à l'arc électrique.
• **Danger :** ambiance lumineuse inadaptée : éclairement insuffisant, éblouissant, effets stroboscopiques, mauvais rendu des couleurs, contrastes de luminosité trop importants, rayons lumineux réfléchis sur un écran.
• **Personne :** salarié qui effectue un travail de précision, qui travaille sur écran, soudeur ; salarié privé de lumière naturelle : travail de nuit ou dans un local dépourvu de fenêtres, salarié exposé à la lumière du soleil ou à la réflexion de ses rayons (surveillant de baignade, moniteur de ski, etc).
• **Événement dangereux :** fréquence et durée d'exposition, exposition de l'œil à une lumière vive et intense, réfléchissement de la lumière sur une surface.

SITUATION DE TRAVAIL

M. B., opérateur de saisie, 51 ans, entre des données sur ordinateur environ 6 h par jour, cinq jours par semaine depuis 20 ans.

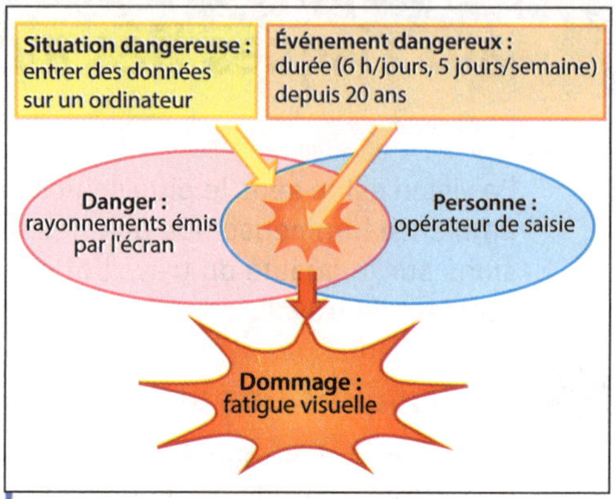

Schématisation du processus d'apparition d'un dommage.

3.2. L'estimation des risques

• **La probabilité :** d'occurrence qu'un accident se produise est difficile à établir pour les ambiances lumineuses, car le lien avec un défaut d'éclairage n'est pas évident. La fatigue visuelle est souvent très probable.

• **La gravité :** est faible en cas de fatigue visuelle, car après une période de repos, elle s'estompe ou disparaît. La gravité est importante dans le cas d'expositions accidentelles à une lumière vive, car elle peut entraîner une lésion irréversible de l'œil.

4 La suppression ou la réduction des risques liés aux ambiances lumineuses

4.1. Prévention intrinsèque

• Privilégier l'éclairage naturel en veillant à bien orienter les pièces par rapport au soleil, à prévoir des fenêtres en taille et nombre suffisants.

• Éclairage artificiel suffisant, bon rendu des couleurs, répartition homogène des sources lumineuses, dispositions qui évite les éblouissements (hors du champ de vision) et la réflexion sur des surfaces.

• Possibilité de faire des pauses ou de changer de tâche pour les travailleurs sur écran.

• Maintenance et entretien réguliers des dispositifs d'éclairage.

4.2. Protection collective

• Moyens occultant ou filtrants : stores, voilages, rideaux pour éviter l'éblouissement.

• Diffuseurs ou abat-jours sur les sources lumineuses.

4.3. Protection individuelle

• Port d'écran facial pour les activités de soudure à l'arc.

• Port de lunettes de soleil de protection 2 ou 3 pour les activités d'extérieur.

4.4. Formation, information

• Formation pour le travail sur écran.

• Affiches pour le soudage à l'arc : rappel du port des EPI.

• Accès aux commandes d'éclairage facilité par des voyants lumineux.

Savoir 11

La gestion des situations d'urgence en cas d'accident

LU ☐
SU ☐
REVU ☐

Le secouriste est le premier maillon de la chaîne de secours. Il intervient le plus vite possible après l'accident pour éviter l'aggravation de l'état de la victime en attendant les secours. Les quatre principales actions du secouriste sont : protéger, examiner, faire alerter ou alerter, et secourir. Le secouriste remplit également un rôle d'acteur de prévention dans l'entreprise.

1 Protéger

- Analyser la situation.
- S'il n'y a pas de risque, supprimer ou faire supprimer le(s) danger(s).
- Si le danger ne peut être supprimé, l'isoler.
- En cas d'impossibilité de supprimer le danger, si la victime ne peut se déplacer et, en cas de nécessité absolue, effectuer un dégagement d'urgence.
- En cas d'impossibilité, continuer à isoler la zone dangereuse et alerter les secours.

2 Examiner

L'examen de la victime permet de prévoir les gestes à entreprendre et d'informer les secours de son état. Il suit un ordre déterminé par le niveau d'urgence.

- Chercher la présence de saignements abondants puis de signes d'étouffement, ensuite vérifier si la victime répond.
- Si la victime répond : elle peut se plaindre de malaises, de brûlures, d'une douleur empêchant certains mouvements, d'une plaie qui ne saigne pas abondamment.
- Si la victime ne répond pas : libérer les voies aériennes et contrôler la respiration.

3 Faire alerter ou alerter

L'alerte permet de transmettre aux secours les renseignements indispensables à l'organisation de leur intervention.

- Désigner si possible un témoin et lui transmettre le message à communiquer aux secours internes ou externes (le SAMU : 15, les pompiers : 18, le numéro européen : 112).
- Ce message comporte l'identité de l'appelant, le numéro d'appel, le lieu précis, l'origine de l'accident, le nombre et l'état des victimes, les gestes entrepris.
- S'assurer que l'alerte est bien donnée et organiser l'accueil des secours.

4 Secourir

Pratiquer ensuite les gestes adaptés puis protéger la victime du froid, des intempéries et surveiller son état jusqu'à l'arrivée des secours.

4.1. La victime saigne abondamment

- Comprimer immédiatement l'endroit qui saigne avec la paume de la main ou avec un doigt.
- Allonger la victime, la couvrir, alerter et surveiller son état.
- Faire un pansement compressif si le secouriste doit se libérer.

4.2. La victime s'étouffe

En cas d'obstruction complète (aucun son) :
• donner une à cinq tapes dans le dos entre les omoplates ;
• en cas d'échec, comprimer l'abdomen (ou le thorax chez la victime enceinte ou obèse).

4.3. La victime se plaint de malaises

• Allonger la victime (sauf gêne respiratoire ou autre position prise spontanément par la victime).
• Rechercher les signes présents : transpiration, pâleur, difficultés respiratoires, paralysie, etc.
• Écouter, questionner la victime, demander un avis médical et surveiller l'état de la victime.

4.4. La victime se plaint de brûlures

• Arroser la surface brûlée (brûlure thermique, chimique ou électrique) à l'eau courante tempérée jusqu'à obtention d'un avis médical.

4.5. La victime se plaint d'une douleur empêchant certains mouvements

• Ne jamais mobiliser la victime, lui conseiller de ne pas bouger, faire alerter ou alerter, et surveiller son état.

4.6. La victime se plaint d'une plaie qui ne saigne pas abondamment

• Plaie grave au thorax ou à l'abdomen : position d'attente.
• Plaie à l'œil : position à plat dos, yeux fermés et sans bouger la tête.
• Membre sectionné : allonger la victime et conserver le membre au froid.
• Plaie simple : se laver les mains, mettre des gants, laver et désinfecter la plaie, la protéger avec un pansement.

4.7. La victime ne répond pas mais respire

• Placer la victime en PLS : position latérale de sécurité, et contrôler la respiration.

4.8. La victime ne répond pas et ne respire pas

• Après contrôle de l'absence de signes respiratoires pendant au moins 10 secondes, demander au témoin d'aller chercher un DAE : défibrillateur automatisé externe et passer l'alerte.
• Pratiquer la réanimation cardio-pulmonaire en attendant le DAE.
• Suivre les indications du DAE.

Le cadre juridique de la prévention

LU ☐
SU ☐
REVU ☐

Chaque salarié est exposé à des risques professionnels, pouvant être à l'origine d'accidents du travail ou de maladies professionnelles. Des droits et des obligations pour prévenir ces risques sont inscrits dans la législation du travail. Ils s'appliquent à l'employeur et au salarié.

1 Les principes généraux de prévention

• L'employeur doit organiser la prévention pour garantir la sécurité et la santé des salariés au travail. Il est tenu de prendre des mesures selon les neuf principes généraux de prévention inscrits dans le Code du travail (article L. 4121-2), dont les principaux points sont présentés ci-dessous.

Illustration des neuf principes généraux de prévention.

2 Les obligations et les droits de l'employeur

• **Obligation de sécurité**, selon le Code du travail : « l'employeur prend les mesures nécessaires pour assurer la sécurité et protéger la santé physique et mentale des travailleurs ».
• **Obligation de résultat.**
• **Obligation de former :** le salarié nouvellement embauché.
• **Droit de sanctionner :** le salarié en cas de non-respect des règles de sécurité et d'hygiène inscrites dans le règlement intérieur (obligatoire à partir de 20 salariés).

3 Les obligations et les droits du salarié

• **Obligation de sécurité** mais pas de résultat. Selon le Code du travail, il doit veiller, en fonction de sa formation et de ses capacités, à sa sécurité, à sa santé, ainsi qu'à celles de ses collègues concernés par son activité.

• **Respect des consignes :** données par son employeur dans les conditions prévues dans le règlement intérieur, s'il existe.
Toute faute du salarié, dans le domaine de l'hygiène ou de la sécurité, peut entraîner une diminution de l'indemnisation en cas d'accident du travail ou de maladie professionnelle, et des sanctions disciplinaires et pénales.
• **Droit de retrait :** c'est-à-dire de cesser le travail en cas de danger grave et imminent à condition de prévenir l'employeur.

4 Le document unique

• Le Document Unique (DU) est un dossier qui rassemble les résultats des différentes évaluations des risques professionnels. L'employeur est responsable de la rédaction du Document Unique qui est obligatoire ; mais il peut se faire aider des différents acteurs de prévention de l'entreprise (CHSCT, médecin du travail, organismes de prévention, etc). Le DU comprend notamment l'inventaire des dangers et les mesures à mettre en place.
• Le document unique doit être mis à jour au moins une fois par an et à l'occasion d'aménagements modifiant les conditions de sécurité.
• Il est tenu à disposition des membres du CHSCT, des délégués du personnel, des salariés, du Service de Santé au Travail, de l'inspecteur du travail, des ingénieurs conseil et contrôleurs de la CARSAT (Caisse d'Assurance Retraite et de la Santé au Travail).

GRILLE D'ÉVALUATION

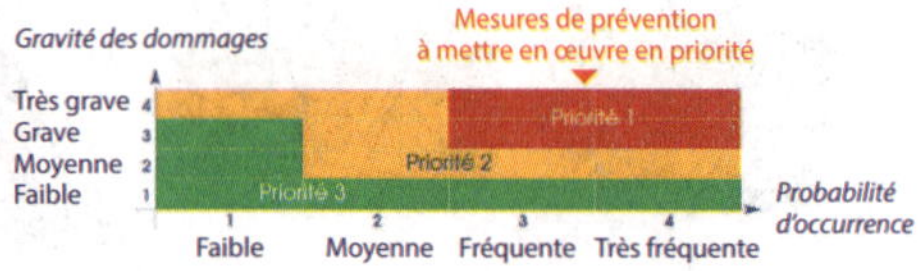

Unité de travail : *Service d'aide à domicile*

Date : *27/06/2016*

Nombre de salariés : *40*

Description de l'activité	Situation dangereuse	Danger	Événement dangereux	Dommages éventuels	Estimation du risque		Niveau de priorité	Mesures de prévention	
					gravité	probabilité d'occurrence		Existantes	À mettre en place
L'aide à domicile assiste une personne âgée dépendante dans sa vie quotidienne.	Soulever une personne âgée.	Masse de la personne.	Fréquence élevée : plusieurs fois par jour.	Lombalgie, hernie discale.	3	3	1	En cas de besoin intervention en binôme.	Aides techniques : achat d'un monte-escalier portatif. Formation PRAP 2S*.

* *Prévention des Risques liés à l'Activité Physique en secteur Sanitaire et Social.*

Source : d'après CARSAT des Pays de la Loire.

Exemple de grille d'évaluation du document unique.

Savoir

13

Les acteurs de prévention dans l'entreprise

LU ☐
SU ☐
REVU ☐

Si chaque salarié a un rôle à jouer dans la prévention des accidents du travail et des maladies professionnelles, certaines personnes sont identifiées comme acteurs de prévention, ce qui permet à tout salarié de les alerter.

1 Les délégués du personnel

• L'élection des Délégués du Personnel (DP) est obligatoire dans les entreprises d'au moins 11 salariés. Les DP représentent les salariés auprès de l'employeur en transmettant leurs réclamations individuelles et collectives, en matière d'application de la réglementation du travail : hygiène, sécurité, etc.
• Ils exercent les missions du CHSCT, si l'entreprise n'en possède pas.

2 Le SST : Sauveteur Secouriste du Travail

• Le SST intervient à la suite d'un accident du travail en portant secours aux victimes.
• Il agit en amont pour prévenir les accidents du travail et les maladies professionnelles, en intervenant sur les situations dangereuses sur son lieu de travail, en respectant les procédures de l'entreprise.

3 Le Comité d'Hygiène de Sécurité et des Conditions de Travail : CHSCT

• Obligatoire dans les entreprises d'au moins 50 salariés, le CHSCT a pour mission de protéger la santé du salarié et de garantir sa sécurité. Pour cela :
– il participe à l'analyse des conditions de travail et des risques professionnels, à l'amélioration des conditions de travail ;
– il propose des mesures d'amélioration des conditions de travail et de prévention ;
– il enquête en cas d'accident du travail ou de maladie professionnelle.

4 Le référent sécurité

• Il est désigné par l'employeur quelle que soit la taille de l'entreprise. Ses missions sont :
– assister l'employeur pour planifier, organiser et assurer le suivi des actions de prévention prévues dans le Document Unique ;
– sensibiliser le personnel à la prévention.

Les organismes de prévention

LU ☐
SU ☐
REVU ☐

La connaissance des organismes de prévention par les acteurs de prévention de l'entreprise leur permet de faire appel à des personnes compétentes, pour les aider à améliorer la santé et la sécurité du salarié.

1 Les organismes dépendant de la Sécurité sociale

• **Caisse d'Assurance Retraite et de la Santé au Travail** (CARSAT) : donner des conseils dans l'évaluation des risques professionnels et la mise en place des actions de prévention, par l'intermédiaire d'ingénieurs conseil et de contrôleurs de sécurité.
• **Institut National de Recherche et de Sécurité** (INRS) : association qui propose une aide technique, réalise des études et des recherches pour améliorer la santé et la sécurité au travail. L'INRS organise des formations et élabore des ressources documentaires pour les salariés et les employeurs.

2 Les organismes dépendant du ministère du Travail

• **L'Agence Nationale pour l'Amélioration des Conditions de Travail** (ANACT) : aide les entreprises à améliorer leur compétitivité tout en améliorant les conditions de travail des salariés.
• **L'inspection du travail :** vérifie le respect de la réglementation du travail, conseille et informe les employeurs, les salariés et leurs représentants. L'inspecteur du travail participe aux réunions de CHSCT. Il peut être saisi par les délégués du personnel en cas de non-respect de la réglementation.

3 Les organismes accrédités

• Une entreprise doit faire appel à un organisme accrédité pour effectuer les contrôles imposés par l'inspection du travail dans le domaine de la santé et la sécurité. Ces contrôles sont confiés à des experts qui établissent un rapport qui complète l'analyse des risques.

4 Les organismes professionnels

• Des organismes spécifiques à certaines branches professionnelles où les risques sont particulièrement importants (ex : OPPBTP) conseillent les entreprises au niveau de la sécurité, de l'hygiène, de la santé et de l'amélioration des conditions de travail. Ils proposent des formations, des outils d'information (affiches, brochures, etc.) pour employeurs et salariés.

5 Les Services de Santé au Travail

• Les Services de Santé au Travail, animés par le médecin du travail, assurent la surveillance médicale du salarié et conseillent l'employeur pour améliorer les conditions de travail, proposer des actions de formation, choisir des produits moins nocifs pour la santé, etc.

Savoir 15

Les accidents du travail et les maladies professionnelles

LU ☐
SU ☐
REVU ☐

Chaque année de nombreux accidents du travail et maladies professionnelles sont déclarés. Ils ont des conséquences financières et humaines lourdes. Il est important de connaître les démarches permettant d'être indemnisé.

1 Définitions de l'accident du travail et de la maladie professionnelle

1.1. L'accident du travail (AT)

• Est considéré comme accident du travail un accident survenu par le fait ou à l'occasion du travail, quelle qu'en soit la cause.
• Le fait accidentel, soudain, doit être à l'origine d'une lésion corporelle ou psychique.

1.2. La maladie professionnelle (MP)

• Une maladie est dite professionnelle si elle est la conséquence directe de l'exposition plus ou moins prolongée d'un travailleur à un risque présent lors de l'exercice habituel de sa profession.
• Les maladies professionnelles qui peuvent être indemnisées sont inscrites dans des tableaux comportant les conditions à remplir : délai de prise en charge, durée d'exposition et travaux suceptibles de provoquer ces maladies.

DÉSIGNATION DES MALADIES	DÉLAI DE PRISE EN CHARGE	LISTE INDICATIVE DES PRINCIPAUX TRAVAUX SUSCEPTIBLES DE PROVOQUER CES MALADIES
Sidérose : pneumopathie interstitielle chronique par surcharge de particules de fer ou d'oxydes de fer, révélée par des opacités punctiformes diffuses sur des documents radiographiques ou tomodensitométriques ou par des constatations anatomopathologiques lorsqu'elles existent, ces signes ou constatations s'accompagnant ou non de troubles fonctionnels respiratoires.	35 ans (sous réserve d'une durée d'exposition de 10 ans)	Travaux exposant à l'inhalation de poussières minérales ou de fumées, contenant des particules de fer ou d'oxydes de fer, notamment : – extraction, broyage, concassage et traitement des minerais de fer et de l'ocre ; – polissage avec des abrasifs à base d'oxydes de fer ; – soudoure à l'arc des aciers doux.
Manifestation pathologique associée : emphysème.		

Affections consécutives à l'inhalation de poussières minérales ou de fumées, contenant des particules de fer ou d'oxydes de fer.

Source : DILA Légifrance, 22 mars 2005, www.legifrance.fr

Exemple de tableau de maladie professionnelle : 44 bis.

2 Les coûts humains et financiers

2.1. Coût financier d'un accident du travail et d'une maladie professionnelle

• **Coût direct :** ce sont les cotisations obligatoires payées par l'entreprise à la Sécurité sociale pour réparer les dommages subis par la victime : frais médicaux, de rééducation, hospitalisation, compensation du salaire.
• **Coût indirect :** ce sont les frais supportés par l'entreprise : remplacement du salarié blessé et du matériel détérioré, baisse de rendement, de motivation, retard de livraison et perte de clients.

2.2. Coût humain

• Souffrance physique et psychique difficile à quantifier, liée à l'altération de la santé, à l'incapacité permanente totale (IPT) de travailler, ou à la nécessité de changer de travail en cas d'incapacité permanente partielle (IPP), (ex : amputation d'un membre).

3 Procédures de déclaration

La victime d'un accident du travail ou d'une maladie professionnelle peut percevoir des prestations, à condition d'avoir réalisé les démarches en temps voulu.

3.1. Démarches en cas d'accident du travail

• La victime doit prévenir l'employeur dans un délai de 24 h. Elle doit également faire établir par un médecin un certificat initial indiquant son état et les conséquences de l'accident.
• En cas d'arrêt de travail, la victime adresse le certificat d'arrêt de travail (4e volet du certificat initial) à son employeur.
• L'employeur déclare l'accident à la caisse d'assurance maladie dont dépend la victime. Il lui remet une feuille d'accident lui permettant de ne pas faire l'avance des frais médiaux.
• En cas d'arrêt de travail, l'employeur joint une attestation de salaire qui permet le versement des indemnités journalières au salarié en remplacement du salaire.

3.2. Démarches en cas de maladie professionnelle

Afin d'obtenir la reconnaissance d'une maladie professionnel, c'est au salarié de faire la déclaration auprès de sa caisse d'assurance maladie.
• Il doit faire établir par un médecin un certificat médical initial. Il envoie le 4e volet de ce certificat à l'employeur en cas d'arrêt de travail.
• Il complète le formulaire de déclaration de maladie professionnelle (site internet : ameli.fr) et l'envoie, accompagné des deux premiers volets du certificat médical initial délivré par le médecin et, si besoin, de l'attestation de salaire remise par l'employeur. Il conserve le 3e volet.

4 L'indemnisation de la victime

• Si les démarches sont effectuées dans les délais prévus, le salarié peut bénéficier de prestations de deux types :
– les **prestations en nature**, qui permettent à la victime de bénéficier de la gratuité des soins : pharmacie, médecin, hôpital, rééducation, etc.
– les **prestations en espèces**, qui comprennent les indemnités journalières et le versement d'un capital (somme d'argent payée en une seule fois) ou d'une rente (somme versée périodiquement).

5 Les conséquences juridiques de l'accident du travail et de la maladie professionnelle

• La **responsabilité civile** de l'employeur consiste à compenser les dommages subis par la victime en l'indemnisant.
• La **responsabilité pénale** permet de sanctionner l'employeur en cas d'infraction aux règles de santé et sécurité au travail.

Savoir 16

Les risques liés aux produits, aux émissions et aux déchets

LU ☐
SU ☐
REVU ☐

Les salariés sont exposés aux risques liés aux produits, aux émissions et aux déchets (risques chimiques) sans qu'ils en soient toujours conscients. L'utilisation des produits chimiques est à l'origine d'incendies ou d'explosions, d'accidents ou de maladies professionnelles.

1 Les dommages occasionnés par les produits chimiques

• Les produits chimiques occasionnent des dommages par contact direct (avec la peau ou les muqueuses) ou sans contact par inhalation des poussières (ex : poussières de bois) ou de vapeurs (ex : solvant). Ils ont des effets immédiats ou à court terme (accidents), à moyen ou long terme (maladie professionnelle).

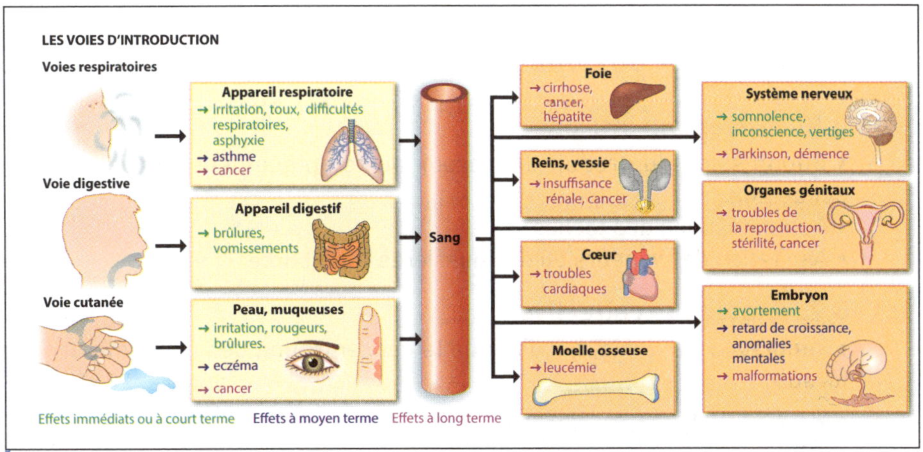

Voies d'introduction des produits et effets.

2 L'approche par les risques appliquée aux risques liés aux produits, aux émissions et aux déchets

Le schéma d'apparition d'un dommage

• **Situation dangereuse :** utilisation occasionnelle ou habituelle d'un produit dangereux ou travail dans un environnement contenant des vapeurs de produits, des poussières de bois ou de farine.

• **Danger :** produit ou ses émissions (vapeur, poussières, etc). Les produits CMR (Cancérigènes, Mutagènes et Reprotoxiques), sont les plus dangereux, surtout ceux des classes 1 et 2.

• **Personne :** salarié qui fabrique un produit (ex : peinture), qui l'utilise (peintre, agent d'entretien ou employé du BTP, etc.) ou qui travaille dans un environnement en contenant (ex : secrétaire qui inhale des vapeurs de solvant contenues dans un produit d'entretien).

• **Événement dangereux :** contact de la peau ou de muqueuses avec un produit renversé, inhalation de poussières, vapeurs, fréquence et/ou durée d'exposition (en cas de risque de maladie professionnelle).

SITUATION DE TRAVAIL

Mme F. est agent de pressing depuis 20 ans. Elle est chargée de détacher une dizaine de vêtements à sec avec un solvant chloré : le perchloroéthylène.

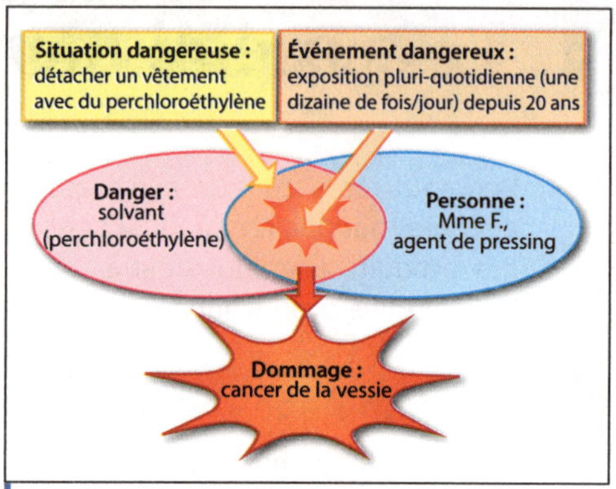

Schématisation du processus d'apparition d'un dommage.

3 La suppression ou la réduction des risques liés aux produits, aux émissions et aux déchets

3.1. Prévention intrinsèque

- Suppression du produit dangereux ou remplacement par un produit moins dangereux.
- Automatisation des tâches.
- Aspiration des vapeurs ou de poussières à la source.

3.2. Protection collective

- Ventilation générale, qui diminue la concentration des polluants dans l'air des locaux.

3.3. Protection individuelle

- Port des EPI (gants, masques, etc.) adaptés aux agents chimiques.
- Respect des mesures d'hygiène : lavage des mains après utilisation d'un produit, changement de vêtements et douche en fin de poste.
- Surveillance médicale renforcée.

3.4. Formation/information

- **Affiches d'informations** des dangers, **fiches de poste** qui présente les dangers et les moyens de s'en protéger au poste de travail.
- Consultation des fiches de données de sécurité qui indiquent les précautions à prendre pour utiliser, stocker le produit, et la conduite à tenir en cas d'accident.

Les pictogrammes de danger.

Savoir

17

Les risques liés à l'activité physique

LU ☐
SU ☐
REVU ☐

Tout travail nécessite une activité physique. Les atteintes de l'appareil locomoteur principalement dues à l'activité physique représentent la moitié des accidents du travail. Les TMS sont les premières causes de maladies professionnelles.

1 L'activité physique

1.1. Activité physique dynamique

• Ce type d'activité physique est le moins contraignant pour l'organisme si l'effort est modéré. Elle alterne contractions et relâchements du muscle, ce qui permet de réapprovisionner en dioxygène et glucose et d'évacuer par le sang le dioxyde de carbone et les déchets.

1.2. Activité physique statique

• Elle nécessite une contraction prolongée des muscles pour maintenir une posture (bras levés, tête en extension ou en flexion, etc.), appelée tétanisation. Le glucose et le dioxygène consommés ne sont pas renouvelés, le dioxyde de carbone et les déchets s'accumulent entraînant fatigue et douleur.

2 Les TMS : troubles musculo-squelettiques

• Ils sont appelés également **affections périarticulaires** et concernent l'appareil locomoteur : les articulations, les muscles des membres et de la colonne vertébrale et parfois les nerfs. Le plus connu des TMS est le syndrome du canal carpien qui affecte l'articulation du poignet.

• Les TMS sont des maladies multifactorielles, leur apparition est favorisée par :
- des facteurs individuels : âge, état de santé, sexe, corpulence ;
- des facteurs biomécaniques : gestes répétitifs, travail statique, sur-sollicitation des disques intervertébraux de la colonne vertébrale et des autres articulations, etc ;
- des facteurs psychosociaux : stress, problèmes d'organisation, cadence, mauvaise ambiance, etc ;
- des facteurs aggravants : ambiance thermique froide, utilisation d'engins ou outils vibrants.

3 Les troubles de la colonne vertébrale

• La colonne vertébrale est composée de 32 à 34 vertèbres, séparées entre elles par un disque intervertébral.

• Elle comprend quatre zones :
- la zone cervicale (au niveau du cou), très sollicitée lors de mouvements de la tête, du travail sur écran ou de précision ;
- la zone thoracique, peu mobile ;
- la zone lombaire soumise à des efforts importants lors de mouvements du corps (flexion avant, etc.) et des ports de charges ;
- la zone sacrée qui supporte la totalité du corps.

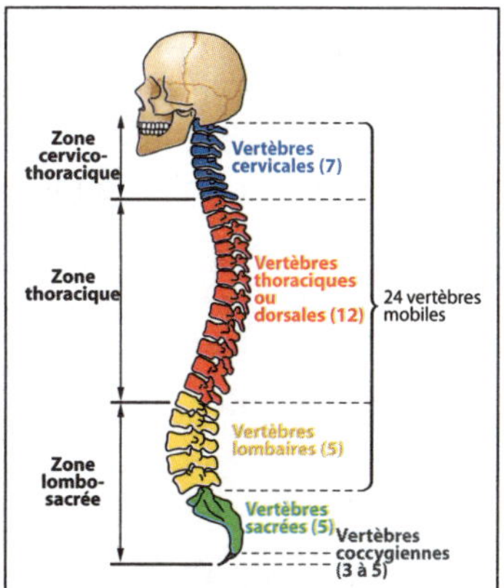

La colonne vertébrale.

• La répétition des postures inadaptées impose au disque intervertébral des contraintes trop importantes. Elle conduit au lumbago ou à une détérioration progressive du disque, responsable de lombalgie, de sciatique ou d'hernie discale.

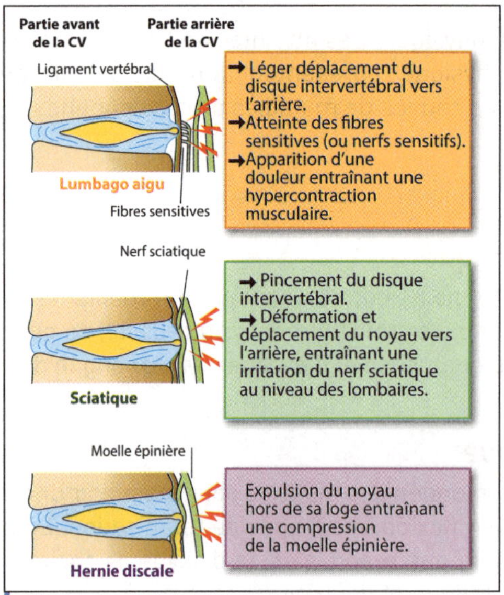

Les atteintes du disque intervertébral.

4 Les mesures de prévention des risques liés à l'activité physique

4.1. Prévention intrinsèque

• Automatisation des tâches contraignantes et du port de charge, aides techniques (chariots, etc).
• Diversification des activités.
• Plans de travail et matériel à hauteur réglable.
• Remplacement du travail statique par le travail dynamique.
• Organisation du travail diminuant les gestes contraignants et répétitifs.

4.2. Protection individuelle

• Port d'EPI : gants de manutention, genouillères, chaussures de sécurité.

4.3. Formation/information

• Formation PRAP : Prévention des Risques liés à l'Activité Physique.
• Affichage des consignes de prévention des TMS : postures, utilisation d'aides techniques, etc.
• Exercices d'échauffement proposés par l'entreprise.

Savoir
18

La charge mentale

LU ☐
SU ☐
REVU ☐

La charge mentale perçue par le salarié est de plus en plus importante. Elle est élevée dans les activités qui nécessitent de la concentration, de la mémorisation, de la réflexion et de l'organisation. Elle peut conduire au stress.

1 Les différentes catégories de charges mentales

• **Charge mentale affective :** attachement aux autres, notamment envers des personnes dont le salarié a la charge (ex : malade, personne âgée, etc).
• **Charge mentale psychologique :** liée au management (gestion, organisation), elle dépend de la pression exercée par la hiérarchie.

2 Les risques psychosociaux

Des objectifs trop ambitieux imposés aux salariés, des clients exigeants, une mauvaise ambiance entre collègues, des tensions avec la hiérarchie, des temps de transports importants, une organisation souvent remise en cause, sont source de risques psychosociaux. Les problèmes psychosociaux entraînent du stress, une souffrance et un mal-être au travail qui peuvent se répercuter sur la vie familiale. Ils englobent les violences verbales et physiques, et toutes formes de harcèlement.

3 Les facteurs de stress

Le stress est ressenti par un salarié lorsque ses possibilités lui semblent inférieures aux exigences imposées par son travail, que la charge mentale est trop importante pour lui. Le stress varie suivant :
– les facteurs individuels : âge, état de santé, sexe, motivation au travail, souci du travail bien fait, vécu personnel et familial ; la vulnérabilité au stress est plus importante pour les femmes et augmente avec l'âge ;
– les facteurs professionnels : organisation du travail, satisfaction des exigences personnelles, aspect relationnel, type de travail confié, moyens mis à disposition, facteurs physiques (bruit, ambiance thermique) et économiques (état financier de l'entreprise).

4 Les mécanismes de réponse à une situation stressante

• Lorsque l'organisme est soumis à une situation stressante, il met en place des réactions lui permettant dans un premier temps d'y faire face (**phase d'alarme et de résistance**).

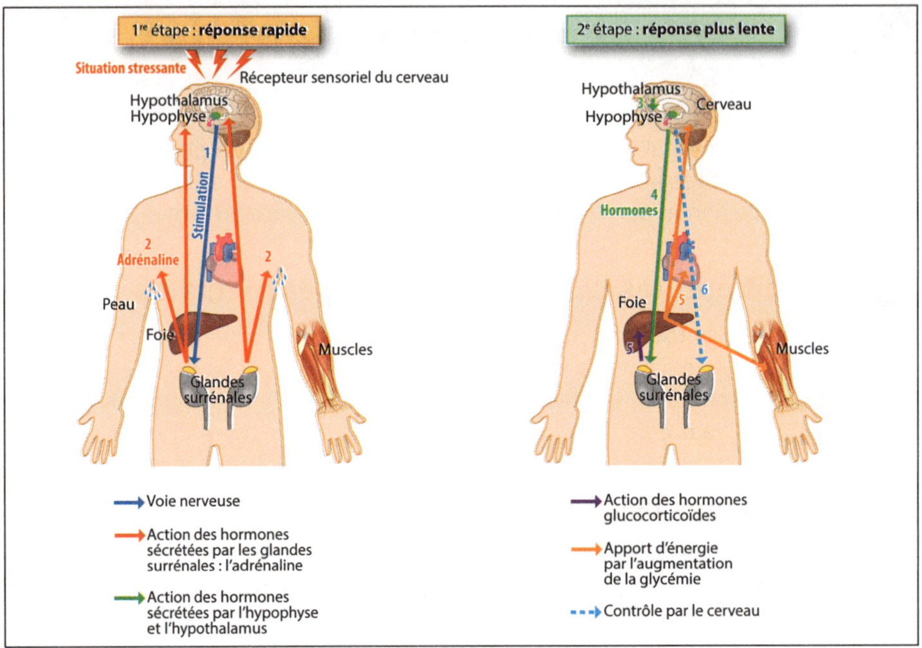

Les mécanismes de réactions à une situation stressante.

• Si la situation se prolonge trop, les mécanismes de régulation sont débordés et l'organisme rentre dans une troisième phase : **la phase d'épuisement**. C'est le stade de stress chronique. Le cerveau ne contrôle plus la sécrétion d'hormones glucocorticoïdes, leur taux augmente de plus en plus en provoquant des déséquilibres graves.

5 Les effets du stress sur la santé

• Le **stress positif**, ou ponctuel, est utile parce qu'il nous permet de réagir rapidement et efficacement face à un danger.
• Le **stress négatif**, ou chronique, est l'état du mal-être du salarié soumis à une situation stressante durable.
• Les symptômes qui doivent alerter le salarié stressé, et son entourage, sont de l'agressivité, un manque de patience, des larmes sans raison apparente, de la fatigue et des troubles du sommeil, une baisse de la mémoire et de la motivation, une diminution de l'attention et des initiatives. Pour essayer de tenir, le salarié a souvent recours à une consommation trop importante d'alcool, de tabac, de café, de tranquillisants ou de drogue.
• Lorsque le stress chronique persiste, les effets sont irréversibles. Le salarié se sent épuisé, on parle de *burnout*. Il peut développer des maladies graves : troubles cardio-vasculaires ou digestifs, diabète, allergies. Il perd confiance en lui, son mal-être se répercute sur sa vie personnelle. Une dépression grave peut s'installer, pouvant conduire au suicide.
• Le stress favorise l'apparition des TMS (tendinites, problèmes de colonne vertébrale, etc).

Savoir 19

LU ☐
SU ☐
REVU ☐

L'approche par le travail, appliquée à la charge mentale

L'approche par le travail, aussi appelée démarche ergonomique, est une analyse a priori des risques, elle complète l'approche par les risques. Elle prend en compte l'ensemble des facteurs de risques et prévient les atteintes à la santé à long terme, elle est donc plus adaptée pour analyser les risques liés à la charge mentale.

1 Étape 1 : identification du problème ergonomique

• Le problème ergonomique est souvent exprimé par des plaintes des salariés et de l'employeur. Les questions suivantes permettent de mieux cerner le problème :
Par qui le problème est-il exprimé ?
Quels sont les autres effets sur le salarié et l'entreprise ? Le problème posé est-il un vrai problème ?

2 Étape 2 : analyse de la situation de travail

• Recueil de données : observation du salarié à son poste de travail et questionnement pour déduire les facteurs qui influencent son travail : **déterminants Homme** et **déterminants entreprise**.
• Différenciation entre le **travail prescrit** (tâches que le salarié doit accomplir) et le **travail réel** comprenant les tâches et activité réelles.
Les éléments de la situation de travail sont inscrits dans un **schéma de compréhension**.

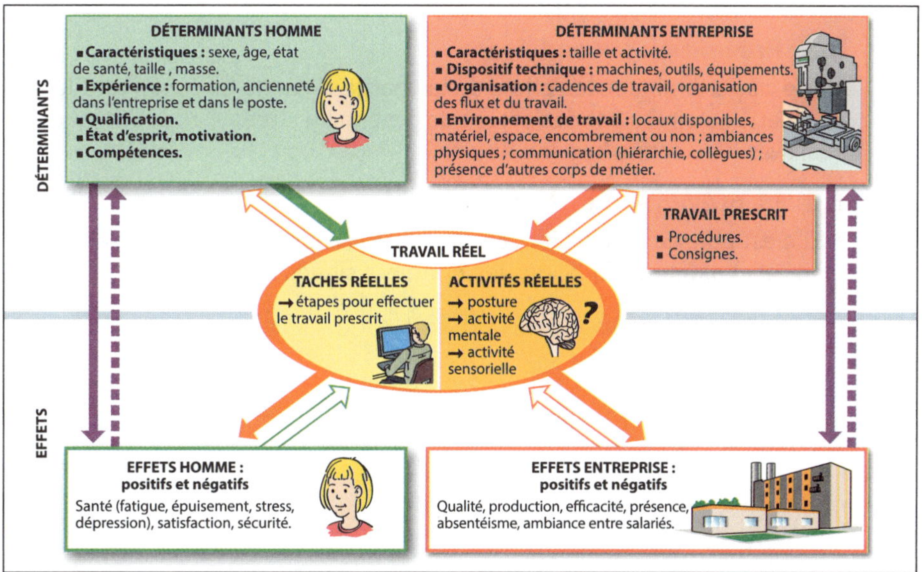

Le schéma de compréhension appliqué à la charge mentale.

3 Étape 3 : formulation des hypothèses

• Le schéma de compréhension est utilisé pour établir des liens de causes à effets entre déterminants, travail réel et effets.
• L'hypothèse est rédigée de la façon suivante :
Il semble que *... (déterminant Homme ou entreprise)* ***conduise ... (l'opérateur) à*** *... (tâche ou activité réelle),* ***ce qui engendre*** *... (effet Homme ou entreprise).*

4 Étape 4 : validation des hypothèses

• Cette étape consiste à vérifier si l'hypothèse est valable à partir de nouvelles observations et de mesures : statistiques, postures, déplacements, efforts, photos, chronogrammes (observations chronométrées), films, etc.
• Si l'hypothèse est validée : passer à l'étape 5 : proposition de solutions.
• Si l'hypothèse n'est pas validée : recherche d'autres hypothèses.

5 Étape 5 : proposition de solutions pour diminuer la charge mentale

5.1. Prévention primaire

• Elle doit être privilégiée parce qu'elle est plus efficace. Elle vise à supprimer les facteurs renforçant la charge mentale par :
– une modification de l'organisation du travail et de la gestion du personnel ;
– une meilleure reconnaissance du travail effectué ;
– une participation des salariés dans les décisions (ex : boîte à idées) ;
– une amélioration de la communication entre les salariés et la direction.

5.2. Prévention secondaire

• Elle vise à diminuer les effets de la charge mentale en renforçant la résistance du salarié au stress par des stages de gestion du stress, des activités relaxantes et sportives, une bonne hygiène de vie.

5.3. La prévention tertiaire

• Elle est utilisée en dernier recours pour prendre en charge le salarié au niveau médical et psychologique, dès les premiers signes de souffrance.

L'approche par l'accident

LU ☐
SU ☐
REVU ☐

L'approche par l'accident ou « méthode de l'arbre des causes » est une démarche d'analyse des risques professionnels *a posteriori*. Elle retrace de façon chronologique le déroulement d'un accident, d'un presqu'accident ou d'un incident, puis en recherche les causes afin d'éviter un événement similaire.

1 Le recueil des faits

- Enquête après l'accident et sur le lieu de l'accident.
- Recherche des faits ayant conduit à l'accident. Un fait est vérifiable, vu, lu ou entendu et non contestable, contrairement à un jugement ou à une opinion.
- Les faits concernent l'individu, la tâche, le matériel et le milieu (I T Ma Mi).

2 La construction de l'arbre des causes

L'arbre des causes est une représentation graphique retraçant chronologiquement les faits jusqu'à l'accident.

- À partir du fait ultime (accident, incident ou presqu'accident), rechercher les faits antérieurs en se posant les questions : *Qu'a-t-il fallu pour que ce fait apparaisse ? A-t-il fallu autre chose ?* Puis procéder de même pour chaque fait recueilli lors de l'enquête.
- Construction de l'arbre des causes de droite à gauche en remontant progressivement aux faits antérieurs. Chaque fait est inscrit dans un cercle. Le lien entre un fait et le ou les fait(s) antérieur(s) est représenté par une flèche ou une arborisation plus ou moins complexe s'il y a plusieurs faits.

Un fait ultime / deux faits antérieurs

- **Récit de l'accident :** comme la victime s'est renversé du produit sur la main et que le produit était corrosif, elle a eu la main brûlée.

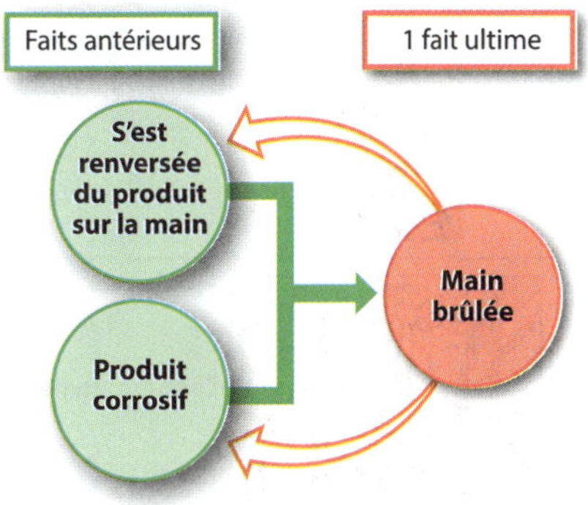

- **Qu'a-t-il fallu pour que la victime se brûle à la main ?**
  → Renversement du produit sur la main
- **A-t-il fallu autre chose pour qu'elle se brûle ?**
  → Oui : produit corrosif

Un exemple de construction d'arbres des causes.

3 La mise en œuvre de la prévention de ce type d'accident

- Rechercher comment supprimer chaque fait, empêcher qu'il se reproduise et éviter les dommages. Choisir les mesures qui seront inscrites dans le **plan d'action**.
- Privilégier les mesures les plus éloignées du fait ultime parce que leur portée est plus importante : un fait supprimé élimine tous les facteurs d'accident qui en découlent.

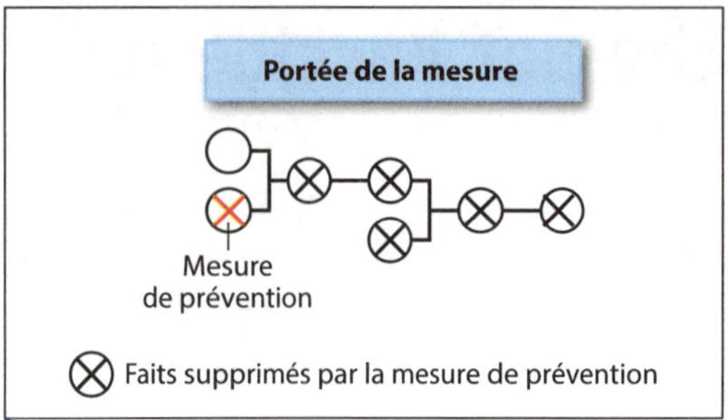

Illustration de la portée importante d'une mesure de prévention éloignée du fait ultime.

4 L'élargissement de la prévention aux facteurs potentiels d'accidents

• Certains faits ou familles de faits ayant conduit à l'accident analysé se retrouvent dans d'autres situations de travail. Pour rechercher les facteurs potentiels d'accidents (FPA), on recherche la famille de facteurs de risques à laquelle appartiennent un ou plusieurs faits. On peut classer les facteurs d'accidents en s'aidant de l'outil d'analyse : ITMaMi.

OUTIL ITMaMi		FPA : FACTEURS POTENTIELS D'ACCIDENTS
	Individu	Manque d'expérience, manque de formation, absence d'habilitation, méconnaissance des règles de sécurité, etc.
	Tâche/activité	Tâches multiples, contraintes physiques, contraintes de productivité, procédure inadaptée, incidents fréquents, tâche inhabituelle, etc.
	Matériel	Outils, machines défectueux ou inadaptés, pannes de matériels, protections sur les machines insuffisantes, détournement de l'usage d'un outil, etc.
	Milieu	Environnement physique et/ relationnel : co-activité, manque de panneaux de signalisation, ambiance thermique inadaptée, sol encombré, etc.

• La recherche des facteurs potentiels d'accidents rejoint les démarches d'analyse *a priori* des risques (approche par les risques et approche par le travail) puisqu'elle a pour but d'élargir la prévention d'autres situations. Elle alimente le document unique.

Révision de notions de Seconde

Exercice 1

Rythmes biologiques et rythmes sociaux

Indiquer pour chaque affirmation si elle est vraie ou fausse.

a) Les rythmes biologiques sont contrôlés par une horloge interne et varient en fonction de synchroniseurs externes. ☐ Vrai ☐ Faux

b) Le rythme biologique circadien a une durée de 12 heures. ☐ Vrai ☐ Faux

c) Le taux de mélatonine est élevé la journée, baisse légèrement en début d'après midi, et il est au minimum la nuit. ☐ Vrai ☐ Faux

d) L'emploi de lunettes sombres ou d'un masque de sommeil peut permettre de favoriser le sommeil récupérateur de jour. ☐ Vrai ☐ Faux

e) Il est conseillé de faire une sieste si l'on reprend le travail de nuit le soir même. ☐ Vrai ☐ Faux

FAIT ☐ REVU ☐

Exercice 2

Le sommeil

Proposer des solutions permettant de favoriser un sommeil réparateur pour une personne qui travaille en horaires atypiques (cocher les bonnes réponses).

☐ Pratiquer un sport tonique juste avant de se coucher.
☐ Privilégier les activités sédentaires toute la journée.
☐ Pratiquer une activité sportive avant 20 heures.
☐ Pratiquer une activité relaxante avant de se coucher.
☐ Pratiquer une activité sportive avant un poste de nuit.
☐ Consommer du café vers 3 heures du matin pour un salarié en poste de nuit.

FAIT ☐ REVU ☐

Exercice 3

L'activité physique

Indiquer pour chaque affirmation si elle est vraie ou fausse.

a) Quand il se contracte, le muscle utilise du dioxyde de carbone et rejette du dioxygène et du glucose. ☐ Vrai ☐ Faux

b) L'activité physique se résume uniquement au sport. ☐ Vrai ☐ Faux

c) Le dopage consiste à consommer un produit illicite (interdit par la loi) pour augmenter ses performances, et présente des risques sévères sur la santé. ☐ Vrai ☐ Faux

d) L'activité physique améliore l'esthétique du corps. ☐ Vrai ☐ Faux

e) Le travail musculaire soutenu et prolongé n'a que des effets positifs sur l'organisme.
☐ Vrai ☐ Faux

f) Regarder la télévision ou jouer à des jeux vidéo sont des activités pour lesquelles la dépense énergétique est importante. ☐ Vrai ☐ Faux

FAIT ☐ REVU ☐

Exercice 4

L'équilibre alimentaire

Relier chaque groupe d'aliments à un repère nutritionnel proposé par le PNNS (Plan National Nutrition Santé).

a) Fruits et légumes •	
b) Céréales et féculents •	• À chaque repas
c) Sel •	• Au moins 5 fois par jour
d) Matières grasses •	• À volonté
e) Produits laitiers •	• 3 fois par jour
f) Œuf, viande, poisson •	• Limiter la consommation
g) Sucre et produits sucrés •	• Une ou deux fois par jour
h) Eau •	

FAIT ☐ REVU ☐

Exercice 5

La contraception

Cochez le (ou les) moyen(s) d'action correspondant à chaque contraceptif.

MOYENS D'ACTION / CONTRACEPTIF	EMPÊCHE L'OVULATION	EMPÊCHE LA NIDATION	LIMITE LA PROGRESSION DES SPERMATOZOÏDES	EMPÊCHE LE PASSAGE DES SPERMATOZOÏDES DANS LE VAGIN
Préservatif féminin ou masculin				
Dispositif intra-utérin				
Contraception hormonale				

FAIT ☐ REVU ☐

Exercice 6

La gestion de son budget

Caractériser le type de budget qui correspond à chaque situation en vous aidant de la liste de mots suivante : *budget équilibré, budget excédentaire ou déficitaire.*

a) Sylvain a réglé toutes ses factures mais il ne lui reste pas d'argent à la fin du mois.

b) Natacha a économisé 200 € au mois de mars.

c) Thomas a dépensé beaucoup d'argent ce mois-ci, il n'arrive pas à payer toutes ses factures.

FAIT ☐ REVU ☐

Exercice 7

Les mesures de protection des biens et des personnes

Attribuer à chaque définition le terme correspondant : *le surendettement, la responsabilité pénale, l'assurance, le contrat de vente.*

a) Elle repose sur le principe de solidarité : les cotisations de chacun permettent d'être indemnisé en cas de dommage.

b) Il est signé par le vendeur et l'acheteur. En cas de non respect par l'une des parties, il peut être rompu.

c) État d'une personne qui n'arrive plus à rembourser ses dettes et se retrouve en situation financière durablement difficile.

d) Elle vise à sanctionner l'auteur d'un délit (ex : vol) par une peine : amende, retrait de permis, emprisonnement.

Préparation à la première partie de l'épreuve du Bac

Exercice 8 voir Fiches Savoir 1 et 3

Cet exercice est un exemple de sujet type pour la première partie de l'épreuve.

L'eau du robinet de votre commune est-elle de bonne qualité ?

L'alerte est partie le vendredi 18 mars 2016, lorsque de nombreux résidents d'une maison de retraite et des collégiens de la commune de Vif en Isère ont ressenti des symptômes d'une gastro-entérite. Selon l'Agence régionale de santé, la qualité de l'eau est en cause : « les résultats montrent une importante contamination microbiologique sur les communes de Vif et Le Gua...

... Même si la qualité de l'eau est globalement bonne en France, il existe des « disparités géographiques », concernant le risque microbiologique et les limites de qualité pour les pesticides et les nitrates... »

Source : SCIENCES et AVENIR.

Situation 1

1 À partir de la situation 1, répondre aux questions suivantes.

1.1. Identifier le problème posé dans la situation 1.

1.2. Définir une eau potable.

1.3. Citer les trois catégories de critères d'une eau potable.

1.4. Indiquer trois substances présentes dans l'eau de certaines communes et rendant l'eau non conforme à la réglementation.

1.5. Citer une mesure collective et une mesure individuelle permettant de réduire la pollution de l'eau.

Les mots manquaient aux habitants de Cannes, d'Antibes, de Mandelieu-la-Napoule ou de Nice, dimanche 4 octobre, pour décrire l'ampleur du déluge de la veille, et la brutalité des inondations qui l'ont suivi. Le bilan parle de lui-même. Lundi matin, la préfecture des Alpes-Maritimes recensait 17 morts et 4 disparus – la plupart des victimes ayant péri noyées dans des parkings souterrains. Le dernier bilan comparable dans la région remonte aux intempéries de 2010, où 25 personnes étaient mortes. [...]

Tout le weekend, les images et les vidéos postées sur les réseaux sociaux ont donné la mesure du désastre. Empilements d'automobiles emportée par les flots, routes brisées, végétation arrachée emportées par les coulées de boues, centres-villes transformés en paysages lacustres... Un spectacle de désolation qui pourrait devenir de plus en plus fréquent, dans une région prise en tenaille entre le changement climatique et l'artificialisation – c'est-à-dire le « bétonnage » – des sols, qui aggrave les effets des épisodes d'intenses précipitations.

Source : « Intempéries : les raisons d'une désolation qui pourrait devenir de plus en plus fréquente », S. Foucart, M. Valo et L. Van Eeckhout, *Le Monde*, 05.10.2015.

Situation 2

2 À partir de la situation 2, répondre aux questions suivantes.

2.1. Identifier les éléments de la situation en répondant aux questions de l'outil QQOQCP.

Quoi ? Quel est le problème ?

Qui ? Quelles sont les victimes ?

Où ?

Quand ?

Comment le problème se manifeste-t-il ?

Pourquoi le problème risque-t-il de devenir plus fréquent ?

2.2. Identifier le problème posé.

2.3. Mobiliser les connaissances.

Cocher les caractéristiques d'un risque majeur dans le tableau ci-dessous.

	NOMBRE DE VICTIMES	DÉGÂTS MATÉRIELS	PROBABILITÉ	GRAVITÉ
Faible				
Élevé(e)				

2.4. Indiquer la nature du risque majeur dans la situation 2 : technologique ou naturelle ?

2.5. Citer deux risques majeurs technologiques.

2.6. Proposer des solutions.

Cocher la (ou les) réponse(s) exacte(s).

Si un logement est situé dans une zone à risque, on peut s'informer avant de le louer ou de l'acheter.

☐ En se rendant au commissariat de police dont dépend la commune.

☐ En consultant le site : http://cartorisque.prim.net

☐ En consultant l'état des risques naturels et technologiques fourni par le bailleur (propriétaire) ou le vendeur.

☐ En consultant le site de Météo France.

☐ En se rendant à la mairie de la commune où est situé le logement.

2.7. Indiquer deux conduites à adopter en cas de signal d'alerte sonore dans une zone comportant un risque majeur.

PRÉPARATION À LA DEUXIÈME PARTIE DE L'ÉPREUVE DU BAC

Exercice 9 voir Fiches Savoir 1, 5, 12, 13, 14, 16, 18, 19

Cet exercice est un exemple de sujet type pour la deuxième partie de l'épreuve.

1 L'analyse des risques par l'approche par les risques.

Étape 1 : l'analyse des risques

Monsieur Marin, 30 ans, est agent d'entretien dans une société de nettoyage. Il utilise, une à deux fois par semaine, un produit à base d'acide chlorhydrique pour éliminer le tartre qui s'est déposé dans la cuvette de WC.

Situation de travail

1.1. Compléter le schéma d'apparition d'un dommage de la situation, présentée dans la Situation de travail ci-dessus.

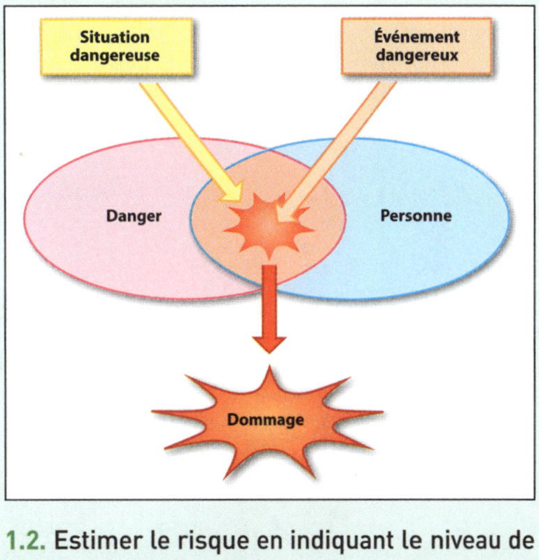

1.2. Estimer le risque en indiquant le niveau de gravité et de probabilité d'occurrences correspondant à cette situation, en vous aidant du document 1 du Dossier Ressources.

Étape 2 : l'évaluation des risques

1.3. Inscrire à l'aide d'une croix le résultat de l'estimation des risques dans le graphique ci-dessous.

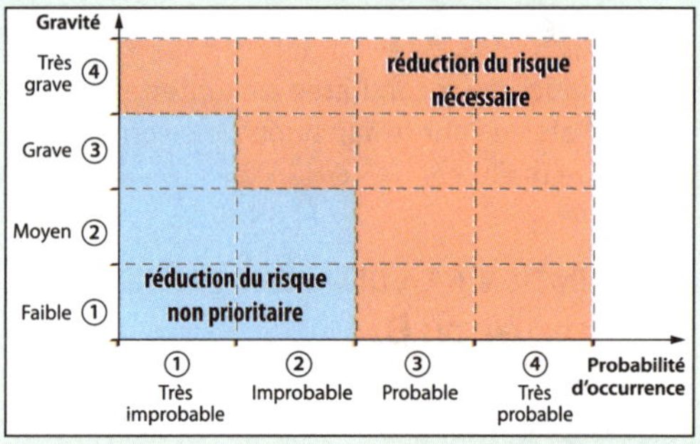

1.4. En déduire si la réduction du risque est nécessaire.

Étape 3 : suppression ou réduction des risques

1.5. Consulter le document 2 du Dossier Ressources. Proposer une mesure de prévention intrinsèque, une mesure de protection individuelle, et une mesure de formation/information.

2 Les situations d'urgence

Votre collègue vous appelle parce qu'il s'est brûlé avec de l'acide qui s'est renversé sur sa peau.

2.1. Indiquer la première action à réaliser avant de secourir la victime.

2.2. Expliquer le geste de secours à pratiquer pour éviter l'aggravation de l'état de la victime.

3 L'approche par le travail.

Consulter la situation du document 3 du Dossier Ressources.

Étape 1 : identification du problème ergonomique

3.1. Indiquer par quelles personnes le problème est exposé.

3.2. Noter les effets sur l'entreprise.

3.3. Énumérer les trois phases de réaction à une situation de stress.

3.4. Expliquer pourquoi on parle de stress positif lors de la première étape.

3.5. Indiquer le mécanisme qui n'est plus efficace dans la dernière phase, et les conséquences sur la sécrétion d'hormones.

3.6. Citer les effets possibles du stress à long terme sur la santé de Chloé, si la situation se prolonge.

3.7. Souligner parmi les risques suivants ceux qui concernent la situation de travail de Chloé :

Risques liés à l'électricité – risques liés à la charge physique au travail – risques liés aux agents biologiques – risques liés au bruit – risques liés aux produits, aux émissions et aux déchets – risques psycho-sociaux.

Étape 2 : analyse de la situation de travail

3.8. **Compléter le schéma de compréhension situé en bas de page pour la situation de travail de Chloé.**

Étape 3 : formulation d'hypothèses

3.9. **Après observation sur le schéma de compréhension des flèches rouges indiquant les liens de causes à effets entre les déterminants, le travail réel et les effets, formuler une hypothèse en complétant la phrase suivante :**

Il semble que .... (déterminants Homme et/ou entreprise) conduisent l'opératrice à travailler de la façon suivante : .... (tâches réelles et/ou activité réelle), ce qui engendre : .... (effets Homme et/ou entreprise).

Étape 4 : validation des hypothèses

3.10. **Citer un outil pouvant être utilisé pour valider ou non l'hypothèse.**

Étape 5 : recherche de solutions

3.11. **Proposer une mesure de prévention par catégorie selon les principes généraux de prévention.**

Prévention intrinsèque : ....
Protection individuelle : ....
Formation/information : ....

4. **Consulter le Dossier Ressources et répondre aux questions suivantes.**

4.1. **Nommer le document sur lequel seront reportés les risques professionnels repérés dans l'entreprise et le résultat de l'évaluation de ces risques.**

4.2. **Indiquer s'il est construit de manière définitive et justifier.**

4.3. **Énumérer les personnes autorisées à consulter ce document au sein de l'entreprise D. et à l'extérieur.**

4.4. **Citer deux organismes de prévention auxquels l'entreprise D. peut faire appel pour l'aider à trouver des solutions pour faire face au problème ergonomique.**

4.5. **Indiquer si l'employeur a l'obligation de mettre en place des mesures de prévention contre le stress dans l'entreprise D. Justifier.**

4.6. **Citer un salarié que l'employeur de l'entreprise D. doit consulter pour choisir et mettre en place des mesures de prévention contre le stress.**

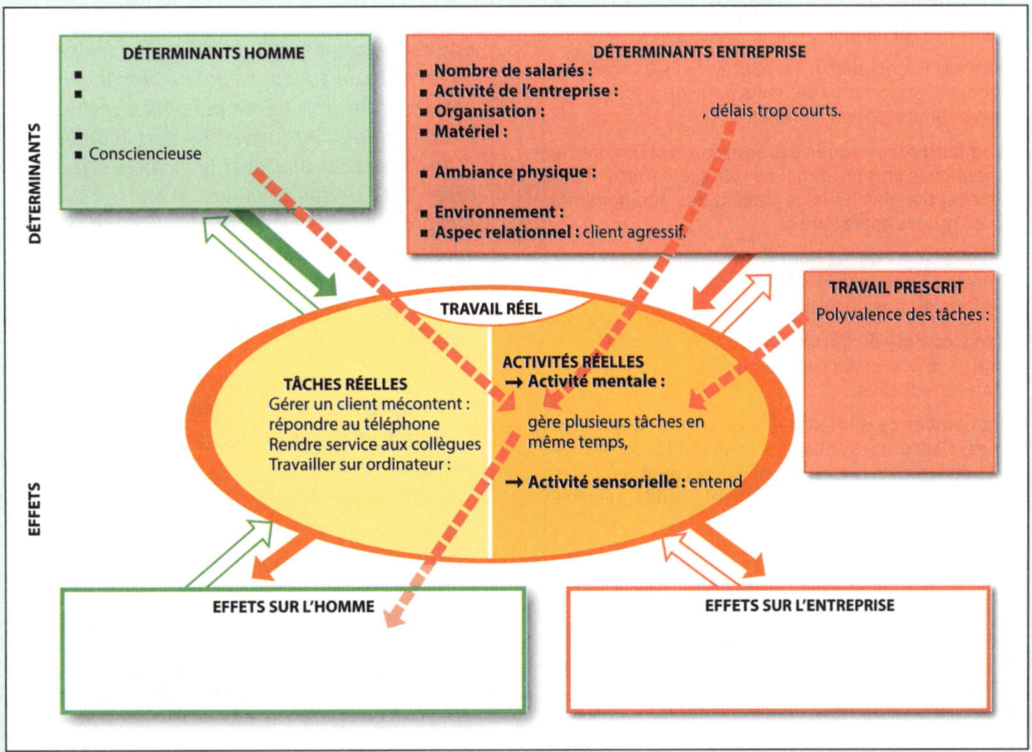

3.8. Schéma de compréhension.

DOSSIER RESSOURCES

Exemple d'échelle de gravité :	Exemple d'échelle de probabilité d'occurrence : probabilité qu'un accident survienne ou qu'une maladie se déclare.
1. Faible : peu de dommages sans arrêt de travail.	**1. Événement très improbable** : événement qui ne s'est jamais produit, ou uniquement une fois par an, exposition rare (une à plusieurs fois par an) et/ou de courte durée.
2. Moyen : dommages faibles, avec arrêt de travail et/ou hospitalisation.	**2. Événement improbable** : événement qui s'est rarement produit, exposition moyenne (une à plusieurs fois par mois) et de durée moyenne.
3. Grave : dommages entraînant une incapacité permanente partielle.	**3. Événement probable** : événement qui se produit de temps en temps, exposition régulière (une à plusieurs fois par semaine) et/ou d'assez longue durée.
4. Très grave : dommages irréversibles entraînant une incapacité totale ou un décès.	**4. Événement très probable** : événement qui s'est déjà produit plusieurs fois, exposition continue ou très fréquente (une ou plusieurs fois par jour) et/ou de longue durée.

Document 1. Exemple d'échelle d'estimation des risques.

- **Éviter les risques**, c'est supprimer le danger ou l'exposition au danger.
- **Évaluer les risques**, c'est apprécier l'exposition au danger et l'importance du risque, afin de prioriser les actions de prévention à mener.
- **Combattre les risques à la source**, c'est intégrer la prévention le plus en amont possible, notamment dès la conception des lieux de travail, des équipements ou des modes opératoires.
- **Adapter le travail à l'Homme**, en tenant compte des différences interindividuelles, dans le but de réduire les effets du travail sur la santé.
- **Tenir compte de l'évolution de la technique**, c'est adapter la prévention aux évolutions techniques et organisationnelles.
- **Remplacer ce qui est dangereux par ce qui l'est moins**, c'est éviter l'utilisation de procédés ou de produits dangereux, lorsqu'un même résultat peut être obtenu avec une méthode présentant des dangers moindres.
- **Planifier la prévention**, en intégrant technique, organisation et conditions de travail, relations sociales et environnement.
- **Donner la priorité aux mesures de protection collective**, et n'utiliser les équipements de protection individuelle qu'en complément des protections collectives si elles se révèlent insuffisantes.
- **Donner les instructions appropriées aux salariés**, c'est former et informer les salariés afin qu'ils connaissent les risques et les mesures de prévention.

Document 2. Les 9 principes généraux (L. 4121-2 du Code du travail) qui régissent l'organisation de la prévention.

Chloé, âgée de 32 ans, titulaire du Bac professionnel Gestion Administration, et de nature consciencieuse, est salariée depuis 10 ans dans l'entreprise D. qui compte 12 salariés, et qui fabrique des pièces à partir de plans de clients. Elle a pour mission d'assurer la comptabilité (écriture comptable et paye), de prendre les commandes et de gérer les livraisons des pièces dans les délais. Elle a également un rôle commercial : contact de futurs clients.

Elle travaille 7 h par jour du lundi au vendredi, dont 5 h sur ordinateur (entre les données, établit les factures, complète le planning des commandes, prépare les fiches de paye, etc). Elle partage un bureau spacieux et bien éclairé avec deux collègues qui disposent également d'un ordinateur et d'un téléphone, l'imprimante est placée au centre du bureau. Les bruits de clavier, de l'imprimante, des sonneries des téléphones, des conversations des collègues la perturbent.

Elle est souvent interrompue par le téléphone ou l'arrivée de collègues qui lui demandent un service. Elle doit gérer plusieurs tâches en même temps. Son travail lui demande beaucoup de concentration, car la moindre erreur se répercute sur ses collègues et sur les clients. Aujourd'hui, elle doit gérer un client mécontent qui appelle chaque jour au téléphone depuis une semaine, parce qu'il y a un retard dans la livraison. Malgré son agressivité, elle arrive à garder son calme.

Elle se plaint d'être très fatiguée, d'être stressée et de ne pas réussir à se détendre, même la nuit. Elle a des insomnies en pensant à la montagne de travail qui l'attend.

L'entretien avec le délégué du personnel a permis de relever des contradictions entre les délais très courts prévus dans le contrat avec le client, et la nécessité de livrer un produit de qualité, conforme au cahier des charges. L'employeur, de son côté, se plaint de l'absentéisme des salariés.

Document 3. Présentation de l'entreprise et de la situation de travail.

« Art. R. 230-1. – L'employeur transcrit et met à jour dans un document unique les résultats de l'évaluation des risques pour la sécurité et la santé des travailleurs à laquelle il doit procéder en application du paragraphe III (a) de l'article L. 230-2. Cette évaluation comporte un inventaire des risques identifiés dans chaque unité de travail de l'entreprise ou de l'établissement.

« La mise à jour est effectuée au moins chaque année ainsi que lors de toute décision d'aménagment important modifiant les conditions d'hygiène et de sécurité ou les conditions de travail, au sens du septième alinéa de l'article L. 236-2, ou lorsqu'une information supplémentaire concernant l'évaluation d'un risque dans une unité de travail est recueillie.

« Dans les établissements visés au premier alinéa de l'article L. 236-1, cette transcription des résultats de l'évaluation des risques est utilisée pour l'établissement des documents mentionnés au premier alinéa de l'article L. 236-4.

« Le document mentionné au premier alinéa du présent article est tenu à la disposition des membres du comité d'hygiène, de sécurité et des conditions de travail ou des instances qui en tiennent lieu, des délégués du personnel ou, à défaut, des personnes soumises à un risque pour leur sécurité ou leur santé, ainsi que du médecin du travail.

« Il est également tenu, sur leur demande, à la disposition de l'inspecteur ou du contrôleur du travail ou des agents des services de prévention des organismes du sécurité sociale et des organismes mentionnés au 4e de l'article L. 231-2. »

Source : Code du travail

Document 4. Décret sur l'évaluation des risques pour la santé et la sécurité des travailleurs, Code du travail.

Arrêté du 23 avril 2009 sur le stress au travail.

L'arrêté du 23 avril 2009 a étendu, à toutes les entreprises, l'accord interprofessionnel du 2 juillet 2008. Par cet accord, l'employeur doit identifier les situations de stress en s'attachant en priorité au contenu et à l'organisation du travail, à l'environnement et à la communication dans l'entreprise.

En cas de problème repéré, il doit mettre en place un plan d'action avec l'aide des représentants du personnel ou, à défaut, avec les salariés. Il concerne : l'amélioration de l'organisation, des conditions et de l'environnement de travail, la formation du personnel de direction et d'encadrement à la prévention du stress et l'information des salariés.

Document 5. Le stress au travail.

Exercice 1

a) Vrai.

b) Faux : une durée de 24 heures.

c) Faux : il est faible la journée, augmente en fin de journée, est au maximum la nuit.

d) Vrai.

e) Vrai.

Exercice 2

Solutions : pratiquer une activité sportive avant 20 heures ; pratiquer une activité relaxante avant de se coucher ; pratiquer une activité sportive avant un poste de nuit.

Exercice 3

a) Faux : il consomme du dioxygène et du glucose et il rejette du dioxyde de carbone.

b) Faux : par exemple la marche ou les activités de nettoyage sont des activités physiques.

c) Vrai.

d) Vrai.

e) Faux : il peut conduire à des blessures et au surmenage responsable d'épuisement.

f) Faux : la dépense énergétique est faible.

Exercice 4

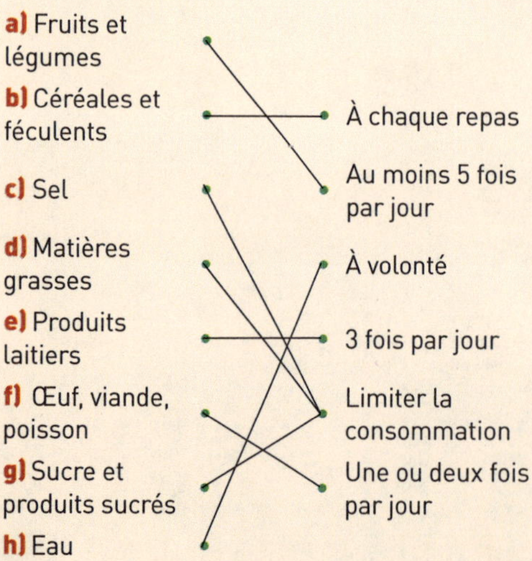

Exercice 5

CONTRACEPTIF \ MOYENS D'ACTION	EMPÊCHE L'OVULATION	EMPÊCHE LA NIDATION	LIMITE LA PROGRESSION DES SPERMATOZOÏDES	EMPÊCHE LE PASSAGE DES SPERMATOZOÏDES DANS LE VAGIN
Préservatif féminin ou masculin				X
Dispositif intra-utérin		X	X	
Contraception hormonale	X	X	X	

Exercice 6

a) Budget équilibré.

b) Budget excédentaire.

c) Budget déficitaire.

Exercice 7

a) L'assurance.

b) Le contrat de vente.

c) Le surendettement.

d) La responsabilité pénale.

Exercice 8

1.1. Le problème posé peut être formulé ainsi : « Comment préserver la qualité de l'eau ? »

1.2. Une eau potable est une eau propre à la consommation, elle répond aux critères de potabilité et ne doit présenter aucun risque pour la santé, y compris à long terme.

1.3. Les trois catégories de critères sont : les critères organoleptiques, chimiques et microbiologiques.

1.4. Les trois substances présentes dans l'eau de certaines communes sont : des microorganismes, des pesticides et des nitrates.

1.5. Une mesure collective : par exemple une réglementation limitant l'usage des pesticides et des nitrates par les agriculteurs.
Une mesure individuelle : par exemple ne pas utiliser de pesticides ou d'engrais de synthèse pour entretenir son jardin.

2.1. Quoi ? Quel est le problème ? Inondations mortelles ayant entraîné des dégâts importants.
Qui ? Quelles sont les victimes ? 17 morts et 4 disparus.
Où ? Cannes, Antibes, Mandelieu-la Napoule et Nice.
Quand ? Octobre 2015.
Comment le problème se manifeste-t-il ? Empilement de voitures, routes brisées, végétation arrachée, spectacle de désolation.
Pourquoi le problème risque-t-il de devenir plus fréquent ?
Changement climatique et bétonnage des sols.

2.2. Le problème posé peut être : « Comment se protéger des risques d'intempéries (inondations) ? ».
Ou : « Comment limiter les effets humains et matériels d'un événement naturel en cas de risque majeur ? ».

2.3.

	NOMBRE DE VICTIMES	DÉGÂTS MATÉRIELS	PROBABILITÉ	GRAVITÉ
Faible			X	
Élevé(e)	X	X		X

2.4. Le risque majeur est ici naturel.

2.5. Les risques majeurs technologiques sont : le risque nucléaire, le risque industriel, le transport de marchandises dangereuses, le risque de rupture de barrage hydraulique, le risque minier.

2.6. Réponses exactes : en consultant le site : http://cartorisque.prim.net ; en consultant l'état des risques naturels et technologiques fourni par le bailleur (propriétaire) ou le vendeur ; en se rendant à la mairie de la commune où est situé le logement.

2.7. Les deux conduites à adopter en cas de signal sonore sont : se mettre à l'abri dans le bâtiment le plus proche et écouter les messages diffusés par les radios nationales (France inter, France info, France bleue), ou le message sonore diffusé par des haut-parleurs mobiles.

Exercice 9

1.1. Situation dangereuse : détartrer la cuvette de WC avec un produit à base d'acide chlorhydrique.
Danger : produit à base d'acide chlorhydrique.
Personne : Monsieur Marin, 30 ans, agent d'entretien.
Événement dangereux : projection du produit à base d'acide chlorhydrique dans les yeux.
Dommage : brûlures chimiques (ex : au niveau des yeux).
D'autres réponses sont possibles.

1.2. La gravité dépend du dommage choisi, elle peut être estimée au niveau 3 pour des brûlures au niveau des yeux. La probabilité peut être estimée au niveau 3, car cette opération se reproduit une ou deux fois par semaine.

1.3.

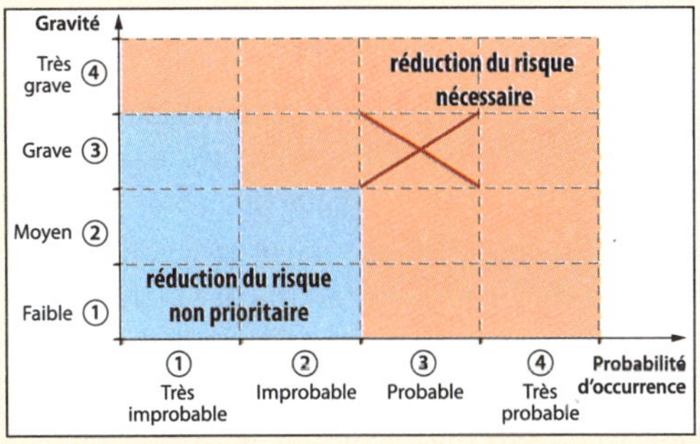

1.4. La réduction du risque est nécessaire.

1.5. Prévention intrinsèque : remplacer le produit à base d'acide chlorhydrique par du vinaigre blanc.
Protection individuelle : port de gant de protection contre le risque chimique spécifique aux acides.
Formation/information : formation sur les risques liés aux produits, aux émissions et aux déchets, affiches rappelant notamment que le port de gants est obligatoire lors de l'usage des produits.

2.1. La première action est : se protéger du risque chimique par le port de gants adaptés.

2.2. Le geste de secours à pratiquer en cas de brûlure chimique : est d'arroser la partie imprégnée de produit, tout en déshabillant la victime sous l'eau.

3.1. Le problème est exposé par la salariée : Chloé, par le délégué du personnel et par l'employeur.

3.2. Les effets sur l'entreprise sont : absentéisme, mécontentement de clients, retard de livraison.

3.3. Les trois phases de la réaction au stress sont : la phase d'alarme, la phase de résistance et la phase de stress profond.

3.4. On parle de stress positif dans la première étape parce qu'il permet à l'organisme de réagir face à une situation stressante.

3.5. Le mécanisme qui n'est plus efficace dans la dernière phase est le contrôle de la sécrétion d'hormones glucocorticoïdes par le cerveau. Le taux d'hormones augmente de plus en plus.

3.6. Les effets possibles du stress à long terme sur la santé de Chloé sont : épuisement (*burnout*), développement de maladies cardio-vasculaires, troubles digestifs ou infections par affaiblissement des défenses immunitaires, TMS (Troubles musculo-squelettiques).

3.7. Risques à souligner : risques liés au bruit, risques psycho-sociaux.

3.8. Voir le schéma en bas de page.

3.9. Il semble que le fait que Chloé soit consciencieuse, les délais imposés trop courts et la polyvalence des tâches prescrites **conduisent Chloé** à gérer plusieurs problèmes en même temps, **ce qui engendre :** stress, fatigue et insomnie.

3.10. L'outil qui peut être utilisé pour valider l'hypothèse est : le chronogramme des activités.

3.11. Prévention intrinsèque : revoir l'organisation du travail pour que les délais prévus soient plus longs, ou embaucher une personne supplémentaire et partager le travail de Chloé (moins de polyvalence).
Protection individuelle : pratiquer une activité physique pour se détendre, avoir une bonne hygiène de vie.
Formation/information : stage de gestion du stress.

4.1. Le document sur lequel sont reportés les risques professionnels repérés et leur évaluation est le Document Unique.

4.2. Non, il n'est pas construit de manière définitive, il doit être remis à jour chaque année et à chaque modification de l'aménagement, modifiant les conditions d'hygiène, de sécurité ou de travail et à chaque information supplémentaire recueillie dans une unité de travail.

4.3. Les personnes autorisées à consulter le Document Unique sont : le délégué du personnel, le médecin du travail, l'inspecteur ou le contrôleur du travail, les agents des organismes de la Sécurité sociale (ingénieur conseil de la CARSAT) et d'autres organismes de prévention.

4.4. Les deux organismes de prévention auxquels l'entreprise peut faire appel sont par exemple: la CARSAT (caisse assurance retraite et de la santé au travail), l'ARACT (association régionale de l'amélioration des conditions de travail).

4.5. Oui l'employeur a l'obligation de mettre en place des mesures de prévention contre le stress dans l'entreprise D. selon l'accord interprofessionnel sur le stress au travail, et étant donné la présence de facteurs de stress concernant l'organisation, les conditions et l'environnement de travail.

4.6. Le délégué du personnel (obligatoire dans les entreprises comprenant au moins 11 salariés) doit être consulté pour choisir et mettre en place des mesures de prévention contre le stress.

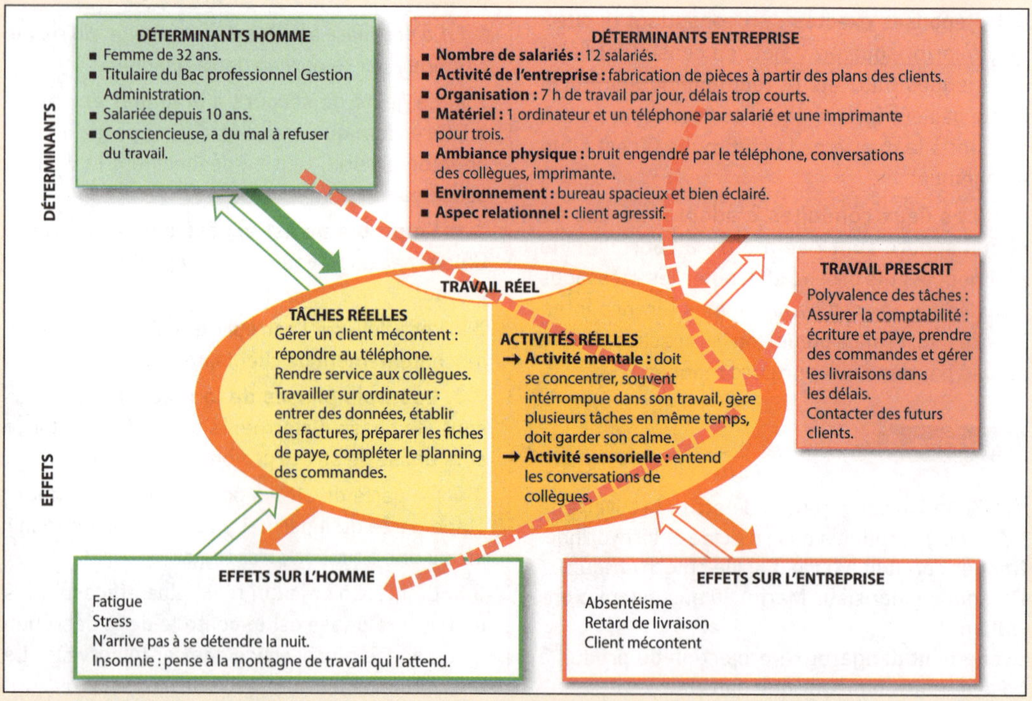

 Achevé d'imprimer à l'Imprimerie de Champagne à Langres — France N° de projet : 10257931 - Dépôt légal : Août 2019